U0743739

本书获天津市高等学校综合投资规划项目资助

丹尼尔·贝尔
资本主义文化矛盾研究

Research on Daniel Bell 's
The Cultural Contradictions of Capitalism

佟立 主编

天津出版传媒集团
天津人民出版社

图书在版编目(CIP)数据

丹尼尔·贝尔资本主义文化矛盾研究 / 佟立主编
. -- 天津 : 天津人民出版社, 2022.8
ISBN 978-7-201-18652-8

Ⅰ. ①丹… Ⅱ. ①佟… Ⅲ. ①资本主义－文化研究
Ⅳ. ①D033.3

中国版本图书馆 CIP 数据核字(2022)第 133934 号

丹尼尔·贝尔资本主义文化矛盾研究
DANNIER·BEIER ZIBENZHUYI WENHUA MAODUN YANJIU

出　　版　天津人民出版社
出 版 人　刘　庆
地　　址　天津市和平区西康路35号康岳大厦
邮政编码　300051
邮购电话　(022)23332469
电子信箱　reader@tjrmcbs.com

责任编辑　王佳欢　武建臣
装帧设计　汤　磊

印　　刷　天津新华印务有限公司
经　　销　新华书店
开　　本　710毫米×1000毫米　1/16
印　　张　26.75
插　　页　2
字　　数　320千字
版次印次　2022年8月第1版　2022年8月第1次印刷
定　　价　118.00元

We are groping for a new vocabulary whose keyword seems to be limits: a limit to growth, a limit to the spoliation of the environment, a limit to arms, a limit to the tampering with biological nature. Yet if we seek to establish a set of limits in the economy and technology, will we also set a limit to the exploration of those cultural experiences which go beyond moral norms and embrace the demonic in the delusion that all experience is "creative"? Can we set a limit to *hubris*? The answer to that question could resolve the cultural contradiction of capitalism and its deceptive double, *semblable et frère*, the culture of modernity. It would leave only the economic and political mundane to be tamed. (Bell, Daniel, *The Cultural Contradictions of Capitalism*, Basic Books, Inc., Publishers, 1978, Foreword, p.XXIX.)

Daniel Bell

Januray, 1978

Cambridge, Massachusetts

我们正在探索一种新语言，它的关键词看来是"限制"：对增长的限制，对掠夺环境的限制，对武器的限制，对生物界横加干预的限制。当然，如果我们对经济和技术实行一系列限制，我们是否同时也限制一下那些超出道德规范、同魔鬼拥抱并误认这也属于"创造"的文化开发活动呢？我们是否要对"狂妄自大"加以约束？回答这个问题便可解决资本主义的文化矛盾及其自欺欺人的孪生现象，现代性文化。剩下的问题只是去解决经济与政治的世俗矛盾罢了。

丹尼尔·贝尔

一九七八年元月

于马萨诸塞州，剑桥

前　言

丹尼尔·贝尔(Daniel Bell,1919 年 5 月 10 日—2011 年 1 月 25 日)是当代美国著名学者、哲学家、思想家、社会学家、文化保守主义思潮的代表人物。贝尔一生著作颇丰,主要代表作有:

《美国的马克思主义社会主义》(*Marxian Socialism in The United States*, 1952),《新美国权利》(*The New American Right*, 1955),《激进权利:扩大和更新的新美国权利》(*The Radical Right: The New American Right expanded and updated*, 1955),《工作及其不满》(*Work and Its Discontents*, 1956),《意识形态的终结》(*The End of Ideology*, 1960),《普通教育的改革》(*The Reforming of General Education*, 1966),《工作、异化与社会控制》(*Work, Alienation and Social Control*, 1966),《迈向 2000 年:正在进行中的工作》(*Towards the Year 2000: Work in Progress*, 1967),《对抗:学生反抗与大学》(*Confrontation: the Student Revolt and the Universities*, 1969),《今日资本主义》(*Capitalism Today*, 1970),《后工业化社会的来临》(*The Coming of Post-industrial Society*, 1974),《权利上升的革命》(*The Revolution of Rising Entitlement*, 1975),《资本主义文化矛盾》(*The Cultural Contradictions of Capitalism*, 1976),《蜿蜒之路》(*The Wind-*

ing Passage:Sociological Essays And Journal,1980),《经济理论的危机》(*The Crisis in Economic Theory*,1981),《第二次世界大战以来的社会科学》(*The Social Science Since The Second World War*,1982),《赤字:多大? 多久? 多危险?》(*The Deficits:How Big? How Long? How Dangerous?* 1985),《第三次技术革命》(*The Third Technological Revolution*,1990)等。

2011年1月25日,贝尔去世了,《纽约时报》《英国卫报》及有关欧美大学都发了讣告,纪念他在社会科学领域的卓越贡献。贝尔堪称20世纪西方的一位伟大的思想家,其学术影响已经远远超越了社会学,而深达哲学、文学、历史学、教育学、经济学、运筹学等领域。

世界名著《资本主义文化矛盾》是贝尔的经典力作之一,在中外学界享有盛誉。该书考察了资本主义在文化、经济、政治、宗教等领域的矛盾与冲突,反映了资本主义社会的深刻危机。如贝尔所说:"我谈论20世纪70年代的事件,目的是要揭示围困着资产阶级社会的文化危机。从长远看,这些危机能使一个国家瘫痪,给人们的动机造成混乱,促成及时行乐(carpe diem)意识,并破坏民众意志。这些问题都不在于机构的适应能力,而关系到支撑一个社会的那些意义本身。"[①]

贝尔在《资本主义文化矛盾》1978年版的前言中申明,"本人在经济领域是社会主义者,在政治领域是自由主义者,而在文化领域是保守主义者"[②]。

贝尔的社会主义立场是"反对把财富转换成与之无关领域内的过分特权",主张社会资源优先用于最基本的社会需求,达到"社会最低限度 ",满足人们的基本"需要"(needs),使个人转化为社会"公民"。

---

① [美]丹尼尔·贝尔:《资本主义文化矛盾》,赵一凡、蒲隆、任晓晋译,生活·读书·新知三联书店,1989年,第73~74页。

② Daniel Bell,*The Cultural Contradictions of Capitalism*,Basic Books,Inc.,Publishers,1978,Foreword,p.XI.

贝尔认为,“欲求”(wants)与“需要”不同,个人“欲求”是无止境的,二者不能混淆。贝尔主张建构一套劳动者优先雇佣的制度和应对市场危机的安全保障,满足基本生活要求的家庭收入,同时提供良好的医疗条件和防范疾病的措施,使每个人都能过上安全自尊的生活。贝尔赞成把物质生产看作促进美德、创造文明的手段。

贝尔的政治立场是把公众和私人区别对待, 避免泛政治化的倾向,“防止传统资本主义对个人行为毫无节制的弊端”“色情和环境污染”不应妨碍公众领域;公共领域依照人人平等的法则运行,力求平等对待所有人,“反对社会地位实行遗传或规定的指派”,以社会价值标准,奖励个人成就。

贝尔的文化立场是维护传统,崇尚信仰。维护传统是传承文化生命力的保障,“它使记忆连贯,告诉人们先人是如何处理同样的生存困境的”,贝尔援引圣徒赞美诗“假如我忘却了你,噢,耶路撒冷,就让我的右手残废吧”,批评现代主义对传统道德和信仰的冲击。

简言之,贝尔的三位一体立场:一是通过最低经济收入原则,使人人获得自尊和公民身份;二是坚持任人唯贤原则,承认个人成就带来的社会地位;三是坚持历史与现实的连贯性,并以此作为维护文明秩序和创造未来的必要条件。

贝尔从三位一体立场出发,说明了《资本主义文化矛盾》“论证的主题不仅仅是资本主义文化矛盾。它在稍广的意义上涉及资本主义社会的矛盾”[①]。他深刻地揭示了资本主义社会的精神危机,提出现代性的真正问题是信仰问题,贝尔指出:“现代性的真正问题是信仰问题(The real problem of modernity is the belief),用不时兴的术语表达,它是一种精神危机,因为这种新的思想锚地充满了虚幻而旧的信念已被淹没。如此局势将我们带回到虚无主义。由于既无

① [美]丹尼尔·贝尔:《资本主义文化矛盾》,赵一凡、蒲隆、任晓晋译,生活·读书·新知三联书店,1989年,第25页。

过去又无将来,我们正面临着一片空白。"[①]

贝尔对资本主义现代性的认识是深刻的，现代性思辨价值的取向是不断扩张、无限发展、蔑视自然、狂妄自大,反映为现代人的深刻本质,就是超越一切。贝尔指出:"现代人最深刻的本质,它那为现代思辨所揭示的灵魂深处的奥秘，是那种超越自身，无限发展的精神。他知道消极之物——死亡——是迟早必至的，但他拒不接受这一事实。在现代人的千年盛世说(chailiasm)的背后,隐藏着自我无限精神的狂妄自大。因此,现代人的狂妄自大就表现在拒不承认有限性,坚持不断地扩张;现代世界也就为自己规定了一种永远超越的命运——超越道德,超越悲剧,超越文化。"[②]

贝尔针对资本主义现代性的膨胀,如表现为现代人的狂妄自大,急功近利,急于超越、掠夺自然、破坏环境、无限增长、无限扩张、遍地挖掘等,提出了一系列"限制"的观念,他说:"我们正在探索一种新语言,它的关键词看来是'限制':对增长的限制,对掠夺环境的限制,对武器的限制,对生物界横加干预的限制。当然,如果我们对经济和技术实行一系列限制,我们是否同时也限制一下那些超出道德规范、同魔鬼拥抱并误认这也属于'创造'的文化开发活动呢?我们是否要对'狂妄自大'加以约束?回答这个问题便可解决资本主义的文化矛盾及其自欺欺人的孪生现象,现代性文化。剩下的问题只是去解决经济与政治的世俗矛盾罢了。"[③] 贝尔在20世纪70年代提出以上观念,反映了他对资本主义现代性认识的深刻性和前瞻性,对于当今人们正确处理人与自然的关系,经济增长与保护环境的关系,仍具有启发意义。

---

① Daniel Bell, *The Cultural Contradictions of Capitalism*, Basic Books, Inc., Publishers, 1978, pp. 28-29.

② [美]丹尼尔·贝尔:《资本主义文化矛盾》,赵一凡、蒲隆、任晓晋译,生活·读书·新知三联书店,1989年,第96页。

③ Daniel Bell, *The Cultural Contradictions of Capitalism*, Basic Books, Inc., Publishers, 1978, Foreword, p.XXIX.

贝尔对资本主义总的看法是:资本主义是建立在成本核算基础上的,依靠资本持续的积累,扩大再投资。这种独特的新式运转模式,构造了一套独特的文化和品格。在文化方面表现为自我实现,在品格方面表现为以严谨的作风和自我控制力追求既定目标的实现。贝尔指出:“正是这种经济系统与文化、品格构造的交融关系组成了资产阶级文明。而分解这一结合体及其内在意义,正是贯穿本书的主题线索。”①

2016年,我在给研究生讲授的“美国哲学原著选读”课程中,也是沿着贝尔所说的这条主线,和2015级研究生一起阅读和讨论了《资本主义文化矛盾》。每遇疑难问题,就会查阅英文版,对重要章节汉英两种语言进行了比照,以便深入理解这部经典著作的理论内涵。结合研究生课程的主要内容,以《资本主义文化矛盾》为研究文本,指导研究生论文开题和写作,后来也有青年教师一起参加了讨论,主要探讨了六个专题。

第一,绪言——开篇引文翻译的哲学思考。我所好奇的是,贝尔为什么以艾略特的《磐石》前五句合唱词作为《资本主义文化矛盾》的开篇引文?遗憾的是《资本主义文化矛盾》没有记载贝尔对《磐石》的任何评论;国内外学界也往往忽视了贝尔为什么引用《磐石》前五句合唱词作为《资本主义文化矛盾》开篇的意义,两者之间究竟存在着怎样的内在联系?他们共同关心的问题是什么?译者如何理解这“五句合唱词”以及如何翻译本文?我认为这个问题值得研究。

第二,贝尔与浮士德精神。浮士德精神长期受到学界关注和热议。浮士德有两个灵魂,一个怀着强烈的欲望执着尘世,另一个要超越凡尘,它们总想分道扬镳。由于与魔鬼订立契约,浮士德只能不断超越,否则会堕入地狱,因而永不满足和无限追求会发展为无节制的贪欲。在贝尔看来,这是一种对

① [美]丹尼尔·贝尔:《资本主义文化矛盾》,赵一凡、蒲隆、任晓晋译,生活·读书·新知三联书店,1989年,第25页。

神圣领域的亵渎。浮士德式的困境，也是现代人的困境。在《资本主义文化矛盾》中，贝尔对浮士德精神有何独到分析？贝尔为何认为浮士德精神是善变之神普罗透斯(Proteus)，而非普罗米修斯(Prometheus)？浮士德的“超越性”与现代人的“超越性”有何内在联系？无节制的“超越”会给人类社会带来怎样的后果？这些都是值得分析的问题。

第三，贝尔与虚无主义。“虚无主义”是当代理论界讨论的热点问题之一。贝尔对“虚无主义”的批判，有其独特的视角，他把“虚无主义”区分为两种形态：一种是由工具-理性主义发展而来的“虚无主义”，另一种是批判传统文化而产生的“虚无主义”。“虚无主义者”(nihilist)和虚无主义有何区别？人类社会在何种条件下产生了“虚无主义”？最早将“虚无主义”引入哲学领域的是谁？尼采、康拉德是虚无主义的洞察者吗？虚无主义是否是人类注定的命运？贝尔有何独到的分析？“虚无主义者”与法国大革命又有何联系？贝尔对尼采式和康拉德式“虚无主义”进行了怎样的解读？这些问题值得深入研究。

第四，贝尔与现代宗教思想。人类有史以来，战争、天灾、疾病、贫穷、污染、腐败、不公正等，始终未能根除。资本主义的现代化并没有解决人的信仰和幸福问题，人的异化问题更加突出，欲望的不断膨胀，加速了传统宗教信仰的衰落；贝尔认为，“如果神圣遭劫，那么我们便只剩欲望和自私的混乱，以及围绕人类的道德之环的毁灭。”这是贝尔针对资本主义精神危机发出的警报。现代性、超越性、求新求变，不足以慰藉人的心灵；无信仰、无神圣、无敬畏及突出表现自我的现代主义，给资本主义社会以怎样的影响？贝尔对资本主义信仰危机有何独到认识？资本主义现代性的主要问题是什么？贝尔提出的重建信仰与走出精神危机能实现吗？这些问题值得深入考察和分析。

第五，贝尔与现代性。“现代性”是当代国内外理论界讨论的热点问题之一。贝尔视域中的现代性问题，主要包括现代性的社会问题、现代性的文化问题、现代性的信仰问题等。贝尔对现代性的分析,有其独特的视角。按照贝尔的看法,现代性的真正问题是信仰问题。信仰危机是资本主义精神危机的表征,现代性的过程也带来了虚无主义,表现为“没有过去,也没有未来,只有空虚”。信仰丧失的结果,也必然走向精神的“虚空”。“现代人的傲慢”“工具主义”“资本主义双重冲动力”等现代性的问题,值得分析研究。

第六,贝尔与资本主义。根据贝尔的考察,资本主义起源于16世纪,由商人和制造业主创建了一个新世界。中产阶级对社会加以现代化革命,他们扭转了人们对军事或宗教的关切,把经济活动变成了社会的中心任务。早期资本主义把禁欲苦行和贪婪攫取这一对冲动力锁合在了一起，前者代表了资产阶级精打细算严谨持家的精神，后者体现在经济和技术领域的浮士德式的激情,这两种原始冲动的交织混合,形成了现代资本主义的理念。所以贝尔认为,资本主义的起源具有双重性,即“禁欲主义”(asceticism)和“贪婪攫取性”(acquisitiveness)。现代资本主义与传统资本主义有哪些区别?现代资本主义文化中的现代主义和后现代主义扮演了怎样的角色?对资本主义社会有哪些影响?都是值得研究的问题。

以上六个专题构成了研究《资本主义文化矛盾》的基本问题,也是国内外学术界讨论西方资本主义的热点问题。

本书运用历时性兼共时性的方法,以英文原著核心术语为引领,深入考察了贝尔与艾略特、贝尔与浮士德精神、贝尔与虚无主义、贝尔与现代宗教思想、贝尔与现代性、贝尔与资本主义等国内外学界关注的热点问题,重在揭示《资本主义文化矛盾》的理论内涵,有助于读者比较全面而系统地认识贝尔对资本主义的批判分析,为我国现代化建设和思想文化建设提供借鉴。

佟　立

2021年12月18日

目 录
CONTENTS

绪　言

——开篇引文翻译的哲学思考

Where is the Life we have lost in living?

Where is the wisdom we have lost in knowledge?

Where is the knowledge we have lost in information?

——Thomas Stearns Eliot

Choruses from *The Rock*, 1934

我们在生活中丢失的生命在哪里？

我们在知识中丢失的智慧在哪里？

我们在信息中丢失的知识在哪里？

——T.S.艾略特

《磐石》(1934)合唱词

贝尔与艾略特是现代西方保守主义的重要代表。贝尔以艾略特的《磐石》前五句合唱词作为《资本主义文化矛盾》一书的开篇引文，寓意深远。笔者运用历时性与义理考证相结合的方法，对其内涵和寓意进行考证，提出两种翻译方案并加以比较，以再现艾略特对传统本体论问题——生命、智慧、知识及其价值的现代忧虑。指出艾略特的《磐石》和贝尔的《资本主义文化矛盾》，反映了他们共同关心的问题——现代资本主义社会的精神危机和信仰危机。贝尔与艾略特对现代资本主义社会的反省，深刻地揭示了资本主义现代化过程中的虚无主义问题。对上述问题的澄清，有助于从时代精神层面义理翻译经典文本。

世界名著《资本主义文化矛盾》(*The Cultural Contradictions of Capitalism*, 1976)是当代美国著名的哲学家、社会学家、文化保守主义思潮的重要代表——丹尼尔·贝尔的经典力作之一，在中外学界享有盛誉。贝尔以英国著名诗人、英美诗歌现代派的重要代表艾略特(Thomas Stearns Eliot, 1888—1965)的《磐石》(前五句合唱词)，作为《资本主义文化矛盾》开篇引文(Bell, 1978: Thomas Stearns Eliot, 1934: Choruses from *The Rock*)，内容如下：

The endless cycle of idea and action,
Endless invention, endless experiment,
Brings knowledge of motion, but not of stillness;
Knowledge of speech, but not of silence;
Knowledge of words, and ignorance of the Word.

——Thomas Stearns Eliot

Choruses from *The Rock*, 1934

遗憾的是《资本主义文化矛盾》没有记载贝尔对《磐石》的任何评论；国内外学界也往往忽视了贝尔为什么引用《磐石》合唱词作为《资本主义文化矛盾》开篇的意义，两者之间究竟存在着怎样的内在联系？译者如何理解这"五句合唱词"以及如何翻译本文？笔者认为这个问题值得研究。

一、文本寓意的双重性与隐喻解读

（一）关于"*The Rock*"的题解

按照现代英语词典关于"rock"的释义，主要为"roche（岩石）、ore（矿石）、reef（礁石）"等[①]，《辞海》将岩石分为火成岩、沉积岩和变质岩三大类。[②]岩石是人类早期工具的重要来源，在人类进化过程中具有重要意义。按照考古学有关"石器时代"的分期，可分为"旧石器时代、中石器时代和新石器时代"[③]，岩石一直是人类生活和生产的重要材料和工具。显然以上释义并不是艾略特的用法。艾略特关于"Rock"的用法，具有象征性和宗教哲学的色彩，"基督被称为万世的磐石，耶和华是我的磐石"（Christ is called the Rock of Ages，The Lord is my rock）[④]，"磐石被比喻为'可靠的基础，给予人保护和安全感'（特别是指关于基督，始于16世纪20年代（廷代尔）"[Rock is used figuratively for"a sure foundation，something which gives one protection and security"（espe-

① Joyce M. Hawkins & Robert Allen, *The Oxford Encyclopedic English Dictionary*, Oxford University Press, 1991, p.1249.

② 参见夏征农：《辞海》，上海辞书出版社，1999年，第2228页。

③ 中国社会科学院语言研究所词典编辑室：《现代汉语词典》，商务印书馆，1978年，第1040页。

④ Clarence L. Barnhart, Robert K. Barnhart, *The World Book Dictionary*, World Book-Childcraft International, Inc., 1981, p.1804.

cially with reference to Christ),from the 1520s(Tyndale)]。[①]上述释义提供了三个重要线索,一是时间线索,二是人物线索,三是《圣经》线索。

从时间线索看,16 世纪以后的欧洲,资本主义工商业得到了发展。贝尔认为,商人和制造业主创建了一个新世界。他说:“16 世纪后,中产或资产阶级对社会加以现代化革命,扭转了对军事或宗教的关切,把经济活动变成了社会的中心任务。”[②]这一时期,欧洲开启了现代化之路。从人物线索来看,欧洲的现代化之路与马丁·路德(Martin Luther,1483 年 11 月 10 日至 1546 年 2 月 18 日)倡导的宗教改革有关。马丁·路德为抗议罗马天主教会的禁锢,发动了一场宗教改革运动,宗教改革的思想核心是在上帝面前人人平等,因信称义,因信获救,因信得生,强调信仰的唯一依据是《圣经》,不是什么“赎罪券”,目的是使信仰重新回归《圣经》,揭穿了“赎罪券”的骗局,打破了罗马教廷对于《圣经》解释的垄断权。宗教改革运动促进了基督新教的兴起,表达了新兴资产阶级彻底摆脱罗马教廷的控制,反映了正在兴起的资产阶级要求自由、平等的愿望和反封建的思想,为资本主义的发展破除了精神束缚,瓦解了天主教会所主导的政教体系,为西欧资本主义发展和多元化的现代社会奠定了基础。马克思给予路德很高的评价:“他破除了对权威的信仰,却恢复了信仰的权威。”[③]

既然信仰的唯一依据是《圣经》,那么《圣经》是否存在着有关“Rock”的记载?经笔者查阅《圣经》(Bible)马太福音(Matthew),的确记载了耶稣(Jesus)关于“Rock”的布道言论(登山宝训 The Sermon on the Mount),他说:“所以,凡听见我这些话又遵行的,好比一个睿智的人(will be a discreet man),

---

① https://www.etymonline.com/word/rock,Rock is used figuratively for “a sure foundation,something which gives one protection and security”(especially with reference to Christ),from the 1520s(Tyndale),No.5,2021.

② Daniel Bell,*The Cultural Contradictions of Capitalism*,Basic Books,Inc.,1978,p.XVI.

③ 《马克思恩格斯文集》(第一卷),人民出版社,2012 年,第 12 页。

把房子建在磐石上(built his house on the rock)。倾盆大雨,洪水,狂风,冲击房子,房子却不倒塌(but it did not cave in),因为根基建在磐石上(for it had been founded on the rock)。凡听见我这些话却不遵行的,好比一个愚蠢的人(will be a foolish man),把房子建在沙子上(built his house on the sand),倾盆大雨,洪水,狂风,冲击房子,房子就倒塌了,而且倒塌得很厉害(and it caved in,and its collapse was great)。"[①]可见,艾略特以"*The Rock*"(磐石)为题,该题目引自《圣经》马太福音,具有重要的象征意义。

艾略特是象征主义(symbolism)诗人,他以"磐石"为象征,告诫西方现代人不要忘记"登山宝训",其隐喻之意在于传承"磐石"精神——做人做事须脚踏实地,夯实基础,切忌浮躁。艾略特看到了现代人的问题——狂妄自大,急功近利,目光短浅,好大喜功,人人梦想超越,却缺乏磐石基础,违背了西方传统的"磐石"精神。信仰的缺失使符号游离于真理之外,在组合的游戏中,符号获得了前所未有的解放。鲍德里亚(Jean Baudrillard)对此指出:"符号变得自由自在,无所牵挂,不再执着"[②]。海德格尔(Martin Heldegger)站在存在主义的立场,反思了形而上学与真理的关系,他认为形而上学不追问存在本身的真理。形而上学也从来不问人的本质是以哪种方式属于存在的真理,"形而上学迄今没有提出这个问题"[③]。针对西方现代人存在的问题,贝尔在《资本主义文化矛盾》中做了进一步的阐释,他说:"现代人的狂妄自大就表现在拒不承认有限性,坚持不断地扩张;现代世界也就为自己规定了一种永远超越的命运(is always beyond):超越道德(beyond morality),超越悲剧

① *Holy Bible*,*Contemporary English Version*,American Bible Society ,1995,p.990.

② Jean Baudrillard,Symbolizing Exchange and Death,in Lawrence E. Cahoone(eds.),*From Modernism to Postmodernism:An Anthology*,Blackwell Publishers,1996,p.438.

③ Martin Heldegger,Letter on Humanism,in Lawrence E. Cahoone(eds.),*From Modernism to Postmodernism:An Anthology*,Blackwell Publishers,1996,p.281.

(beyond tragedy),超越文化(beyond culture)。"[①]

(二)关于"The endless cycle of idea and action"的解读

现代英语"end",继承"中世纪英语"(Middle English)"ende"和古英语(Old English)"ende",该词源于"原始-日耳曼语"(Proto-Germanic)"andijaz",可以溯源到拉丁语(Latin)"antiae"和古希腊语(Ancient Greek)"ἀντίος"及"原始印欧语系"(Proto-Indo-European)[②],形成了现代英语"end"和现代德语"Ende"。主要指:"在时间和空间的终点"(the terminal point of something in space or time)[③],基本含义:结束、尽头、终端、死亡等。"end"+后缀"less","endless"继承了中世纪英语"endeles",源自古英语"endeleas",基本含义:无限的(boundless)、永恒的(eternal)。[④]其演化含义为无止境的,没有终点的,没有完结的,无期的"having no end"。所以贝尔认为,现代人不承认"有限性","坚持不断地扩张"。[⑤]否认有限性,坚持扩张性,使不确定性(indeterminacy)、不稳定性(instability)因素增多。把不确定性作为研究对象的现代阐释学,被称之为"不确定性的阐释学"(hermeneutics of indeterminacy)[⑥]。"无止境的""扩张的""不确定的"构成了现代西方社会的重要特征。

现代英文"cycle",源于拉丁文"cyclus",又源于古希腊文"κύκλος"(kúklos),指重复(reduplicated)、循环、周期、车轮(circle,wheel)等,[⑦]"the endless cycle"

---

①⑤ Daniel Bell, *The Cultural Contradictions of Capitalism*, Basic Books, Inc., 1978, pp.49-50.

② Eric Partridge, *Origins: A Short Etymological Dictionary of Modern English*, Routledge & Kegan Paul, 1958, p.182.

③ Thomas Longman, *Longman Dictionary of Contemporary English*, The Pitman Press, 1978, p.361.

④ See Noah Webster, *Webster's Third New International Dictionary*, *Springfield*, *Massachusetts*, G. &C. Merriam Company, 1976, p.748.

⑥ Ihab Hassan, *The Postmodern Turn: Essays in Postmodern Theory and Culture*, The Ohio State University Press, 1987, p.93.

⑦ C.T. Onions, *The Oxford Dictionary of English Etymology*, Oxford University Press, 1979, p.239.

的基本含义为无限循环。

现代英文“idea”这一术语源自拉丁文“idea”，希腊文“idéā”以及古法语“idée”。idea(理念、观念)是柏拉图哲学(Platonic philosophy)的重要概念，[①]原型，或纯粹的非物质模式(an archetype, or pure immaterial pattern)，“εἴδω”(eídō, “I see”)[②]，指眼睛看到的东西，柏拉图将其引申为用“心灵的眼睛看到的东西”，指给予一事物以抽象的原型(An abstract archetype of a given thing)。柏拉图认为，只有“理念”是真实的，存在着不依任何个人判断为转移的客观标准。所以，“圆”的定义并非是任意而为的事。实在的“圆”就是圆的“理念”，即圆心点与各个端点等距，而且封闭。它是通过“心灵”来把握的。

问题恰恰在于，如果“心灵”出了问题，因利益、欲望、诱惑等原因，人们是否能把握真理(truth)是否能辨别谎言?如果欲望膨胀了，权力膨胀了，那么“不依任何人判断为转移的客观标准”是否会受到冲击和影响? 当权力毫无限制时，“指鹿为马”“颠倒黑白”的现象就会不可避免地发生。所以古希腊人创造了“爱智慧”(philo-sophia)这个动宾结构的术语，即热爱知识(love of knowledge)，追求智慧(pursuit of wisdom)，系统调研(systematic investigation)。爱智慧又称“哲学”(philosophy)。“爱智慧”的意义在于辨别“真理与谬误、正义与非正义、公平与非公平、平等与非平等、真命题与假命题”等，更在于“坚持真理”，“戳穿谎言”。“警惕谎言”是防止骗子的常识。按照利科(Paul Ricoeur)的看法，巧舌如簧之“巧妙言说”，是“企图通过支配词语而支配人的权力”[③]；按照柏拉图的看法“话语的力量使小事变大，或者相反”[④]，都不属于

---

① C.T. Onions, *The Oxford Dictionary of English Etymology*, Oxford University Press, 1979, p.459.

② Elizabeth J. Jewell, Frank R. Abate, *The New Oxford American Dictionary*, Oxford University Press, 2001, p.844.

③④ [法]利科:《活的隐喻》，汪堂家译，上海译文出版社，2004年，第3页。

“真实言说”。柏拉图在《申辩篇》中记载了苏格拉底(Socrates)对“谎言”的批判。“我非常清楚我的坦率言论是你们厌恶我的原因,但这样一来反而更加证明了我说的是实话,我已经准确地揭示了哪些污蔑我的流言蜚语的性质,指出了他们的根源。无论你们现在还是今后对这些事情进行检查,都会发现我刚才说的是事实。”[①]约翰 E.彼德曼(John E. Peterman)在《柏拉图》的序言中指出:“撒谎、欺骗似乎是我们人类社会的事实,也正是由于这个原因,康德想方设法压制这种能力。”[②]利科在《历史与真理》中认为,谎言是“统治阶级实施宰割所使用的语言工具”[③]。语言哲学的重要任务之一,就是辨别真伪,区分真伪命题。恩格斯指出:“一个民族想要站在科学的最高峰,一刻也不能没有理论思维。但理论思维仅仅是一种天赋的能力。这种能力必须加以发展和锻炼,而为了进行这种锻炼,除了学习以往的哲学,直到现在还没有别的手段。”[④]而在现代资本主义时期,柏拉图的“理念”在现代人那里发生了改变,蜕变为现代人追求“金钱”的各种各样的“想法”(idea)和“行动”(action)。“资本是人性在其丧失的绝对崇拜物;因此,马克思主义是正确的;在一个被金钱范畴支配的世界里,思想和语言是个绝对崇拜物的变量。”[⑤]如纽曼所说:“所有的人都腰缠万贯,然而,所有的人都一无所有。从来没有谁能忘记自己整个精神的突然贬值,因为它的匮乏太令人触目惊心了。”[⑥]

现代英语“action”,源于中世纪英语“accion”,亦源于古法语“accion”和

---

① [古希腊]柏拉图:《柏拉图全集》(第一卷),王晓朝译,人民出版社,2002年,第10页。

② [美]约翰 E.彼德曼:《柏拉图》,胡自信译,中华书局,2002年,第4页。

③ [法]利科:《历史与真理》,姜智辉译,上海译文出版社,2003年,第92页。

④ 《马克思恩格斯选集》(第三卷),人民出版社,1972年,第467页。

⑤ [法]利科:《历史与真理》,姜智辉译,上海译文出版社,2003年,第102页。

⑥ Charles Newman, *The Post-Modern Aura: The Act of Fiction in an Age of Inflation*, North Western University Press, 1985, p.8.

拉丁语“actionem”[①]。基本含义为行动、做或做的行为(act of doing or making)、“活动”(doing thing)、“行为”(something done)等,其隐申含义为“表演”(performance,the posture,gesture,gesticulation,etc. of an actor or speaker)[②],“故事”(the action of ‘Hamlet’ takes place in Denmark),“身体动作”(a movement of body)等含义,[③]这样做是为了达到所做之目的。

第一句的基本含义,具有双重性:“思想或想法(idea)和行动或表演(action)的无尽循环(endless cycle)”。

(三)关于“Endless invention,endless experiment”的解读

“invention”这个词是从古法语借用而来的(borrowing from Old French invencion,envention),源于拉丁文“inventio”。基本含义指发明、创意等。值得注意的是,拉丁文 “inventio”有“虚构的”(a story,explanation etc. that is not true)含义[④]。美国学者哈桑在《后现代转折》中,用了三个含有虚构的“创新、革故、更新”的术语,如 “innovation”(创新、革新、新方法),“renovation”(鼎新革故),“novation”(更新),旨在说明现代人得意于无止境的“创新”或“新的想法”,也得益于“虚构”[⑤](Hassan,1987)。

现代英语“experiment”源于古法语“expérience”,继承了拉丁语“experimentum”[⑥],基本含义为“尝试,实验,试验”等。现代科学研究中的“experiment”,

① C. T. Onions, *The Oxford Dictionary of English Etymology*, The Clarendon Press, 1967, p.10.

② Jean L. McKechnie, *Webster's New Twentieth Century Dictionary Unabridged*, William Collins Publishers Inc., 1979, p.20.

③ 《朗文当代高级英语词典》,外语教学与研究出版社,2004 年,第 18 页。

④ Thomas Longman, *Longman Advanced American Dictionary*, Pearson Education Limited, 2000, p. 759.

⑤ Ihab Hassan, *The Postmodern Turn: Essays in Postmodern Theory and Culture*, The Ohio State University Press, 1987, p.89.

⑥ C.T. Onions, *The Oxford Dictionary of English Etymology*, Oxford University Press, 1979, p.337.

指用来检验某种新的假说、假设、原理、理论或者验证某种已经存在的假说、假设、原理、理论等，通常实验要预设“实验目的”“实验环境”，进行“实验操作”，最终以“实验报告”的新闻形式发表“实验结果”。而“试验”指的是在未知事物，或对别人已知的某种事物而在自己未知的时候，为了了解它的性能或结果而进行的试探性操作。试验，是实验的一种，具有“试探性”的特点。

“Endless invention，endless experiment”的基本含义，具有双重性：无止境的（Endless）发明或虚构（invention）和无休止的（endless）实验或尝试（experiment）。在分析第一句和第二句唱词的基础上，针对“现代人无止境的思想或想法、行动或表演、发明或虚构、实验或尝试”，那么贝尔在《资本主义文化矛盾》中有何看法？是否应该对他们的那种欲望加以限制？贝尔在 1978 年英文版《资本主义文化矛盾》的再版前言中，对此做了明确回答：“我们正探索一种新语言，它的关键词看来是‘限制’：对增长的限制，对掠夺环境的限制，对武器的限制，对生物界横加干预的限制。当然，如果我们对经济和技术实行一系列限制，我们是否同时也限制一下那些超出道德规范、同魔鬼拥抱并误认这也属于‘创造’的文化开发活动呢？我们是否要对‘狂妄自大’加以约束？回答这个问题便可解决资本主义的文化矛盾及其自欺欺人的孪生现象，现代性文化。剩下的问题只是去解决经济与政治的世俗矛盾罢了。”[①]需要说明的是，艾略特使用的“endless”（无尽）涵盖了四个方面的内容，具有双重性：思想、行动、发明、实验（想法、表演、虚构、尝试）。

（四）关于“Brings knowledge of motion，but not of stillness”的解读

现代英文“bring”，源于古英语“bringan”，亦源于古日耳曼语（from Proto-

① Daniel Bell，*The Cultural Contradictions of Capitalism*，Basic Books，Inc.，1978，Foreword，p.XXIX.

Germanic)“brangjanan”[①],基本含义为“带来、促使、引起”等。现代英语“knowledge”,继承了中世纪英文“knowleche”。“know”含有“心灵词汇:知道、认出、识别”(to know,recognize)[②]。know +后缀 leche,其含义为发现,得悉,查明,承认、确认(to find out,acknowledge)。“knowledge”的含义可概括为知识、学问、知道、认识、学科等。

现代英文“motion”,源于盎格鲁-诺曼语(From Anglo-Norman)“motion”和古法语“from Old French mocion”,现代法语(Modern Frenchmotion)同源(source)拉丁语“motio”(movement,motion)。[③]内涵为动作,移动,手势,请求,意向等。包含各种“手势”(gesture,geste,hand signal)”,“用你的头或手做的单个动作, 尤指为了交流某事而做的动作”(a single movement of your head or hand,especially one made in order to communicate something)[④]。按照贝尔的看法,“每个动作本身就是一个事件”(each act is an event by itself),“实际上,作为成果的作品就融解到动作中去了,批判家也是如此”。[⑤]因此,任何与“动作”有关的东西——心理学、哲学、历史、神话、英雄崇拜等(语言交流、心里交流的动作),莫不如此。现代人的“手势”内涵,又包含了“比比划划”“摇头晃脑”的含义。

现代英文“stillness”,继承了中世纪英文“stilnesse”,源自古英语“stilnes”。基本含义为静止、沉静、安静(quietness)、平静(calmness)、宁静 (tranquility)、沉默(silence)、静谧(quiet)、寂静(hush)等。[⑥]

---

① Eric Partridge, *Origins: A Short Etymological Dictionary of Modern English*, Routledge& Kegan Paul, 1958, p.59.

② [英]哈德编:《牛津英语词源词典》,上海外语教育出版社,2000 年,第 254 页。

③④ Elizabeth J. Jewell, Frank Abate, *The New Oxford American Dictionary*, Oxford University Press, 2001, p.1113.

⑤ Daniel Bell, *The Cultural Contradictions of Capitalism.*, Basic Books, Inc., 1978, p.124.

⑥ Jess Stein, *The Random House Dictionary of The English Language*, Random House, 1981, p.1397.

第三句的基本含义和隐申含义:基本含义为“带来(Brings)运动(motion)的知识,而不是“静止(stillness)的知识(knowledge)”;“motion”这个词包含了“动作”“手势”的含义。隐申含义为比比画画的。现代文化是动作的、手势的,是比比画画的。哈桑(Ihab Hassan)认为西方现代社会存在“胡写乱画的”(doodle)的现象。“stillness”这个词,除了指“静止”,还有“沉静”,隐申为“入静”,而“动作”“手势”“比比画画的”等,是“不入静的”。“不能入静的”其实是缺乏理性思考或缺乏深刻思想的表现,即“but not of stillness”。

(五)关于“Knowledge of speech, but not of silence”的解读

现代英语“speech”,继承了中世纪英文“speche”,源自古英语“spæc”,包含三个方面的含义(speech;discourse;language),亦源于古日耳曼语(from Proto-Germanic)“sprek”,基本含义“speech, language”,又源自原始印欧语系(Proto-Indo-European)“spereg”,基本含义“to make a sound”,同族同根荷兰语(Cognate with Dutch)为“speech”,德语“Sprache”(language, speech)。[①]总之,“speech”至少包含了三层含义:speech:演讲、讲话、演说、语音;discourse:论述、谈话、演讲;language:语言、文字。现代英语“silence”,源自古法语“silence”,亦源自拉丁语“silentium”(silence)。主要内涵为沉默,寂静,缄默,无言,无声状态等。

第四句表达的基本含义和隐申含义:

基本含义:“演说(speech)的知识,而非沉默的(silence)知识”。

隐申含义:“speech”这个词还有说出的“语音”的含义,是用“声音表达的知识”,即可言说的知识,具有“声音中心主义”(phonocentrism)的“在场的形而上学”(metaphysics of presence)的特征,却不能表达“不可言说的知识”。

---

① [英]哈德编:《牛津英语词源词典》,上海外语教育出版社,2000年,第452页。

"在场的形而上学"是建立在二元对立基础上的言语观,如灵魂的文字/肉体的文字、良知的文字/情感的文字、内在的文字/外在的文字等。良知是灵魂的声音,情感是肉体的声音。形而上学把存在的意义限于在场领域,由此形成了"语言学形式的霸权"[①]。

"silence"这个词有"无言"的含义。哈桑认为,从萨德到贝克特,西方文学表现的是"无言的旋律"(the strains of silence)[②]。

(六)关于"Knowledge of words, and ignorance of the Word"的解读

现代英文"word",继承了古英语"word",源自原始日耳曼语"wurd"。[③]主要指语言的最小单位,有独立意义的语言单元。概括为单词、话语、消息、诺言、命令等。现代英文"ignorance",源自古法语"ignorance"(ignore+-ance)。[④]基本含义为无知,愚昧;不知,不懂。缺乏智慧和知识(lack of wisdom or knowledge)。苏格拉底的一个重要命题是"不知为不知"[⑤],他说:"我还是比这人智慧;因为我们虽然没人真正知道美的和好的,他一无所知却自以为知道什么,而我既不知道也不自以为知道。看来我在这点上要比他智慧,这就是不知为不知。"[⑥]所以自知自己无知是可贵的品格,认识自己,发现自己的"无知",才能行进在"爱智慧"的路上。按照贝尔的看法,现代人丢掉了"不知为不知"的品性,滋长了"狂妄自大"[⑦]。

---

① Jacques Derride, The End of the Book and Beginning of Writing, in Lawrence E. Cahoone(eds.) *From Modernism to Postmodernism: An Anthology*, Blackwell Publishers, 1996, p.354.

② Ihab Hassan, *The Postmodern Turn: Essays in Postmodern Theory and Culture*, The Ohio State University Press, 1987, p.85.

③ C.T. Onions, *The Oxford Dictionary of English Etymology*, Oxford University Press, 1979, p.1012.

④ Ibid., p.461.

⑤⑥ [古希腊]柏拉图:《柏拉图对话集》(苏格拉底的申辩篇),王太庆译,商务印书馆,2004年,第30页。

⑦ Daniel Bell, *The Cultural Contradictions of Capitalism*, Basic Books, Inc., 1978, Foreword, p. XXIX.

第五句的基本内涵:用"语言(words)表达的知识,又对大写的语言(Word)无知(ignorance)",也可以理解为用"词"表达的知识,又对"词"无知。引申含义:小写的words,是对语言或词的无知,其实是对知识概念或定义的无知,大写Word是对信仰的无知或对智慧无知。在语言现象中,隐喻"渗透了语言活动的全部领域,并且有丰富的思想历程,它在行动思想中获得了空前的重要性"①。对信仰而言,按照利科的看法,"现象学是倾听的工具,回忆的工具,恢复意义的工具,为了理解而信仰,为了信仰而理解,这便是它的箴言"②。对信仰的解释,离不开象征、隐喻和语言启示,利科把宗教诠释学与语言哲学结合起来,他认为,只有通过对语言问题的思考,才能对人、神话、象征、仪式、梦境的思考。按照杰姆逊的看法,现代人丧失了"阐述深度",思想呈现的是"表层感"(Flatness)的特征,结果导致的是"一定深度的消失"(the disappearance of a certain depth)③。

二、两种翻译方案之比较

根据上述文本解读的基本内涵和引申含义,以下提供笔者的两种(英汉对照)翻译方案,探讨哪一种翻译方案,更接近艾略特的思想内涵,既具有时代现实性,又使读者易于理解。

(一)基本内涵翻译方案

The endless cycle of idea and action,

---

① [法]利科:《活的隐喻》,汪堂家译,上海译文出版社,2004年,第6页。

② 同上,第5页。

③ Fredric Jameson,Postmodernism or the Cultural of Logic of Late Capitalism,in Jameson,*New Left Review*,(146),1984,p.146.

思想和行动的无限循环,

Endless invention, endless experiment,

无穷的发明,无终的实验,

Brings knowledge of motion, but not of stillness;

带来运动却非静止的知识;

Knowledge of speech, but not of silence;

演说的知识,而非沉默的知识;

Knowledge of words, and ignorance of the Word.

用语言表达的知识,又对语言无知。

……

"翻译方案一"的特点是,符合英文原文基本内涵。尽管如此,但"义理"和"寓意"不够充分。如"思想和行动的无尽循环",具体寓意是什么,一般读者难以理解,主要原因是译文缺乏时代特点。如"无穷的发明,无终的实验,带来运动却非静止的知识",译文存在的问题是,人类有关"发明、实验"的知识,只是带来运动而非静止的知识吗?从义理看,显然不是这样。因为不符合"科学实验"的逻辑常识。

尽管"运动"是物质的根本属性和根本存在方式,但"静止"是不能被忽略而真实存在的现象。一是表现为在机械运动中,特定事物之间没有发生位置移动;二是事物处于量变阶段,没有发生根本性质的变化。实验科学家也必然需要对"静止"进行观察和研究。"永动机"无疑是个伪命题,绝对的运动和相对的静止是辩证统一的关系。静止是运动的特殊形式,无条件的绝对运动和有条件的相对静止构成了事物的矛盾运动。因此,任何"发明和实验",必然包含了运动和静止的知识。科学家如果无知于"静止",其发明和实验不可能成功。显然,艾略特在这里的寓意超出了科学意义上的"发明和实验",揭示了现代人急于超越的行为状态。第四句和第五句可以看作是艾略特对前三句的补充和脚注，即“演说的知识，而非沉默的知识；用语言表达的知识，又对语言无知”。

（二）引申含义翻译方案

The endless cycle of idea and action,

现代人的想法和表演无限循环，

Endless invention, endless experiment,

现代人的虚构和尝试永无休止，

Brings knowledge of motion, but not of stillness;

带来比比画画的知识，而非让人入静的知识；

Knowledge of speech, but not of silence;

传播演说的知识，而非缄默的知识，

Knowledge of words, and ignorance of the Word.

流行用词的知识，又对词一无所知。

……

“翻译方案二”的特点是，在原文基础上补了汉字“现代人”，指明与前现代的区别，增强“义理”性，在客观上有助于揭示资本主义现代社会“想法多，表演多，虚构多，尝试新事物多”等急于超越的现代主义特征，反映了现代人由于丢弃了传统——“磐石精神”而“急功近利”的问题。

从现代主义到后现代主义，知识以资讯的商品形态出现，按照利奥塔的看法，知识不再以知识本身为最高目标，知识的本质和价值观发生了改变。知识的差异性不在于“有知”与“无知”之间，而在于“有偿性知识”（payment knowledge）与“投资性知识”（investment knowledge）之间。[①]在现代人身上体现

① Jean-Francois, Lyotard, *The Postmodern Condition: A Report on Knowledge*, Manchester University Press, 1984, p.6.

为知识的工具性和商品化的逻辑，知识成为满足现代人的欲望工具和阶梯，因而知识就会像货币一样流通，现代性的商品广告，林立街头，浮躁、喧嚣、动作、手势、比比画画代替了“缄默”，也代替了真理，“创新”成了口头禅，传统中合理的因素，凡不能表现我如何，或不足以表现我的主张，会被轻而易举地抛弃，并迅速组装一套应时应景的“新概念”，却是未经检验的“新概念”。

现代人更喜欢使用新词，新词语不断翻新，人人用新词，甚至不知新词的确切含义，导致永恒意义的悬搁，用“聪明”代替“智慧”，用“流行”替代“经典”，用“金钱”填补“欲望”，传统的信仰和伦理观念沦为过时，规则被潜规则打破，进入一种浮士德式的困境，在超越中迷茫。浮躁式的超越则难以“入静”，丧失了对真理和理性的深入思考，把“认识你自己”和“不知为不知”的命题，也已沦为过时，导致虚无主义四处弥漫。

笔者认为，翻译方案二，尽管汉译增加了“现代人”，则可接近艾略特的哲学思想。如艾略特说：“我们的一切知识使我们更接近无知（All our knowledge brings us nearer to our ignorance），我们的一切无知使我们更接近死亡（All our ignorance brings us nearer to death），但是接近死亡并不更接近上帝（But nearness to death no nearer to God）。”（Thomas Stearns Eliot，1934：Choruses from *The Rock*.）

三、义理翻译启示

我国晋代著名学者葛洪在《抱朴子·钧世》中指出：“今诗与古诗，俱有义理”，如《二程遗书》卷十八所载：“或读书讲明义理；或记古今人物，别其是非；或应事即物而处其当，皆穷理也。”笔者认为，义理翻译是通过对原著中所包含的哲学义理在译文中的体现和阐发。所谓阐发，就是以问题为导向，从现代西方时代精神层面解读文本，这是通向义理翻译这五句合唱词的时代背景，以揭示原著中的哲学思想和文本寓意，使翻译文本具有时代现实性。

第一次世界大战后，资本主义社会经历了巨大的震荡，各种各样的社会苦难和矛盾，给人们带来了深重的灾难，使人们的心灵蒙上了阴影。西方知识分子对资本主义世界的经济危机和日益恶化的生存环境状况表露出忧虑、痛苦和悲观情绪。艾略特把西方世界比作万物枯死，生命衰竭的《荒原》(*The Waste Land*，1922)，工业雾霾和战争的乌云笼罩在欧洲的上空。在他的视界中，挣扎在欲海中的现代人，庸俗卑下，鼠目寸光，寡廉鲜耻，花天酒地，浑浑噩噩，投机取巧，做着发财梦……《磐石》表现出诗人的谴责、愤怒、失望和厌恶的情绪，把现实社会比作地狱，现代人在浑浑噩噩中走向死亡，成了没有灵魂的幽灵。按照艾略特的看法，西方现代人的信仰、理想和崇高精神消失了。

值得注意的是，贝尔与艾略特有一个共同的立场——"保守主义"(Conservatism)。艾略特是政治上的保守主义，贝尔是文化领域的保守主义，他们的立场基本一致，共同表现出对资本主义世界的精神危机和信仰问题的忧虑。这也是贝尔引用艾略特《磐石》作为《资本主义文化矛盾》开篇的一个重要原因。艾略特在《磐石》中提出了三个本体论问题，一是"我们在生活中丢失的生命在哪里？"(Where is the Life we have lost in living?)，二是"我们在知识中丢失的智慧在哪里?"(Where is the wisdom we have lost in knowledge?)，三是"我们在信息中丢失的知识在哪里?"(Where is the knowledge we have lost in information?)。(Eliot，1934：Choruses from *The Rock*)这三个问题构成了《磐石》的核心思想——生命的意义、智慧的意义和知识的价值，其本体为什么在现代社会被人们丢失？笔者认为把握这三个核心问题，是义理翻译艾略特富有哲学思想文本的译学基础。

首先，生命的存在是对生活存在的证明，对生命的无知其实是对人生意义的无知。生命哲学贯穿于20世纪的哲学流派,至今有重要影响。用生命的发生和发展来解释自然、宇宙,解释人与自然及其知识,形成了“尊重生命”“敬畏生命”的新观念。由于现代人对“财富”和“创新”的“超越”追求,却忽略了生命本身,形成了金钱的价值高于生命价值的倒影,导致生命意义的迷失。因而翻译艾略特的《磐石》需要把握生命高于财富的原则,进而理解西方现代人的价值观究竟出了什么问题,对问题的揭示和寓意的合理阐发是翻译文本尽力达到时代现实性和批判性的客观要求。

其次,由于现代人把知识看作流通和交易的工具,用“词语”“动作”“手势”代替了富有寓意的“深度阐释”,加之对使用语言的无知,导致了对真理的无知,由此混淆了知识与信息的区别,知识与智慧的区别,使现代人丧失的是透过现象看本质的思辨能力。按照艾略特的看法,西方现代人的信仰、理想和崇高精神消失了,用杰姆逊的话说“阐释深度消失”了。因而翻译艾略特的《磐石》不能机械照搬词典给的有限概念,需要从知识价值与商品化的关系及词语的历时性演化,把握艾略特、贝尔等有关现代资本主义对人的欲望、异化,包括虚无主义、表层化,虚假超越性等,使翻译文本尽力符合原著的象征寓意。

最后,翻译《磐石》前五句需要把握现代资本主义社会的精神危机。贝尔在《资本主义文化矛盾》中认为,理性反思能力的滑坡和理性主义瓦解的过程,①使虚无主义乘虚而入,他援引了尼采的《权力意志》说明现代人不再回顾身后,甚至不再相信“信仰”,“我所谈论的是关系到今后两个世纪的历史。我所描述的是即将来临的事物,不会以其他的方式出现——虚无主义的降临(the advent of nihilism)。……因为眼下我们整个欧洲文化一直在走向一场大灾难(a catastrophe),伴随着扭曲不安的苦难岁月 ——慌张地、猛烈地,如

① See Daniel Bell, *The Cultural Contradictions of Capitalism*, Basic Books, Inc., Publishers, 1978, p.4.

同一条想要到达终点的河流,不再回头,也害怕回头"①。现代人热衷于"急于表达的知识",包括所谓"动作、手势(motion)的知识""演说(speech)的知识"等,都包含了可变性,一个人可以扮演几个角色,"迫使人的灵魂变得强硬而又多变(protean)",②结果造成了对常道或常识的无知。人们热衷于用"新词"表达所谓"新知识",结果是对常识和真理的无知。因为"我们的无知,使我们更接近死亡或毁灭。接近死亡并不能接近上帝"。这是艾略特为拯救西方现代文明的危机发出的警报。

《磐石》深刻地表现了现代人的精神危机、浮躁的品行和不断膨胀的欲望,对现代西方文明提出了质疑,表现了知识分子对社会现实的厌恶和幻灭感,反映了现代资本主义"现代性"的真正问题——信仰危机。信仰问题正是《资本主义文化矛盾》讨论的核心问题。如贝尔所说:"现代性的真正问题是信仰问题(The real problem of modernity is the belief),用不时兴的术语表达,它是一种精神危机,因为这种新的思想锚地充满了虚幻而旧的信念已被淹没。如此局势将我们带回到虚无主义。由于既无过去又无将来,我们正面临着一片空白。"③按照艾略特的看法,"二十世纪的天堂轮转(The cycles of Heaven in twenty centuries),使我们离上帝更远,离尘土更近(Bring us farther from God and nearer to the Dust)"(Eliot,1934:Choruses from The Rock)。尽管《磐石》有悲观主义的色彩,但它真实地反映了现代资本主义社会的精神状况。

参考文献

1.Charles Newman,*The Post-Modern Aura:The Act of Fiction in an Age of*

① Daniel Bell,*The Cultural Contradictions of Capitalism*,Basic Books,Inc.,Publishers,1978,p.3.

② Ibid.,p.4.

③ Daniel Bell,*The Cultural Contradictions of Capitalism*,Basic Books,Inc.,Publishers,1978,pp.28–29.

Inflation, North Western Universith Press, 1985.

2.Daniel Bell, *The Cultural Contradictions of Capitalism*, Basic Books, Inc., 1978.

3.Fredric Jameson, Postmodernism or the Cultural of Logic of Late Capital–ism, in Jameson, *New Left Review*, (146), 1984.

4.*Holy Bible*, *Contemporary English Version*, American Bible Society, 1995.

5.Ihab Hassan, *The Postmodern Turn: Essays in Postmodern Theory and Culture*, The Ohio State University Press, 1987.

6.Jean Baudrillard, Symbolizing Exchange and Death, in Lawrence E. Ca–hoone (eds.), *From Modernism to Postmodernism: An Anthology*, Blackwell Pub–lishers, 1996.

7.Jacques Derride, The End of the Book and Beginning of Writing, in Lawrence E. Cahoone (eds.), *From Modernism to Postmodernism: An Anthology*, Blackwell Publishers, 1996.

8.Jean–Francois, *The Postmodern Condition: A Report on Knowledge*, Manch–ester University Press, 1984.

9.Martin Heldegger, Letter on Humanism, in Lawrence E. Cahoone (eds.), *From Modernism to Postmodernism: An Anthology*, Blackwell Publishers, 1996.

第一章　贝尔与浮士德精神

The profane itself leads only in two directions to a life of novelty and hedonism(and eventually debauch),or to what Hegel called "the self-infinitizing spirit,"the search which carries man toward the reach of absolute,God-like knowledge. Men have often sought to reach for both. The symbol of the quest for human self-aggrandizement is,of course,Faust,the figure in which an entire recognized its mind and soul,its unhappy and divided consciousness,if not its destiny.

——Daniel Bell

亵渎本身仅有两种发展方向:要么导致一种新奇与享乐(最终是放荡)的生活,要么导致黑格尔所谓的"自我无限扩张",也就是使人获得神一般无所不能而又绝对的知识。人往往同时追求这两种前景。追求人的自我扩张的象征当然要数浮士德了,在这个人物身上一整个时代辨认出自己的思想和灵魂,自己不幸的分裂意识,如果不是自己的命运的话。

——丹尼尔·贝尔

浮士德精神一直以来是人们不断关注和探讨的话题，贝尔作为一个文化评论者在《资本主义文化矛盾》中结合时代特征和自身理论背景也阐述了自己的独特见解。文章选取了该著作中三组九个重要的核心术语，并按照贝尔对浮士德精神相互矛盾的两个方面的理解，以及对其进行评价和分析的逻辑顺序将这些术语分组排列，详细而全面地论述了贝尔视界中的浮士德精神。

贝尔认为浮士德是第一个现代人，在他的身上整个时代都能辨认出自己的分裂意识。[①]一方面是无限扩展的自我意识，不断地寻求超越，以期获得如上帝般的绝对知识；另一方面又不放弃世俗社会的新奇享乐，不加限制的经验和欲求。贝尔认为这种相互矛盾的追求，既是浮士德的困境也是自我意识狂妄的现代人的真实写照。在西方社会盛行了一个多世纪的现代主义，给西方文化史带来创作高峰的同时也使文化失去了一致性。现代主义文化的特征，表现为浮士德式的自我表现和自我满足。这种对自我的强调，使人们一度相信人能够超越必然，追求如上帝般的绝对知识。文化一致性的丧失使得艺术冲动脱离了道德限制获得自治，自我和经验变得至高无上，成为人们衡量一切的标准。艺术和生活的界限越来越模糊，人们要将文化中表现的都一一实现，经济领域也日益被动员起来不断满足人们新的欲求，到处充斥着物质消费，享乐主义盛行。这种无限的扩张被贝尔称作“经济冲动力”，以往它总是受到宗教制约性即“宗教冲动力”的限制。但是到了现代，宗教日益衰败，传统权威遭到摒弃，现代主义强调的是现在和未来，过去与现在发生了断裂。由于信仰的缺失，人们在精神上普遍出现了对空虚的恐惧。贝尔认为现代人如浮士德不断地变换和追求，像普罗透斯般难以捉摸，而这种现世的生活也如七层地狱般痛苦。[②]作为生活于美国文化边缘的犹太裔，贝尔曾深

---

① 参见[美]丹尼尔·贝尔：《资本主义文化矛盾》，赵一凡、蒲隆、任晓晋译，生活·读书·新知三联书店，1989 年，第 209 页。

② 同上，第 213 页。

感精神焦虑之苦，出于对传统和权威的尊重他对现代人浮士德的困境提出了向宗教回归的救赎方案。

笔者对浮士德精神的分析进行了理论特征的总结，并且对贝尔关于浮士德精神的新解进行了客观和全面的评价。贝尔关于浮士德精神的论述和研究不管从理论还是现实意义来说，对我国的社会文化和现代主义问题的研究都有重要的启发性，尤其是对我国传统文化的认识定位和传承弘扬。

第一节 研究现状综述

随着科学技术的突飞猛进和经济的迅速增长，我们用几个世纪便实现了几千年来古人所向往的“上天入地”的梦想，从时空的感知角度看社会正日益自由；而与此同时，大众消费的兴起、享乐主义的盛行及功能专门化的发展，社会似乎越来越非人格化。正如美国著名的社会学家丹尼尔·贝尔在《资本主义文化矛盾》中所指出的那样“现代社会是一个日益非人格化的社会，还是一个日益自由的社会”[①]呢？一边不断进取，一边享乐奢靡，这种并存的矛盾现象不禁让我们联想起了经典文学形象——浮士德。被贝尔称之为“第一个现代人浮士德”早在15世纪的德国便有与之相关的历史传说，如今在世界各地蔚然成风已经形成了一种“浮学”研究。经过几个世纪不同浮士德形象塑造者的演绎，他身上所展示出来的违背宗教、反抗权威、永不满足、超越限制的重要主题，体现出了善与恶、灵与肉、神圣与世俗、无限与有限的主要对立，凸显了不同历史环境下的时代精神和与之相适应的人性表现，所有这些集中起来便形成了浮士德精神。

① [美]丹尼尔·贝尔：《资本主义文化矛盾》，赵一凡、蒲隆、任晓晋译，生活·读书·新知三联书店，1989年，第140页。

围绕浮士德的相关资料在西方可谓卷帙浩繁，表现形式也是丰富多彩，如诗歌、绘画、音乐、小说、电影……根据汉斯·亨宁（Hans Henning）1976年出版的关于浮士德传记记录的故事版本就有达一万多种。其中具有代表性的有英国剧作家马洛（Christopher Malowe）的《浮士德博士的悲剧故事》、歌德的《浮士德》、布尔加科夫（Bulgakov）的《大师与玛格丽特》、托马斯·曼（Thomas Mann）的《浮士德博士》。最著名、讨论最多的要数歌德用毕生精力塑造的最经典、最复杂、最神秘的史诗歌剧《浮士德》。正如范德兰（J.M van der Lan）在《歌德的浮士德之意义探寻》（*Seeking Meaning for Goethe's Faust*）中评价的："从某种意义上讲，所有关于浮士德的文本或者促成或者源于歌德的这一伟大歌剧"。[①]正是由于这种多样性、复杂性及典型性，人们从不同的时代、角度和立场出发，对"浮士德精神"这一问题提出了各自不同的理解。

德国诗人海涅于1832年所写的《论浪漫派》一文中认为："德国人民自己便是那博学多识的浮士德博士，那位唯灵主义者，他凭着心灵，终于理解到，精神不能满足他的欲望，从而要求物质的享受，并把固有的权利还给肉体。……但是，在那部诗作里如此深刻地预言过的事情，还得经过相当时间，才会在德国人民那里得到实现，德国人民才会心领神会，深刻认识到精神的僭越，要求恢复肉体的权利。那时候就要爆发革命，这是宗教改革的伟大女儿。"[②]面对封建势力强盛，资本主义发展缓慢的德国，海涅认为浮士德追求物质享受、反对教会的虚伪和禁欲主义所体现出来的精神，就是整个德国人民应该领会和拥有的品质，即资产阶级上升阶段不断扩张的精神。

西方马克思主义学派的创始人和重要代表卢卡契在长篇论文《〈浮士德〉研究》中对于普希金将歌德的《浮士德》称为现代生活的《伊利亚特》表示

---

① J.M.van der Laan, *Seeking Meaning for Goethe's Faust*, Continuum Interna-tional Publishing Group, 2007, p.13.

② ［德］亨利希·海涅：《论浪漫派》，张玉书译，人民文学出版社，1979年，第57页。

极力赞同,认为它"写的是一个人的遭遇,可是作品的内容是整个人类的命运"[①]。在文章中他主要运用马克思主义理论中的辩证法和历史唯物主义分析了浮士德的唯物主义精神,认为他的无限追求,抛弃学究式的生活,从"小世界"到"大世界"的实践活动:一方面,是对形而上学的否定,宗教禁欲主义的反叛,"人作为肉体和精神的个性是可以在此岸得以完善的。而且这种完善是在掌握外在世界、把自己的自然属性提高到精神、文明和和谐的高度但又不失去其自然性的基础之上的完善"[②]。另一方面,也是浮士德在认识上的深化,即从认识本身、认识与自然及认识与实践相互关系的不断推进。

此外,除了对浮士德精神主要持肯定态度,也有对其进行极力的贬低。海尔曼·迪尔克在1901年出版的《一种新的浮士德解释》中指出,天才的浮士德最后沦为了庸人,因为他放弃魔术后便丧失了天才超人的本质,从而停止了无限的追求沦为庸人,最后精神上也盲目了。另一个就是伯姆,他在1933年发表的《非浮士德的浮士德》中认为浮士德代表着一种"精神上的巨人主义",是不知满足的自我分裂的怪人。他是与魔鬼结盟的冒险家,而非人类的象征。这种完全否定的态度在二战后尤为突出,在战败情绪的影响下一些西方《浮士德》的研究学者都把浮士德看作否定的象征形象。

到了现代,随着各种理论的发展,西方关于浮士德的研究者也以西方批判理论、女权主义、生态主义、后殖民主义、人类学、心理学、视觉研究等为依据进行了大量而广泛的研究。美国著名的社会学家和思想家丹尼尔·贝尔在兼顾《浮士德》创作背景的前提下,立足于当代资本主义和整个时代的发展现状,在《资本主义文化矛盾》中从文化哲学和社会学的角度对浮士德精神进行了新的解读。他认为浮士德精神是一种资本主义"经济冲动力"的象征,

---

① [匈]卢卡契:《卢卡契文论文选》(第1卷),《论德语文学》,范大灿编选,人民文学出版社,1986年,第209页。

② 同上,第311页。

追求着人的自我扩张,他自强不息,但断裂了与过去的联系。当宗教约束力耗散以后,经济上的功能理性与文化上的自我满足和无限扩张,导致了资本主义的文化矛盾,原本的神圣领地遭到亵渎,浮士德不是普罗米修斯,而成了多变的普罗透斯。贝尔认为在歌德的心中不是一个,而是存在着三个浮士德:第一个浮士德即《原稿浮士德》,对知识的极力渴求,希望"通过知识追求梦想不到的控制物质世界的力量"[①],然而当孜孜以求的知识无法解释现实本身时,转向了魔法;第二个浮士德即放弃了思考和研究,与靡菲斯托签订契约便开始放纵,沉迷于和葛丽卿的爱恋中,"投入自我混乱的令人眩晕的漩涡"[②],使葛丽卿成为赎罪的牺牲;第三个浮士德从个人世界走向了整个人类世界,探索帝国、科学,致力于建立一个"自由的人民生活在自由的土地上"的人间乐园,而最终这一切都成了他的幻想。

在国内关于浮士德精神的研究主要是以歌德的经典诗剧《浮士德》为中心展开探讨的。在作品翻译方面主要有六个全译本,各具特色,并且越来越注重对原本的研究和解读,也增加了大量关于西方《圣经》知识和古典文化的注释。译者分别是:郭沫若(人民出版社,1954 年)、钱春绮(上海译文出版社,1989 年)、樊修章(译林出版社,1993 年)、绿原(人民文学出版社,1994 年)、董问樵(河北人民出版社,1996 年)、杨武能(广西师范大学出版社,2003 年)。除了翻译,国内学者对于浮士德精神的研究全面而深刻。较早关于《浮士德》研究影响最大的要数郭沫若,他于 1919 年夏至 1928 年期间断续地译完《浮士德》第一部,1947 年用不足 40 天的时间集中翻译完了第二部。并且发表了长篇学术论文《〈浮士德〉简论》,在这篇论文中,他运用马克思主义哲学思想和美学观点对《浮士德》做了全面、系统的论析,指出它是一部灵魂的

---

① [美]丹尼尔·贝尔:《资本主义文化矛盾》,赵一凡、蒲隆、任晓晋译,生活·读书·新知三联书店,1989 年,第 210 页。

② 同上,第 211 页。

发展史,一部时代精神的发展史,并用“人民本位主义”的观念来解释浮士德所“驰骋”着的那个“乌托邦式”的“幻想性”——“在自由的土地上住着自由的国民”,指出了浮士德精神中蕴涵着人民意识的觉醒。国内《浮士德》研究的著名学者冯至,在其著作《论歌德》中概括性地指出“浮士德一生所向往的,是把不可能变为可能,最终是‘越来越不幸地转了回来’”[①]。他认为孜孜不息、向上追求既是浮士德的精神,也是《浮士德》这部作品的主导精神,更是《浮士德》成为悲剧的根本原因。董问樵在《〈浮士德〉研究》中对浮士德精神有专门的研究,他对“浮士德精神”做了限定,认为它是指浮士德这种人物的精神,而不能将其与《浮士德》这部书的精神相混淆。在著作中董问樵主要运用了马克思主义唯物辩证法的思维方式，将浮士德精神概括为永不满足现状、不断追求真理及重视实践和现实,这三者是不可分割、相互制约的。总体可以概括为不断努力进取,或者自强不息、精进不懈的精神。杨武能在《走近歌德》和《德语文学大花园》等著作中也专门对浮士德精神进行了详细的论述。他认为“浮士德精神”具有十分丰富、多方面的内容,不能将其简单定义化,“须知,所谓‘浮士德精神’,就是诗剧主人公以其一生的奋斗、失败、再奋斗所体现出来的全部人生态度和精神追求”[②]。它是在资本主义上升阶段所体现出的一种不断拼搏进取,追求至高至深,把个人自我扩展为人类自我道路上无所畏惧的积极进步的人生观和世界观。余匡复在专著《〈浮士德〉——歌德的精神自传》中将浮士德精神与歌德的精神并提,认为它是对事业和理性的追求,体现了一种对文化和科学的永不满足、不断进取的精神。

此外还有许多学者从哲学、生态学、社会学、宗教等方面对《浮士德》进行了研究。董新祥和复守祥从哲学角度对《浮士德》进行了解读,董新祥认为浮士德身上体现了“灵”与“肉”的矛盾,蕴含着自然欲望与道德理性、自由与

① 冯至:《论歌德》,上海文艺出版社,1986 年,第 94 页。

② 杨武能:《走近歌德》,河北教育出版社,1999 年,第 319 页。

必然等深刻的哲学命题。复守祥在《理性悲剧〈浮士德〉：人类灵魂与时代精神的发展史》中从理性悲剧角度剖析了浮士德的悲剧，体现了人类历史的发展现状与永恒的二律背反。唐果在《浮士德精神与生态批评刍议》中指出了浮士德精神在生态上明显的局限性，毫无顾忌地征服自然，满足人类欲望，是一种人类中心主义。范江萍在《灵魂之旅还是社会之行》中从社会学的角度分析了我国在研究《浮士德》中存在从政治功利性、阶级论及经验层面等的现象。张晔在《"浮士德精神"新解——"欲望""基督精神"及"人性"升华说》中从宗教的角度提出了"基督精神升华说"，认为浮士德通过对人类自身能力的充分信任，不断完善自我，突破了上帝"他救"的框架，进行着主动的"自救"，是一种对"基督精神"的扩充和升华。

浮士德之所以会在世界范围内引起各国学者广泛的讨论和思考，主要是由于从他身上可以读到那些一直困扰整个人类的永恒话题——善与恶、灵与肉、神圣与世俗……他身上所体现出来的精神在不同的文化背景、历史时期，便会引发出不同的思考和启示，暗示着我们去不断追寻问题的答案。

虽然国内外学术界对浮士德精神及歌德的《浮士德》进行了广泛的研究并取得了较大的成果，但是对于浮士德精神的探讨仍存在一些不足，需要我们进一步加强。首先，从研究角度而言，国内外对于浮士德相关的研究在故事情节、表现手法、人物形象等文学角度研究较多，哲学角度的研究偏少；其次，从对浮士德精神的哲学研究角度来说，多从认识论、实践、宗教哲学等角度阐释，利用现代主义理论阐释较少；最后，从对浮士德精神的研究背景方面来说，多以启蒙运动的历史背景来解读浮士德精神，肯定他的不断奋斗、追求，较少立足于现代社会对其进行重新解读。为继续深入研究浮士德精神，本书以丹尼尔·贝尔《资本主义文化矛盾》中浮士德精神的核心术语为切入点来重新解读浮士德的困境，发掘其中的精神内涵。

第二节 浮士德精神的产生

丹尼尔·贝尔生前是哈佛大学的终身教授，因其独特的组合型思维倾向，同学们私下叫他“圣三一教堂”，虽有些不恭但传神地指出了其思想特点。就如贝尔本人所说：“为便于读者了解我著作中的观点，我以为应该首先申明立场：本人在经济领域是社会主义者，在政治上是自由主义者，而在文化方面是保守主义者。”[①]正是这种独特性，使他在美国学者中与众不同。贝尔出生于纽约一个犹太移民家庭，自幼在穷街陋巷里长大，深谙底层社会的艰辛和困苦，又加之文化上的同化压力使得他一直关注社会现实，而同时又能“身在其中又置之度外”。贝尔青年时期曾积极参加左翼文化运动，在马克思主义经济和社会学说的影响下，选择了社会学作为自己的专业方向。在哥伦比亚攻读硕士和任教初期，正直左翼文化运动退潮，在重建“新自由主义”学术思潮体系影响下，贝尔积极参加了战后的历史反省和文化大讨论活动，并提出了著名的“意识形态的终结论”。这一时期确立了他居于社会主义与资本主义之间的政治自由主义立场，开始从内部对资本主义进行批判。经过20世纪60年代的政治冲突与文化骚动，在70年代初新自由主义体系趋于瓦解，取而代之的是日渐强盛的新保守主义思潮。贝尔注重信仰和权威，维护文化的延续，对资本主义文化矛盾针砭时弊，在文化上采取保守主义的立场。作为处于美国文化边缘的移民后裔，贝尔深感“精神漂泊者”的精神焦虑。犹太思想传统、欧洲文化背景及俄国革命的影响，贝尔的这种独特的处境，使他在面对美国等资本主义社会现状时，获得了与其他学者不同的比较

① [美]丹尼尔·贝尔：《资本主义文化矛盾》，赵一凡、蒲隆、任晓晋译，生活·读书·新知三联书店，1989年，第20页。

和批判眼光。

从马克斯·韦伯的著作追踪下去,贝尔发现了资本主义精神中相互纠缠的两个方面,他称之为“宗教冲动力”和“经济冲动力”。在资本主义上升阶段,二者相互制约,前者的禁欲苦行造就如富兰克林般的资产者,他们精打细算、兢兢业业,后者的贪婪攫取表现了其开疆扩土、征服自然的浮士德式的想象和追求。然而随着资本主义的发展,这两种力量开始相互敌视,随着“宗教冲动力”的耗散,最终只剩下了“经济冲动力”,这种浮士德式的骚动激情便失去了原有的约束,资本主义获得了无限发展性,毫无限制、无神无圣。随着这种社会变化,人们在精神世界普遍出现了信仰危机,这一日益突出的问题引起了学者们的广泛关注。而对于浮士德这一西方传统精神形象的重新解读也成为需要继续探讨的重要问题,贝尔在《资本主义文化矛盾》一书中结合当今时代背景对其进行了详细而深刻的分析。

一、社会背景

“说不尽的《浮士德》”,之所以说不尽就在于随着社会背景的改变,我们再读经典《浮士德》的时候又可从中发现新的含义与启发。

以科技进步为核心的资本主义现代化在给人类带来辉煌的经济成就和知识成果的同时,也导致了工具理性的膨胀和异化问题的突出。就如北京大学历史学教授马克垚在其主编的《世界文明史》中指出的那样,“科学技术进步以致整个现代工业文明……是一个既能开启天堂之门,又能让黑夜降临人间的‘双面的雅奴斯’”[①]。

从 18 世纪 60 年代开始,科学技术的突飞猛进和社会生产力的巨大飞

① 马克垚主编:《世界文明史》(下册),北京大学出版社,2016 年,第 1021 页。

跃,在科技和经济领域到处都充斥着浮士德式的骚动激情。爱因斯坦创立的相对论、普朗克的量子能原理、伦琴发现了X射线及夸克理论等领域的发展,促进了工业技术的巨大飞跃。第三次技术革命中新科技和新产业的发展速度惊人:第一座核反应堆建成(1942年),第一台电子计算机诞生(1946年),第一批半导体晶体管产生(1947年),第一颗人造卫星上天(1957年),集成电路出现(1959年),激光诞生(1960年),遗传基因剪接和组合的实现(1973年)……世界工业生产量,在1850—1870年的20年中增长了1倍,而在1870—1900年的30年中增长了2.2倍,20世纪初的13年中又增长了66%。马克思在1848年的《共产党宣言》中曾形象地指出,"资产阶级在它的不到一百年的阶级统治中所创造的生产力,比过去一切世代创造的全部生产力还要多,还要大"[①]。这些凸显了人类前所未有的征服自然和改善自身生活的能力,人们的欲望得到了前所未有的释放和扩张。

伴随着科技、资本和权力的发展,环境问题、社会过分组织化、工具理性膨胀、异化问题(尤其是人的异化)等日益突出。首先,表现为环境污染、生态破坏、资源枯竭,如洛杉矶光化学烟雾事件前后造成全市四分之三的人患病,四百多人因五官中毒、呼吸衰竭而死。根据戴斯·贾丁斯《环境伦理学》的介绍,地球生命正面临着6500年前恐龙灭绝以来最大规模的消失,有人估计现在每天约有一百多个物种永远消失,空气、水、土壤等这些维持生命的资源正被惊人的污染或消耗,世界范围内的荒野、森林、湿地、山地等正在被开发而不复存在。就如歌德《浮士德》第三部中,浮士德决定献身实际工作,围海造田,控制自然为人类建造自由王国,结果操之过急导致两位无辜的老人葬身火海,而他听到的挖掘声不过是给他自己掘墓的声音罢了,一切都成了幻想。所有这些环境问题,都指向人类毫无节制征服自然的行为。

① [德]马克思、恩格斯:《共产党宣言》,中央编译出版社,2005年,第31页。

其次，在经济上为了追求最大利润，实行标准化、专业分工和官僚科层制，造成冷冰冰的技术统治，“由于受到效益定额、可预测性以及专门化的制约，人成了‘这台官僚机器隆隆运转程序’的附属品”[①]。20 世纪 20 年代初随着资本主义的进一步发展，出现了与之相适应的科学管理制度。在美国，泰勒首创了举世闻名的“泰勒制”，实行大规模生产流水作业，大大提高了劳动效率，同时也使传送带两边的工人整日保持高强度劳动，工人成了机器和传送带的附庸。从初期的资本扩张到管理制度的重心转移，企业形成了严格的官僚科层制。再加上 1929—1933 年席卷整个资本主义国家的经济大萧条等经济危机的影响，西方资本主义国家普遍加强了对经济的干预，国家垄断资本主义空前发展，从事相应管理工作的国家公职人员人数也是成倍增长。如法国政府的职能部门由 19 世纪的两三个部发展至二战后的 30 个，其公务员在 1982 年也增至 236 万人。

资本主义现代化的溢出效果越来越明显，已经成为世界性普遍关注的问题，并引起人们对资本主义的反思。尤其是两次世界大战，造成的疯狂破坏和对人民的残酷屠杀，使资产阶级宣扬的理性、人道、自由化为泡影。

资本主义的发展过程也是一种祛魅的过程，在这一过程中当“宗教冲动力”逐渐耗散之后，取而代之的现代主义文化由于内聚力越来越涣散，从而导致资本主义社会出现了精神危机。宗教作为与终极价值相关的意识形态，一直以来是人们解决生死等“不可理喻性”问题的努力，随着科学技术的进步及启蒙运动等祛魅过程的进一步深化，宗教权威破产。然而贝尔认为从 16 世纪开始贯穿于整个西方文明的现代主义文化到目前为止已经被消耗殆尽，日益琐碎无聊。它不仅本身成为一个亟待解决的问题更打破了原有文化的统一性，面对社会环境的迅速变化，人们失去了意义系统的解释，从而导

---

① ［美］丹尼尔·贝尔：《资本主义文化矛盾》，赵一凡、蒲隆、任晓晋译，生活·读书·新知三联书店，1989 年，第 140 页。

致日益突出的对空虚的恐惧。

自由和解放，是资本主义经济冲动与现代文化发展的共同根源，在资本主义上升阶段它们曾合力批判传统和权威，但随后二者之间却变成了一种敌对关系。当他们合作完成资本主义的开发工作后，资产阶级虽然在经济上贪得无厌和积极进取，但在道德文化上却保守顽固，极力维护经济和社会的稳定，推崇功能理性，反对与其截然相反的艺术灵感和多变趣味。而艺术家们则一再凸显“人”字，批判功利、制度化和拜金主义，破坏资本主义的传统价值体系，并逐步建立起与经济体制严重冲突的“文化霸权”。文化对资本主义的这种“叛逆”，源于资本主义自身的兴起。它首先使艺术家摆脱了王室和教会的庇护，按照自己的意愿创作，充分发挥他们浮士德式上天入地的想象和追求。现代主义艺术家提出“准确描绘并不等于真实”，应该表现生活中自我发现的真实，即“内在真实美”。19 世纪法国伟大的雕塑家罗丹创作了著名作品《夏娃》，他将夏娃由传统艺术中美丽少女的形象转变为中年妇女，肌肉松弛，皮下沉积了肥厚的脂肪。他用一个已经生育了众多子女而即将衰老的成年女性的身体，表现了对生命和人生更真实的感悟。达达主义的领袖人物杜尚更是独具新意，他向纽约独立美术家协会送交了一个男用陶瓷小便器，取名为《泉》，用以公开展示……随后这种破除一切限制，追求自由解放的风尚在其他文化领域也扩展开来，表现出了艺术家的创新精神和破坏意识。随着文化上的改造，在经济领域里大众消费兴起，早期资本主义崇尚的勤俭节约、不尚奢侈的传统观念已被摒弃，消费文化和享乐主义日益盛行。汽车、电影、广告、旅行等成为社会最活跃的因素。

资本主义在经济上似乎越来越正规、程序化了，而现代主义文化则变得越来越琐碎无聊了，它打乱了文化的统一性，坚持艺术与道德的分治，推崇创新和实验及对自我的极力推崇。

二、理论背景

关于浮士德及浮士德精神的探讨一直持续不断,已经形成了“浮学”,在前人研究的基础上，随着新研究理论的产生和发展人们对它的解读也越来越全面和客观。贝尔作为一个博闻强识的学者,从多个理论入手,多方面地考察了现代浮士德精神的内涵和意义。

“浮学”研究的形成,对浮士德精神的理论探索一直持续不断,不同时代不同版本的浮士德故事便是对浮士德精神的一种理解和解释。1587 年出版了第一部关于浮士德的小册子《浮士德博士民间故事书》,作者约翰·斯皮斯(Johan Spies）描述了中世纪的一个博学的学者和魔术师同魔鬼结盟来获得财富和快乐而堕落的故事,突出了背叛、堕落的主题。18—19 世纪,最经典、研究最多的是歌德的《浮士德》,此时资本主义正处于上升阶段,对于浮士德精神的解读多理解为不断奋斗、积极进取的精神。海涅曾在《论浪漫派》中将博学多识的浮士德比作德国人民,激励人们认识到精神的僭越,恢复肉体的权利,对宗教改革有重要意义。我国学者对于浮士德精神的解读大多借用辜鸿铭首次提出的“自强不息”进行概括。到了后工业社会的现代,人们重读歌德《浮士德》的时候,对于浮士德从个人到人类实践领域的不断探索出现了争议。有人认为浮士德从追求个人感官享受到为人类造福而填海造陆是一种上升。另一种意见认为浮士德并没有变,对于他的最终价值歌德是持怀疑态度的,并从三个方面进行了说明。首先,第二部浮士德的填海造陆、向海洋索取的行为有其利己主义驱使下贪婪的一面;其次,两个无辜老人成为浮士德壮志的牺牲品,也许就是一种讽刺和暗喻;最后,浮士德一切的伟大理想最终都化为了泡影。在歌德《浮士德》中还有许多这样悲剧的描述是我们不可忽视的地方,它之所以经典就在于其复杂多元性的融合,可以给不同时代背景的读者以不同的启发。到了20世纪中叶，具有代表性的是托马斯·曼的《浮士德博士》，它以传记的形式讲述了天才作曲家莱韦屈恩不满音乐界的墨守成规，他渴望创新，但是随着资产阶级精神文化的危机，导致艺术也耗尽了生机，为寻求突破，他以弃绝对人类的爱为代价，灵魂被魔鬼支配最后疯癫直至死亡的故事。这部小说创作于二战后期，托马斯·曼在一篇政论文章《德国和德国人》中指出："浮士德的魔鬼在我看来是一个很德意志的形象，和它结盟，卖身投靠魔鬼，用牺牲灵魂得救去换来一个期限以获取全部宝藏和世界大权……就在今天，看到德国以这种面目示人，就在德国名副其实地去见了鬼的今天，可不全然就是正当时吗？"[①]这里的浮士德精神可以说是一种为追求创新和突破而不惜一切代价的痴迷与疯狂。

这三个版本之所以经常被人们提起和重读（尤其是现在），一方面是文本自身的魅力，另一方面从某种程度上也反映了当代社会所面临的问题，人们渴望从先人那里寻找答案。贝尔也是结合前人研究对浮士德进行论述的，他认为在歌德的心中有三个而非一个浮士德：《原稿浮士德》即现在第一部的早期文本，表现出一个追求知识理论的浮士德；第二个浮士德紧接着第一个浮士德的失败转入个人享乐放纵；第三个浮士德从个人走向人类社会，期望建造人间乐园，最后在幻想之中倒地，灵魂被天使带走。

解释学在20世纪的迅速发展和广泛应用为从文本上理解和解释浮士德精神提供了一种新的视野。解释学最早起源于古希腊，在中世纪成为一门专门的学科，不过主要是以解释《圣经》为主，到了20世纪迅速扩展到史学、社会学、文学批评、科学研究等领域，应用十分广泛。解释学是在狄尔泰之后进入了哲学领域，海德格尔则将其从方法论领域引入存在论领域，他提出"解释学循环"的观点，任何解释都有已经理解了的东西作为"先见"或"前概

① ［德］托马斯·曼：《浮士德博士》，罗炜译，上海译文出版社，2016年，译本序。

念”,理解和解释既受其制约,又是对世界的再构造的思考。伽达默尔的《真理与方法》将解释学发展为一个独立的哲学运动,他认为理解过程是“视界融合”的过程,也就是解释者的现在视界与对象包含的各种过去视界相融合的过程。“对于文本的理解不是过去事物的重复,也是对当下意义的一种展现”①。现代解释学强调解释的相对性、多样性和无限性,对一件作品的理解和解释永无完结,就像人们对于浮士德精神的不断解释一样,尤其是歌德《浮士德》这一经典文学作品。

作为西方文学史上与荷马、但丁、莎士比亚齐名的划时代作家歌德,他撰写的《浮士德》是浮士德题材最经典也是研究最多的文本。从1773年到1831年,歌德前后共花了58年的时间撰写,全剧长12111行,分上下两部,情节离奇、内容复杂、结构庞大,在世界范围内影响广泛而深远,从1968年起被翻译成48种语言至少一次。从《浮士德》问世以来,对浮士德的研究包括评价、翻译、诠释、争论等不断出现,甚至形成了“浮学”。正是由于《浮士德》的经典,各个时期不同的学者对浮士德精神进行理解和解释的时候总能从中发现原有的或者新的意义,尤其是现代解释学理论的发展为我们理解浮士德精神提供了一种新的视野。人们不再局限于对歌德创作《浮士德》背景的18到19世纪的解读,也不囿于理解歌德本人对于浮士德精神的表达,而是如贝尔一样结合不同时代以及解释者自身的特点做出符合时代的浮士德精神解读,正如科特(Jan Kott)在理解莎士比亚作品时所说,“我们应该认识到莎士比亚是我们的同时代人”②,当然理解歌德及其作品我们也应如此。

异化理论的发展,尤其是人的异化是现代浮士德精神产生的另一个重要理论基础。异化,一般是指主体在发展过程中,由于自身的活动而产生出

① J.M.van der Laan, *Seeking Meaning for Goethe's Faust*, Continuum International Publishing Group, 2007, p.17.

② Ibid., p.16.

自己的对立面(客体),而这个客体又成为一种外在的,异己的力量转过来反对主体自身。在哲学史上,“异化”是一个历久弥新的话题,从词源可以追溯到希腊文 allotriwsiz(分离、疏远、陌生化)一词,黑格尔首次将异化作为一个哲学概念提出,用它来表述绝对精神的外化,后经费尔巴哈的进一步发展,第一次在哲学人本学的意义上运用异化概念来探讨“人”。马克思在《1844 年经济学哲学手稿》中将其作为核心概念进行了讨论。异化劳动范畴有广义和狭义之分,狭义的异化劳动专指劳动过程本身的异化。广义的异化劳动包括四个方面,劳动产品的异化、劳动过程的异化、人的类本质的异化及人的社会关系的异化。在《手稿》首次发表的当年,马尔库塞撰写了《历史唯物主义的基础》对其给予了高度的评价,并认为它表明了马克思的学说是用来论证消灭人性异化,使人的本质得到实现的彻底的人本主义学说。他曾说:“如果我们更密切地注视对异化劳动的描述,我们就会有惊人的发现:在这里描述的,不仅仅是一件经济的事情,而且是人的异化,生活的贬值,人的现实的歪曲和丧失。”[①]弗洛姆发挥了马尔库塞的观点,认为马克思的异化劳动理论是人道主义历史传统在新的历史条件下的发展,马克思的哲学“代表一种抗议,抗议人的异化,抗议人失去他自身”[②]。他认为异化是一种心理体验,20 世纪资本主义的发展使人们在心理上产生了疏离现象,即人体验到自己像个异乡人,对自己都感到陌生。“他感觉不到自己就是他个人世界的中心,是他自己行动的创造者——他只觉得自己的行动及其结果成了他的主人,他只能服从甚至崇拜它们”[③]。失去了个体的主动性,被动地接受体验世界和他自身。出身于社会底层的贝尔,在社会和经济问题上深受马克思主义的影响,可谓精通马克思理论,他对马克思异化理论的重视和研究也是他分析现代浮士德精

①② 转引自任皑:《批判与反思——法兰克福学派“当代资本主义理论”辨析》,安徽大学出版社,1998 年,第 92 页。

③ [美]弗洛姆:《健全的社会》,欧阳谦译,中国文联出版公司,1988 年,第 120 页。

神的理论背景。在浮士德身上体现出明显的异化,他与魔鬼签约后所经历的一切看似在主动创造,实质上都是在靡菲斯陀的引诱和帮助下完成的。浮士德和葛丽卿的爱情、与海伦的结合、围海造陆等活动,在魔鬼一步步地煽动下经历着、忘却着,割断了自己的过去,不断地在自己的行动下进行着不断的行动,直到最后在自己的幻想中倒下。与其说是浮士德的经历在某种程度上还不如说是靡菲斯陀,魔鬼看似仆人但实质上却是浮士德行动的主人,而那个不断追求、无限扩张的自我成了异化了的自我。

第三节　贝尔视域中的浮士德精神

"在我的心中啊,盘踞着两种精神,这一个想和那一个离分！一个沉溺在强烈的爱欲当中,以固执的官能贴紧凡尘;一个则强要脱离尘世,飞向崇高的先人的灵境。"[①]在浮士德耗尽一生为了不断实现和满足自我的奋斗过程中,如他自己所承认的那般,他既渴求自我的超越,希望获得如上帝般的神圣知识,无限扩张自我。同时又沉迷于俗世的欲望,割裂与过去的联系,追求新奇生活与官能享乐,最终难免会陷入一种虚无主义。贝尔认为浮士德的这种矛盾困境在现代人的身上表现得淋漓尽致,"在这个人物身上一整个时代辨认出自己的思想和灵魂,自己不幸的分裂意识"[②]。在贝尔看来,浮士德这种对生活的不断追求并非大家普遍称赞的现代的普罗米修斯,而是多变的普罗透斯,变幻莫测、捉摸不透。浮士德毫无限制的扩张和追求,已经到了无神无圣的地步,是对神圣领域的亵渎。作为文化上的保守主义,贝尔尊重权

① 董问樵:《〈浮士德〉研究》,复旦大学出版社,1987 年,第 58 页。

② [美]丹尼尔·贝尔:《资本主义文化矛盾》,赵一凡、蒲隆、任晓晋译,生活·读书·新知三联书店,1989 年,第 209 页。

威和传统，在一一考察过自然、历史和宗教这三个基础后，他提出了向宗教回归的解决方案，即一种新的合成仪式。

一、自我无限精神

从人类的自我意识产生之日起，自我意识曾长期受到压抑，在几千年前苏格拉底就曾提出反观自身的口号“认识你自己”，发展到今天的现代主义文化对自我的突出和强调已经达到了无以复加的地步，正如贝尔所描述的“现代主义文化是一种典型‘唯我独尊’（self parexcellence）的文化，其中心就是‘我’，它的界限由身份来确定”[①]。按照贝尔的划分和理解，文化领域的轴心原则是不断表现并再造“自我”，以达到自我实现和自我满足。浮士德之所以被贝尔认为是第一个现代人，就在于他对自我意识的清醒认识，并在其驱使下不断地追求和探索。贝尔所说的第一个浮士德即《原稿浮士德》渴望通过知识来获得控制物质世界的力量，当他知道自身的限制之后拒不承认，依然坚持去经验人类的一切并试图超越，以便获得绝对知识。贝尔以社会学家的身份洞察到，人的这种自我感在19世纪占据了突出的地位，宗教衰败之后原有的约束力丧失了，人们放弃了人神不可互通的传统观念，并企图跨越这一鸿沟获得神圣知识，并且想要证明在人的身上有上帝的形象。“现代人最深刻的本质，它那为现代思辨所揭示的灵魂深处的奥秘，是那种超越自身，无限发展的精神”[②]，贝尔认为这是自我无限精神的狂妄自大。

---

① ［美］丹尼尔·贝尔：《资本主义文化矛盾》，赵一凡、蒲隆、任晓晋译，生活·读书·新知三联书店，1989年，第182页。

② 同上，第96页。

(一)自我和自我意识(Self and Self-Awareness)

“我”是一个再熟悉不过的字眼,几乎每个人每天都会提及,但对于它的准确含义却很少有人能够贴切地回答出来。从古希腊普罗泰戈拉提出“人是万物的尺度”开始到自我成为现代主义文化的中心,自我和自我意识问题的研究之路可谓漫长而曲折。在哲学史中,哲学家们都对这个重要而艰深的问题表现出了浓厚的兴趣,并且从不同的角度进行了深入的探讨。因此,关于自我和自我意识问题有许多结论,其中有些甚至是相互反对的。正如詹姆士所说,当我们不断接近“自我”,想对其性质界定的更准确的时候,“我们就会发现人们的意见开始发生歧义了。有些人会说它是他们觉察到的一个单纯的主动的实体,即灵魂,有些人认为它只是虚构,只是‘我’字这个代名词所指的幻想的东西;并且在这些极端的意见之间还有各种各样的居间意见”①。

有关研究表明早期人类并没有自我意识,处于一种物我不分的状态,自我意识是在人类历史上逐渐形成的,经历了从沉默淡化到突出强调的发展变化。古希腊哲学最早以研究自然为主线,“人”的发现是以普罗泰戈拉“人是万物的尺度”为标志,此后开始对人、自我以及自我意识等问题展开研究。在中世纪人们更多的是关注上帝和救赎问题,而奥古斯丁第一次发现了“自我”,提出了“自我之谜”,“我的天主,我究竟是什么？我的本性究竟是怎样的？”②“我为我自身成为一个不解之谜”③。他非常注重自我意识问题,批评一般人只知道观赏外物却忽视了自身,并以“认识自我,认识上帝”为自己的研究目标。奥古斯丁首先论证了自我的存在,用思想、怀疑和错误来证实“我”的存在,“因为不存在的人不能被骗;如果我被骗,这恰恰证明我存在。因为

① 转引自维之:《人类的自我意识:西方哲学家自我思想解读》,现代出版社,2009 年,第 260 页。

② [古罗马]奥古斯丁:《忏悔录》,周士良译,商务印书馆,1996 年,第 201 页。

③ 同上,第 56 页。

被骗了我也存在,那么在我肯定我存在这件事上,怎么能骗我呢?"[①]他在《独语录》中又换了一个角度,站在自己的对立面去设问:"理:你既想知道你自己,你知道你存在吗?奥:知道。理:你如何知道的?奥:我不知道。理:你意识到自己是简单的还是复合的?奥:不知道。理:你知道你移动吗?奥:我知道。理:你知道你思想吗?奥:我知道。理:因此你思想是真的。奥:是真的。"[②]确证自我的存在之后,奥古斯丁又探讨了自我的特性和根源,他认为"对本身之在的领悟"是自我最本质的特性。另外,自我具有意志的自由,因而也需要承担自由意志的责任,即道德责任。

奥古斯丁之后无人注重自我意识问题的研究,直到近代笛卡尔提出"我思故我在",又重新发现了自我,第一次以严格的哲学方法提出自我概念并将其置于哲学思想体系之基石的重要地位。笛卡尔通过普遍怀疑找到了"我在怀疑"这一无可怀疑的东西,又因为"我"是怀疑的支撑点,所以自我便是那个绝对不可怀疑的实在。接着笛卡尔又分析"我是什么"来探讨"我"的本质,他认为"我"不是物质或者其他有形的东西。从"我在"的直接性和认识物质的可疑性中推论出"我"得以成立的其他理由即思想,"因为假如我停止思维,也许很可能我就同时停止了存在。我现在对不是必然真是的东西一概不承认;因此,严格来说我只是一个在思维的东西,也就是说,一个精神,一个理智,或者一个理性"[③]。他认为"我"的全部本质就是思想,思想是"我"的属性,而"我"是思想的实体。根据实体(就是能够自己存在而不需要依赖其他事物的东西)的属性,笛卡尔概括出了自我的三个特性:第一,自我不依赖身体而独立存在;第二,自我具有自由意志;第三,自我具有自身的同一性,并且强调自我同一性是记忆和时间的基础而不是相反。关于自我意识,笛卡尔首先区分了纯粹

① [古罗马]奥古斯丁:《上帝之城:驳异教徒》(中),吴飞译,上海三联书店,2009年,第106页。

② [古罗马]奥古斯丁:《论自由意志:奥古斯丁对话录二篇》,成官泯译,上海人民出版社,2010年,第31页。

③ [法]笛卡尔:《第一哲学沉思集·反驳和答辩》,庞景仁译,商务印书馆,1986年,第26页。

意识和反省意识。所谓纯粹意识,就是指人对外部对象的意识;而反省意识,就指自我意识,即以心灵的眼睛反观自身。他主张自我兼具纯粹意识和自我意识的双重功能,一切对象意识都伴随着自我意识。自我和自我意识不仅是笛卡尔的重要研究对象,也是他的哲学方法。从"我在"出发推论出上帝的存在,进而继续推出物质世界的存在,建立了他的"形而上学"体系。

另一个对"自我"进行系统、深刻研究,并形成了一套自我学说的就是著名的德国古典哲学家康德。出于审慎的态度,他主张在实际从事客观事物认识之前要先对人的认识能力进行考察, 否则断言人的理性或者经验可以认识世界就是一种缺乏根据的武断。康德认为自我是认识活动的主体,具有三种先天的认识能力,即感性、知性和理性。感性具有先天的直观形式,能够接受外在作用并将其转化为时空形式的直观感觉想象;知性具有先天范畴,可以把杂多的感性现象进行综合整理; 理性则将纷繁的知性知识做进一步的统一。由此人类才能把外在的作用转化为现象和知识,但是康德指出外在作用物则是我们认识不到的"物自体"。这种改变了主体被动接受外界信息的认识论学说被康德称之为"哥白尼革命",凸显了自我在认识论中的重要作用和主动性。在具体的认识机制上,康德重视"统觉"(是指使各种感觉、知觉、表象在心理意识中综合统一起来而形成对象和概念的能力)的作用,它是先验的,并把这种"先验统觉"称之为"先验的自我",是一切认识可能的条件。从先验统觉的角度出发,康德提出了"自我"的存在,因为认识中的杂多表象之综合,实际上是统一于"我"的,自我是认识活动的同一主体。所以,"'统觉'是把表象联系到'自我'上去的行动"[①],认识中必定有统觉的"我"作为同一主体而存在。

关于自我意识,康德在《实用人类学》中专门进行了详细的论述,并在书

---

① ［德］康德:《任何一种能够作为科学而出现的未来形而上学导论》,庞景仁译,商务印书馆,2009 年,第 112 页。

的开头高度评价了人类的自我意识,“人能够在其表象中具有自我，这把他无限地提升到其他一切生活在地球上的存在者之上”[①]。不仅是人类,自我意识的发现也是个人生命质的升华，康德观察到已经可以相当流利说话的儿童却相当迟才开始使用“我”说话,对自我的发现不仅改变了说话方式,也开启了人生真正的自我道路。此外,通过敏锐的观察,康德认为自我意识的发生,也跟随着其自爱、自私及个人主义的发展,“从人开始用‘我’来说话的那一天起,只要可以,他就显露出他那心爱的自我,并且自我主义不可阻挡地向前挺进;即便不是公开地(因为有别人的自我主义与它相冲突),也毕竟是隐蔽地,为的是用表面的自我否定和假装的谦虚,来更为可靠地使自己在别人的判断中表现出一种优秀的价值”[②]。

此后,费希特、詹姆士、胡塞尔等哲学家都对自我和自我意识从不同的角度进行了大量详细的讨论,贝尔在《资本主义文化矛盾》中从文化哲学的角度进行了阐述。在贝尔对社会三大领域的划分中,自我是现代主义文化的中心,其特征就是要极力地实现和满足自我。正是来自对自我的这种推崇和膜拜,再加上文化以符号和象征的形式进行表现,现代文化便可以在世界范围内搜寻任何艺术风格,它允许艺术解放和打破所有限制(包括道德),去感受和体验所有模式。“现代意识中却没有这种共通的存在,只有自我。而对于自我的关注集中在个人的真实性(authenticity)上,集中在它独特的、不能消减而又不受约束的个性上。对自我真实性的强烈关心使得动机,而不是行动成为伦理与审美判断的源泉”[③]。在对自我身份的认知上,自我意识不再依赖于传统和权威,而是自我的经验。“对于‘你是谁?’这个典型的身份问题,一

---

① 李秋零主编:《康德著作全集·第7卷·学科之争、实用人类学》,中国人民大学出版,2008年,第119页。

② 同上,第120页。

③ [美]丹尼尔·贝尔:《资本主义文化矛盾》,赵一凡、蒲隆、任晓晋译,生活·读书·新知三联书店,1989年,第65页。

个墨守传统的人通常回答说，‘我是我父亲的儿子’。今天的人则说，‘我就是我，我是自己的产物，在选择和行动的过程中我创造自己’。……对我们来说，已经成为认识和身份源泉的是经验，而不是传统、权威和天启神谕。甚至也不是理性。经验是自我意识——个人同其他人相形有别——的巨大源泉”[①]。不仅是在自我认同方面，也在其他地方，经验成了个人衡量一切的标准，只要对自我实现有益，一切都可以探索和体验。正如浮士德所宣扬的“凡是赋予整个人类的一切，我都要在我内心中体味参详，我的精神要抓着至高和至深的东西不放”[②]。

（二）寻求超越（Search for Beyond）

在“自我”的驱动下为了达到其实现和满足，人们便要去寻求超越，突破各种限制，“它坚持自我的绝对专断，强调人不受任何限制，迫切寻求超越”[③]。由于“超越”有着多层的含义，且对自我有较强的激励作用，在生活中使用频率较高。对于“超越”一词的理解，欧阳康先生在《人生·文化·大学》中从多个角度以多个参照系对其进行了阐释：“一是与感觉、有形相对应，指那些超感觉、无形的东西；二是与有限、暂时相对应，指那些无限、永恒的东西；三是从逻辑学意义上来考察，指那些在逻辑上在先的东西；四是从时间特性上来考察，指那些先前存在的东西；等等。在一般意义上，超越就是对感性、有形、有限、暂时、逻辑优先、先前存在等的突破，是向着超感觉的、无形的、无限的、永恒的、未来的开放与提升。”[④]浮士德对超越的寻求，主要体现在其自我意

① ［美］丹尼尔·贝尔：《资本主义文化矛盾》，赵一凡、蒲隆、任晓晋译，生活·读书·新知三联书店，1989年，第137页。

② ［德］歌德：《浮士德》，董问樵译，复旦大学出版社，2001年，第92页。

③ ［美］丹尼尔·贝尔：《资本主义文化矛盾》，赵一凡、蒲隆、任晓晋译，生活·读书·新知三联书店，1989年，第94页。

④ 欧阳康：《人生·文化·大学》，华中科技大学出版社，2008年，第324页。

识想要突破有限、暂时和先前存在,从而达到对无限、永恒和未来的把握。浮士德在中世纪的书斋里将哲学、医学、法学和神学全部进行了研究和攻读,耗费了几十年,渴望通过知识寻求控制物质世界的超能力,可到头来他认为自己一无所获,依然是一个愚人。尤其是用魔术召唤出地灵时,当听到"你相似的是你理解的神,而不是我"[①],他突然瘫倒在地。浮士德自以为接近了永恒真理，而地灵的话如当头棒喝使他清醒过来，可他仍然拒不接受这一事实,极力想要超越突破如今不堪的现状,渴望经历一切,掌握现实和未来。于是他不惜出卖了自己的灵魂与魔鬼靡菲斯陀签下契约，从此便抛弃了书斋生活,开启了他漫长而曲折的追求和超越之路。

关于超越，存在主义哲学著名的代表人雅斯贝尔斯对其进行了专门和详细的研究。他首先对存在进行了三个不同的划分:个人的存在、超越的存在及介于二者之间的实物世界的存在。超越的存在是指一切存在的源泉和基础,人应该不断追求的最高存在,即上帝。雅斯贝尔斯认为世界的统一性就在于超越的存在。因为就个人而言,生存和自由总是无法避免会受到各种不同的限制,不管是个人本身的形体、寿命、能力等,还是所处的外部环境,都无法逃避烦恼、孤寂、苦难、斗争、死亡……各种矛盾和悖谬。只有通过对超越的不断追求,才能突破矛盾摆脱被抛入世的"烦"的状态。所以生存本身就是不断向超越存在的跳跃，在超越的过程中个人存在与实物世界的存在达到统一。从这个角度来说,生存活动也就是超越各种矛盾和悖谬及一切有限性的活动。人的生存和超越的存在是密切联系、不可分割的。雅斯贝尔斯认为,超越的存在是摆脱一切限制的"自主存在"。在雅斯贝尔斯的生存哲学中,人既是渺小的又是超越的。人是历史性的存在物,具有不可重复的现实性,这就决定了人必须去寻求超越。但贝尔认为,人对超越的寻求不能没有

① 董问樵:《〈浮士德〉研究》,复旦大学出版社,1987年,第30页。

界限，现代社会已经走到超越的尽头，需要一种限制，“我相信，我们正伫立在一片空白荒地的边缘……现代主义的冲动原是想超越这些苦恼：超越自然，超越文化，超越悲剧——去开拓无限(apeiron)，可惜它的动力仅仅出自激进自我的无穷发展精神。我们正在摸索一种语言，它的关键词汇看来是‘限制’(limits)”[①]。在西方历史中个人对超越的寻求，在19世纪表现得尤为突出。人的自我感获得了突出的中心地位，个人被大力宣扬并被认为是独一无二的，生命本身变得更加神圣和宝贵了。即使是宣扬个人生命也能成为一项本身即富有价值的工作。反奴隶制舆论、经济向善论、女权运动以及禁止雇用童工和施用酷刑等都纷纷涌现出来成为社会讨论的重要话题。社会单位开始从群体、行会、部落或城市转变为人——西方理想中自治的个人，在自主自决中最终从宗教等的传统束缚中获得了自由。从较深的理论意义上来说，这种改变为之后社会形成的一种普遍观念奠定了基础，即认为人能够超越必然，“如黑格尔所说，能够在历史的终点达到完全自由的王国。黑格尔所谓的‘苦恼意识’已经认识到，人必须获得一种神圣力量和至上地位”[②]。现代人最深刻的本质就是那种要超越自我，无限发展的精神。现代社会到处充斥着浮士德式的骚动激情，现代世界为自己规定了一种永远超越的命运——超越自然，超越悲剧。

1.超越自然

“这里边是一片人间乐园，外边纵有海涛冲击陆地的边缘，并不断侵蚀和毁坏堤岸，只要人民同心协力即可把缺口填满……人必须每天每日去争取生活与自由，才配有自由与生活的享受！”[③]浮士德在经历过漫长的生活历

① ［美］丹尼尔·贝尔：《资本主义文化矛盾》，赵一凡、蒲隆、任晓晋译，生活·读书·新知三联书店，1989年，第40页。

② 同上，第96页。

③ ［德］歌德：《浮士德》，董问樵译，复旦大学出版社，2001年，第663页。

程和人生追求之后，最后转向征服自然，开辟荒滩向大海争地，希望打造一片人间乐园。有关研究表明，人与自然在最初是物我不分、融为一体的，随着自我意识的形成和发展，人们开始意识到周围和自身的各种限制。用存在主义的观点来说，就是人被“抛”入这个世界必须尽力理解和掌握异己和敌对的力量，首先发生冲突的就是自然。正如贝尔所言“在人类生存史上，人的大部分生活本身就是一场与自然的争斗，目的是要找到一种控制自然的策略”①。在农业社会中人们主要从事着农业、采矿、捕鱼、林业等，自然在其中扮演了不可或缺的主导角色。然而自然并不会自动满足人类，只有通过劳动才能将野草培育成庄稼，将矿石原料加工成工具，将水里的鱼捕捞上岸……所有这些必须通过辛勤和艰苦的劳动才可能获得，遇到自然灾害这一切可能都会化为泡影。人类用传统方式靠着原始体力劳动进行工作，对世界的认识则受到四季变换、暴风雨、土壤的肥沃、降雨量、矿层的深浅、干旱和洪涝等自然因素的制约，“时间感就是一种期限感，工作的进度因季节和天气而变化”②。在前工业时期，农业文明问题是丰收和天灾的交替，再加上频繁的战乱，人受到命运和机遇的统治，自我意识表现出西西弗斯③精神般的自卑感，人与自然主要是对立的关系。进入工业社会，人们以生产商品为主，“机器主宰着一切，生活的节奏由机器来调节”④。人们不再直接面对自然，厂房的建立大大减少了人们对阳光、风雨等自然因素的依赖，机器工具代替人类做越来越多与自然直接接触的危险和高难度的工作。尤其是科技的发展，使人类极大地摆脱了自然的限制。到了后工业时代，主要是处理人与人的关系，自然似

①④　[美]丹尼尔·贝尔：《资本主义文化矛盾》，赵一凡、蒲隆、任晓晋译，生活·读书·新知三联书店，1989年，第200页。

②　同上，第198页。

③　西西弗斯是希腊神话中的人物，是科林斯的建立者和国王。他甚至一度绑架了死神，让世间没有了死亡。最后，西西弗斯触犯了众神，诸神为了惩罚西西弗斯，便要求他把一块巨石推上山顶，而由于那巨石太重了，每每未上山顶就又滚下山去，前功尽弃，于是他就不断重复、永不停息地做这件事。

乎正慢慢从人们的焦点中淡出，它似乎已经被征服、超越，就如浮士德在双目失明后所幻想的一般。“你看蔚蓝的海水边缘，向后越退越远，左右扩展的地面，尽是稠密的市井人烟。”[①]随着经济发展的溢出效应越来越突出，环境问题越来越紧迫，人类对自然的无限超越也许就像浮士德的幻想一般，终将导致一场人类的悲剧。

2.超越悲剧

“悲剧”是人类生存所面临的一种“不可理喻性问题”，更是一个人类渴望超越的对象，就如雅斯贝尔斯所说：“悲剧隐隐为我们表现出了生存的恐怖方面，但生存仍然是人的生存。”[②]悲剧，在不同的时代一直都成为艺术家尤其是戏剧作家极力表现和深入探讨的主题。从欧洲各国英雄传说到希腊悲剧，以及后来举世闻名的悲剧作家莎士比亚、卡尔德隆、拉辛等，都用悲剧通常所表现出来的灾难、死亡与毁灭、勇毅与光荣等来使人震撼地透视所有人类实际存在和发生的人情物事，在悲剧沉默的顶点暗示和实现人类的最高可能性。拉辛在《贝蕾妮丝》的前言中说道，“在悲剧中，血腥和死亡并不是必需的。它的行为是伟大的，人物具有英雄气概，激情便能由此而引起，其中的效果表现为一种构成了整个悲剧快感的崇高的悲痛，这就足够了”[③]。尼采在《悲剧的诞生》中也论述道，“悲剧神话恰好要使我们相信，甚至丑与不和谐也是意志在其永远洋溢的快乐中借以自娱的一种审美游戏”[④]。雅斯贝尔斯从存在的辩证法来理解悲剧，他认为任何存在的事物都是作为否定而存在的，因为否定而运动，最终成为悲剧。人们之所以不断探讨悲剧，不仅因为

---

① ［德］歌德：《浮士德》，董问樵译，复旦大学出版社，，2001 年，第 636 页。

② ［德］雅斯贝尔斯：《存在与超越——雅斯贝尔斯文集》，余灵灵、徐信华译，生活·读书·新知三联书店，1988 年，第 92 页。

③ ［英］利奇：《悲剧》，尹鸿译，昆仑出版社，1993 年，第 5 页。

④ ［德］尼采、孙绍武主编：《尼采文选》，远方出版社，2011 年，第 256 页。

它与人类息息相关，也因为通过悲剧我们将超越世界，“没有超越就不存在悲剧……超越行为是向人的特有本质的迈进，人是在面对毁灭时才认识到他自己的本质的”[①]。

没有超越就不存在悲剧。人与动物不同，人能够通过思考，进而在观察其他事物时看到其背后的象征意义。人对瞬间的思考，不仅能使他观察到导致死亡的偶然事件，也能观察到一切生命形式的短暂性。这种思考和观察使人猛然发现了一个令人战栗的事实，即人是有限的存在，死亡是注定的结局和命运。悲剧的发生不在于对有限的认识，而是存在于克服和超越的寻求中。生存哲学家雅斯贝尔斯认为，悲剧在人类生命中是基本的，也是不可避免的。每当意识超越了能力，悲剧就会产生，尤其是在主要的欲念意识超过了满足其能力的时候。自我意识为了得到实现和满足，不断地产生难以遏制的欲望，这是对人类痛苦的慰藉，无法从人类生存中剔除掉。随着力量的不断增长，当原来的欲望满足之后，自我意识又会随之进行相应甚至更迅速地扩展，于是又产生了新的欲望。悲剧往往发生在由自我意识迅速扩展而产生出的超出个人能力的“虚空地带”，在那里人们经受着由自己无能为力取得成功而带来的痛苦。这个“虚空地带”经常发生位移，然而却无法缩小。假如人的自我意识的界限可以和行动的界限保持一致的话，那么也许就不会如此痛苦了，也就没有那么多的悲剧发生。但是事实却往往难以实现，因为“悲剧的经常性发生，意识虚空的被消除，都能将人性摧残净尽”[②]。贝尔认为，人类在无拘束自我的驱使下，踏上的只能是一条永远超越的命运，即永远难逃悲剧。

① ［德］雅斯贝尔斯：《存在与超越——雅斯贝尔斯文集》，余灵灵、徐信华译，生活·读书·新知三联书店，1988年，第92页。

② ［德］雅斯贝尔斯：《悲剧的超越》，亦春译，工人出版社，1988年，前言第17页。

(三)神圣知识(Godlike Knowledge)

作为理性的存在物,人类在认识上便想要超越突破有限、虚假、怀疑的知识,获得无限、真实和绝对的神圣知识(godlike knowledge)。神圣知识,即如神一般的绝对知识或真理。在宗教观上,不同的宗教启示和经典中关于神圣知识有不同的喻示,不过其本身在所有宗教传统中是同一[①]的。赛义德·侯赛因·纳塞尔在《知识与神圣》中对神圣知识做了专门的论述,他将知识分为凡俗知识(ordinary knowledge)和神的知识或终极本体(ultimate reality),前者是以感性和理性为基础的常识、科学等,后者则只能通过神圣知识或者"圣知"才能获得。[②]神圣知识是关于真实、完满、终极本体、原则最高实体的知识,也是对真实与虚幻的或相对的东西加以区别的知识。它与传统有着密切的关系,"位于每一种启示的核心,在包含和定义传统之圆中,神圣知识就是其圆心"。在哲学上,神圣知识被称作绝对知识,德国哲学家谢林和黑格尔用它来指完整的、整体的、无所不包的、独立的、客观的知识,是客观唯心主义哲学体系的顶点。谢林把"绝对"看成是"无差别性""原始的同一性"。在绝对中不包含有差别与对立,因而不可能有运动发展的过程。意识不必经过漫长的发展过程,只需通过直观就可以直接把握"绝对"。黑格尔认为"绝对"本身包含着差异与矛盾,是对立面统一的整体。绝对是一个自我矛盾发展着的概念系

---

① 这种同一主要从纳塞尔"一神多圣"(one god,many prophets)的观点来理解。一神多圣是他世界观的起点和立足点,纳塞尔认为世界只有一个统一的本源,在亚伯拉罕一神教传统里是"上帝""真主",在印度传统里是"梵",在中国传统里是"道""理",在哲学家那里是绝对精神、终极实在,在科学家那里是"知其然而不知其所以然"的"大爆炸"……相对于本源的"一",现实世界则呈现为"多"。这样,当今世界呈现为一个"宗教多样化"的世界(a multi-religious world),也就是合理的与可接受的。穆斯林、基督徒、犹太人、佛教徒、印度教徒,都是这个宗教多样化世界的合理成分。这样,宗教间的相互理解与对话,也就是顺理成章的了。

② See Nasr eyyed Hossein, *Knowledge and the Sacred*, Edinburh University Press, 1981.

统或过程,应该通过概念的形式加以把握。因此关于“绝对”的知识或“绝对知识”是概念的,它经历一条艰苦曲折的道路,即从低级到高级、从现象到本质的运动发展过程。[①]它是人的意识长期发展的结果，人的意识从最初的、直接的感性的意识开始,由于矛盾的发展转变为知觉,进而到知性。在意识的这些形态中,都有自我意识的要素。因为每种意识形态都将自己区别于与它相关联的对象，然而它们的主要关注点都还在其对象而不在自己。这些被黑格尔称为狭义上的意识,它们逻辑地转变为自我意识。对自我意识的理解,近代哲学家通常从认识论的角度来解释,而黑格尔独辟蹊径,他从欲望的角度探讨了自我意识的生命本质和社会存在。他认为自我意识首先是生命一般,生命开始是一种无限的单纯否定本质。

黑格尔将人的自我意识划分为三个阶段：首先，是自我意识的初步阶段,自我主要是出于本能欲望而追求自身的满足;其次,是自我意识的更高阶段,自我把欲望本身当成追求的目的,此时它开始意识到它所追求的不再是某个欲望对象,而是由欲望构成的生命本身,自我意识到了自身生命;最后,是类意识阶段,自我在意识到自身生命的同时,也意识到了生命的丧失即死亡。面对死亡,自我意识必须寻求超越,追求永生,只有通过“类”才能达到个体生命的永生。“我就是我们,而我们就是我。意识在自我意识里,亦即在精神的概念里，才第一次找到它的转折点……进入到现在世界的精神的光天化日”[②]。自我意识通过它自己的历程似乎达到了自由和自我确定性,然而它最终无法避免陷入苦恼和异化。自我意识想要与自己偶然的个体性达成和解,现实地成为普遍、合乎理性的,就必然过渡到一种更深入的意识形态,即由“苦恼意识”转变为理性。黑格尔提出,理性是意识和自我意识的统

① 参见冯契主编:《哲学大辞典(修订本)》(上册),上海辞书出版社,第697页。

② [德]黑格尔:《精神现象学》(上卷),贺麟、王玖兴译,商务印刷馆,1979年,第122页。

一,在这一阶段经历了观察理性、行动理性和审查理性。在审核理性阶段,审核的理性仅仅是对法律进行形式逻辑前后一惯性的审核,但这种审核总存在一个未经审核的前提。审核法律的局限性暴露了它与伦理实体之间的矛盾,只有上升到精神,理性中的矛盾才可能解决。这样意识形态就从理性过渡到了精神的阶段。黑格尔认为,精神是在时间里外化了的精神,外在于历史中的精神分为伦理、教化和道德三个阶段。德国哲学将道德精神的矛盾留给了宗教。黑格尔认为,哲学所认识的内容或对象从根本上与启示宗教是同一个东西:上帝或绝对的是。但是不同的是宗教将上帝和人的观念区分开来,从而质疑了表象思维本身的首要性,而哲学接受并明确地呈现了绝对的是与人的自我意识事实上形成了同一种现实性。因而宗教自身使得其向哲学的过渡成为必然。要达到精神的和解,即指作为意识的实体和作为自我的主体达到统一,只有在绝对知识中才能实现。绝对知识是概念式的知识,它把之前一切意识形态环节中已经出现过的概念,用概念本身的纯粹形式来把握"绝对"。

在贝尔看来,不管是宗教上的神圣知识还是哲学上黑格尔的绝对知识,抛开其自身存在的矛盾和问题,现代社会的事实已经证明了人对神圣知识的追求就如浮士德的悲剧一般,是徒劳无果的。宗教的逐渐衰落成为无法回避的事实。盖洛普进行过一次题为"你认为现在整个宗教对美国人的生活的影响是越来越大了呢,还是丧失了呢?"的民意测验,1957 年国民抽样中认为丧失、增大、依旧的分别占 14%、69%和 10%,到 1968 年认为丧失的增加到 67%,增大的降为 24%,依旧的降为 8%。[①]而黑格尔所言能够在历史的终点达到完全自由的王国,也已被历史事实无情地给予了驳斥。在宗教传统里似乎强调的是"神圣、永恒、秩序"等主题,现代性则恰好相反,主张"祛神圣化、

① 参见[美]丹尼尔·贝尔:《资本主义文化矛盾》,赵一凡、蒲隆、任晓晋译,生活·读书·新知三联书店,1989 年,第 240 页。

世俗化、变化和无序”等。以往,如果一个住在离城镇五英里以外的农民带着家人去城里过周末,对他来说就是一件大事,而到十英里之外去访友可能就要花上一整天的时间。如今随着科技和经济的发展,汽车已成为大众消费的象征,男女青年驱车二十英里到路边客店去跳舞成为日常。人们“获得了景物变换摇移的感觉,以及从未经验过的连续不断的形象,万物俗倏忽而过的迷离”①。现代社会的这种盛况背后也许就如贝尔所指出的那样,“在现代人的千年盛世说的背后,隐藏着自我无限精神的狂妄自大”②。

二、追求新奇的生活

自我在渴求绝对真理的同时,并没有阻碍它对世俗生活新奇享乐的强烈欲望和奋力追求。如浮士德般“天上最美的星辰”和“地上极端的放浪”,“不管是人间或天上,总不能满足他深深激动的心肠”,③他与魔鬼打赌说道:“假如我对某一瞬间说:请你停留一下,你真美呀!那你尽可以将我枷锁,我甘愿将自己销毁!”④因为浮士德心里明白,在生活中一旦某种要求达到之后就必然会产生另外一种新的要求,某种欲望满足之后也必然会唤起新的另一种欲望。正是这种不满足之心,驱使着他走出书斋去不断经历、不断追求新奇的生活:他经历了与葛丽卿的爱情,瓦卜吉司之夜的狂欢宴饮,进入宫廷为封建统治者服务,召唤古希腊美女海伦的灵魂并与之结合,填海造陆试图建造人间乐园,最后双目失明,在自己的幻想中倒下。贝尔之所以将浮士

---

① [美]丹尼尔·贝尔:《资本主义文化矛盾》,赵一凡、蒲隆、任晓晋译,生活·读书·新知三联书店,1989年,第94页。

② 同上,第96页。

③ [德]歌德:《浮士德》,董问樵译,复旦大学出版社,2001年,第17页。

④ 同上,第88页。

德称为第一个现代人,因为他自强不息的另一面是对回忆的丢弃,与过去的断裂。在不断的经历中,“他变得更好,或者更加了解世界了。他只是从头做起,再次追求新事物……他的旧爱已经吹过,就像过去一年的暴风骤雨,对过去的失误只有一种梦似的记忆,他向前迎接新的一天”[①]。然而没有过去就没有成熟,对新奇生活的不断追求最终导致的只能是放荡,是精神上对空虚的恐惧。

(一)需要与欲求(Needs and Wants)

浮士德一生的奋斗不息在于他对欲求(wants)的不满足,对需要(needs)和欲求的区分有助于我们更清楚地理解浮士德精神,认识现代人类自己。“需要”和“欲求”这两个有着紧密关系的术语越来越频繁地出现在经济和社会中,它们能使人经常想起个人及社会活动的目的,因为在概念中蕴含着人的动机与自我实现之间的关系。然而其含义具有模糊性,所以对于这两个术语的解释和区分一直以来都受到各个领域的关注和探讨。

1.需要和欲求的实质与内涵

在“需要”理论的研究中,不同的学科和研究者从不同角度对需要给予了各不相同的理解和界定,可谓众说纷纭、见仁见智。主要有心理学、社会学、行为学及哲学。在心理学中对“需要”的界定具有代表性的有以下两种:其一是,需要是有机体内部的一种不平衡状态,反映了个体对内在环境和外部条件的较为稳定的要求,需要在主观上通常被体验为一种不满足感,并成为个体活动积极性的源泉;[②]其二是,需要是个体和社会生活中必需的事物

① [美]丹尼尔·贝尔:《资本主义文化矛盾》,赵一凡、蒲隆、任晓晋译,生活·读书·新知三联书店,1989年,第203页。

② 参见贾林祥、张新立主编:《心理学基础》,南京大学出版社,2014年,第161页。

在人脑中的反映。[①]社会学对"需要"的理解则是,需要是人生存的一种状态,他表现为人对客观事物的依赖关系。行为科学对"需要"的研究主要以寻求人的行为背后的动因为目的,对"需要"的解释为,需要就是人们对某种目标的渴求和欲望。[②]哲学对"需要"的界定主要有:需要是生物体、个人、社会集团和整个社会对其存在和发展的客观条件的依赖和需求;需要是指人(包括个人、群体、阶级和社会)为维持自身的延续和发展而产生的对外界事物的各种要求。

欲求即欲望,是当代主体性理论的核心概念,它改变了传统以理性为中心的主体观。从理性到非理性欲望的这种转变可以追溯到20世纪初俄国哲学家亚历山大·科耶夫。他从欲望的角度出发对黑格尔哲学进行了重新解读,认为历史的主体不是理性而是欲望。根据黑格尔对自我意识的划分和理解,认知性的沉思不仅无法使人产生自我意识,还会使作为主体的人迷失在他所认知的对象中而意识不到自己,而欲望却能够将那个被沉思对象所吸引的主体返回他自身。人在体验到其欲望时必然会意识到他自己。所以,作为真正人性现实的自我意识之根基是欲望,而非纯粹认知的消极沉思。正是通过对欲望的强调,将其作为自我意识或人的本质,科耶夫将黑格尔哲学从认识论传统——将先验意识看作人的本质,重新拉回到以斯宾诺莎为代表的哲学传统——视欲望为人的本质,并开启了从拉康到德勒兹的后现代性"欲望力批判"哲学。科耶夫还进一步解释,人的欲望不同于动物性的欲望,它指向的对象不是实物,而是他人的欲望,即要求得到他人承认的欲望。继科耶夫之后将欲望作为理论探讨中心的是精神分析学家雅克·拉康,他对需要、要求和欲望这三个常被混淆的概念进行了区分。拉康认为,需要是纯粹的生物性本能,是暂时的,它通过语言表达出来就是要求。要求是人际性的,

---

① 参见欧晓霞主编:《心理学教程》,清华大学出版社,2007年,第176页。

② 参见赵俭、郑宪臣、隋倩编著:《社会交往与公共关系》,南京出版社,2003年,第80页。

它总是指向一个他者。欲望是一种欠缺和不在场,是存在的一个空洞,只有他者的欲望才能使其得到满足。拉康认为,欲望本身永远不能被充分表达,因为无论主体要求的是什么,他得到的永远只是满足需要的对象。如果从主体角度来说,在另一个需要产生之前主体便不再被激发,那么可以说需要是能够被满足的。而欲望却始终保持着生命力,因为它的实现不在于被满足而是欲望本身的再生产。就如霍布斯所认为的那样,"欲望终止的人,和感觉与印象停顿的人一样,同样无法生活下去。幸福就是欲望从一个目标到另一个目标不断地发展,达到前一个目标不过是为后一个目标铺平道路。所以如此的原因在于,人类欲望的目的不是在顷刻间享受一次就完了,而是要永远确保达到未来欲望的道路"①。

关于欲求的性质主要有六种不同的观点:第一个是快乐欲望说,即以幸福主义快乐论的观点阐释人的欲望的本质在于对快乐的企求；第二个是高低欲求说,即用灵魂的等级来阐释人的理性与非理性两种不同层次的欲望;第三个是欲望功能说,即以生命功能观点来解释欲望实践心灵的动力因;第四个是运动欲求说,即以官能心理学观点解释欲求的运动官能和活动方式;第五个是自然欲求说,就是以自然人性论的观点解释人的欲求的自然本质;最后一个是自爱欲求说,即以自我求利、求安、求荣的观点阐释人的欲求的自爱自保的本质及其功能。

2.需要和欲求的特征

需要在其特征上表现出与欲求相比来说的客观性，它侧重于从社会或者他人的角度来审查需要主体在生存和发展中某物是有利还是有害而得出。主要表现为主体对对象关系的客观性和对象的客观性。人为了生存就必须有用以支撑其生存的内容，由此形成了人和其生存内容即对象之间的一

① ［英］霍布斯:《利维坦》,黎思复、黎廷弼译,商务印书馆,1985 年,第 72 页。

种天然依赖关系,而这种客观的依赖关系表明了人与对象关系的客观性。如对人的生命和健康有利的东西,主体原本应该拥有,而如果没有就会威胁或影响到主体的生存,反之亦然。对象的客观性表现在,用来维持生存所需对象内容和功能的实在性和不以人的主观意志为转移的特性。对象在形式上可以不同,但其内容和功能却不能发生改变。比如食物,可以是米饭、面、肉类等,但必须具有能够充饥和提供营养的功能。

与需要相比,欲求在静态和动态方面都表现出主动性。欲求在静态方面表现出多样性、差异性和倾向性的主观化,从大的分类上来看,有些人产生的是物质欲求,有些是感官欲求,还有一些人产生的是精神欲求。如果再细分的话,就物质欲求而言,有的人想获得食物,有的人想获得衣服,有的人则是住所;单就食物又可以分出酸甜苦辣的口味……对于感官欲求和精神欲求细分也同样因人而异,会产生的欲求林林总总,不一而足。正是在这个意义上,我们可以说欲求具有多样性、差异性和倾向性特征。而从动态上来看,欲求又表现出变动性、不确定性和不可预测性。欲求是变动不一的,当一种欲求满足之后,另一种欲求又会随之产生。就如浮士德一般,当他对书本知识的欲求感到满足之后便转向魔法,对葛丽卿的个人情感满足之后又投身宫廷服务,总是在不断地从一种欲求向另一种欲求过渡和转移。欲求的不确定和不可预测性则表现为,欲求主体产生的欲求及欲求的变化没有一定的规律可循。这种不确定性和不可预测性,从另一个方面来看也是多样性和差异性的反映,不同的人在同一时刻的欲求是不一样的,对一个人来说相同的欲求内容可能在不同的时间或空间中完成。

贝尔在《资本主义文化矛盾》中采用了传统的区分原则,他认为“需要”即必须要求,是所有人作为同一物种的成员所应有的东西,也就是个人成为社会的完全公民所必需的东西。“欲求”则代表着不同个人因其趣味和癖性而产生的多种喜好。正是由于欲求的主动性,贝尔认为“欲求超出了生理本能,进入心理层次,它因而是无限的要求”[1]。霍布斯和卢梭都对人的这种心理进行过描述。霍布斯在《利维坦》中这样描述人的心理:“人的欲望冲动正好同柏拉图理性精神的等差公式相反,他们受欲望驱使,追求满足时可达到凶猛的程度。”在现代社会里,增长的生活标准和提供丰富多彩的广泛产品种类成了欲求的推动力。资本主义社会与众不同的特点就是,它要满足的不是需要而是欲求。商品生产者抓住了人们的这种欲求心理,再加上由机器生产和大众消费造就的分期付款制度或者直接信用,促使了人们新的欲求的不断产生。从前人必须靠存钱才可以购买,现在信用卡让人当场就可以兑现自己的欲求。社会也不再被看作是与人的自然结合有着共同目标,而成了单独个人各自寻求自我满足的混杂场所。在这一场所中隐藏了人们的不平等心理,卢梭在《论人类不平等的起源和基础》中精辟地指出,孤单者聚集在一起,当人们发现他们中间最强健、最漂亮、最好的舞蹈者受到优惠的待遇时,不平等心理就出现了,由此产生嫉妒心。为了成为优惠的待遇者,其他人就要用化妆品等各种手段掩盖自己的丑陋笨拙。因此外表比现实显得重要,人们在虚假繁华的外表下毫无限制地追求欲望。

新教伦理曾被用作规定节俭的积累,当新教伦理被资产阶级抛弃之后,剩下的就只有享乐主义了。它以经验本身为最高价值的信念,一切可探索,一切可以试验。浮士德耗其一生从一个欲求到另一个新的欲求,不断地追求和探索。他先是厌弃了中世纪的知识,转而追求现实生活中的官能享受;但地下酒室的吃喝让他憎恶,继而陷入与葛丽卿的爱恋;当个人爱情以悲剧收场后,没能使他满足,又转身忘记过去追求的事业;在认识到为宫廷的服务无法受到国王的重用之后投身于古典美的追求中,他在靡菲斯陀的帮助下

① [美]丹尼尔·贝尔:《资本主义文化矛盾》,赵一凡、蒲隆、任晓晋译,生活·读书·新知三联书店,1989年,第68页。

利用魔法将海伦召唤出来并与她结合，但最后只得到了古典美的形式——海伦的衣服；所有这些依然没有满足浮士德骚动的激情，他向大海争地，开辟荒滩。就如他在年老之时总结自己一生的自白："我只是匆匆地周游世界一趟；劈头抓牢了每种欲望……我不断追求，不断促其实现，然后又重新希望，尽力在生活中掀起波澜。"[①]也许浮士德的悲剧就在于这种"随时随刻都不满足"，不加限制的欲求。

（二）断裂现象（Disjunctions）

伴随着不断欲求的一种现象即断裂现象，使得浮士德可以忘记过去从头做起，再次去追求新的事物。悲剧第二部的开头，歌德开宗明义地道破主题："施展出精灵的高超手段！平息他心中的无边愤懑，拔去那非难他的燃烧毒箭，解除他精神上对往事的恐惧纠缠……让他沐浴在遗忘之川！"[②]

"断裂"这一术语通常被用来描述和指称现代社会在时空和感觉层次上发生的急剧变化，与现代性问题密切相关，日益成为社会学和哲学等领域广泛关注和讨论的话题。"断裂"一词在英文中的使用很不统一，常见的有"disjunction""discontinuity""fracture"，它们在被翻译为中文时常常都被翻译为"断裂"。贝尔在《资本主义文化矛盾》中使用了"disjunction"，"断裂观念是分析研究现代社会的一项基本理论方法"；吉登斯（Giddens）在《现代性的后果》中对"断裂"做过专门的界定，"我所说的断裂（discontinuities），是指现代的社会制度在某些方面是独一无二的，其在形式上异于所有类型的传统秩序"[③]。

贝尔在《资本主义文化矛盾》中用"断裂"来区分社会的技术、经济与政

① ［德］歌德：《浮士德》，董问樵译，复旦大学出版社，2001年，第656页。

② 同上，第326页。

③ ［英］安东尼·吉登斯：《现代性的后果》，田禾译，译林出版社，2011年，第3页。

治体系，与传统的社会统一观不同的是，贝尔将现代社会划分为三个对立断裂的领域——技术-经济、政治和文化，它们各自有不同的模式，按照不同的节奏变化，并且由不同甚至相反的轴心原则加以调节。技术-经济领域的任务是生产的组织和产品、服务的分配，轴心原则是功能理性，通过节俭进行调节，它构成了社会的职业和科层系统，由于企业的任务具有功能性和工具性，它的管理从本质上说属于技术官僚范畴，因而人在其中成了物件；政治领域是社会公正和权力角逐的地方，它的轴心原则是合法性，这种合法统治的暗含条件是有关平等的思想，由此引发的“民众应享”意识使得政治机构不得不日益加紧对经济与社会领域的干预，以便调配经济体系产生的社会位置和酬劳；文化领域是意义和象征形式的系统，它的特征是自我表现和自我满足，历来标榜个性化、独创性和反制度精神。三领域的对立断裂最突出最复杂的便是经济与文化间的断裂现象。资本主义经济与现代文化在合力开拓了西方世界即完成资本主义积累之后就变得开始相互提防和害怕。资产阶级企业家在经济上积极进取，在文化趣味和道德上却是保守派，反对与功能理性背道而驰的艺术灵感；文化的特征就是强调自我满足和个性表达，反对体制、独立无羁，对功利、制度化和拜金主义厌恶不已。社会结构与文化间的断裂造成了人们白天正派规矩，晚上却放浪形骸。这种结构的断裂在社会上突出地表现为现代与传统的断裂、主体和客体间的断裂，这是《浮士德》中表现的主题，也是现代浮士德的困境。

尼采预言过历史的巨变将摧毁传统，“与大地相连的生命纽带，‘不可剥夺的天性’已经断裂，取而代之的是一种商业化文明”[1]。现代主义精神是一条从 16 世纪开始贯穿于西方文明的主线，人从宗教束缚中摆脱出来并一直

① 转引自[美]丹尼尔·贝尔：《资本主义文化矛盾》，赵一凡、蒲隆、任晓晋译，生活·读书·新知三联书店，1989 年，第 50 页。

不断被大写,成为社会的基本单位,群体、行会和城邦都让位给了个人。自然科学和生产技术突飞猛进、不断创新,"对地理和社会新边疆的开拓,对欲望和能力的加倍要求,以及对自然和自我进行掌握或重造的努力。过去变得无关紧要了,未来才是一切"[①]。在时间上出现了一种非连续性的时间观,历史感在消退,这使得现代人告别了诸如传统、历史、连续性,体验着一种断裂感。"对历史的理解,标志着一个人、一个民族、一个时代的风尚和意识"[②],这种历史意识表现在历史纬度中就是传统,在个体身上便是记忆,而现代主义注重现在和未来,决意与过去断裂。"从性质上讲,现代性跟作为过去的过去决裂,是为了支持现在和未来把过去一笔勾销。"[③]现代主义文化极力突出自我,以自我经验为真理的衡量标准,不再依靠原来的阶级和家庭,靠有着相同经历的同辈来进行自我认同,以寻求共同的意义。贝尔认为,这种不再寻求过去,而是与同一代人的"他者"进行身份认同的方式有较大的变动性。因为,一旦具有确认功能的"他者"丧失其意义时,现实就会崩溃,自我便要在不断的环境变化中面临不断的选择困境。

作为西方资产阶级社会传统价值体系的新教伦理和清教精神,信奉着一种被马克斯·韦伯称作"禁欲主义"的伦理观,规定着人们的道德行为和社会责任,它强调工作、清醒、俭省、节欲和严肃的生活态度。"清教禁欲主义竭尽全力所反对的只有一样东西——无节制地享受人生及它提供的一切"[④],它倡导一种禁欲的品行原则,并将其作为人们在生活中一切的活动和行为衡量标准。基于这一原则,在虔诚的清教徒眼中任何无节制的人生享乐,都会

① 转引自[美]丹尼尔·贝尔:《资本主义文化矛盾》,赵一凡、蒲隆、任晓晋译,生活·读书·新知三联书店,1989年,第61页。

② 王岳川:《后现代主义文化研究》,北京大学出版社,1992年,第238页。

③ [美]丹尼尔·贝尔:《资本主义文化矛盾》,赵一凡、蒲隆、任晓晋译,生活·读书·新知三联书店,1989年,第182页。

④ [德]马克斯·韦伯:《新教伦理与资本主义精神》,于晓、陈维纲等译,陕西师范大学出版社,2006年,第95页。

导致人们放弃职守、背离宗教，因此一切与禁欲原则相背离的都成为其仇敌。在这种观念的长期影响下，人们对文化中任何不符合宗教价值的活动都持一种怀疑甚至敌视的态度，文学艺术、戏剧娱乐、体育活动等都受到严格的限制。这种禁欲主义伦理观在资本主义初期曾发挥了重要的作用，而随着其不断发展尤其是科技和经济的突飞猛进，“宗教冲动力”的能量逐渐被耗尽。

在19世纪中叶，由于宗教权威的破产引发了社会心理由制约向松弛方向的转变，现代主义文化从宗教那里承接了社会行为的核准权。它不像过去的宗教那样设法驯服魔鬼，而是以世俗文化的姿态发掘、钻研、拥抱它，甚至逐渐视其为创造的源泉。“当新教伦理被资产阶级抛弃以后，剩下的便只是享乐主义了”①，社会到处充斥着广告、电视、时装、摄影和旅行。享乐主义构建了一个虚构的世界，人们在其中过着期望的生活，追求即将出现而不是现实存在的东西。推陈出新的商品不断满足人们的欲求并刺激新的欲求的产生，大规模的消费和高水平的生活成为经济体制的合法目的。最突出的表现在，销售活动成为当代西方社会的最主要事业，它本身直接与节俭习惯相冲突，强调挥霍，鼓吹讲排场、比阔气，再加上分期付款购物的发明引发的道德习俗的革命，娱乐道德观替代了传统的新教伦理。道德合法性一旦确立，追求无限体验的贪欲便成为可能，由此现代人便可以像浮士德那般割裂过去的不断体验和追求。社会结构本身出现了断裂，一方面商业公司要求人们努力工作，树立职业忠诚，接受延期报偿理论，另一方面公司的产品和广告却助长快乐、狂喜、放松和纵欲的风气，并提供提前消费的信用制度，这种断裂最后导致的结果只能是一种放荡的生活。

① [美]丹尼尔·贝尔:《资本主义文化矛盾》，赵一凡、蒲隆、任晓晋译，生活·读书·新知三联书店，1989年，第67页。

(三)虚无主义(Nihilism)

现代主义重视的是现在或将来而非过去，就如浮士德所道出的:“过去了的事情由它过去！”[①]“不过,人们一旦与过去切断联系,就绝难摆脱从将来本身产生出来的最终空虚感。信仰不再成为可能。”[②]浮士德为了忘却与葛丽卿恋爱的痛苦,继续尘世中的欲求,被靡菲斯陀带往瓦卜吉司之夜参加群魔淫乐的宴会。但是当酒醉狂迷之后终将要面临凄冷的清晨，面对眼前的现实——那种在劫难逃的空焦虑感。浮士德忘却过去耗尽一生追求,不管是知识、爱情、政治抱负、古典美还是最后的人类自由王国,可最后一切都以失败而告终,成了虚无。

“虚无主义”(Nihilism),从词源上可以追溯到拉丁文“nihil”,意思是“什么也不是,虚无;不存在的东西”。虚无主义最早在哲学上的应用是,1799年德国宗教哲学家弗里德里希·海因里希·雅各比(Friedrich Heinrich Jacobi)在《给费希特的信》中使用了该词,用来描述先验唯心主义这一流行的哲学派别的不良后果。在这封信中,雅各比批评先验唯心主义暗含的一种趋势,即通过关注知识产生可能性的主观条件，把外部世界的现实性消解为意识的空无。“虚无主义”在这里的使用显然是批判否定的,充当了归谬法的论据。他的同时代许多人都把虚无主义视为对最高秩序的一种哲学控告。然而黑格尔却是个例外,他认为“虚无主义是‘哲学的使命’,因为绝对真理就源于虚无主义”[③]。在19世纪上半叶虚无主义以哲学或诗学形式出现,并与唯心主义这一思想运动相关,到了下半叶虚无主义渐渐与道德、宗教和政治等方

---

① [德]歌德:《浮士德》,董问樵译,复旦大学出版社,2001年,第274页。

② [美]丹尼尔·贝尔:《资本主义文化矛盾》,赵一凡、蒲隆、任晓晋译,生活·读书·新知三联书店,1989年,第97页。

③ 转引自[美]凯伦·L.卡尔:《虚无主义的平庸化——20世纪对无意义感的回应》,张红军、原学梅译,社会科学文献出版社,2016年,第21页。

面的无政府主义联系在一起,其基础是对上帝信仰的丧失。在俄国,一群持不同政见的人自称为"虚无主义者",他们的活动将这种联系带入了公众意识,陀思妥耶夫斯基和屠格涅夫的小说对其进行了描述。陀思妥耶夫斯基的《群魔》描述了一群虚无主义者的活动,其中主人公对虚无主义有一段论辩,他认为自由意志最完美的表现就是自杀。屠格涅夫的小说《父与子》,描述了新老两代人之间的矛盾冲突,借助小说主人公阿尔卡狄之口道出了虚无主义的含义,"虚无主义者……是一个用批判的眼光去看一切的人……是一个不服从任何权威的人,他不跟着旁人信仰任何原则,不管这个原则是怎样被人认为神圣不可侵犯的"[①]。在 19 世纪最值得关注的是,尼采对虚无主义的使用和写作。他郑重而鲜明地喊出"上帝死了!"由此虚无主义成了一个亟待解决的问题,引发了后继者对这一术语的重新审视和思考,并不断地探寻克服虚无主义的途径和方法,尤其是后来现代性问题的日益凸显。

关于虚无主义的定义和解释有很多且各不相同:赫尔默特·史莱克(Helmut Thielecke)认为,虚无主义是世界与它和上帝的绝对关系的分离,并造成自我的迷失;谷德斯布鲁姆(Goudsbloom)用虚无主义指代一种心灵状态,在这种状态中似乎任何事情都没有价值或意义;《西方哲学词典》对"虚无主义"的解释是指盲目否定人类一切文化遗产,否定民族文化,甚至否定一切的态度或思想倾向,有时也指没落阶级悲观厌世的颓废思想;《牛津哲学词典》是这样解释,"虚无主义"指一种主张无,不效忠任何国家、信仰或个人,没有目标的理论立场……对虚无主义进行准确且一致认同地界定似乎是困难的,就像恩斯特·容格(Ernst Juenger)曾说的,定义的缺失其实就是问题的一部分。之所以如此困难,与虚无主义的形式众多有密切关系。根据卡尔对虚无主义形式的总结,大致可以分为五类:第一是认识论虚无主义(epistemolojical nihilism),是对知识可能性的否定,它声称没有什么标准可以

① [俄]屠格涅夫:《屠格涅夫作品精粹》,张瑞安选编,河北教育出版社,1990 年,第 347 页。

用来区分什么是正确或错误的知识；第二是真理论虚无主义(alethiological nihilism),是对真理现实性的否定,它认为不存在真理;第三是形而上学或本体论虚无主义(metaphysical or ontological nihilism),是对独立存在的世界的否定，它坚持没有什么是真实的；第四是伦理或道德虚无主义（ethical or moral nihilism),是对道德或伦理价值现实性的否定,它认为没有善或所有的伦理主张都是同样正当的;第五是存在主义或价值论虚无主义(existential or axiological nihilism),是对虚无和无意义的感受,它坚持生活没有意义。价值论虚无主义是虚无主义使用最普遍的含义，也是贝尔在《资本主义文化矛盾》中突出表明在精神世界里信仰出现危机之后,现代人所要面临的日益突出的问题。

在《资本主义文化矛盾》中贝尔借用尼采对未来世界的预言,道出了现代社会所面临的一场信仰危机,即精神上对虚无的恐惧。“我要谈论的是今后两个世纪的历史。我描述的是即将到来的,并且是不可能以其他形式到来的事物:虚无主义的降临。现在这段历史已经开始被叙述,因为在这里,必要性在发挥着作用。现在,无数的迹象已暗示了这种未来。……长久以来,整个欧洲文化带着几个世纪积压下来的磨难和紧张,正在逐渐地走向灾难。它激动不已,它剧烈地涌动,令人防不胜防,就像一条直涌向干涸尽头的河流,不再回顾身后的一切,它害怕回顾。”[①]尼采认为正是象征着现代科学的理性主义和精密计算摧毁着缺乏反思能力的人类意志，二者连接起来合力造就了一股强大的虚无势力。

文艺复兴和启蒙运动对西方社会理性的建立来说是极其重要的两个事件,让人们重新看到了人类理性的力量并倡导人们敢于运用自己的理性,对自身进行教化和开导,使自我从无知、迷信和偏见中摆脱出来。它以人类理

① ［德］尼采:《权力意志》,杨向荣、曾莹编译,陕西人民出版社,2007年,第7页。

性之名来否定基督教神学信仰，这场运动扩展到宗教、哲学、文学、艺术等领域。在宗教上文艺复兴为宗教改革奠定了思想基础，从根本上打击了基督教在西欧的精神统治。16世纪初以马丁·路德首先倡导的宗教改革开始，将《圣经》的解释权从教会转交到教徒本人，他主张因信称义，我们的称义或赎罪要凭着内心的信仰，靠上帝的恩典实现，而非教会所宣扬的赎罪券等这些“善功”。这样路德就使得中世纪那些虚假的赎罪方式、繁杂的教会仪式及神职人员都成为多余，他用内在的信仰代替了外在的权威，开创了人的内在自由。相比之下，加尔文教义更加严厉，但也更利于资本主义的发展。加尔文自己垄断了对《圣经》的解释权，他主张禁欲，事实上要求人们节俭，主张一种刻苦辛劳、勤俭节约的精神。他主张人人可成为上帝的选民，而选民身份的确定要通过现世的事业成功，这正是一种真正的资本主义精神。宗教改革给后来的文化留下了精神遗产，如黑格尔所说，在宗教改革波及的地方“人们向良知[sensus communis]呼吁，而不再诉诸教父和亚里士多德，诉诸权威；鼓舞着、激励着人们的是内在的、自己的精神，而不再是功德。这样一来，教会就失去了支配精神的权力，因为精神本身已经包含着教会的原则，不再有所欠缺了”①。

在哲学上，宗教改革促进了以笛卡尔为首的理性主义的产生，崇尚理性反对愚昧和迷信，理性主义精神的核心就是普遍怀疑和我思故我在。笛卡尔哲学在方法论上主张一种普遍怀疑，他以理性为原则对知识进行重新审查以便确立真理。他在独自沉思时幻想着建造一个完全由真理构成的知识大厦，但过去学来的知识并非一概可靠，为了这个目标只有把所有的知识都清除出去，经过理性一一审视之后再把可靠的知识放回去。对于那些不可靠的知识，笛卡尔试图寻找问题的根源，经过一番怀疑之后，他找到了“我思故我

① [德]黑格尔：《哲学史讲演录》(第4卷)，贺麟、王太庆译，商务印书馆，1978年，第4页。

在”这样一个阿基米德支点。由此清晰明白的观念出发,笛卡尔建立了他的真理体系。笛卡尔哲学渗透着文艺复兴以来的人本主义和科学精神,而他制定的自我意识、天赋观念、清楚明白等哲学原则影响深远。由宗教和哲学展开,在整个文化领域理性主义无不成为贯穿其中的精神与核心,并在后来深刻影响了整个社会,包括经济和政治领域。贝尔在《资本主义文化矛盾》中对这种影响进行了详细的论述,他认为技术-经济领域涉及生产的组织和产品、服务的分配,它构成了社会的职业和科层系统。在这整个系统里以功能理性为轴心原则,加上对技术的工具化运用,遵从节俭即效益的法则,精密计算,不断更新产品或生产流程,争取用最小的成本换来最大的收益。分工的专业化和功能的切割,在组织上形成了官僚等级制度,权威经过职位传递而不是经过人,人在其中变成了物件或东西,以往人们由各自信仰确立身份已转变由角色明确限定。在政治领域,以调节冲突为中心任务,合法性是其轴心原则,以代表选举制和参与制为轴心构造,有几个政党或社会团体分别反映社会不同方面的特殊利益,作为他们的代表机构或者参与决策的工具。政治体系的管理方式具有技术官僚的倾向,并且随着技术性问题的增多,技术官僚化趋势将日益明显。

整个社会在理性主义的掌控下,再加上科技的迅速发展,现实被剥去了神学的外壳,随后消费社会的经济制度(主要有分期付款和信用制度)把宗教所代表的道德伦理的基础也一并摧毁。在西方社会,上帝一直以来是人们的信仰对象,更是整个社会的核心价值体系。完满和全知全能的上帝,作为至善和最高目标,是一切存在着的权威,也是人们思想和行动的指导和追求。以往人类社会对灾难有着从经验中积累起来的稳定信仰即宗教,为人们提供了关于现实的某些超时代概念。随着“上帝死了”,取而代之的是现代社会的靠着技术和革命通过历史来实现的乌托邦。贝尔认为,旧的信念不复存在而新的意识本身充满了空幻,面对如此局势带给我们的只能是虚无,“由于既无过去又无将来,我们正面临着一片空白”[①]。

三、神圣与亵渎

在浮士德的身上我们看到了寻求超越与执着凡世的悖论，他究竟是人们所称赞的现代普罗米修斯还是多变的普罗透斯？这种现世的生活是一种神圣还是亵渎行为呢？如果是一种亵渎行为,我们又该如何重建神圣领域？贝尔在《资本主义文化矛盾》中对浮士德精神专门做了详细的分析和评价，并就现代人所面临的浮士德困境提出了自己的解决方案，即一种新的合成仪式。

(一)普罗米修斯(Prometheus)

普罗米修斯(古希腊语:ηρομηθεύς;英语:Prometheus),希腊语的意识是“先觉者”。他因为人类盗火而惹怒宙斯被困于高加索山脉,并遭受恶鹰每日啄食其肝脏的痛苦。这是我们所熟知的故事,而关于普罗米修斯其实有不同的故事版本和表现形式。

普罗米修斯最早出现在古希腊神话中，是地母盖亚与乌拉诺斯所生之子伊阿佩托斯的儿子,他有两个兄弟阿特拉斯和厄庇墨透斯,其子叫丢卡利翁。在神话中普罗米修斯是一位战士神和人类的保卫者。根据希腊神话,宙斯推翻其父的统治之后在众神举行的联席会议上由于受到欺骗，宙斯拒绝向人类提供生活必需的最后一样东西——火。而普罗米修斯同情人类设法窃走了天火,偷偷地把它带给人类,使得人类免除饥寒交迫之苦,繁衍生息。宙斯对普罗米修斯的这种肆无忌惮的违抗行为大发雷霆，先是命赫维斯托

---

① [美]丹尼尔·贝尔:《资本主义文化矛盾》,赵一凡、蒲隆、任晓晋译,生活·读书·新知三联书店,1989年,第74页。

斯创造了第一个女人潘多拉,使其给人类降临灾难、疾病、祸害,然后令其他的神把普罗米修斯用锁链缚在高加索山脉的一块岩石上。一只饥饿的恶鹰每天来啄食他的肝脏,而他的肝脏又总是重新长出来,这样的痛苦持续了三万年。最后,赫拉克勒斯为寻找赫斯珀里得斯来到这里杀死了恶鹰,因而解救了普罗米修斯。为了彻底执行宙斯的判决,普罗米修斯必须永远戴着一只镶有高加索山石子的铁环。这样宙斯就可以自豪地宣称,他的仇敌仍然被锁在高加索的悬崖上。而在这之前,还有一段鲜为人知的故事是,普罗米修斯知道大地上孕育着天神的种子,于是用河水调和黏土捏成了人,他借用动物灵魂中的善和恶两重性格将它们封进人的胸膛。之后雅典娜朝具有一半灵魂的泥人吹了一口神气,使它获得了灵性。这样第一批人在世上就出现了,他们繁衍生息,遍布各地。很长一段时间人类并不知道怎样运用神赐的灵魂,普罗米修斯便教会人类各种知识和技能,例如建筑术、航海术、医药、读书、写字等。

除了神话之外,其表现形式还有文学、音乐、绘画、雕塑等,尤其是文学,在不同时期对普罗米修斯形象的刻画不尽相同。在古希腊时期,主要有诗人赫西俄德和悲剧作家埃斯库罗斯。赫西俄德的《农作与时日》和《神谱》是第一次从文学上对普罗米修斯形象进行了较充分和完整的描述。但叙述的两个故事有重复和矛盾的地方,第一个故事是普罗米修斯因狡诈被宙斯困在柱子上每日受恶鹰啄食肝脏,最后被赫拉克勒斯所救;第二个故事是普罗米修斯在分配献祭公牛时把好肉留给自己,而将骨头伪装起来给了宙斯,被宙斯识破后将女人潘多拉送给他作为惩罚。在赫西俄德的作品里我们看到了普罗米修斯不光彩的一面,他被塑造成了一个玩弄骗术的阴谋家,而宙斯代表着权力和正义,是一个向权威挑战的失败者。而在埃斯库罗斯的笔下,普罗米修斯的形象发生了很大的变化。他写了关于普罗米修斯的三个联剧:《被缚的普罗米修斯》《被释放的普罗米修斯》和《带火的普罗米修斯》,后两个已经失传。在埃斯库罗斯的悲剧中,普罗米修斯出谋划策帮助宙斯推翻其父的统治,并帮助人类,而宙斯仇视人类、恩将仇报。普罗米修斯被刻画成敢于反抗宙斯、坚强不屈和拯救人类的形象,是为人类受苦受难的英雄。到了古罗马时代,也有许多诗人和剧作家描写了关于普罗米修斯的故事,奥维德的《变形记》、塞内加的《美狄亚》、琉善的《诸神对话》等。古罗马的作品与古希腊创作不同的是,前者强调普罗米修斯创造人类,而后者突出其盗火者的形象。另一个明显不同的是,虽然古希腊作品中表现了普罗米修斯狡诈、玩弄阴谋的不光彩一面,但更多的是预见性、敢于挑战权威及对人类之爱,而在古罗马作品中他完全成了一个玩弄阴谋、反叛权威,最后悲剧收场的纵火犯。这与古罗马时期统治者为了维护中央集权统治,反对任何叛乱有着密切的关系。

此后,在很长一段时间关于普罗米修斯的故事一直都处于沉寂的状态,直到德国的狂飙突进运动和浪漫主义时期又重新回到了人们的视线。歌德、拜伦和雪莱都以此为题材进行了创作,最突出的要数雪莱的诗剧《解放了的普罗米修斯》。在封建专制的背景下,雪莱将普罗米修斯塑造为正义的化身,没有了之前的阴谋诡计,他不屈服于朱庇特的暴政,毫不妥协,坚信爱、真理与和平终将到来。在诗剧中支配万物的是时间和命运(雪莱称之为“必然性”)而不是神,他用冥王的形象来象征历史发展的必然规律,并相信社会和自然的发展定会转向好的方向。剧终,朱庇特被推翻,普罗米修斯被拯救,众神和人类欢呼雀跃,人间没有了暴力和奴役、剥削和压迫,自由、和平、友爱充满世界。

作为人类创造者和施惠者的普罗米修斯神话拥有着永久的魅力,他一直是作家们青睐的对象。高尔基在《克里姆·萨姆金的一生》中写道,“革命者对于我们来说……是普罗米修斯之火的化身”[①]。马克思在其博士论文中也

① [苏联]M.H.鲍特文尼克等编著:《神话辞典》,黄鸿森、温乃铮译,商务印书馆,1985年,第254页。

高度评价了普罗米修斯形象,“哲学的日历中最高尚的圣者和殉道者”,并用普罗米修斯被困岩石上来比喻工人受困于资本,“使相对过剩人口或产业后备军积累的规模和能力始终保持平衡的规律把工人钉在资本上,比赫斐斯塔司的楔子把普罗米修斯钉在岩石上钉得还要牢”[①]。

(二)普罗透斯(Proteus)

另一个也经常被人们提及的希腊神话人物,普罗透斯(古希腊语:Πρωτεύ,英语:Proteus),“Πρωτεύ”在现代语中表示“变化万千,多种多样”的意思。普罗透斯是听从于海神波塞冬的海神老人,传说住在埃及附近的法洛斯岛,为波塞冬放牧海豹。他知道过去、现在所有的事,能预言未来,但不愿告诉任何人,并且可以变化成各种形态,如动物、植树等。如果谁想求他占卜未来,就必须趁他午睡时出其不意地把他捆绑起来,即使这样他还要千变万化,试图逃跑。如果捉住他的人能牢牢抓住不放,最后他就只得变回原型,告诉人们想要打听的事,然后跳入大海。史诗《奥德赛》记载了特洛伊战争结束后,希腊英雄、斯巴达国王墨涅拉尔斯的船被逆风吹到了埃及,迷失了返回故乡的航路,在普罗透斯的女儿厄多忒亚的帮助下曾抓住过普罗透斯,告诉了墨涅拉尔斯返回故乡的道路并预言了他的未来。在古典时代,希腊人认为普罗透斯是古代埃及的一位国王,还出现了关于他治理色雷西亚的故事。后来人们抓住普罗透斯善变的特性用他来喻指那些琢磨不透、变幻莫测的人或现象。在文学中也有较多的运用,法国诺贝尔文学获得者安德烈·纪德在其重要代表作《伪币制造者》中写道“他永远不能老是同一个人。……人以为已把他抓住……但和普洛透斯一样,他早摇身变形。他随着他自己所爱的对象变”[②],加缪在《局外人》中用他来形象比喻与宗教禁欲相反的艺术追求,“教会怎么

① [德]马克思:《资本论》(节选本),中共中央党校出版社,1986年,第200页。

② [法]安德烈·纪德:《伪币制造者》,盛澄华译,上海三联书店,2015年,第167页。

没有举行过谴责演员的这种活动呢？……它在他们当中禁止对现在的兴趣和普罗透斯式的胜利，这些都是对它的教育的否定”[①]。

在《资本主义文化矛盾》中贝尔用普罗透斯形象来比喻不断追求新事物的浮士德，“这不是普罗米修斯，而是普罗透斯。而且是一个来去匆匆，令我们无法知道他的真正形状或最终目的的普罗透斯”[②]。确实如贝尔所描述的那般，在歌德《浮士德》的两部诗剧中浮士德始终在不停地变换着自己的身份和形象，诗剧开端浮士德以一位年逾半百困坐在中世纪书斋里的博士形象展现在我们面前，与魔鬼签约后在靡菲斯陀的帮助下瞬间返老还童变成了一位青年，之后的形象变换更是多样。在天真美丽的葛丽卿眼中浮士德由温柔浪漫的情郎变成带给她苦难和悲惨的刽子手，在瓦卜吉司之夜浮士德是放浪淫乐的风流者，在皇帝的宫廷浮士德摇身一变成为立功者和魔术师，在对希腊美女海伦的追求中浮士德是不畏艰辛、追求美的城堡主人，在战场浮士德转而变成扭转战局的谋士，在海边封地浮士德又变成了开疆拓土、试图建立人间乐园的筑梦者……在整部剧中浮士德如普罗透斯般不断地变换着，他到底是一个什么样的形象呢？不同的人便有了不同的解读，正如歌德自己所说：“你来问我，我想要在《浮士德》中体现什么观念。好像我自己对此真的心中有数，并且讲得出似的！……我在《浮士德》中表现的生活是那些丰富多彩，那么光怪陆离，要是我真能用唯一一根贯穿始终的细线把它们串在一起，那确实一定会成为一个绝妙的玩意儿！”[③]

贝尔在现代主义文化的背景下重读《浮士德》，认为浮士德的悲剧并非是对自尊的理解或对一个人的局限性的最终领悟。第一部中浮士德从地神

---

① ［法］加缪：《局外人》，海忠恒译，安徽师范大学出版社，2014 年，第 148 页。

② ［美］丹尼尔·贝尔：《资本主义文化矛盾》，赵一凡、蒲隆、任晓晋译，生活·读书·新知三联书店，1989 年，第 213 页。

③ ［德］艾克曼：《歌德谈话录》，杨武能译，四川文艺出版社，2008 年，第 15 页。

口中得知他掌握的只是关于世界的理论而非现实，而他的生活永远不可能穷尽一切,浮士德拒不接受这些真理。如果剧终他倒地而死并获得拯救,证明了个人的有限性,那么从这一点来讲并没有什么悲剧可言。真正的悲剧在于浮士德不愿放弃他的意志,更不愿中止他不懈的斗争。普罗米修斯的斗争和反抗来自他对所处环境和时代的清醒和抵制及对人类出于爱的守护,而浮士德更多的是对自我的超越和人类有限性的不接受。所以,面对无限自我扩张而缺乏限制的社会，贝尔认为浮士德并不是现代的普罗米修斯而是普罗透斯。他认为对一个人来说,在这种没有记忆,没有完成的漫漫无期的生活中,有的只是不断地追求:追求新的利益、新的消遣、新的轰动、新的历险、新的享乐、新的革命、新的欢乐、新的错误、新的……并评价道,这种人世的生活及跟他类似的人们的生活,只不过是七层地狱的反映罢了。[①]在现代社会中现代主义文化接替了宗教,审美冲动脱离道德规范,人们要将文化中展现的在生活中一一实现,在帝王般自我的追求下,经验本身成为最高评判标准,“一切都可以探索,任何事都可以被允许(至少对想象是这样),包括淫欲、凶杀和其他主宰现代主义的超现实主题”[②]。

在西方社会长期存在着一种放纵和约束的辩证关系。关于放纵,可以追溯到古希腊的酒神节、古罗马的酒神狂欢及《圣经》中描写的索多玛与蛾摩拉的传说和史实;而约束,一直是西方历史上知名宗教的重要特征,如《旧约》中对未加约束的人性的极力否定,将放纵与贪欲、凶残联系起来。以往宗教总是把道德规范强加给文化,强调界限,尤其是强调审美冲动应服从道德行为。在西方社会,宗教的两个主要功能就是掌管邪恶和连接过去:它把守着邪恶的大门,用亚伯拉罕和以撒的“安吉达”表现出的象征性牺牲、耶稣在

① 参见[美]丹尼尔·贝尔:《资本主义文化矛盾》,赵一凡、蒲隆、任晓晋译,生活·读书·新知三联书店,1989 年,第 213 页。

② 同上,第 209 页。

十字架上的仪式牺牲等象征性的语句表现、传播它，使人们远离邪恶；另外它提供了与过去的连续性，总是与过去相关的权威使得其对未来的预言有了排他的合法基础，当文化与宗教合为一体时，人们就根据过去判断现在，并通过传统提供了二者的连续性。贝尔认为宗教的力量并不带有任何功利主义的性质，它不是一种社会契约，也不是一套笼统的宇宙意义，它是在种种意识形态或其他种种世俗信仰面前，把神圣感（作为一个民族的集体良知而引人注目的东西）汇集到一个强大容器里的手段，这也正是宗教具有如此强大威力的一个重要原因。因此，宗教长期以来作为一种传统的认同方式，帮助人们用超世俗的手段理解自我、民族、历史及个人在事务格局中的地位。而在现代社会的发展和分化，即世俗化的进程中，社会的宗教世界逐渐缩小，宗教逐渐成为一种意志问题而被接受或摒弃的个人信仰，不再是作为一种命运。资本主义疯狂积累的工作成了天职，个人通过工作中的努力就能达到自己的美德和价值，到最后连工作也变成日常琐事和被迫的，人们便逐渐放弃了为它辩护的打算。“浪费的冲动代替了禁欲苦行，享乐主义的生活方式淹没了天职”[①]，由此出现了截然不同而复杂的神圣与亵渎领域的区分。埃米尔·杜尔凯姆（Émile Durkheim）对此有详细的研究，他认为宗教是一种把世界分成神圣和亵渎的做法，自然本身是一个连续统一体，只有人创造了这种二元划分。杜尔凯姆坚信把人联系在一起的共有情操和感情纽带对任何社会的存在都是至关重要的。既然各个方面的社会生活都由一套象征来实现，这种意识就固定在某种被视为神圣的物体上。贝尔认为宗教的衰微或信仰的丧失，并非陈规俗见所认为的那种如天堂、地狱等形象的超自然感觉丧失了其控制人的力量，而是神圣领域的缩小。在西方社会，家庭、教区、教会等给人提供共同身份证明和情感交流的基本因素已经削弱了，人与人之

① ［美］丹尼尔·贝尔：《资本主义文化矛盾》，赵一凡、蒲隆、任晓晋译，生活·读书·新知三联书店，1989年，第207~208页。

间的共有情操和感情纽带已经变得涣散和衰弱。文化取代了宗教和工作,成为一种自我完善的手段或对生活的一种辩护——新奇变成了兴趣的源泉,自我的好奇变成了判断的准绳,现代主义作为一种文化运动侵犯了宗教领地,并把权威的中心从神圣移向亵渎。[①]

(三)新的合成仪式(The New Rite of Incorporation)

如果"无神无圣"成为现代主义文化的一个心理中心的话,现今的世界已经没有什么禁忌供人去逾越了,那么我们很可能将面临巨大的精神危机,正如德国哲学家爱德华·斯普兰格(Eduard Spranger)写道:"当每个人的内心都肯定无疑地缺乏价值标准时,不知会出现什么情况。……任何不再把上帝称为自己的上帝的人就投身于魔鬼的怀抱。他的本质问题并不是价值冷淡,而是一种价值颠倒"[②]。既然无法获得神圣知识而又在世俗世界丧失了信仰,那么面临现代浮士德的困境时社会该如何去建立一个意义系统来解释个人与世界的联系,给茫然失措的人类一个行为指南呢?贝尔作为社会学家目睹并经历着这些,他深感精神焦虑的同时,在思想日臻成熟睿智的晚年经过对历史的参悟,开出了自己的一剂药方。

贝尔认为对意义的探索必然要在自然、历史和宗教的基础上展开。希腊人对于自然的关注是不容忽视的,在他们的思想中自然是事物的严格秩序,比传统中约定俗成的法规重要,它必须遵循自然的引导。自然常与逻各斯等同,它并不自己显现,对自然或逻各斯的发现使我们认识到了人类的可能性,即道德和智力的完善。自然的基础是一成不变而又永恒的。关于历史的讨论,著名的有维柯(Giambattista Vico)的反复论,他一面考虑历史因素,一

① 参见[美]丹尼尔·贝尔:《资本主义文化矛盾》,赵一凡、蒲隆、任晓晋译,生活·读书·新知三联书店,1989年,第209页。

② 同上,第220页。

面又想寻找某种一成不变的图示。在其社会学著作《新科学》中他将整个人类历史划分为神的时代、英雄时代和凡人时代：第一个时代是野蛮状态的人类与自然做斗争的时代，人们惧怕主宰其命运的神灵，主要通过宗教来理解自己的命运；第二个时代是氏族时代，家族之间结盟，人们推崇的价值是战争、荣誉和军威；第三个时代是平民的时代，崇尚平等和民主，欲望取代了自然需要。每个时代都自然而然地发展，当社会失去耻辱感，腐败就流行，这时习俗和法规不再受人尊重，平等导致怂恿，卑鄙和妒忌取代仁爱，在内部衰败或外部征服下，社会向野蛮状态倒退，就有了新一轮的三个时代的循环。贝尔认为这种历史反复论似乎在西方历史中有一定的反映，神的时代里对宗教的崇拜与基督教对应，英雄时代的家族反映在中世纪封建秩序中，而平民时代的结束迹象在某些方面似乎依稀可见，如过分的怀疑主义、咄咄逼人的唯物主义、强调实用价值。

在现代社会里，"哲学代替了宗教，科学取代了哲学；然而科学本身已卷入了对自然设计的抽象追求中，而不去理会人的目的，所以人类行为就没有方向可言"[1]。那么，人类行为的指南在哪里呢？贝尔认为这些指南不在自然界，也不可能是历史。因为自然在表明人类物理局限的同时也指出了人类的生存问题；而历史并没有意向，是工具性的，历史是人类向自然的扩张。最后，答案的寻找便指向了唯一剩下的宗教，它作为超越人类的一种超验概念，能够把人同他身外的某些事物联系起来。与杜尔凯姆将宗教作为社会的"功能必须"(functional necessary)不同，贝尔对宗教的关注与他称作文化的合成性有关，文化的发展原理是不断地倒回人类根本的生存问题，人对自身能力有限的痛楚认识及由此产生的要寻求合理连贯解释的努力，以便与人类的现实状况进行妥协。因此贝尔指出，文化是意义的领域，通过象征和仪

① ［美］丹尼尔·贝尔：《资本主义文化矛盾》，赵一凡、蒲隆、任晓晋译，生活·读书·新知三联书店，1989年，第216页。

式以想象的表现方法诠释世界的意义，尤其是那些“不可理喻性问题”（指从生存困境中产生的，每个人都无法回避且无法用人类理性解决的诸如死亡、悲剧等问题）。贝尔认为，对于个人、团体和社会而言，文化可以借助内聚力来维护人的本体身份，联系起过去和现在。这种内聚力的获得源于前后如一的美学观念和有关自我的道德意识，以及人们生活的客观过程中所展示的方式和与其观念相关的特殊趣味，如装饰家庭、打扮自己等。然而日益琐碎无聊的现代主义打破了文化的这种统一性，它本身发展到今天也已经消耗殆尽，剩下一只空碗。

作为一种文化形态，宗教的不同之处在于它对人类生存之根本性问题的回答整合在了连贯而明晰的教义中，通过仪式借助情感的纽带将信徒联结在一起，并且建立了组织化的机构使它的机构和仪式不断地再生和扩张。所以贝尔坚信，“尽管现代文化处于混乱中，我们仍能期待某种宗教答案出现”[①]，宗教“是人类意识的一个组成部分，是对生存‘总秩序’及其模式的人之追求；是对建立仪式并使得那些概念神圣化的感情渴求；是与别人建立联系，或同一套将要对自我确立超验反应的意义发生关系的基本需要；以及当人面对痛苦和死亡的定局时必不可少的生存观念”[②]。

但是在过去的一百年里，宗教力量已经减弱。一方面，在机构范围里作为一种社会团体的宗教机构的权威和职能在缩小；另一方面，在文化范围内又存在着亵渎行为，解释人与彼岸关系的意义系统已经衰微。在宗教失败的地方，崇拜就应运而生。当宗教的组织机构逐渐解体时，人们便转向那些能使他们获得宗教感的直接经验中，从而促使了崇拜的兴起。但崇拜不同于正规的宗教，它往往宣传的是某些长期被淹没而现在又兴起的神秘知识，或者鼓励那些迄

①② ［美］丹尼尔·贝尔：《资本主义文化矛盾》，赵一凡、蒲隆、任晓晋译，生活·读书·新知三联书店，1989年，第221页。

今为止受压抑的冲动,总之它们在一定程度上依然属于放纵类型。既然每个社会都有合成的仪式和放纵的仪式,而现代社会的问题就是放纵本身过了头(对环境毫无限制的开发、对生物界的横加干预、军备竞赛等),那么现在我们就需要某种新的合成仪式即新的宗教,不仅联系未来而且联系过去。

这种新的宗教该如何产生呢?贝尔认为"宗教是不能制造的。人为制造的宗教更加糟糕,它虚伪浮夸,极易被下一轮时尚冲散消灭"[①]。文化和宗教领域的变化不同于其他领域,它们有自己的运动节奏,需要很长的历史时期才能完结,如在西方历史上基督教得以立足就几乎花费了三百年的时间。那么这是否就意味着,面对如此紧迫的现代浮士德的困境就束手无策了呢?贝尔认为,可以通过建立一种新的大众哲学以行之有效的机构做出反应,来为缓慢的文化重建赢得时间,也就是作者提出的"公众家庭"。重要的是,它可以在政治领域得到实践。如果说宗教和文化要确立终极意义,那么政治体系则是处理日常生活的世俗问题。在西方社会,政治体系制定了正义的准则,强化公理和权力,规定交换的法则,并为人们提供日常的安全保障。由此,不可避免的是党派之争、职能扩充等政治问题所产生的一系列社会矛盾,这些矛盾的根源来自建立之初的目的与结果的不一致,即为增进个人目的而建立了自由社会,然而现在面临的社会现实是必须约定集体目标。这些集体有时是社会的组成部分,有时就是社会整体本身。因此,社会必须越来越致力于公益产品的生产和公共部门的资助,这样就不得不牺牲私人和私有部门的权益。而公众家庭在价值观上可以调和政治上的自由主义,同时又在社会管理方面带有公社组织的特征。贝尔认为从政府预算的角度来说,公众家庭是指对财政收入及开支的管理,广义上说,它是满足公众需求和欲望的媒介,是与个人欲望背道而驰的。从价值观上来看,从处理自由与平等、公平与

---

① [美]丹尼尔·贝尔:《资本主义文化矛盾》,赵一凡、蒲隆、任晓晋译,生活·读书·新知三联书店,1989年,第39页。

效率、公众与私人等根本问题着手摒弃资产阶级的享乐主义,同时保留政治自由主义,从而为现代自由社会的公众家庭创立一种规范性的政治哲学。

第四节　理论特征

同经典人物哈姆雷特一般，不同的读者在不同的时代背景下对其进行解读时就会产生不同的理解,浮士德和浮士德精神也是如此。贝尔在现代社会的时代背景下以他独特的视角和方法向我们展示了他理解的浮士德精神,其中体现了如下的理论特征:

一、批判的文化视角

首先,与大多数对浮士德精神进行大肆称赞和宣扬的态度不同,贝尔在现代社会重读歌德《浮士德》之后对浮士德身上所凸显的现代人的特征进行了详细的分析,并采取了明显的批判态度。在其形象认定上,贝尔在文中反对将浮士德誉为现代的普罗米修斯，而将其称普罗透斯,"这不是普罗米修斯,而是普罗透斯……浮士德在人世的生活,以及跟他类似的人们的生活,只不过是七层地狱的反映罢了"[①]。他认为浮士德在不断经历和追求中,像普罗透斯般不断地变换着自己的形象,从青年到老年,风流者到博士、魔术师、城堡主人……每一个形象都和前一个完全不同,来去匆匆,让人对他的真正形状或最终目的无法预想、捉摸不透。浮士德之所以可以这样不断变换,就其主观来说,一方面是他的自强不息,想要突破限制,经历和掌握一切;另一

① [美]丹尼尔·贝尔:《资本主义文化矛盾》,赵一凡、蒲隆、任晓晋译,生活·读书·新知三联书店,1989,第213页。

方面是因为他没有回忆,没有同过去的连续,在每段经历之后他几乎都可以完全忘记,就如诗剧中精灵所唱出的那样"浴以忘川河",然后重新开始。浮士德的自强不息源于自我意识的无限扩张,想要获得如神一般无所不能而又绝对的知识,如现代人一般极力追求自我意识的实现和满足。而他对过去的遗忘,类似于现代人对传统和权威的摒弃,导致儿子失去与父亲的联系,整个社会成了一个"没有父亲的社会"。

其次,这种批判是从文化的角度展开的。有作者从生态角度解读浮士德精神,作为美国著名的文化评论者,贝尔从文化角度出发借助浮士德精神,分析批判了现代主义。作为一种文化倾向、文化情绪或者称为文化运动,现代主义持续了一个多世纪,已经渗入了各种艺术。它不停地向社会结构发动进攻,扰乱了文化的一统天下。追求和谐又疯狂进取,渴望达到彼岸的理想与人的有限性的处境,这是浮士德所代表的人的困境。文化作为意义的系统,通过艺术与仪式以想象的方式诠释世界的意义,从而为人类提供生存根本问题的答案。通信革命和运输革命带来了运动、速度、光和声音的剧烈变化,宗教信仰日益衰弱,超生的希望被人生有大限、死后万事空的新意识所取代,从而产生了自我意识的危机。这些社会环境和自我意识的变化,使人们在时间感和空间感上发生了错乱,从而引发了一场更深刻的精神上的危机,即对空虚的恐惧。而现代主义如浮士德般重视的是现在或者将来,绝非过去,它本身在文化上的合法性目前只是强调自我满足和个性表达,诱惑着浮士德与魔鬼打交道。如今,现代主义已经日益琐碎无聊,被消耗殆尽,无法解决人们正面临的信仰危机。

二、宗教的回归

宗教,是贝尔《资本主义文化矛盾》一书的重要论点,更是他分析批判浮士德精神的基本论点和最后解决现代浮士德困境的回归之路。

首先,贝尔认为浮士德不断地追求新奇,与其说是自强不息,还不如说是一种亵渎行为。亵渎本身的发展有两个方向:一种导致追求新奇与享乐的生活,到最后很可能是一种放荡的生活,另一种就是使人获得神一般全知全能而又绝对的知识,即黑格尔所说的"自我的无限扩张精神"。浮士德饥肠辘辘的心渴望和追求着这两种前景。歌德《浮士德》之所以被称为悲剧,很重要的原因在于浮士德对这两者的不懈追求最后都以失败而告终。浮士德的这些行为在贝尔看来是一种亵渎行为, 在追求中他可能变得更好, 更了解世界,但他经历过后总是迅速忘记从头做起,然后再次追求新的事物。然而没有记忆就没有成熟,不断地求新,不断地变换,就如同多变的普罗透斯让人摸不着头脑。这种人世的生活就如同地狱一般,因为一个人一旦失去与过去的联系,他便无法定位自己,终将陷入迷茫和混乱。而不断的追求新奇将导致"无神无圣",丧失价值和意义将使人陷入深渊。宗教把世界划分成神圣和亵渎的做法,把神圣感汇集起来为人类提供终极价值。正如贝尔所说:"要理解超越,人就需要一种神圣感。要再造自然,人就能够侵犯亵渎。然而,如果没有领域的分裂,如果神圣遭劫,那么我们便只有欲望和自私的混乱,以及围绕人类的道德之环的毁灭。"①

其次, 对某种宗教的回归是贝尔经过分析比较后为现代人提出的浮士德困境的解决之道。作为文化上的保守主义者,贝尔对传统和权威始终保持着应有的尊重。通过分析西方历史,贝尔发现凡是已知的社会存在都伴随有我们称之为宗教的某种经验概念, 它在历史的重大关头有时是所有力量中最革命的。宗教在生存的最深层次寻求生活的意义,当传统和机构变得僵化和暴虐,各种信仰相互争吵令人不堪忍受时,它便成为最先进的反映。但是

① [美]丹尼尔·贝尔:《资本主义文化矛盾》,赵一凡、蒲隆、任晓晋译,生活·读书·新知三联书店,1989年,第224页。

如今的宗教不管是在机构还是文化范围里都已经衰微，科技和经济的迅速发展剥去了它的神学外套，享乐主义观念的盛行摧毁了它所代表的禁欲主义的道德伦理基础。转身看当前的文化，由于言路的断裂导致了文化内聚力的涣散。由于现代社会意义系统出现了问题，人们正面临着一场严重的信仰危机。贝尔认为，作为人类社会意识的组成部分，宗教给人们提供面对痛苦和死亡等这些人类必将面临的生存问题，是人们赖以寻求自己同世界关联的传统认同方式。如果世俗的意义系统终被证明是虚幻，我们想要把握现实的话，那么西方社会将重新向着某种宗教观念回归。

三、资本主义精神的裂变

浮士德精神在贝尔的分析中象征着一种他称作的“经济冲动力”，在资本主义精神中与之对应的还有“宗教冲动力”。前者指在经济上资产阶级挺进新边疆、征服自然时所表现出的浮士德式的骚动激情，在文化上热衷于个性解放和自我表现，充分发挥了浮士德式上天入地的想象和追求；后者代表着一直由宗教约束性所体现的禁欲苦行主义，它造就了资产者精打细算、兢兢业业的经营风范。贝尔认为两者之间张力的平衡，在资本主义发展时期相互制约，合力完成了其开发工作，但是到了后来它们便开始敌视对方，埋下了资本主义社会的病根。“经济冲动力”和“宗教冲动力”在本质上都崇尚自由、要求解放，但由于分工的不同使得它们各自向不同的方向和领域无限地扩张，危及对方的生存。企业家在经济和技术领域积极进取、贪得无厌，而在文化领域却保守顽固，极力维护经济和社会制度的稳定，反对那些与功能理性背道而驰的艺术灵感、自发倾向和多变趣味。

然而从经济中生发的那种鼓励消费享乐的、满足欲望的产品和广告媒体，一方面改变着人们长期以来禁欲的道德观；另一方面经济的发展也使艺术家从过去教会、王室等的权威中独立出来，其本身成为权威，造就着观众，他们把“人”字一再大写，唯我至上到无以复加的地步，同时对功利、制度化和拜金主义厌恶不已、挞伐不断。如今，宗教力量日益衰弱，贝尔以美国清教传统为例详细地阐述了它的衰竭过程，首先世俗法制社会的倡导和建立剥去代表宗教冲动的禁欲和节制精神的神学外套，其次实用主义和科技理性割断了宗教的超验纽带，最后是分期付款、信用消费等享乐主义观念粉碎了宗教所代表的道德伦理基础。由此“宗教冲动力”已消耗殆尽，只剩下了“经济冲动力”。在西方历史中，“经济冲动力”一直受到扼制，先是风俗传统，后来是宗教的道德规范。但现在对其失去了制约性，资本主义便获得了无限发展，“毫无局限。无所神圣。变化就是常规”[①]。在精神上，人们感觉正伫立在一片空白荒地的边缘，信仰危机日益突出。

贝尔认为，不仅在资本主义精神上存在着根本的分裂，在整个社会结构上也存在着领域的断裂。“与社会统一观相反，我认为较有益的方法是把现代社会看作由三个特殊领域组成，每个领域都服从于不同的轴心原则”[②]。贝尔将社会分为技术—经济、政治和文化三个领域，技术—经济领域的轴心原则是功能理性，构造官僚等级制度，它是建立在有效经营基础上的，为了获得效益工作被分解为按成本核算的最小单位，个人被当作物，成为最大限度谋求利润的工具；政治领域的轴心原则是平等，构造的是代表选举或参与制，官僚体制和平等之间的紧张关系构成了社会冲突的格局；文化领域的轴心原则是不断表现并再造“自我”，以达到自我实现和自我满足，它反体制，独立无羁，个人是艺术的衡量标准，与技术-经济领域所要求的角色分工不断发生冲突。三个领域各自按照自己的轴心原则运行，而其中又存在着矛盾

① [美]丹尼尔·贝尔：《资本主义文化矛盾》，赵一凡、蒲隆、任晓晋译，生活·读书·新知三联书店，1989年，第30页。

② 同上，第56页。

冲突,再加上资本主义精神上“经济冲动力”和“宗教冲动力”的分裂,整个资本主义社会便表现出重重矛盾和各种问题。

第五节　简要评价

贝尔在《资本主义文化矛盾》中对浮士德精神的批判分析全面而深刻,不仅鲜明地指出了浮士德身上相互矛盾的两个方面并对其进行评价，也回答了现代人在面对浮士德困境时的解决方案。这些论述不仅直接对浮士德精神研究有重要理论意义，而且在其中展现出的对资本主义文化矛盾的揭露和现代主义文化的探讨和分析，对我国研究资本主义社会及建设中国特色社会主义文化有着重要的现实意义，同时还对现代主义研究有理论借鉴价值。但是贝尔对浮士德精神的论述中也存在一些局限性,需要我们辩证地看待。总之,贝尔作为美国当代著名的思想家和社会学家,他关于浮士德精神的批判分析及对全球性的社会现状分析和发展趋势的预测值得我们深入探讨和研究。

贝尔以社会学家的身份从现代主义的视角借助对浮士德精神的批判分析,揭露了现代资本主义社会面临的困境,正如他本人在 1978 年再版前言中所指出的那样,“本书论述的不仅仅是资本主义文化矛盾。它在稍广的意义上涉及资产阶级社会的矛盾”[①]。他的论述不仅对浮士德精神的研究有建设性的意义,而且对于现代主义及资本主义问题的研究都有重要的理论价值。

① ［美］丹尼尔·贝尔:《资本主义文化矛盾》,赵一凡、蒲隆、任晓晋译,生活·读书·新知三联书店,1989 年,第 25 页。

首先,关于《浮士德》和浮士德精神一直以来是不同领域学者不断讨论和研究的话题,他们根据各自的理论背景和时代特点,对浮士德精神给予了不同的解读。贝尔本人有着社会学、哲学、文学的背景,他从现代主义的视角重读歌德《浮士德》之后,对浮士德精神做出了自己的理解和评价。与以往多数研究者对浮士德精神持称赞态度不同,贝尔对其进行了反思和批判。他指出浮士德对绝对知识和世俗享受的不断追求反映了人类自身根本的特征和矛盾,与动物不同的是人类生活需要寻求意义来解决那些必然要面对的死亡、悲剧等问题,人类渴望突破自身的有限性追求超越,但同时又无法放弃世俗享乐的欲求。再加上现代主义文化长期持续地宣扬自我实现和满足,在文化上引导人们用至高无上的自我去经验,不断追求新奇。现代社会到处充斥着浮士德式的骚动激情,贝尔认为这种人世的生活也许会将人们带入七层地狱。在浮士德精神中体现了人们与过去的断裂及对人类生存根本问题的逃避和忽视。贝尔对浮士德精神的批判,使我们对浮士德精神有了更清醒和谨慎的认识,而非一味地接受通常所解释的“自强不息”,同时这种理解也有助于缓和西方社会中长期盛行的个人主义和人类中心主义。

其次,在对浮士德精神的分析中,贝尔展现了对现代主义研究的成果。现代主义问题长期以来一直困扰着各国学者,至今仍无法得出一个一致和普遍认同的定义。贝尔认为对于现代主义似乎只能用否定词来限定,他总结了现代主义的三个特征:第一,在理论上现代主义是一种对秩序,尤其是对资产阶级酷爱秩序的激烈反抗;第二,在体裁上产生了“距离的销蚀”现象;第三,现代主义对传播媒介保持着高度的重视。他将现代主义看作一种文化倾向、文化情绪或者文化运动,不断地向传统和权威发起攻击。当西方宗教衰败之后,现代主义文化承接了处理邪恶的任务,它不像以往的宗教那样去限制魔鬼,而是如浮士德般采取了拥抱的姿态,通过与魔鬼合作来达到创新和突破,实现自我。现代主义对权威和传统的摒弃打破了文化的统一性,如今已没有任何禁忌供其逾越,它自身正日益枯竭,成为一只空碗。通过对美国社会问题的分析,贝尔揭露了现代主义的问题,使得我们对复杂的现代主义有了更清晰的认识,在一定程度上促进了现代主义问题的研究。

最后,作为文化上的保守主义者,面对浮士德困境贝尔提出了向某种宗教观念回归的方法,有助于人们对宗教、传统和权威的重新审视。贝尔认为浮士德毫无限制地追求是一种亵渎行为,侵犯了神圣领域,这种无神无圣的超越很可能将人类引向最终的毁灭。对于宗教,贝尔认为应该从文化层面去理解,它是人们寻求终极生活意义的一种文化形态和社会意识。宗教力量本身不带有任何功利主义性质,它将一个民族的集体良知作为神圣感汇集起来,为社会提供人与人之间的共有情操和感情纽带。基于对宗教的考察及对自然、历史的比较,贝尔最终选择了宗教作为解决人们信仰危机的最好方法。出于对传统和权威的尊重,他主张以西方理智传统来教化青年,培养他们对社群的责任意识和宗教道德意识,反对无政府主义和虚无主义,贬斥极端主义和自我满足,批判猖獗的个人主义和流行的享乐主义。经过几千年的历史洗礼,传统文化可以说是一个民族的渊源和精神,贝尔对西方传统文化的重视和尊重是一种关切更是一种提醒,也提醒着我们重新反思和审视我国的传统文化。

贝尔对浮士德精神的分析鲜明而深刻,采用的视角也很独特,值得我们认真研究,然而也存在一些局限。

首先,贝尔对浮士德精神持一种完全批判态度,在一定程度上有失偏颇。不断追求的浮士德被贝尔称为捉摸不透的普罗透斯,并认为浮士德在人世的生活及与其类似的人们的生活是七层地狱的反映。在自我完善、不断奋斗的过程中浮士德一次又一次地忘记过去,虽然这使得他割裂了与过去的联系,但从另一方面来说,他从个人自我的小世界(与葛丽卿的爱恋)逐步走到人类自我的大世界(为人类的自由家园而开疆拓土)也是人生境界的一种升华。恰巧也正是浮士德般的这种奋斗不息使得人类取得技术和经济上巨大而飞速的进步,从而创造了比以往任何时代都丰富的物质,改变了整个人类的生存状态。此外,浮士德在不同阶段的变换是必然的,变化总是事物的常态。人更是如此,在市场经济这样一个开放的社会中,人际交往和活动范围更加广泛,人在不同的职位和环境中都会扮演不同的角色,有些角色可能在同一空间下更短的时间内频繁变换。把浮士德一生不同阶段角色的转换比喻为捉摸不透、变化莫测的普洛透斯,并且认为这种生活是七层地狱的反映,在某种程度上有失偏颇。《浮士德》之所以经典,就在于它从根本上反映了人类的生活状况。事物本身是多变的,而人类生活及个人生命轨迹也是无法预计的。人类在适应周围环境的时候难免会不断地改变,在人生的不同时期也会扮演不同的角色,而在适应和改变的过程中就会不断地经历挫折和失败,这种人生和生活也许才是人类真正的状态。

其次,贝尔对浮士德困境提出的宗教复兴观念的救赎方案是令人怀疑的。就像他本人所说,这可能是一种冒险的方案。“假如世俗的意义系统已被证明是虚幻,那么人依靠什么来把握现实呢?我在此提出一个冒险的答案——即西方社会将重新向着某种宗教观念的回归。”[①]不仅是贝尔,马克斯·韦伯也认为社会的祛魅过程是一个不可逆转的进程,“宗教发展中的这一伟大历史进程,即祛魅或除魅,由古希伯来的先知们发起,之后与希腊的科学思想相融合,已经将所有意欲获得救赎的巫魅手段当作迷信和罪恶完全否定了”[②]。尽管宗教一直以来是人们与世界建立联系、寻求终极意义的传统方式,但是如今社会发展的现实是不可忽视的。一方面,随着科学与技术的发展,人们借此认识世界的方式变得更加清晰和准确,从而对宗教这种传

---

① [美]丹尼尔·贝尔:《资本主义文化矛盾》,赵一凡、蒲隆、任晓晋译,生活·读书·新知三联书店,1989年,导论第75页。

② [德]马克斯·韦伯:《新教伦理与资本主义精神》,马奇炎,陈婧译,北京大学出版社,2012年,第103页。

统认识方式的依赖性大大降低甚至放弃;另一方面,如今原来的宗教从组织机构上来看已经日渐衰微,它在人们内心已经失去了昔日的权威性,能否重新召回存在着巨大的疑问。再加上,新宗教本身的建立在短时间内也是无法实现的。

第一,是由于宗教无法通过人为制造,也不臣服于社会的干预。因为它本身或是源于人们共同的经历成了一种稳定的仪式;或是由象征性术语表达已被人们深信不疑。正如贝尔所说:“宗教是不能制造的。人为制造的宗教更加糟糕,它虚伪浮夸,极易被下一轮时尚冲散消灭。”①

第二,宗教领域的变化与政治经济等领域不同,它有自己的运动节奏,且时间先后长短都截然不同。宗教领域的变化需要相当长时期的历史积淀,如历史上基督教在罗马的立足就用了近三百年。那么面对现代社会日益突出的困境,贝尔提出的重新向某种宗教观念的复归方案似乎是一种乌托邦的幻想,除非有奇迹,否则根本无法把失掉的权威性信仰在现代社会重新召回。这也许是贝尔对西方社会出现的精神危机的一种感叹和无奈之举。

第三,贝尔转向政治领域提出的公众家庭的主张具有一定的模糊性。随着贝尔对问题方案的深入探讨,他认识到了宗教虽然很可能是现代社会解决浮士德式困境的有效方式,但它本身的困境及局限性无法在短时间内完成这一任务。所以在《资本主义文化矛盾》的最后一章贝尔转向政治领域来再次探讨享乐主义这一文化主题,并提出了公众家庭的主张,希望以此来调和政治上的自由主义。如果像贝尔所说,公众家庭是经济领域里除了家庭经济和市场经济外的第三个领域,通过财政税收来调节个人欲望与公众需求之间的矛盾。那么,它是如何实现的呢?贝尔在书中仅探讨了家庭经济和市场经济的弊端及财政社会学的可能问题,却并未深入说明公众家庭是如何解决这些

① [美]丹尼尔·贝尔:《资本主义文化矛盾》,赵一凡、蒲隆、任晓晋译,生活·读书·新知三联书店,1989年,1978年再版前言,第39页。

弊端,实现调和功能,从而达到预期目的,来解决资本主义文化矛盾。

贝尔作为一个公共型的知识分子,我们看到了贝尔对社会应有的观察和反省,不管是从文化上对浮士德精神的批判,还是对资本主义文化矛盾的揭露,都体现出了人道主义精神,他时刻关心着人的生存状态,尤其是对物质泛滥而日益被人们忽视的精神世界。贝尔以其独特而敏锐的观察捕捉到了时代精神的变化,并以一种富有生动而冲击力的方式将相互纠缠的资本主义精神命名为"经济冲动力"和"宗教冲动力",此外还有诸如"距离的销蚀""现代主义空碗""领域断裂"等术语的使用,都值得同时代或者后人更全面深刻地进一步思考和争论。

贝尔对资本主义社会矛盾的揭露并努力探讨解决之道,不仅为资本主义社会,也为其他社会解决类似的社会问题提供了重要的参考价值。对物质的强调而忽略精神世界的建立,对现在和未来的强调而忽视过去和传统,对个人和个性的强调而淡化社会集体观……所有这些问题在我国的社会主义发展中也同样地面临着。我国学者对贝尔《资本主义文化矛盾》及其他著作的重视,可以看出他对这些问题的论述是有共同性和借鉴性的。每个社会的发展都需要一套意义系统,人们通过它们来显示自己与世界的联系。这是人类——不分时代和种族,所共同要面对生存困境中产生的"不可理喻性问题"。而文化作为意义的领域,通过艺术与仪式,以想象的表现方法来诠释世界的意义,为人类行为提供指南。文化的这种重要性已经受到各国关注,文化软实力也越来越成为国际间的竞争点。作为一个在国际社会中扮演着日益重要角色的国家,我国的文化建设尤其是对传统文化的认识定位和传承弘扬日益凸显,已经成为一个亟待解决的重大问题,需要每个知识分子去思考和研究。

参考文献

一、中文文献

1.[苏]阿尼克斯特:《歌德与〈浮士德〉》,晨曦译,生活·读书·新知三联书店,1986年。

2.[德]爱克曼:《歌德谈话录》,朱光潜译,安徽教育出版社,2006年。

3.蔡贞明:《欲望论》,西南交通大学出版社,2010年。

4.车铭洲、王元明:《现代西方的时代精神》,中国青年出版社,1988年。

5.[美]丹尼尔·贝尔:《后工业社会的来临》,高铦等译,新华出版社,1997年。

6.[美]丹尼尔·贝尔:《意识形态的终结》,张国清译,中国社会科学出版社,2013年。

7.[美]丹尼尔·贝尔:《资本主义文化矛盾》,赵一凡、蒲隆、任晓晋译,生活·读书·新知三联书店,1989年。

8.董问樵:《〈浮士德〉研究》,复旦大学出版社,1987年。

9.[德]恩斯特·卡西尔:《人论》,甘阳译,上海译文出版社,1985年。

10.冯至:《论歌德》,上海文艺出版社,1986年。

11.[德]歌德:《浮士德》,董问樵译,复旦大学出版社,2001年。

12.[德]古斯塔夫·施瓦布:《希腊古典神话》,曹乃云译,译林出版社,2010年。

13.[德]勒德雷尔主编:《人的需要》,邵晓光等译,辽宁大学出版社,1988年。

14.[匈牙利]卢卡契:《卢卡契文学论文选》,范大灿选编,人民文学出版社,1986年。

15.[德]马克斯·韦伯:《新教伦理与资本主义精神》,阎克文译,上海人民出版社,2010年。

16.[美]马泰·卡林内斯库:《现代性的五副面孔》,顾爱彬、李瑞华译,商务印书馆,2002年。

17.[英]齐格蒙特·鲍曼:《被围困的社会》,郇建立译,江苏人民出版社,2005年。

18.史宗主编:《20世纪西方宗教人类学文选》,金泽等译,三联书店上海分店,1995年。

19.[英]斯蒂芬·霍尔盖特:《黑格尔导论:自由、真理与历史》,丁三东译,商务印书馆,2013年。

20.王小章:《丹尼尔·贝尔:介入的观念》,浙江大学出版社,2000年。

21.韦及:《浮士德精神辨析》,《北京科技大学学报》,1998年。

22.维之:《人类的自我意识:西方哲学家自我思想解读》,现代出版社,2009年。

23.《西方哲学史》,高等教育出版社,2011年。

24.徐新主编:《西方文化通览》,北京大学出版社,2015年。

25.[德]雅斯贝尔斯:《悲剧的超越》,亦春译,工人出版社,1988年。

26.[德]雅斯贝尔斯:《存在与超越:雅斯贝尔斯文集》,余灵灵、徐信华译,生活·读书·新知三联书店,1988年。

27.杨晖、仵宏慧:《浅析〈浮士德〉的"三我"》,《戏剧文学》,2007年第11期。

28.杨武能:《走近歌德》,河北教育出版社,1999年。

29.余匡复:《德国文学史》,上海外语教育出版社,1991年。

30.赵敦华:《现代西方哲学新编》,北京大学出版社,2001年。

31.赵林:《基督教与西方文化》,商务印书馆,2013年。

32.赵一凡:《美国文化批评集:哈佛读书札记》,生活·读书·新知三联书店,1994年。

33.周传斌、任军:《神圣与传统:纳塞尔哲学思想引介》,宁夏少年儿童出版社,2010 年。

二、外文文献

1.Andrew Domondon, Assessing Daniel Bell's Forecast: Big Science and the Post-Industrial Society, *The International Journal of Science in Society*, No. 4, 2014.

2.Andrew Gilbert, The culture crunch: Daniel Bell's The Cultural Contradictions of Capitalism, *Thesis Eleven*, No.118, 2013.

3.Daniel Bell, *The Cultural Contradictions of Capitalism*, Collins Publishers, 1978.

4.Gabriel R. Ricci, Goethe's Faust: Poetry and Philosophy at the Crossroads, *Humanitas*, 2007.

5.Irene Gerber-Munch, Goethe's Faust and the Myth of Modern Man, *Psychological Perspectives*, No.52, 2009.

6.Ivana Boldyrev, Faust and the Phenomenology of Spirit, *Russian Studies in Philosophy*, No.4, 2011.

7.Jane K. Brown, Interpreting Goethe's 'Faust' Today, *MLR*, 1996.

8.J.M.van der Laan, *Seeking Meaning for Goethe's Faust*, Continuum International Publishing Group, 2007.

9.Jordan McKenzie, Daniel Bell's "disjunction of the realms": On the Importance of Unfashionable Sociology, *Thesis Eleven*, No.118, 2013.

10.Joseph Bensman, Arthur J.Vidich, The Cultural Contradictions of Daniel Bell, *International Journal of Politics*, N0.12, 1999.

11.Lorna Fitzsimmons, International Faust Studies, *Comparative Literature Studies*, 2011.

12.Mordecai Paldiel, Faust and the Human Condition, *Judaism.*

13.Nasr eyyed Hossein, *Knowledge and The Sacred*, Edinburgh University Press, 1981.

14.Robert Lublin, Faust and the death of man, *Fantastic in the Arts*, No. 2, 2013.

15.Stephen C Meredith, The Three Fausts, *First Things*, 2005.

第二章　贝尔与虚无主义

Is this our fate—nihilism as the logic of technological rationality or nihilism as the end product of the cultural impulses to strike down all conventions? The visions are there before us, as are many of the signs which had been foretold. Yet I wish to reject these seductive, and simple, formulations, and propose instead a more complex and empirically testable sociological argument.

——Daniel Bell

虚无主义是人类注定的命运？无论是作为科技理性逻辑的虚无主义，或是作为一种文化冲动力最终产物的虚无主义，立志破除所有传统习俗。上述视景，连同其他的预兆，一道摆在我们面前。然而我希望能够摆脱这些诱人而简单的假想，提出一种更为复杂却可被经验所证实的社会学观点。

——丹尼尔·贝尔

《资本主义文化矛盾》是美国学者丹尼尔·贝尔最为重要的著作之一。该书介绍了资本主义社会技术-经济、文化和政治“三大领域”彼此之间及各领域内部之间“分裂”的现实，并将之凝练为“现代性的双重羁绊”。上述思想成为贝尔理论的核心所在。

自尼采以来，“虚无主义”就一直是理论界关注的重点之一。在《资本主义文化矛盾》绪言部分，贝尔同样对“虚无主义”做出了精彩的解读。在区分两种形态“虚无主义”的基础上，贝尔认为“虚无主义”虽然揭示了人类社会“瓦解”的重复可能性，但本质上却是“一些诱人而简单的想法”，人类命运的未来走向绝不可能依照“虚无主义”所暗示的那样发展。对此，贝尔从“经济冲动力”和“文化冲动力”所构成的“现代性双重羁绊”入手，详细介绍了资本主义社会“分裂”的现实状态，以佐证他对“虚无主义”批判的正确性。

然而对“虚无主义”进行的批判，在研究者对贝尔理论核心探讨的热情中似乎被遗忘了。

基于上述思考，梳理贝尔对“虚无主义”的批判内容，并对之进行社会学解读，是本文的“核心”所在。为此，将文本粗略划分为三部分：尼采前的“虚无主义”现状、尼采“虚无主义”思想解读及贝尔对“虚无主义”的批判。随后，分别从哲学和文化角度分析了贝尔批判理论的特征，解析贝尔的批判策略。在此基础上，笔者尝试提出一种理解贝尔批判思想的新路径。

目前，“现代性”和社会变革的影响广泛而深刻，当代西方哲学正试图以不同“思辨”方式对这种影响做出理论反思。以尼采为代表所宣扬的“虚无主义”是其中具有较大影响力，且备受争议的一支。正因如此，围绕“虚无主义”和“现代性”而产生的争论愈发得到学术界的关注。贝尔便是其中一位颇具影响力的代表人物，他立足于资本主义社会的文化现状，对“虚无主义”思想进行了批判性的解读，揭示“现代性的真正问题是信仰问题”，对后世产生了深远的影响。

第一节　研究现状综述

在《资本主义文化矛盾》一书中，贝尔立足于社会学的视角，重新审视困扰西方诸多哲学家的“虚无主义”问题，并对解决之道做出了尝试性的努力，由此，借助对《资本主义文化矛盾》文本的解读，分析贝尔对“虚无主义”的看法，一方面有助于拓宽对“虚无主义”问题研究的理论视角，另一方面又可深化贝尔对资本主义社会进行的解读。

目前而言，将贝尔思想作为研究对象的成果依旧不充分，从牛津参考文献的检索（www.oxfordbibliographies.com）来看，研究成果主要集中于贝尔早期和中期（即20世纪60年代之前）的思想，其中主要有：哈沃德·布里克（Howard Brick）于1986年出版的《丹尼尔·贝尔和知识分子激进主义的衰落：20世纪40年代的社学会理论与政治和解》（*Daniel Bell and the decline of intellectual radicalism: Social theory and political reconciliation in the 1940s*），集中于贝尔早期思想的研究与分析，以及贝尔从社会主义到社会学的转变。乔布·迪特倍尔内尔（Job Dittberner）于1979年出版的《意识形态的终结与美国社会思想，1930—1960》（*The end of ideology and American social thought, 1930–1960*）一书，则对贝尔早期思想中的保守主义特征进行了重点分析。

值得注意的是马尔科姆·沃特斯（Malcolm Waters）。沃特斯在1991年出版的《丹尼尔·贝尔》（*Daniel Bell*）一书中，介绍了贝尔三本最为熟知的著作（《意识形态的终结》《资本主义文化矛盾》《后工业社会的来临》）及关注于劳动、教育、科技等诸多话题的文章，并对此做出了恰如其分的批评。2003年，沃特斯依旧延续《丹尼尔·贝尔》一书的论述风格与方式，重新撰写了关于贝尔思想更为简短的介绍，该文收录于劳瑞·雷（Larry Ray）和安东尼·艾略奥特(Anthony Elliott)编辑的《当代重要的社会学家》(*Key Contemporary Social Theorist*)一书中,成为了解贝尔思想的入门读物。

从上述研究中可以发现，研究者将注意力集中在了贝尔的早期和中期思想上,而缺乏对贝尔整体思想的学术研究,对贝尔视角之下的“虚无主义”研究则更为稀少。在客观上,这一现状为后续研究者指出了某种新方向,笔者正是基于这种思考而进行创作的。

贝尔在《资本主义文化矛盾》前言中批判分析了“虚无主义”,认为历史上存在两种形式的“虚无主义”:作为科技理性发展的逻辑产物的“虚无主义”和作为一种反对所有传统习俗的文化产物的“虚无主义”。前者的典型代表是哲学家弗里德里希·威廉·尼采(Friedrich Wilhelm Nietzsche),后者则是英国小说家约瑟夫·康拉德(Joseph Conrad)。对于贝尔来说,无论是何种形式的“虚无主义”都试图解释:“虚无主义”是否是人类注定的命运呢？然而它却是无法回应这一社会学命题的。因此,贝尔希望“能够摆脱这些诱人而简单的假想,提出一种更为复杂却可被经验所证实的社会学观点”。基于对“虚无主义”的批判,使得贝尔对“人类注定的命运”提出了一系列精彩的社会学理论。可以这样说,对“虚无主义”进行批判,在某种意义上来说是贝尔社会学思想的一个重要组成部分。

关于“虚无主义”的起源,许多研究者对此进行了显著的努力,其中重要的代表人物是肖恩·韦勒(Shane Weller)和约翰·古德斯布洛姆(Johan Goudsblom)。在《现代主义与虚无主义》(*Modernism and Nihilism*)一书中,韦勒发现“虚无主义”最初是以“虚无主义者”(Nihilist)的形式出现在了政治领域中。男爵克劳特斯(Cloots)在1793年书信中,用“虚无主义”明确表达了反对神权的意愿,将既非一神论者又非无神论者所组成的、拥有权力的人民政体,称之为“虚无主义者”。而在古德斯布洛姆的著作《虚无主义与文化》(*Nihilism and Culture*)中,将带有贬义色彩、辱骂意味的“虚无主义者”一词,追溯到了法国大革命,用来描述这样一类人,即不相信任何事物、其言行毫无意义的人。从上述二位学者的研究来看,“虚无主义者”一词的使用与法国大革命有着密不可分的联系,在某种意义上来说,可以将此时期看成是“虚无主义”的史前史,即政治层面上的“虚无主义”。

据海德格尔的考究,德国哲学家弗里德里希·海因希·雅各比(Friedrich Heinrich Jacobi)最早将“虚无主义”引入哲学领域。在给费希特的信中,他借用“虚无”(Nichts)一词,批判了德国唯心主义思想。在雅各比看来,德国唯心主义理性体系中,诸如物自体等超验的绝对概念归属不可认知的领域,如此来说,彻底的理性主义就是真正的虚无主义。然而这并未受到足够的关注,其盛行当归功于19世纪俄罗斯作家屠格涅夫。在小说《父与子》中,主人公巴扎罗夫自称是一位“虚无主义者”,他决心否定那些建立在传统权威等有效价值基础上的所有东西。经由文学艺术领域中的酝酿与宣传,“虚无主义”在当时社会里产生了深刻的影响,而这也间接地影响了哲学家尼采。

“虚无主义”在尼采的视角中被赋予了更多的内容。对他而言,“虚无主义”作为“最高价值的自行贬黜”,已经悄然出现在欧洲社会上空,代表“真理”“上帝”等最高价值的消亡和不在场。他通过“透视主义”的认识论方式,将西方传统形而上学用逻辑建构起来的世界本源思想彻底推翻,并主张通过审美的直观方式重新构建形而上学的基础,以此克服“虚无主义”所带来的“价值真空”状态。这对海德格尔、阿多诺等思想家产生了深远地影响。

海德格尔与阿多诺从不同的视角去理解“虚无主义”,从而也导致了不同的克服方式。海德格尔认为“虚无主义”依旧是围绕、纠缠于“在者”,而遗忘“存在”这一形而上学最为核心内容的产物,所以只有借助艺术审美力量,才能克服盘踞在欧洲上空的“虚无主义”;阿多诺则认为“虚无主义”的产生,既不是“最高价值的自行贬黜”,也非海德格尔的“遗忘存在”,而是否定“他者”(otherness)的产物,因此克服之道在于恢复对“他者”的肯定。

从近几年出版的文章、著作和评论中可知,“虚无主义”依旧是理论研究的一个重点,作品主要有:杰斐逊·梅茨格(Jeffrey Metzger)编著的《尼采、虚无主义和未来哲学》(*Nietzshe,Nihilism and the Philosophy of the Future*),由劳伦斯·保罗·海明(Laurence Paul Hemming)、博格丹·科斯泰亚(Bogdan Costea)和科斯塔斯·阿米瑞德斯(Kostas Amiridis)编写的《虚无主义的发展——尼采后的海德格尔思想》(*The Movement of Nihilism:Heidegger's Thinking after Nietzsche*),布朗·施罗德(Brain Schroeder)编著的《虚无主义与形而上学》(*Nihilism and Metaphysics*),吉米斯·塔尔塔格利亚(James Tartaglia)编写的《无意义生活哲学:虚无主义、意识、现实的体系》(*Philosophy in a Meaningless Life:A system of Nihilism,Consciousness and Reality*)等。国外这些研究成果的取得,为进一步探索和研究“虚无主义”的发生机理、历史演变、结论影响及克服可能性等问题,提供了重要的文本支持。

《资本主义文化矛盾》最早由赵一凡翻译成中文,在该书序言中,赵一凡认为,贝尔在学术和思想结构上的与众不同之处,体现在其思想结构的组成部分,虽彼此不同但却有着一致性,并认为研究贝尔的首要前提是对他所经历的三大现代思潮冲击(即社会主义、自由主义和保守主义)而产生的影响进行分析与研究。在贝尔的思想结构中,不仅融合了三大现代思潮的精华,提出别具一格的“异体合成”(syncretism)观念,更为重要的是他立足于社会学的框架之内,打破了不同学科之间的壁垒,“以思想大家的恢宏气度对现代资本主义的历史与未来施行综合研究与预测”。

2000年,王小章在《丹尼尔·贝尔:介入的观念》对贝尔思想进行了系统还原式的解读,在肯定《资本主义文化矛盾》的基础上,指出应重视贝尔思想的三个方面:第一,其研究方法的独特性,即中轴原理辅之以缜密细致的历史考察;第二,贝尔旨在理解和把握长时段社会变迁的方向和性质的“大观念”的非凡能力;第三,贝尔思想中所明确宣示的价值立场及从其著作中处处表现出来的人文关怀和现实担当。

此外，还应当注意的是，国内对贝尔思想研究的期刊论文，主要有孙乐强《失落的幽灵：贝尔的文化救赎及其方法论幻想——重读〈资本主义文化矛盾〉》；王浩斌《市民社会与资本主义文化矛盾》及《资本主义文化矛盾与中国精神的弘扬》等。

上述这些研究成果，肯定了贝尔作为一个公共知识分子所具有的历史责任感，力图发觉潜藏在资本主义内部的问题，并努力探求解决之道，以期推动社会的发展，但与此同时也都注意到了贝尔思想中的不充分性，即贝尔没有完全揭露资本主义文化矛盾的深层根源，并主张通过马克思主义原理，即生产力和生产关系之间及政治上层建筑与经济基础之间的调整与改良，使资本主义文化矛盾得以解决。

国内最早对"虚无主义"问题进行系统性研究的当属周国平，其博士论文《尼采与形而上学》（成书于1988年12月）对尼采视角下的"欧洲虚无主义"进行了深入解读。在尼采看来，西方传统形而上学通过逻辑设想的论证手段，建构了一个存在于思维领域中但却具有道德性质的世界本原，并将此作为最高价值，以期否定真实世界，因此，尼采企图通过"透视主义的认识论"方式对西方传统形而上学进行全面批判。应当注意到，作为世界本原的最高价值，其"虚构"特征早已注定了其价值日后的衰落，在这个意义上，传统形而上学的不断完善，恰恰是"虚无主义"不断成长、发展与演变的历史。

近年来，伴随着中国现代化程度的不断加深和范围的不断拓展，越来越多的国内学者对当代价值观、信仰等精神世界问题的研究给予了关注，试图从更为广泛的视角研究"虚无主义"。从其研究角度来看，大体有如下两类：

首先，围绕现代性相关问题，部分学者对"虚无主义"进行了深入研究，主要有两个方面：

其一，通过对尼采、海德格尔及施特劳斯等人哲学思想的探究，以剖析现代性为研究视角，分析“虚无主义”的本质、诱发因素、发生过程及其克服途径，以期能够为中国提供某种有益思路，这方面的代表作有：王俊的《于“无”深处的历史深渊——以海德格尔哲学为范例的哲学虚无主义研究》、杨丽婷的《虚无主义的审美救赎——阿多诺的启示》、王升平的《自然正当、虚无主义与古典复归——“古今之争”视域中的施特劳斯政治哲学思想研究》、张庆熊的《“虚无主义”和“永恒轮回”——从尼采的问题意识出发的一种思考》、陈嘉明的《现代性的虚无主义——简论尼采的现代性批判》、王恒的《虚无主义：尼采与海德格尔》、余虹的《虚无主义：我们的深渊与命运？》，等等。

其二，以福柯、德里达、鲍德里亚等人批判现代性的观点为切入点，对“虚无主义”继续深入研究，这方面的研究成果有：张之沧的《论福柯性道德观中的虚无主义》、李昀的《虚无主义、语言和创造性：尼采与德里达的界限》、仰海峰的《虚无主义问题：从尼采到鲍德里亚》等。

其次，部分学者认为马克思主义哲学的某些思想对“虚无主义”的深入思考有重要的启示作用。马克思通过诸如对施蒂纳进行的批判（包括物化逻辑、历史唯物论、时间逻辑与空间逻辑等），对资本主义社会进行多角度的批判，成为众多学者对“虚无主义”进行理论解读的重要来源。这方面的著作有：贺来的《马克思的哲学变革与价值虚无主义课题》、刘森林的《为什么还要关注虚无主义？》、邹诗鹏的《空间转向与虚无主义》等。

无论是从现代性的视角，还是批判现代性的视角，或是马克思主义哲学的视角，在某种程度上超越了尼采对“虚无主义”的解读，不断丰富和完善了“虚无主义”的研究，但同样应该注意到如下方面：

第一，上述著作虽然从不同视角对“虚无主义”做出了解读，但考虑到“虚无主义”近两百年的发展事实，其概念本身的演变过程、每个阶段该概念发生转变的原因及其影响，在这些著作中并没有得到充分的体现。

第二，现代化步伐的加快，使得现代性问题不断凸显，在这种状况下，

“虚无主义”越发成为一个严重的问题。从目前对社会的定性来看，不同的学者有着不同的主张，如利奥塔所认为的“讯息社会”、鲍德里亚的“消费社会”等，此外还有众多的社会发展趋向，如全球化等，“虚无主义”与这些对当代社会的总结是否有着内在的联系？如果存在的话，那么这种联系是什么？其展现方式又是什么？虽然这些问题并没有得到解答，但是有一点是肯定的，“虚无主义”在当代的发展，已经越来越多地与这些现实问题交叉在一起，因此在现代性背景下重新解读“虚无主义”已然成为一个新的研究方向。

第三，“虚无主义”已渗透到社会生活的各个领域，不仅在哲学领域中对“虚无主义”有着不同认知类型（如康纳德·科洛斯比认为现代虚无主义有五种基本类型，即政治的虚无主义、道德的虚无主义、认识论的虚无主义、宇宙论的虚无主义和生存论的虚无主义；再如尤金诺斯认为现代虚无主义主要有四种，即自由主义、实在主义、生机主义和毁灭主义等），而且目前已经呈现出跨学科相互交叉发展的态势，然而上述著作较少涉及这种新趋势。

第二节　虚无主义的产生

“虚无主义”的产生，亦可称为“现代虚无主义”的史前史，是在当时社会背景和理论背景的共同孕育下出现的一种极具影响力的理论思潮，这一阶段的“虚无主义”还仅仅只是作为论点支持方对反对方进行批判的理论工具，因此，无论是从理论的深度，还是从理论范畴的宽度，都远远不及尼采视角下的“虚无主义”。

一、社会背景

从目前来看,可以断定的是“虚无主义”的产生与法国大革命有着密切的联系。在法国大革命中,“虚无主义”首先作为政治斗争的理论工具而被使用,主要目的是划清政治与各种神学思想之间的界限。随后,尼采将之发展成为“积极地虚无主义”。

(一)虚无主义:作为政治斗争的工具

18、19世纪的欧洲各国, 统治集团与受压迫阶层之间矛盾不断激化,各国革命一触即发。其中,1787年法国大革命是具有跨时代意义的一场资产阶级革命,这不仅使法国摆脱封建旧制度的束缚并加入世界发展的大潮流,而更为重要的是其所宣扬的“自由、平等、博爱”的思想财富深入人心,成为世界文化的重要组成部分。对此,黑格尔极力赞赏,“在革命的大风暴中,革命者的理性坚定地呈现出来,在反对旧制度拥护者的强大同盟的同时,他们成功地造就了崭新的、合乎道德的世界秩序;他们坚定地、逐个地通过最彻底的肯定和否定,实现政治新生活发展中的所有阶段,在使每个阶段达到其独特性的顶点并使每个独特性原则达到最终结果的同时, 他们在世界历史理性的辩证法的指引下,开创了一种政治局面:政治生活以往的所有独特性都体现出来”[①]。

法国大革命的发生,启蒙运动的影响功不可没。在自然科学、哲学、伦理学、政治学、经济学、历史学等学科领域中,涌现出了孟德斯鸠、伏尔泰、卢梭等为后人所敬仰的大家,“在法国为行将到来的革命启发过人们头脑的那些

① 转引自[法]雅克·董特:《法国大革命和黑格尔辩证法》,《哲学研究》,1988年第11期。

伟大人物，本身都是非常革命的。他们不承认任何外界的权威，不管这种权威是什么样的。宗教、自然观、社会、国家制度，一切都受到了最无情的批判；一切都必须在理性的法庭面前为自己的存在作辩护或者放弃存在的权利”[①]。这些思想有力地批判了封建专制、宗教愚昧，有效地宣扬了资产阶级价值观，为法国大革命做了思想准备和舆论宣传。

正是在这样的时代背景和现实状况中，借用“虚无主义者”的概念，以表达反对神权思想，作为政治斗争工具的“虚无主义”出现了。据韦勒考究，男爵克劳特斯，于1793年12月26日发表的一篇短文中主张，“拥有最高统治权的人民的共和政体的建立，只有通过这一途径，即反对与神权的所有联系，才是可能的”[②]，除此之外，对于法国新政体而言，它还需要反对“无神论”(Atheism)，因此克劳特斯将其余的政体称之为“虚无主义者”：“拥有权力的人类所组成的政体，严格来说，既非一神论者又非无神论者，而是虚无主义者”[③]。由此可以看出，早期的“虚无主义”是以“虚无主义者”形式指称革命之后存在于法国的新式政体，明确表达出当时资产阶级企图超越宗教“神性”思想束缚的愿望，试图重建能够体现出人类权利的新型政治体制。在此意义上，此阶段的“虚无主义”可称之为“政治虚无主义”(Political Nihilism)，即“仅受理性支配而被定义的政治虚无主义，无法容忍‘神性’的幽灵”[④]。然而尽管克劳特斯始终坚持在政治意图的角度上使用“虚无主义”一词，即与神学思想彻底划分，但是在客观上，“虚无主义”却以某种否定性的方式，将政治与神学这两个不同的学科领域联系了起来，由此，克劳特斯试图构建一个纯粹政治学意义上的“虚无主义”概念的努力宣告失败了，一个很重要的原因在

---

① 《马克思恩格斯选集》(第三卷)，人民出版社，1995年，第159页。

②③ Shane Weller, *Modernism and Nihilism*, Palgrave Macmillan, 2011, p.17.

④ Ibid., pp.17-18.

于，早在克劳特斯上述文本出现之前，“虚无主义”一词就已经与神学思想保持了密切的联系。据韦勒考究，琼·巴普提斯特·路易斯·科勒维耶（Jean-Baptiste-Louise Crevier）1761年出版的《巴黎大学史——起源至1600年》（*History of the University of Paris，from Its Origin to the Year 1600*），在描述到12世纪神学家皮特·兰博德（Peter Lombard）的著作时，借用了“虚无主义者”用以指称异教起源。皮特说道：“就耶稣基督是一个人而言，他不是某种东西，或换言之，他是虚无。这一假设是很可笑的，然而他的某些追随者却对此赞赏，并形成了虚无主义者的异端邪说，正如‘虚无主义者’一词说揭示的那样。”[①]即便如此，虚无主义的历史由此开始不断“入侵”包括哲学、神学、政治学甚至美学在内的学科领域，在某种程度上，推动了“虚无主义”不断继续发展。

（二）虚无主义：对宗教信仰的现实批判

“虚无主义”，作为尼采哲学的主要组成部分，集中反映了德国社会历史的变迁，迎合了当时资产阶级兴起的思想需求。19世纪20年代，英法两国相继发生资产阶级革命，资本主义生产关系的变革与确立，促使资本主义获得了很大的发展。与此同时，德国资产阶级的力量还相当薄弱，在政治上依附于当时的封建专制统治，经济上虽然取得了一定程度的发展，但仍旧受困于封建经济关系，受此影响，1848年前夕的一部分资产阶级者中广泛流传着一种悲观消极的思想倾向。这便是叔本华意志哲学带有消极意味的“生存哲学”产生的社会背景。

1848年3月，德国爆发了资产阶级革命，由于资产阶级试图遴选某一邦的国王，实现德意志国家的统一，但是“保守力量这时实力还占据着绝对优

① Shane Weller，*Modernism and Nihilism*，Palgrave Macmillan，2011，p.57.

势，革命队伍在政治、经济、社会目标方面彼此矛盾，缺乏任何明晰的行动方案，每每就事论事地被事态发展拖住步伐，而不能为民族问题寻找到一个满意的解决办法"[①]。1849 年 7 月，德国资产阶级革命失败。

1870 年普法战争的胜利，成为德意志民族实现统一的巨大转折点。随着普鲁士对丹麦、奥地利和法国的胜利，德国各联邦在普鲁士的带领下获得统一，形成了一个全新的德意志帝国。帝国的建立为德国资本主义国内市场的建立创造了条件，极大地促进了德国资本主义的迅速发展，使德国过渡到帝国主义。1871 年 1 月，在"铁血宰相"俾斯麦的怂恿之下，普鲁士国王威廉一世在凡尔赛宫正式加冕为德意志皇帝。至此，德国完成了统一。

在这样的背景下，尼采主张当前的德国应该摒弃叔本华哲学的消极因素，而应认可"《浮士德》中的魔鬼靡菲斯特（Mephistopheles），而且应该更冒险，更勇敢，更邪恶，更狡诈，因而也更露骨"[②]。因此，19 世纪 80 年代的尼采"承接了为路德和宗教改革运动所想象的虚无主义，并使之变得更具危险性。这种虚无主义使得人类完全迷失在自我设计的被虚假的上帝所控制的世界中。通过设想出的'超人'查拉图斯特拉，尼采揭露了犹太-基督教的上帝正是路德也曾为之恐惧的幽灵，是一个没有持久力量的赝品，一旦达不到他的期望，他便对人类失去兴趣并收回它的怜悯。尼采从这里发现，没有一个为了人类而逝的上帝，却有一个上帝因为人类而死去。他对 19 世纪的资产阶级社会感到可怜和羞耻，因为这是由他创造的人类营造出来的"[③]。为此，尼采区分了"积极的虚无主义"和"消极的虚无主义"，并主张用积极的生命意志替代叔本华的哲学主张。客观上来说，尼采的上述哲学主张迎合了德国资本主义向帝国主义过渡的发展要求。

---

① [加拿大]马丁·基钦：《剑桥插图德国史》，赵辉、徐芳译，世界知识出版社，2005 年，第 180 页。

② 车铭洲、王元明：《现代西方的时代精神》，中国青年出版社，1988 年，第 20 页。

③ [德]史蒂文·奥茨门特：《德国史》，邢来顺等译，中国大百科全书出版社，2009 年，第 181 页。

二、理论背景

上述变化,同样对哲学界、文学界产生了影响。雅各比把“虚无主义”当作对德国哲学唯心论思想的戏谑;文学中,又将“虚无主义”与崇尚科学的理性主义思想联系了起来,突出表达了对传统桎梏的深恶痛绝。这极大地促使“虚无主义”在当代思想中不断发展。

(一)虚无主义:对德国哲学唯心论的戏谑

虚无主义,自法国大革命伊始,就在不同的社会学科领域中扮演了某种批判的角色,如果说克劳特斯关于“虚无主义”的论断属于神学-政治学领域,稍后谈及的屠格涅夫所塑造的巴扎洛夫式“虚无主义”属于文学领域,那么“虚无主义”首次具有哲学角度的解释应该归属于德国哲学家雅各比。据20世纪两位思想家海德格尔和阿多诺的考证,他在与约翰·戈特利布·费希特(Johann Gottlieb Fichte)的书信交往中,曾经多次提及了“虚无”,如:

> 真的,亲爱的费希特,如果您或者无论是谁想把我要反对的唯心论称作喀迈拉主义的话,我是不会不高兴的;我自己就骂他是虚无主义……①

在这段文本中,雅各比直言将德国唯心论贬斥为虚无主义。这样哲学维度上的虚无主义就出现了。

雅各比最先洞察了德国唯心论思想中所蕴含的虚无主义倾向。就这一点而言,无论是对进一步理解德国古典哲学而言,或是解析虚无主义在哲学

---

① 转引[德]海德格尔:《尼采》(下卷),孙周兴译,商务印书馆,2014年,第716页。

史中的起源及随后的发展现状，都是十分重要的，这种重要性正如“费希特在《知识学新说第二导论》中讨论康德哲学时就承认，雅各比是‘我们时代最清明的头脑’，他真正看到了康德哲学的问题所在。黑格尔也始终将雅各比与哲学相提并论。而雅各比对康德的那句著名批判：‘没有（物自体）这个预设，我无法进入这个（康德的批判）体系，但有了这个预设，我却也不能停留其中’，更是被无数康德研究者转引，虽然很多人并不明白雅各比是基于何种考虑才这样批评的”①。

尽管雅各比在国内学术界尚未引起足够的重视，但是我们却无法忽视其深邃的思想，正如当代德国古典哲学与雅各比研究专家比格特·珊特考教授所言，不了解雅各比，就很难真正全面了解德国古典观念论发展的内在动机。大体而言，雅各比的哲学思想分为两部分：对康德“自在之物”（亦译为“物自身”“物自体”）思想的批判和对费希特“绝对自我”思想的指责。

“自在之物”是伊曼努尔·康德批判哲学的一个基本概念，意在揭示人之认识能力的有限性。对于康德而言，作为外在于我们的客体，“自在之物”具有两个重要的属性，一方面是具有刺激我们感官而产生感觉的功能；另一方面是其不可被认知。康德认为：“作为我们的感官对象而存在于我们之外的物是已有的，只是这些物本身可能是什么样子，我们一点也不知道，我们只知道它们的现象，也就是当它们作用于我们的感官时在我们之内所产生的表象。”②换言之，我们能够认识到的一切，都来源于某种外在于我们自身之外的客体所作用于我们感官而引起的某种感觉表象，即康德称之为的“现象”。“事实上，既然我们有理由把感官对象仅仅看作是现象，那么我们就也由之承认了作为这些现象的基础的自在之物，虽然我们不知自在之物是怎么一回事，而只知道它的现

① 余玥：《雅各比的洞见：康德体系中隐含虚无主义危机》，《中国社会科学报》，2011年8月16日。

② ［德］康德：《未来形而上学导论》，庞景仁译，商务印书馆，1978年，第50页。

象,也就是只知道我们的感官被这个不知道的什么东西所感染的方式。”[①]因此,在某种程度上说,康德所有的哲学主张都是以“自在之物”和“现象”之间的关系所展开的,即围绕思维与存在是否具有同一性的哲学基本问题而构建的。也正是因为这一点,雅各比“洞见”了康德哲学中的虚无主义危机。从虚无主义自身蕴含的哲学问题角度来看,其核心问题在于通过梳理“物的世界”与“意义世界”之间的关系而思索现代文明的本质,从而继续追问现代文明的未来走向。[②]在这种意义上,“自在之物”为现象与本质、存在与思维、物与意义划定了明确的分界线,但其自身不为人所知的特点使得“自在之物”的实在性遭到了雅各比的怀疑。他认为,因为“自在之物是没有任何条件影响自我中介的事物的既予性本质”,如此真实的、原本的、实在的由物所构成的世界,面临着被虚无化的危险。“要么存在(being)的概念是压倒性的强大(决定论),要么虚无(nothing)的概念是压倒性的强大,这就是主观观念论(由于这个理由,它是虚无主义)”[③]。因此,对康德哲学自在之物的批判之后,“实在性的问题成为后康德哲学的核心问题”[④]。

---

① [德]康德:《未来形而上学导论》,庞景仁译,商务印书馆,1978年,第92页。

② 关于“虚无主义所蕴含的核心问题”,请参见刘森林教授的文章《物与意义:虚无主义意蕴中隐含着的两个世界》[载于《中山大学学报》(社会科学版)2012年第4期,第52卷]。在该文中,刘森林教授依据主体性哲学在认识论中所主张的“主客二元”思维方式分析了现代虚无主义的发生条件,认为康德哲学“自在之物”超脱于人的认识能力的设定,正如雅各比所忧心的,会使“物自身”的虚无化,即“自在之物”会在人面前失去其自身的生存空间,因为对于人而言,其所认识的对象是“自在之物”作用在人的感官所引发的感觉表象,换言之,“自在之物”被主体化为一种客观对象性的存在。这一点与哈贝马斯就主体性哲学进行的评论不谋而合(参见哈贝马斯:《现代性的哲学话语》,译林出版社,2016年)。从虚无主义的发展历程看,共计出现了四种语境意义上的虚无主义形态:①否定物质世界、并在遥远异乡建构理想的意义世界的路向,②否定人之基本价值的虚无化路向,③否定崇高价值的虚无化路向,④否定一切行为努力之意义的极致的虚无化路向。由此可见,虚无主义在现代性条件下的发生,是与德国古典哲学体系中理性抽象之后忽略社会现实及其意义有着密切的关联。

③ [德]迪特·亨利希:《在康德和黑格尔之间——德国观念论讲座》,乐小军译,商务印书馆,2013年,第165页。

④ 余玥:《雅各比的洞见:康德体系中隐含虚无主义危机》,《中国社会科学报》,2011年8月16日。

批判康德哲学实在性的问题,同样也是费希特哲学的一个焦点。康德承认了“自在之物”的存在及人的认知能力的局限性,那么困扰费希特的地方在于,既然“自在之物”是脱离于人的认识能力之外,无法认识之物,康德又有什么理由假定“自在之物”是存在的呢?因此,费希特断言:“物自身是一种纯粹的虚构,完全没有实在性。”[①]为解决思维与存在的同一性问题,费希特寄希望于“绝对自我”,认为思想与存在是绝对同一的,同一的基础在于自我,他提出:“注意你自己,把你的目光从你的周围收回来,回到你的内心,这是哲学对它的学徒所做的第一个要求。哲学所要谈的不是在你外面的东西,而只是你自己。”[②]由此,费希特提出了三个哲学命题:“自我设定自身”“自我设定非我”及“自我设定自身与非我”,实现了“物的世界”的主体化,摒弃了康德思想中的“自在之物”,此时的“自在之物”在费希特看来只不过是一个依赖于认识主体的存在而已。换言之,“自在之物”的“实在性”是被人赋予的一种虚构性认知。

因此,“物”的实在性来源于人的理性思维能力,恰恰成为雅各比下述断定的依据,即德国古典哲学在发展的过程中愈发强调主体的理性思维能力,虚无主义的问题也就愈发突出:“虚无主义的哲学危机与理论体系的建立连体并枝。彻底地理性体系就是真正的虚无主义体系。”[③]费希特的唯心论思想正是由于突出强调具有超越性的“自我”,“排斥”一切外在事物,从而将这些外在事物全部纳入主体理性思维的框架之内,才被雅各比斥责为“虚无主义”。“严格来说,在某种意义上,这种哲学思想就是科学,因为它将一切‘是其所是’之物转变为‘无’(nothing),仅留下如此纯粹的一种精神,以至于这种

① [德]费希特:《“知识学”引论第一篇》,《十八世纪末—十九世纪初德国哲学》,商务印书馆,1960年,第142页。

② 同上,第132~133页。

③ 余玥:《雅各比的洞见:康德体系中隐含虚无主义危机》,《中国社会科学报》,2011年8月16日。

精神自身在其纯粹的状态中是无法存在，而只能引起一切事物。正确的理解是应对存在于自身内部的这种精神进行否定，因此，它才能完全成为我们主观上的创造物”[①]。这种类似于科学的虚无主义所缺失的是被雅各比称之为的“真理”(The true)、“善”(Goodness)或“神”(God)的东西。“这里的‘真理’，雅各比指的是‘一种居于优先地位、可知之外的东西，一种首次赋予可进行了解，可进行理性思考以及其自身价值的知识和能力的存在’。‘神’，正如他在已出版信件的序言中所指出的，‘是无法知道，只能用于信奉’。一个已被了解的‘神’压根不是‘神’。‘神’是高于且外在于我的，也是我必须发自内心去接受的一个‘最高的存在’。涉及真理、善、神——严格来说，由于它们对于自我所具有的激烈的排他性——主体‘我’(the I)是没有此类知识，只有一种‘远方的预感’(a distant presentiment)。如果某人拒绝在世界表象之外存在着任何事物，那么，这些表象自身就会成为‘抽象化的鬼魂，无的呈现物’”[②]。换言之，对人类而言所谓的“真理”“善”“神”等这些东西，并不是人类发明创造的产物，而是作为一个纯粹理性的生成物而已。

最终，康德对于“自在之物”双重属性的判定而导致“实在性”问题的产生，在此基础上，费希特对“自在之物”进行改造，将“自在之物”划归于“自我”之下而构建的“自我-非我同一”哲学思想，这在雅各比看来，都存在着虚无化的危险。存在之物，无论是对康德，还是对费希特而言，在某种程度上，都是依赖于自我的理性思维而存在。理性思维按照其自身的内在逻辑，都是空洞的，都将导致“虚无主义”的发生。因此，若将由康德等德国古典哲学家所建立的理性体系称之为“哲学”的话，那么雅各比的主张则是“非哲学”(a non-philosophy)，“无知的哲学”(a philosophy of not knowing)或者“忽视的科学”(science of ignorance)，“他认为，我们除了发展一种不是基于形式理性的

---

①② Shane Weller, *Modernism and Nihilism*, Palgrave Macmillan, 2011, p.20.

信仰哲学之外没有其他的选择”[①]。雅各比对蕴含在德国古典哲学中的思想进行批判，使“虚无主义”正式走入了哲学领域，影响了现当代的许多哲学家，其中具有代表性的思想家是尤尔根·哈贝马斯(Jurgen Habermas)。德国古典哲学中存在的“实在性”问题，是哈贝马斯主体性哲学批判理论视角的一个重要组成部分，哈贝马斯认为，在此影响下的“哲学无法指导世界的应然状态；哲学的概念只是反映了世界的现实性。哲学不再批评性地针对现实性，而是针对摇摆于主体意识和客观理性之间的模糊抽象性。当精神在现代性中‘经历了猛烈的震荡’之后，当精神找到走出现代性悖论的途径之后，当精神不但进入现实而且还在其中获得客观化之后，黑格尔认为，哲学就摆脱了这样一条使命：用概念去解决懒散的社会生活和政治生活。批判的钝化和现实意义的弱化是一致的，而哲学家们回避的就是这种现实意义”[②]。

对主体性哲学进行的批判，则又是哈贝马斯重构现代性的起因。对他来说，现代性的问题在于：“现代已经通过反思获得了自我意识，并拒绝彻底回到理想的过去。雅各比和康德的争执，以及费希特的反应等，所揭示出来的是信仰和知识的对立，这种对立已经进入了哲学自身当中。”[③]由此，以主体性原则为基础的现代理性进行反思的结果，不可避免地将内在于现代性中某种特定类型的时间意识[④]拉入哲学视野中。

因此，雅各比将“虚无主义”引入哲学领域，被韦勒称赞道：“如此，在雅

① ［德］迪特·亨利希：《在康德和黑格尔之间——德国观念论讲座》，乐小军译，商务印书馆，2013年，第165页。

② ［德］于尔根·哈贝马斯：《现代性的哲学话语》，曹卫东译，译林出版社，2016年，第50页。

③ 同上，第36页。

④ 在论及现代性问题中的“古今之争”时，所提及的时间意识，大意是指现代试图通过主体性哲学，即理性思考，为自己在历史长河中找寻某一个确定自我身份的参照系，从而区别于刚刚过去的时代，而确定的起点就是“现在”“此刻”，无关于过去的任何事情，“古今之争”正是在这个意义上而言的。具体可参见 Gerard Delanty, *Modernity and Postodernity: Knowledge Power and the Self*, SAGE Publications, 2000, p.9；也可参见哈贝马斯：《现代性的哲学话语》，译林出版社，2016年。

各比这里，可能不仅会发现对伪装为自然神论的无神论进行批判，对在启蒙运动(Aufklarung)中理性、逻各斯和科学所获得绝对优先地位进行批判，而且也会发现对作为虚无主义的哲学-政治化现代性进行批判。由此，从这个角度而言，雅各比或许可以说开创了整个传统，即从严格意义上而言正是有着不同形式(哲学和政治)的现代性冠以虚无主义的名目。”[①]

由此可知，当虚无主义与现代性问题的发展结合在一起时，才产生了后来意义上的现代虚无主义[②]，也正是出于虚无主义的这种发展历程，以思考现代性问题为切入点而理解现代虚无主义，有助于我们更加清晰地且恰当地解读“虚无主义”。

(二)虚无主义：文学“新世界”的创造

“虚无主义”的繁荣发展则出现在欧洲大陆东部的俄国文坛。

19 世纪的西方世界，大多数国家迅速得到发展，走上了现代化之路，其所带来的结果是生产力水平的快速提高，日益丰富的物质生产、生活资料，不断拓展的消费空间日渐形成了世界性的市场。与此形成鲜明对比的是俄国，“现代化却没有发生”，以至于“从 19 世纪 20 年代一直到苏联时代，落后与欠发达所负载的苦痛在俄罗斯的政治与文化中发挥着主要作用”。[③]克里米亚战争失利后，在客观上迫使俄国进行自上而下的政治改革。随后，时任皇帝的亚历山大二世实行了具有重大意义的文化自由政策，颁布了解放农奴的敕令。然而人民所察觉到的是现实效果与政策出发点相差甚远，甚至几乎可以说南辕北辙，政策效果差强人意，民众弥漫着一种浓郁的不满之情。

① Shane Weller, *Modernism and Nihilism*, Palgrave Macmillan, 2011, p.21.

② 参见刘森林：《物与意义：虚无主义意蕴中隐含着的两个世界》，《中山大学学报》(社会科学版)，2012 年第 4 期。

③ [美]马歇尔·伯曼：《一切坚固的东西都烟消云散了：现代性体验》，徐大建、张辑译，商务印书馆，2015 年，第 224~225 页。

这孕育了当时俄国新阶层——“新人”。

以此为背景，屠格涅夫于1861年创作了小说《父与子》，“该小说的核心话题在于老一代与年轻一代、自由与激进、传统文明与新式、严谨的实证主义（即绝不使用除理性者所需求之外的任何东西）之间的对抗”[①]。这种表现激烈对抗的典型形象是屠格涅夫赋予以“虚无主义者”之名头的主人公巴扎罗夫，他一方面“正是19世纪60年代‘新人’的最难忘的写照”[②]，另一方面他的人物形象也使得“虚无主义”在世界范围内广为流传[③]，成为一个表示如下观点的代名词，即“唯有在我们的感官感知中可获得的、亦即被我们亲身经验到的存在者，才是现实的和存在着的，此外一切皆虚无”[④]。

在屠格涅夫创作过程中，巴扎罗夫具有不同于俄国老一代人的几个特点，“虚无主义者”或许是最能概括巴扎罗夫的人物性格[⑤]之词。在小说中这样描写道：

……

帕维尔·彼得罗维奇摸了摸他的小胡子，接着又不慌不忙地问道：

---

① Berlin, Isaiah, Fathers and children: Turgenve and the liberal Predicament, *Introduction to Ivan Turgenve, Fathers and Sons*, Trans., Rosemary Edmonds, Penguin, 1975, pp.26–27.

② ［美］马歇尔·伯曼：《一切坚固的东西都烟消云散了：现代性体验》，徐大建、张辑译，商务印书馆，2015年，第279页。

③ 参见蒋璐：《俄国文学采薇》，东方出版社，2003年，第64~65页。

④ ［德］海德格尔：《尼采》（下卷），孙周兴译，商务印书馆，2014年，第717页。

⑤ 关于主人公巴扎罗夫式的虚无主义者的特点，中山大学刘森林教授在《虚无主义的阶级论界定：从马克思看屠格涅夫》中已有论述［载于《深圳大学学报》（人文社会科学版），2012年第2期］。在该文中，刘森林教授总结了巴扎罗夫的三个特点：一是相信科学，否定其他的一切；二是绝不颓废，而是努力工作、认真工作，总是把信奉付诸行动；三是拒斥浪漫主义的苦行僧形象。分析认为，屠格涅夫虽是一位“嗅觉”敏感的文学家，但是由于理解力有限，而不曾全面有效地理解“虚无主义”。虚无主义自在俄国流行伊始就具有两个维度的解读路径：①阶级论维度上的虚无主义，②文明文化维度上的虚无主义，换言之，屠格涅夫仅体验到了俄国结构内部中存在于贵族阶级与平民知识分子之间就观念习俗等问题而发生的“虚无主义”之争，而没有意识到俄国，作为一个民族整体，在面对西方资本主义现代化浪潮入侵下，其传统价值之“虚无主义”倾向之争，而这一点可另参见《为什么要关注虚无问题？》（载于《现代哲学》，2013年第1期）。

“那么,现在这位巴扎罗夫究竟是一个怎样的人呢?”

……

“他是一个虚无主义者。”

“什么?”尼古拉·彼得罗维奇问道,这时,帕维尔·彼得罗维奇正拿起一把刀尖上还挑着一块儿牛油的刀子,也停住不动了。

“他是一个虚无主义者。”阿尔卡季再说一遍。

“一个虚无主义者,”尼古拉·彼得罗维奇说。“依我看,那是从拉丁文 nihil(无)来的了;那么这个字眼一定是说一个……一个什么都不承认的人吧?”

“不如说是:一个什么都不尊敬的人。”帕维尔·彼得罗维奇插嘴说,他又在涂牛油了。

“是一个用批评的眼光去看一切的人。”阿尔卡季说。

“这不还是一样的意思吗?”帕维尔·彼得罗维奇说。

“不,这不是一样的意思。虚无主义者是一个不服从任何权威的人,他不跟着旁人信仰任何原则,不管这个原则是怎样受人尊敬的。”

……①

屠格涅夫借阿尔卡季的口吻,从侧面刻画了巴扎罗夫,并认为作为一位虚无主义者的巴扎罗夫,对权威、原则等被传统一代所尊崇的一切,表现出了怀疑的姿态,甚至用巴扎罗夫自己的话说:“凡是我们认为有用的事情,我们就依据它行动,目前最有用的事就是否定——我们便否定。”②包括艺术、爱情、宗教信念、自由等一切,虽然传统一代对此习以为常,但却成为虚无主义者所否定的对象。巴扎罗夫将“否定一切”作为自己的人生格言,出色地代

① ［俄］屠格涅夫:《前夜父与子》,丽尼、巴金译,人民文学出版社,1995 年,第 224~225 页。

② 同上,第 259 页。

表了当时俄国社会环境中所孕育的一代"新人",表达了对传统的坚决否定,"其中一部分人更以虚无主义的特殊方式来展示其坚强的自信和青春的锐气,对封建的传统惯例、伦理道德、行为准则、宗教偏见、审美判断、等级特权、家庭生活规范等毅然加以摈弃,因此在一定程度上得到车尔尼雪夫斯基、杜勃罗留波夫及其战友们的肯定,他们有时也被称为虚无主义者,杜勃罗留波夫甚至被称为'虚无主义者中的虚无主义者'"[①]。

然而在对"一切"进行否定的态度背后,虚无主义者所表现出来的是对于理性、科学的追求。在《父与子》中,处处表现了巴扎罗夫对于科学精神的崇尚。在回答帕维尔·彼得罗维奇疑问,即袋子里装着何物,有何用处时,巴扎罗夫回应道是用来解剖的青蛙;"一个好的化学家要比二十个普通的诗人还有用"[②];在回答叶夫多克西娅关于早餐的询问时,巴扎罗夫说:"就是从化学的观点来说,一块肉也要比一块面包好"[③];就艺术所具有的用途而展开的争论中,安娜·谢尔盖耶夫娜认为艺术至少可以有助于了解人时,巴扎罗夫反驳道:"第一,生活的经验便可以做到那一点;第二,我告诉您,研究个人的人只是白费工夫。所有的人,在身心方面都是彼此相似的;我们每个人都有着同样的脑子、脾脏、心、肺;便是所谓精神的品质也都是一样;那些小的变异是无足轻重的。只要有一个人来做标本,我们便可以判断所有人了。人就像一座林子里的树木,没有一个植物学家会想起去把一棵一棵的桦树拿来分别研究的。"[④]

由此,在屠格涅夫的理解中,虚无主义者是与主张科学主义精神,崇尚经过经验观察、实验论证而得来的事实思考紧密联系在一起的,换言之,一切现存之物,只有经过科学实验的论证,才有可能被巴扎罗夫式的虚无主义

① 蒋璐:《俄国文史采薇》,东方出版社,2003年,第65~66页。

② [俄]屠格涅夫:《前夜父与子》,丽尼、巴金译,人民文学出版社,1995年,第229页。

③ 同上,第280页。

④ 同上,第302页。

"新人"所接受。因此对于包括艺术、宗教、诗歌等在内的人文知识,巴扎罗夫都给予了无情、极其蔑视的抨击,而主张把时间精力都用于研究数学、物理、化学、解剖青蛙的事物上。这种对科学抱有极大热忱的"虚无主义者"所具有的"否定性,以及十九世纪六十年代那代人的否定性是有限的和有选择的:例如对于被认定是科学的、理性的思想和生活的各种方式,'新人们'倾向于采取无批判的'积极'态度。然而十九世纪六十年代的平民知识分子与有教养的自由人道主义做了痛苦而难忘的决裂,后者表现了十九世纪四十年代绅士知识分子的特征。他们的决裂可能更多是在行为上,而不是在信仰上:'六十年代的人'决心采取果断的行动,很高兴由此会给他们自己和他们的社会添加一些尴尬、伤心和麻烦"[①]。其所祈求达到的目标并非是要用某种新的观念、原则、秩序替换现存、旧有的观念、原则和秩序,也并不是要树立某种新事物,只是依据他们所信行动,从而"清理路面(clear the ground)",这正如韦勒所说:"在十九世纪六十年代早期,'虚无主义者'所意指的这群人,并非试图组织一场统一且具有凝聚力量的政治运动,相反则更像是一场由俄国的建筑师、社会学家以及其他的政治团体所组成的零散的新兴革命一代所践行的活动,号召不仅要质疑每一条原则,而且要通过破坏现有的社会-政治机构和组织,而与过去诀别。"[②]

正是基于以上的社会背景和理论背景,"虚无主义"不仅成为尼采哲学的核心议题,同时也成为贝尔思想的重要来源,深刻地影响了随后的西方现代哲学。

---

① [美]马歇尔·伯曼:《一切坚固的东西都烟消云散了:现代性体验》,徐大建、张辑译,商务印书馆,2015年,第279页。

② Shane Weller, *Modernism and Nihilism*, Palgrave Macmillan, 2011, p.23.

第三节　贝尔视域中的虚无主义

无论是克劳特斯用以反对与神权有着亲疏联系的政治体制的“虚无主义”，或是俄国文学用于表示将一切旧有之物放置于科学实验原则之下衡量的“虚无主义”，还是雅各比用来批判康德哲学缺乏实在性的“虚无主义”，在一定程度上反映了“虚无主义”所具有的批判特色，然而尼采认为，这仅仅揭示了“虚无主义”的消极方面，作为“积极地”、具有“创造性”的“虚无主义”却被许多研究者所忽视，而这一点同样也是贝尔的批判“短板”所在。不过，在对贝尔批判策略进行分析之前，应该厘清三个问题：(1)尼采视角下的“虚无主义”是何意，(2)贝尔如何解读尼采式“虚无主义”，(3)贝尔使用了哪些方面的论据对其进佐证。

一、断裂与分化

尼采认为，“虚无主义”是人类的“常态”，是“最高价值的自行贬黜”；但在贝尔看来，尼采式“虚无主义”虽然揭示了人类社会“瓦解”的可能性，但在本质上是对“人类命运”疑惑的错误回答。如此一来，首先需要解释的一个问题是：尼采对“虚无主义”的理解和贝尔视角下的尼采式“虚无主义”有何不同之处？二人究竟是在何种立场上提出上述观点的？

(一)价值贬黜(Devaluation)

毫无疑问，尼采对后世哲学的影响不言而喻，尤其是在谈及“虚无主义”时，尼采之研究已成为一个无法跨越的出发点。韦勒对此中肯地评价道：“在反抗现代性过程中,只要这种反抗涉及虚无主义概念的使用,不论是尼采激进式地重新解读虚无主义,还是尼采现代性的文化批判(其中具有决定性意义的是虚无主义概念)对二十世纪思想产生的深远影响而言,尼采都是一位杰出的哲学家。"[①]

1.虚无主义:虚构"彼岸世界"与虚化"此岸世界"

尼采对虚无主义的解释集中出现在1887年秋的哲学笔记中,他认为,"虚无主义乃是一种常态。虚无主义没有目标;没有对'为何之故'的回答。虚无主义意味着什么呢?——最高价值的自行贬黜"[②]。

该段引文有三点值得注意的地方:其一,理解虚无主义,可以通过理解另外四个概念而实现,即"常态""目标""为何之故"及"最高价值";其二,在该定义性语句中,上述四个概念彼此之间的关系,对尼采而言是一种并列关系,换言之,在试图理解尼采视角之中的虚无主义时,可以通过对"常态""目标""为何之故"及"最高价值"的"交叉互读"的阅读方式,以便更加深刻地理解"虚无主义";其三,上述四个概念之间存在一个共同点,即对真实世界进行价值评估,即尼采围绕"真实世界"的价值评估问题赋予了"虚无主义"更为深刻的内涵,这种内涵通过上述四个不同概念表现出来。所谓"真实世界的价值评估",实则就是对欧洲传统哲学,具体而言是对苏格拉底-柏拉图主义形而上学的思想进行的批判。尽管尼采哲学在不同的时期会有所侧重,[③]但总体来看,贯穿于尼采早、中、晚期著作的主要思想,就是批判传统形而上

① Shane Weller, *Modernism and Nihilism*, Palgrave Macmillan, 2011, p.26.

② [德]尼采:《权力意志》,孙周兴译,商务印书馆,2014年,第399页。

③ 参见中国社会科学院研究生院成纯的博士论文:《论尼采的生命学说》,2009年。在文中,作者系统研究了尼采不同历史时期的关注点:早期尼采持有一种艺术形而上学的观点,通过对于希腊悲剧的分析,第一次提出对生命真理的哲学思考[这部分也可参见北京大学吴增定教授的文章《尼采与悲剧——〈悲剧的诞生〉要义疏解》,载于《云南大学学报》(社会科学版)2015年第1期];中期尼采放弃了早期所秉持的艺术形而上学观点的思想,企图从生命此在内部探求超越有限性的可能;后期尼采将对生命此在的思考明确化,称之为"权力意志"以此实现对传统形而上学的理论批判。

学思想的“思想毒瘤”。①

由此看来,“虚无主义”是尼采批判传统形而上学的理论成果。传统形而上学的问题在于凭借人类的抽象思维,用逻辑手段构建了一个所谓的“彼岸世界”,并奉之为“目标”“常态”“为何之故”或者“最高价值”,以否定真实存在的“此岸世界”“现实世界”。在这个意义上,虚无主义的发展史,一方面指的是传统形而上学哲学的发展史,另一方面则是不断压制、否定生命本能的斗争史。换言之,“虚无主义”既是传统哲学发展史的真实写照,同样也是否定生命本能斗争史的“镜面缩影”。最能体现“虚无主义”上述两层所指的,或许就是尼采假借查拉图斯特拉之口吻,向世人所宣扬的:“上帝死掉了;上帝死于他对世人的同情。”②

对于“上帝”的解读目前还有许多有争议的地方,如韦勒所认为:“使(上帝之死)短语模糊化的原因,正如尼采所洞见的,不仅在于它是随着虚无主义的进攻而缺失的宗教信仰,而且也是对理性(vernunft)和科学(wissenschaft)的一种信仰。”③在国内学界④大致来讲,在涉及“上帝”概念分析的时候,则会

① 尽管尼采在不同的时期对所研究的问题的观点有些不同,甚至有些前后矛盾的提法,但是纵观其整个哲学历程,贯穿于其中的一条主线始终是对于苏格拉底-柏拉图主义的哲学形而上学进行的理论批判。以尼采对科学看似“矛盾”的态度为例。尼采在早期著作《悲剧的诞生》中将科学的诞生与苏格拉底联系在一起,认为科学是一个由苏格拉底所引起的深刻妄想。换言之,尼采看来,在所谓的“科学”中存在一种形而上学的虚妄;而尼采在中期则撰写了一本名为“快乐的科学”的书,先前被尼采视为存有一种“虚妄”的科学,为何会被尼采冠之以“快乐”,这未免让人心生疑虑。但稍加分析则会厘清这个疑虑,因为在《快乐的科学》中,尼采谈及的科学是依据某种信仰的,而这种所谓的信仰始终只是一种形而上学式的信仰。具体可参见同济大学孙周兴教授文章《尼采的科学批判——兼论尼采的现象学》,载于《世界哲学》2016年第2期。

② [德]尼采:《查拉图斯特拉如是说:译注本》,钱春绮译,生活·读书·新知三联书店,2014年,第96~97页。

③ Shane Weller, *Modernism and Nihilism*, Palgrave Macmillan, 2011, p.30.

④ 可参见具有代表性的国内研究尼采“上帝”形象的专家及作品,他们分别是余虹:《生命是唯一的存在——尼采的非形而上学存在论》,《厦门大学学报》(哲学社会科学版)2004年第2期;孙周兴:《有关尼采查拉图斯特拉形象的若干问题》,《同济大学学报》(社会科学版),2009年第5期;吴增定:《尼采与柏拉图主义》,上海人民出版社,2005年。

强调上帝所具有的双重指代性:基督教义上的“上帝”和“传统”。值得注意的是吴增定对查拉图斯特拉进行的形象解读，他认为查拉图斯特拉虽然是古波斯的先知,但却是西方文明两大传统的(即希腊哲学和犹太-基督教)的共同起源;余虹则直接指出了“上帝”耶稣和传统形而上学两者之间所存在的共性:“尼采曾将苏格拉底式的哲学和耶稣式的神学都称之为‘形而上学’,它们的共同特点就是虚构一个形而上的与‘这一世界’对立的‘另一世界’,并将其全部思想建立在这一虚构之上,‘上帝’作为‘另一世界’的象征就是哲学和神学的形而上学虚构。”①

因此,“上帝”是尼采对传统形而上学进行理论批判的关键所在，即对“此岸世界”与“彼岸世界”之间的关系进行的理论解读所在。在尼采看来,“上帝”本身是一种极端的“虚无主义”,因为“它径直把事物的价值设入其中,而没有、也不曾有一种实在与此价值相适应,相反只有一种价值设定者方面的力量的标志,一种对于生命目的的简化”。②也就是说,对于某种事物价值进行判断、设定标准是超越性存在的信仰。虽是以极端形式长期存在于人类生活中,但尼采认为,这些“常态”“目标”“为何之故”及“最高价值”实则是一种错误思想,但却被人们所信奉。“这是一个透视主义的假象,其起源就在我们心中(因为我们不断地迫切需要一个狭隘的、压缩的、简化的世界)——力量的尺度就在于:为了不致毁灭,我们就只好承认虚假性、谎言的必要性。就此而言,作为对一个真实世界的否定,对一种存在的否定,虚无主义可能是一种神性的思想方式”③。

以上就是尼采批判传统形而上学虚构“彼岸世界”的粗略解读,同时也

① 余虹:《生命是唯一的存在——尼采的非形而上学存在论》,《厦门大学学报》(哲学社会科学版),2004年第2期。

② [德]尼采:《权力意志》(上卷),孙周兴译,商务印书馆,2014年,第401页。

③ 同上,第403页。

是尼采通过“上帝死掉了”宣传口号想要表达的内容,除此之外,上述解读也可通过前文的“为何之故”而达到。

“为何之故”(尼采也称之为“为何”)是理解尼采虚无主义的又一有效思路。对于尼采而言,虚无主义的“为何之故”问题,是建立在这一基础上的,即人类依据在漫长社会历史中所形成的惯性思维解释现存事物之间的种种关系,也就是“以过去的习惯为出发点的,借助于这个习惯,目标似乎是从外部被提出来、被赋予、被要求的——也即是通过某种超人的权威。在人们已经荒疏了对这种权威的信仰之后,人们却还是按老习惯去寻求另一种权威,后者懂得无条件的说话,能够规定目标和使命”[①]。由此可以看出,尼采在“为何之故”的角度上理解虚无主义问题时,针对的是人类在耳濡目染中所形成的思维习惯,企图在人类自身的外部创建某种具有超越性力量存在的目标,并将此作为其言行之标准。尼采认为:

——对“何为?”的回答受到下述各项的要求

(1)良知

(2)追求幸福的欲望

(3)“社会本能”(群盲)

(4)理性(“精神”)——只是为了不必意愿,必须为自己设定这个“何为”

(5)最后:宿命论,“没有答案”,但是“去任何什么地方”,“意愿一个何为是不可能的”,带着顺从……或者反抗……目标方面的不可知论

(6)最后,否定作为生命之何为;生命作为某个把自己理解为无价

① [德]尼采:《权力意志》(上卷),孙周兴译,商务印书馆,2014年,第405页。

值的并且最终扬弃自己的东西。[①]

因而也就不难理解尼采为何对传统哲学思想中的形而上学思考方式进行如此激烈的批判,这种思考方式以逻辑内在性建构力量为出发点,企图通过某种简化方式将丰富多彩的生命虚无化、否定化,使之契合人类内在精神所预先建构的图式,直至人类的社会实践方式。其中,理性思维的建构力量集中体现在"因果性"中。理性逻辑内在性的建构力量,所造就的"内在世界"是一种模式化了的。无论是感情、思想、欲求等都被囊括在了"因果性"的逻辑思考图式中,"内在'感知'的现实过程,思想、情感、渴求之间的因果统一,如同主体与客体之间的因果统一,都是对我们绝对隐藏的——而且也许是一种纯粹的想象"[②]。身处在由理性逻辑搭建的"虚假世界"中,"人们是以在处理'外在'世界时所用的完全相同的形式和程序来加以处理的"[③]。而后,"我们脱口而出'因果性';就像逻辑学所做的那样,在各种观念之间采纳一种直接的因果联系——这乃是极其粗糙和极其笨拙的观察的结果。在两个观念之间,还有一切可能的情绪在发挥它们的作用:但运动太快了,我们因此会错认运动,否定运动……"[④]所以对尼采而言,这样的思维定式使我们习惯性地将某个想法先天性地归入另一个想法之中,使二者处于一种稳定的因果关系链条之中。

在尼采看来,这恰恰是使哲学陷入误区的原因所在,即企图借助逻辑虚构性构建一个存在于意志现象之内,所谓的"真实世界"或"彼岸世界",尼采说道:

哲学迷误的依据在于,人们没有把逻辑和理性范畴视为手段,而是

① [德]尼采:《权力意志》上卷,孙周兴译,商务印书馆,2014年,第406页。

②③④ 同上,第728页。

为了把世界布置得合乎功利性之目的(也就是“在原则上”,把世界布置为合乎一种功利的伪造),人们以为在逻辑和理性范畴中有了真理或者实在性的标准。实际上,“真理的标准”只不过是这样一个原则性伪造系统的生物学上的功利性:而且,由于一种动物知道没有比自我保存更重要的事情了,所以,人们实际上就可以在此谈论“真理”了。过去的幼稚性只在于,把人类中心主义的特质当作事物的尺度,当作衡量“实在”与“非实在”的准绳:质言之,就是把某种限制性条件绝对化了。看哪,现在世界就一下子分裂为一个真实的世界与一个“虚假的”世界:而且,恰恰是人已经在其中构造了理性、得以在其中居住和安排自己的这个世界,恰恰是这同一个世界,对人而言被诋毁了。哲学家们的疯狂洞察力没有把形式用作理解和计算世界的把柄,而是发现在这些范畴中已经包含了关于那个世界的概念,而人们生活于其中的世界并不符合于这个概念……手段被误解为价值尺度,甚至被误解为对那种意图的判决……这种意图就是以某种有用的方式进行自欺:达到这种意图的手段,即发明一些公式和符号,使得人们能借助于它们把混乱的杂多还原为一种合目的的和方便可用的模式……①

尼采在这里,直指传统形而上学的最大弊端:逻辑的力量将人类限制在这样一种认知前提中,即预先设定、判定了某种合乎性的存在及其存在方式,在此基础上,人类所有建立在理性思维基础上的认识活动,都带有一种“合目的性”的色彩。这种认识活动,严格来说,“不是‘认识’,而是图式化(schematisiren)——强加给混沌以如此之多的规律性和形式,以满足我们的实践需要,在理性、逻辑、范畴的构成中,需要曾起过决定性的作用:不是‘认

① [德]尼采:《权力意志》(下卷),孙周兴译,商务印书馆,2014年,第1070页。

识'的需要,而是归纳和概括的需要,图式化的需要,目的是为了达到理解和计算……理性的发展就是为了达到相似、相似之物的调整和构造……"[①]其所带来的结果则必然是将真实存在的现实世界,真切的现象世界否定化,使之摇身一变,满足了"我们不断地迫切需要一个狭隘的、压缩的、简化的世界"[②]的欲求。所以,尼采总结:"没有比这个内在的世界更具现象性质的了,(或者更清晰地讲)没有比我们用著名的'内感官'观察到的这个内在世界更大的欺骗了。"[③]

2.超越虚无主义:查拉图斯特拉·超人·相同者的永恒轮回

传统形而上学体系,凭借逻辑力量为人类建立了一个不可知却只可对之信奉的"真实世界""彼岸世界",这一虚构世界随后被基督教所吸收,将其容纳于所构建的宗教体系中,从而建立起以"上帝"为核心的世俗化教义系统,而"上帝"在这个系统中扮演了各种具有原始性和最终性的角色。具体而言,上帝是全知全能的最高存在者;上帝是世界万物最初的创造者,被认为是一切存在者最高的目标;上帝是世俗社会中一切道德律令的颁布者,同时也是一切道德行为的审判者……传统哲学和基督教之中存在的这种"形而上学"逻辑虚构性思想,成为欧洲文明的一个基点。当这种"价值观念对欧洲文明的约束力、激发力和建构力丧失了,欧洲文明的整个基点、目标和理想丧失了,于是人的生活也就茫然无措了。随之而来的是整个文化领域的混乱和无序"[④]。

在尼采看来,"真实世界"既然是一个无用的、多余的、虚构的存在物,那

① [德]尼采:《权力意志》(下卷),孙周兴译,商务印书馆,2014年,第1066页。

② [德]尼采:《权力意志》(上卷),孙周兴译,商务印书馆,2014年,第403页。

③ [德]尼采:《权力意志》(下卷),孙周兴译,商务印书馆,2014年,第1067页。

④ 张庆熊:《"虚无主义"和"永恒轮回"——从尼采的问题意识出发的一种考察》,《复旦学报》(社会科学版),2010年第3期。

么显然就应当将其废除,在此基础上,尼采开始思考“废除后的世界”。在《偶像的黄昏》中,尼采说:“我们废除了真实的世界:剩下的是什么世界?也许是虚假的世界?……不!随着真实的世界的废除,我们同时废除了虚假的世界!(正午:阴影最短的时刻;最长的错误的结束;人类的顶点;查拉图斯特拉的开始。)”[①]在这里,对查拉图斯特拉形象的理解成为解读“废除后的世界”的关键环节。

查拉图斯特拉,据孙周兴考察,可能来源于影响尼采的两位人物:一位是美国作家和哲学家拉尔夫·瓦尔多·爱默生(Ralph Waldo Emerson),另一位则是德国语言学家、印度学家和宗教学家的马克思·穆勒(Max Muller)。前者对尼采影响深远之处体现在,“查拉图斯特拉”人物形象的出现。爱默生在其著作中说道:

> 我们要求一个人如此伟岸并且圆柱般地矗立于风景当中,当他起身准备赶往另一个地方时,是值得来报道一下的。最可信的形象在我们看来就是伟人形象,这些伟人首次露面就占了上风,并且到处传布自己的思想;就像那位东方圣人的情况一样,后者受到派遣,去考察查拉图斯特拉或者琐罗亚斯德的丰功伟绩。波斯人告诉我们,当这位希腊圣人[优纳尼圣人]抵达巴尔克[中亚地名]时,古施塔斯普[古波斯王之一]定了一个日子,要把每个地方的穆贝德[波斯教中的教职]集合起来,并且为这位希腊圣人准备了一把金椅。然后,广受爱戴的尊者,即先知查拉图斯特拉,出现在集会中间了。当这位希腊圣人见到那个头目[古施塔斯普]时,就说道:“这种人物,这种步态和举止,是不可能欺骗的,从

① [德]尼采:《偶像的黄昏》,《尼采著作全集》(第六卷),孙周兴等译,商务印书馆,2016年,第97~98页。

中只能产生真理。”[1]

后者的“所有神必死”思想则在另一个角度上启发了尼采，这则笔记的内容如下：

> “所有神都必死”——此乃原始德意志人的观念，这个观念至今仍以至高的力量贯彻于科学之中。奥丁大神(Odin)的后裔西格德(Sigurd)之死未能免除奥丁之子巴尔德(Balder)之死：巴尔德时候，接踵而来的是奥丁之死和其他神之死。[2]

尽管现在还无法准确还原和澄清查拉图斯特拉形象的起源，但是上述两个出现在尼采笔记中的文本，确实不可轻易被忽视，至少可以推测的是爱默生与穆勒确实对尼采在构建查拉图斯特拉形象时产生了重要影响。这种影响集中体现在了《查拉图斯特拉》一书中。查拉图斯特拉在离开其信徒们时，劝说道：

> 有一天，你们还会成为我的朋友和同样一个希望的孩子：那时我要第三次来到你们身边，跟你们一同庆祝伟大的正午。
>
> 伟大的正午就是：人站在从动物到超人之间的道路的中间点，把他走向黄昏的道路当作他自己的最高希望来庆祝：因为这是迈向新的黎明的道路。
>
> 那时，走向没落的人将把他自己看成是一个走向彼方的过渡者而

①② 转引自孙周兴：《有关查拉图斯特拉形象的若干问题》，《同济大学学报》(社会科学版)，2009年第5期。

为他自己祝福;那时,他的认识之太阳将高悬在正午的天空。

“所有的神全都死了:现在我们祝愿超人长存。”——让这个愿望,在有一天伟大的正午时刻成为我们的遗愿![①]

结合上文所引注的《偶像的黄昏》相关片段(即引文“正午:阴影最短的时刻;最长的错误的结束;人类的顶点;查拉图斯特拉的开始。”)来看,上述两个文本的具体语境,描述了“真实世界”被废除、所有神死亡了之后的世界时,尼采指向了两个意向物:“超人”和“正午”,并将这代表两个重要思想的意向物赋予了查拉图斯特拉:“超人”代表了尼采对于未来人类的设想;“正午”则代表了作为生命的“相同者的永恒轮回”。

“超人”是查拉图斯特拉在深山里安享其智慧和孤独的思想结晶,在他深感精神充沛、活力十足的时候,他想下山前往人间尘世,做一位像太阳一样的施予者。当查拉图斯特拉抵达森林外围的城镇,出现在人群集聚的广场中,对群众说道:

……

我教你们何谓超人:人是应该被超越的某种东西,你们为了超越自己,干过什么呢?

直到现在,一切生物都创造过超越自身的某种东西:难道你们要做大潮的退潮,情愿倒退为动物而不愿超越人的本身吗?

……

超人就是大地的意思。你们的意志要这样说:让超人就是大地的意思吧!

① [德]尼采:《查拉图斯特拉如是说》(详注版),钱春绮译,生活·读书·新知三联书店,2014年,第86页。

我恳求你们,我的弟兄们,忠于大地吧,不要相信那些跟你们侈谈超脱尘世的希望的人!他们是调制毒药者,不管他们有意或无意。

他们是蔑视生命者,行将死灭者,毒害自己者,大地对他们感到厌烦:那就让他们离开人世吧。

……

注意,我教你们做超人:他就是大海,你们的极大的蔑视会沉没在这种大海里。

你们能体验到的最大的事物是什么呢?那就是极大轻蔑的时刻,在这个时刻,连你们的幸福也会使你们感到恶心,你们的理智和道德也是如此。

……

向上天呼叫的,不是你们的罪,而是你们的自我满足,是你们罪恶中的贪心向上天呼叫!

可是,用火舌舐你们的闪电在哪里!你们必须让它灌输的疯狂在哪里?

注意,我教你们做超人:他就是这种闪电,他就是这种疯狂!①

"超人"是人超越自身存在的某种东西,是珍视生命的"大地",是肯定生存本身的"大海",同时也是一道出现在乌云中的"闪电"。这些比喻性的词汇揭示了关于"超人"的某些特征:

第一,"超人"的来源。尼采借查拉图斯特拉道出了"超人"并非达尔文进化论意义上的作为"人"的更进一步。相反,"超人"是现实存在的人,凭借着

① [德]尼采:《查拉图斯特拉如是说》(详注版),钱春绮译,生活·读书·新知三联书店,2014年,第7~9页。

某种思想和行为活动，克服自身某种不完善的状态，从而走向相对于之前更加完善的“人”。对于尼采而言，现在存在的“人”是一种有缺陷的，他们是“善人”“哲人”“教士”“学者”“基督徒”等拥护现存道德，思想中保留有自苏格拉底-柏拉图主义的形而上学虚构性观念的人。这些不完善的“人”坚信在世界之中存在“真实世界”和“现实世界”之间的对立，只有通过信仰存在于彼岸的“真实世界”，以此作为衡量现实世界所有行为准则，才能克服两个世界之间的对立，才能使自己更加完善。但是这种形而上学的信念却正是“人”所需要克服的不完善所在。当作为“超人”宣告者的查拉图斯特拉“向每个人道出那最善意的话！他自己是怎样用温柔的手抓住自己的敌人，即教士，与他们一起受苦的！——在这里，在任何时刻，人都被克服了，‘超人’概念在此成了最高的实在性，——在无尽的远方，迄今为止人类身上被诩为伟大的一切东西，都处在‘超人’之下”[①]。

第二，“超人”珍视生命，肯定生存。“超人”来源于“人”对自身存在的“不完善状态”的克服、超越。如上文所述，形而上学思想的残留物使人们依旧无法完全摆脱所虚构而来的理想世界，“‘真实的世界’与‘虚假的世界’——明确地讲就是：捏造出来的世界与实在……理想的谎言一直都是实在头上的咒语，人类本身则通过这种谎言而在其最深层的本能当中变得虚假和虚伪了——直至去膜拜那些相反的价值，或许正是这些相反的价值才保证了人类的繁荣、未来及对于未来的崇高权利”[②]。因此，对尼采而言，“推翻偶像（我用来表示‘理想’的词语）——这种说法更合乎我的行当。人们捏造了一个理

① ［德］尼采：《查拉图斯特拉如是说》，《尼采著作全集》（第六卷），孙周兴等译，商务印书馆，2016年，第441页。

② ［德］尼采：《瞧，这个人》，《尼采著作全集》（第六卷），孙周兴等译，商务印书馆，2016年，第320页。

想的世界,在此意义上就使实在丧失了它的价值、意义和真实性……”[①]当“真实世界”“虚假世界”“上帝”全都消亡,所剩下的是生命本身,仅仅是生存着生命本身,“‘存在’——除‘生命’而外,我们没有其他关于‘存在’的观念——某种死亡的东西又如何能够‘存在’呢?”[②]在生命存在的地方,必然存在着追求强力的意志,而非追求叔本华视角下的生存意识。生命本身告知查拉图斯特拉的秘密就是:“自己必须不断超越自己者,就是我”,而这种追求强力意志也可称之为“追求产生的意志,或者称为面向目标的冲动,面向更高者、更远者、更复杂者的冲动。”[③]

“正午”则是理解查拉图斯特拉形象另一个重要的指向物,即指“相同者的永恒轮回”思想。科利在《尼采著作全集》中声称,查拉图斯特拉曾在尼采笔记(遗稿)中一篇名为“正午与永恒”的新作当中出现,此后,查拉图斯特拉便反复出现在了尼采遗稿中。这则笔记如下:

> 正午/永恒/对一种新生活的指示/查拉图斯特拉,出生在乌尔米湖畔,三十岁时离开了他的故乡,前往阿里亚(Aria)省。他在山上孤独地待了十年,撰写了《阿维斯陀经注解》(*Zend-Avesta*)。[④]

而在尼采公开的文本中,第一次传达出“正午”所代表的“相同者的永恒轮回”思想是在《快乐的科学》中。结合上述谈及正午的文本,关键词“正午”

① [德]尼采:《瞧,这个人》,《尼采著作全集》(第六卷),孙周兴等译,商务印书馆,2016年,第320页。

② [德]尼采:《权力意志》(上卷),孙周兴译,商务印书馆,2014年,第180页。

③ [德]尼采:《查拉图斯特拉如是说》(详注版),钱春绮译,生活·读书·新知三联书店,2014年,第129页。

④ 转引自孙周兴:《有关查拉图斯特拉形象的若干问题》,《同济大学学报》(社会科学版),2009年第5期。

与“永恒轮回”之间究竟存在着何种关系?

对于这个问题的解读,首先要理解的是尼采对以时间展开的三种历史观的批判。[①]“上帝”存在于犹太-基督教的线性历史观中,“善神”与“恶神”之间的博弈构成了古代波斯的历史观,以及“因缘”“业力”和“轮回”思想在印度佛教历史观中的存在,三种历史观都是由某种前提性的条件所构成,简言之,在某种程度上,都将某种固定的运行模式置于其中。因而,理解正午与永恒轮回之间的关系,首要的即是破除上述三种历史观所加之于思想的某种局限,因为在尼采看来,这三种历史观所忽略的是个人在构成所谓的“历史”之中的作用。

其次,在如何理解“正午”和“永恒存在”关系的问题上,“海德格尔给出了一个在我们看来最适当、最深邃的解释”[②]。海德格尔认为,正午与永恒之间的关系,如果仅仅是通过时间维度来思考永恒的问题,那么这就意味着,“正午”和“永恒”就是表示时间的两个概念。如此一来,也就可以说:“在永恒轮回思想得到思考之际,‘正午与永恒’一体地同时存在;我们也可以说:那就是瞬间(Augenblick)。”[③]因此,“永恒轮回学说中最沉重和最本真的东西就是:永恒在瞬间中存在,瞬间不是稍纵即逝的现在,不是对一个旁观者来说仅仅倏忽而过的一刹那,而是将来与过去的碰撞。在这种碰撞中,瞬间得以

① 在尼采看来,传统的历史观有三种类型,它们分别是:①犹太-基督教的线性历史观,②波斯的二元论历史观,③佛教的轮回历史观。具体而言,第一种历史观是以上帝的“创世”与“末世审判”为起始参照点;第二种历史观与琐罗亚斯德教在古代波斯帝国的流行有关。该教认为,世界历史的发展是围绕代表光明的善神阿胡拉·玛兹达和代表黑暗的恶神安哥拉·纽曼之间的斗争而展开的;第三种历史观,严格而言,属于印度佛教所特有的循环论的历史观,即认为现世的苦难史是众生在不断轮回之中由于因缘和业力的相互作用所致。具体可参见张庆熊:《“虚无主义”和“永恒轮回”——从尼采的问题意识出发的一种考察》,《复旦学报》(社会科学版),2010年第3期。

② 孙周兴:《永恒在瞬间中存在——论尼采永恒轮回学说的实存论意义》,《同济大学学报》(社会科学版),2014年第5期。

③ [德]海德格尔:《尼采》(上卷),孙周兴译,商务印书馆,2014年,第352页。

达到自身。瞬间决定这一切如何轮回。而这个最沉重的东西就是必须被把握的最伟大的东西，它对小人们来说始终是锁闭着的。不过，小人们也存在着，他们作为存在者也总是轮回着。他们是清除不掉的，他们归属于那个大逆不道和黑暗阴险的东西一边。若要思考存在者整体，那就必须同时肯定这个东西。这一点使查拉图斯特拉感到毛骨悚然"[①]。所以，"正午"与"永恒轮回"在被存在者思考的那一时刻相融了，"此在" 本身所拥有的过往，经历着的当下，以及充满各种可能性的未来，完整地融为一体而被思考着的"此在"所经验。换言之，奠基于将来中的"先行于自身"和表示曾在的"已经在……中"都将转化为当前之际的"寓于……而存在"。在此基础上，"存在者'有意义'，这就意味着：它就其存在得以通达了；存在是存在者向之得以筹划的何所向，所以，存在才'本真地''有意义'"[②]。

当将"相同者的永恒轮回"思想克服虚无主义进行思考之后，海德格尔发现，作为虚无主义极端形式存在的"永恒轮回"，如果从其瞬间特征和决断特征的角度来思考时，克服虚无主义具有了可能性。所以，"在这样一种理解中，甚至这个轮回思想也必须'虚无主义地'(Nihilistisch)得到思考，而且仅仅'虚无主义地'得到思考"。换言之，"唯有深入到虚无主义的极端困境中进行思考的人，才能够同时把这个具有克服作用的思想思考为具有急需转折作用的和必然的思想"。[③]

值得注意的是，在表达该思想的早期阶段中，尼采并没有使用"相同者的永恒轮回"，而是以"存在"(指称"相同者")、"永恒沙漏"(代表"永恒轮回")及"无数次重复的生活""一切以相同的顺序排列着"等字眼，表达了尼

---

① ［德］海德格尔：《尼采》(上卷)，孙周兴译，商务印书馆，2014 年，第 327 页。

② ［德］海德格尔：《存在与时间》，陈嘉映，王庆节合译、熊伟校，生活·读书·新知三联书店，2014 年，第 370 页。

③ ［德］海德格尔：《尼采》(上卷)，孙周兴译，商务印书馆，2014 年，第 459 页。

采“相同者的永恒轮回”思想。海德格尔在分析尼采“相同者的永恒轮回”时，提醒道：“对一种哲学传统来说，至关重要的是它的语境和方式。”[①]这段引文如下：

> 最大的重负。——假如在某个白天或某个黑夜，有个恶魔潜入你最孤独的寂寞中，并且对你说：“这种生活，如你目前正在经历、往日曾经度过的生活，就是你将来不得不无数次重复的生活；其中绝不会出现任何新鲜亮色，而每一种痛苦、每一种快乐、每一个念头和叹息，以及你生命中所有无以言传的大大的小小的事体，都必将在你身上重现，而且一切都以相同的顺序排列着——同样是这蜘蛛，同样是这树林间的月光，同样是这个时刻以及我自己。存在的永恒沙漏将不断地反复转动，而你与它相比，只不过是一粒微不足道的灰尘罢了！”——那会怎么样呢？难道你没有受到沉重打击？难道你不会气得咬牙切齿，狠狠地诅咒这个如此胡说八道的恶魔吗？或者，你一度经历过一个非常的瞬间，那当儿，你也许会回答他：“你真是一个神，我从未听过如此神圣的道理！”假如那个想法控制了你，那它就会把你本身改造掉，也许就会把你碾得粉碎。对你所做的每一件事，都有这样一个问题：“你还想要它，还要无数次吗？”这个问题作为最大的重负压在你的行动上面！或者，你又如何能够善待自己和生活，不再要求比这种最后的永恒确认和保证更多的东西了呢？[②]

这里，生命中正在经历或者即将要经历的某件事情，当某个“恶魔”将“不断重复”的生命真相赤裸地揭示在“你”面前时，生命真相现在转变成了

① [德]海德格尔：《尼采》（上卷），孙周兴译，商务印书馆，2014年，第279页。

② 同上，第279~280页。

思想中“最大的重负”。面对这种重负，在尼采看来，结果是一定的，即“你”会通过两种不同方式必然地改变你自身的存在状态：“将你碾得粉碎”，由此使生活行动受到思想固有藩篱的限制，或者思考“如何善待自己和生活”而使生命本身得以多姿多彩的呈现。概述而言，前者即属于叔本华求生存意志而导致的悲观思想；后者则是尼采权力意志所导向的积极思想。对叔本华而言，“痛苦对于生命，整个的说来，是本质的，与生命不可分的〔东西〕”[①]。痛苦和生命相伴，构成了人全部本质所欲求的基地。[②]否定生命意志似乎成为人生最终的导向。因而，叔本华在《作为意志和表象的世界》结尾部分坦率地承认：“在彻底取消意志之后所剩下来的，对于那些通身还是意志的人们当然就是无。不过反过来看，对于那些意志已倒戈而否定了它自己的人们，则我们这个如此非常真实的世界，包括所有的恒星和银河系在内，也就是——无。”[③]而面对作为思想对“你”所构成的“最大的负担”，尼采摒弃了叔本华悲观色彩的人生价值观，转而思考应该如何善待自己和生活的现实性问题，以此消解传统哲学形而上学对于“世界”进行的“二分”建构。也正是在这个意义上，尼采进入了被海德格尔称之为“存在者整体存在的方式”的思考中。

尼采敏锐地察觉到欧洲近现代文明中的“虚无主义”危机，对苏格拉底-柏拉图主义哲学中的形而上学思想和之后继承其思想特征的犹太-基督教进行了系统的批判，认为二者在其体系的核心处都用逻辑的力量虚化了“此岸世界”，从而虚构了一个所谓的“彼岸世界”，从而使得“虚无主义”来临，并成为欧洲“今后两个世纪的历史”。这正如意大利学者瓦蒂莫在对“虚无主义”所进行的辩护。虚无主义不仅仅是尼采视角之下的“人类从中心滚到了X”的状态，也不仅仅是海德格尔所认为的是对存在本身的遗忘，应该看到的是虚无

① [德]叔本华：《作为意志和表象的世界》，石冲白译，杨一之校，商务印书馆，2015年，第512页。

② 同上，第425页。

③ 同上，第564页。

主义表达的“上帝死了”的背后,所体现出来的是“释放了这个概念充满活力的潜在性”[①]。也就是说,“只有在没有终极的或中断的最高价值(上帝)阻碍这个过程的情况下,价值才会以其真正的本质被揭示出来,也就是它具有了可变性,无限可转换性或过程性的能力”[②]。在某种程度上,瓦蒂莫认为哲学上虚无主义的目标在于对传统形而上学思想中所有的真理进行拆分与消解,即揭示出这些所谓的“真理”在本质上与其他人类任何信仰或意见一样,从而使之变成了一种采取人类信仰和意见的价值形式,除此之外别无其他。如果从虚无主义–价值的角度来解读尼采哲学,那么“虚无主义是交换价值中使用价值的消费。虚无主义并不意味着存在处于主体的权力之中;毋宁说,这意味着,存在(Being)被完全消解在价值的谈论中,消解在普遍等价的无限转换之中”[③]。在这种意义上,尼采在《瞧,这个人》中宣称道:“我的使命是准备一个人类最高的自我沉思的时刻,准备一个伟大的正午,其时,人类将瞻前顾后,摆脱偶然性和教士的宰治,第一次把‘何故?’‘何为?’的问题作为整体提出来——,这个使命必然地起于这样一个洞见,即:人类不会自发地走上正确的道路,也根本没有受到神性的通知,相反地,恰恰是在其最神圣的价值概念的影响下,否定之本能,腐败之本能、颓废之本能起着诱惑和支配作用。”[④]也正是在这样的思考理路之下,尼采才借助查拉图斯特拉形象的出现宣告了“超人”和“相同者的永恒轮回”对于虚无主义的克服。

---

①② [意]詹妮·瓦蒂莫:《现代性的终结——虚无主义与后现代文化诠释学》,李建盛译,商务印书馆,2013年,第73页。

③ 同上,第74页。

④ [德]尼采:《瞧,这个人》,《尼采著作全集》(第六卷),孙周兴等译,商务印书馆,2016年,第423页。

（二）设想（Formulations）

丹尼尔·贝尔，当代美国著名的社会批判学家，在《资本主义文化矛盾》一书中曾对“虚无主义”进行了批判分析。在贝尔看来，历史上存在两种形式的“虚无主义”：尼采式“虚无主义”和康拉德式“虚无主义”。前者是作为理性主义发展的逻辑产物，后者则是作为一种反对所有传统习俗的文化产物。

1.虚无主义：作为科技理性主义发展的逻辑产物

作为科技理性主义发展的逻辑产物的“虚无主义”，在贝尔看来，其典型代表人物是尼采。尼采曾在《权力意志》中对全部欧洲文化进行了诊断，认为“虚无主义”正以某种破坏性的方式作用于“欧洲文化”，而这引起了贝尔对“虚无主义”的关注，并在《资本主义文化矛盾》一书的绪言中引用了相关文本：

> 我所谈论的是今后两个世纪的历史。我描述的是即将到来，而且不可能以其他形式到来的事物：虚无主义的降临。目前就能对这历史进行讨论；因为必要性本身已在此出现。现在，这未来以无数种迹象倾诉着自己……因为现在全部欧洲文化正携带着一种壮大于世代中且具有破坏性的张力，永不停歇地，汹涌澎湃地，不回头地，走向灾难，就像一条

期望流向终点、不再反思同时也害怕进行反思的河流。①

“今后两个世纪的历史”以“虚无主义”为载体，出现在社会之中而使整个欧洲文化正在走向灾难，贝尔对此的分析，主要有两点：

---

① Daniel Bell, *The Cultural Contradictions of Capitalism*, Basic Books, Inc., Publishers, 1976, p.3.

在《权力意志》一书中，有两处曾提到了“今后两个世纪的历史”，收录于中文版《权力意志》下卷11[119]和11[411]中。[具体可参见[德]尼采：《权力意志》(下卷)，孙周兴译，商务印书馆，2014年，第731~732页和第899~901页]在11[119]这则笔记中，尼采写道：“我描述的是即将到来的东西：虚无主义的来临。我之所以能在此描述，是因为在这里发生的是某种必然的事情——有关征兆处处可见，只是还缺乏观察这些征兆的眼睛而言。对于虚无主义即将到来这一事实，我在这里不加褒贬。我相信将有一次极大的危机，将有一个人类进行最深刻的自我沉思的瞬间：人类是否能从中恢复过来，人类是否能制服这次危机，这是一个关乎人类的力量的问题：这是可能的……/现代人试验性地一会儿相信这种价值，一会儿相信那种价值，然后又把它取消了：过时的和被取消的价值的范畴变得越来越丰富；价值的空虚和贫困越来越明显可感；这场运动是不可遏制的——尽管有过大规模的拖延企图——/现代人终于敢批判一般价值了；他认识到价值的起源；他认识得够了，不再相信任何价值；激情已在那里，新的战栗……/我叙述的是今后二个世纪的历史……”在11[411]这则笔记中，尼采记述道：“一/伟大的事物要求人们对它们保持沉默或者大加渲染；所谓大加渲染，意思就是以犬儒主义方式，并且清白无邪地。二/我要叙述的是今后两个世纪的历史。我要描述的是将要到来的事情，是再也不可能以别的方式到来的事情，即虚无主义的来临。现在已经可以叙述这个故事了：因为必然性本身在这里起着作用。这个未来已然在无数征兆中得到了透露，这种命运处处昭示出自身；对于这种未来的音乐，人人都已经竖起了耳朵。长期以来，我们整个欧洲文化的运动已然受着一种年复一年不断增长的张力的折磨，宛如奔向一种灾难：动荡不安、残暴凶险、仓皇不堪：犹如一条意欲奔向终点的河流，他不再沉思自己，也而害怕沉思自己。三/——相反，在此发言者迄今为止所做的事无非是沉思：作为一个基于本能的哲学家和隐士，它发现自己的优势就在于置身事外、远离尘嚣，就在于忍耐、彷徨、落伍；作为一个冒险家以及——试验者，他已然一度迷失于未来的迷宫中；作为一个预言家，如果他要叙述将要到来的事情，他就要回首往事；作为欧洲第一位完全的虚无主义者，他却已经在自身中彻底经历了虚无主义本身，——他已经在自身之后、在自身之下、在自身之外经历了虚无主义……四/因为人们可不要弄错这个标题的意义，我使想用它来指称这种未来福音的。《权力意志——重估一切价值的尝试》——这个表达方式传达了一种反运动，关乎原则和使命：一种运动，它将在某个未来取代那种完全的虚无主义；但在逻辑上和心理上，它却是以完全的虚无主义为前提的，它绝对只能落到虚无主义上，只能来自虚无主义。究竟为什么虚无主义的来临现在是必然的呢？因为我们迄今为止的价值本身都是从虚无主义中得出了它们的最终结论的；因为虚无主义是我们伟大的价值和理想的已经得到彻底思考的逻辑，——因为我们必需首先体验到虚无主义，才能弄清这些‘价值’的价值究竟是什么……在某个时候，我们必须有新的价值……”

首先,尼采式"虚无主义"来源于理性主义(Rationalism)和数字计算(Calculation),因此可以将之等价于现代科学(Modern Science)。贝尔分析认为,"虚无主义"贯穿尼采哲学思想始终,在他 26 岁所写的《悲剧的诞生》一文中,已经体现出来了。对于尼采而言,苏格拉底哲学的确立与发展恰恰成就的是源于理性主义和数字计算的"虚无主义"。"苏格拉底引进距离和质询,由狂喜和做梦而导致对知识的怀疑,文化式微的症状开始显现。苏格拉底是'理论人'的典型代表,不仅对知识有着无法满足的热忱,而且他的满足来自揭示事物自身的过程,因为这一过程能够佐证其力量"[①]。贝尔据此认为,源于理性主义和数字计算的尼采式"虚无主义",在本质上是要摧毁"无反思的自发性"(Unreflective Spontaneity)。在这个角度上,贝尔总结道:"对于尼采而言,如果存在一个简单的象征物以概括虚无主义的力量的话,那么这就是现代科学。"[②]如此一来,贝尔将尼采式的虚无主义等同于现代科学,且在对现代科学进行注释的条目中,对这一观点进行了更为详细的解释。贝尔认为,以现代科学作为象征物而概括尼采式虚无主义,从较为肯定的意义上来说,所指称的正是俄国作家屠格涅夫在《父与子》中塑造的巴扎罗夫。如前所述,自称为"虚无主义者"的巴扎罗夫,在对现存一切进行否定的态度下,表现出来的却是对于理性、科学精神的追求,只有将包括信仰、艺术、宗教包括在内的一切,被经验观察、实验论证所佐证,才可信赖。因此,贝尔认为:"巴扎罗夫到底是什么样的人?他是首位将科学精神全身心投入在政治上,代表着后来在欧洲各国首都出现的那一类好斗革命者人。巴扎罗夫这种思想的直接来源是可经由逻辑强度得以理解的德国科学和俄国的理想狂热,或者是斯拉夫民族天才所特有的对于那种思想的痴迷。……鉴于纯科学精神的早期产物的缘由,科学自身身受迷信、混沌和传统感伤情绪的包围钳制,科学面

① Daniel Bell, *The Cultural Contradictions of Capitalism*, Basic Books, Inc., Publishers, 1976, p.4.

② Ibid., p.3.

临的这种窘境必然是具有破坏性的。巴扎罗夫的根本使命就是破坏。"[①]

其次,尼采式"虚无主义"摧毁了"传统"(Tradition),反映出人类渴望"控制将来"的自我意识。尼采式"虚无主义"的出现与发展,业已摧毁了西方社会中的历史传统。具体而言,这一历史"传统"是指"为实现世代延续,一些无意识、确定性的方法,确立了代际的某些同质化、持续化的品性"[②]。这种维持代际发展的"传统",现如今已经被一种贝尔称之为的"商业文明"(Commercial Civilization)所取代,换言之,这也是《资本主义文化矛盾》一书中的核心方面:经济冲动力与文化冲动力博弈之后而构成的"现代性的双重羁绊"(The double bind of modernity)。在被"虚无主义"摧毁历史"传统"的进程中,"我们"或人类所希冀达到的程度是一种"最为极端的意识,即一种能透视人类自身及其历史的能力"[③]。这样看来,贝尔对于"虚无主义"的解读,已经触及了哈贝马斯所提及的"现代性问题",即以主体性原则为基础的意识哲学,企图在理性反思、自我确证的框架内对"现代"进行"合法化"确证。

2.虚无主义:作为反对所有传统习俗的文化产物

除了尼采式"虚无主义"之外,在西方宗教史上还有另一种完全不同的"虚无主义",即作为一种反对所有传统习俗的文化产物的"虚无主义"。在贝尔看来,这种类型的"虚无主义"主要体现在约瑟夫·康拉德[④](Joseph Conrad)的现代文学作品中。贝尔分析认为,小说《间谍》(*The Secret Agent*)最能体现出上述类型的"虚无主义"。康拉德对当时社会中流行的诸如炸弹威胁和随

① Daniel Bell, *The Cultural Contradictions of Capitalism*, Basic Books, Inc., Publishers, 1976, pp. 3–4.

②③ Ibid., p.4.

④ [英]约瑟夫·康拉德(Joseph Conrad),生于波兰的英国作家,主要代表作:《黑暗之心》(*Heart of Darkness*)、《间谍》(*The Secret Agent*)等,其作品中充满了悲剧性色彩,这不仅表现在康拉德对人与自然关系的刻画中,而且也体现在人与社会的紧张关系中,《黑暗之心》和《间谍》即表达了这种关系。因此被称为英国"现代八大作家之一",被老舍称之为"近代最伟大的境界与人格的创造者",深刻影响了福克纳、海明威等20世纪的众多著名作家。——作者注

意滥杀等“无政府主义者活动”(Anarchist Activities)深有所感而内化于该小说，其中康拉德成功地塑造了间谍维洛克企图炸毁格林尼治天文台的恐怖活动。维洛克对外经营着一家打着文具用品的旗号，经营黄色书刊的小店面;背后的真实身份却是一名双面间谍:既是沙俄使馆安插在英国的间谍，同时却又受雇于英国当局。沙俄政府为了在英国制造混乱,使英国当局有正当的理由打压左派分子,因而向维洛克施压,要求他在伦敦市内制造一起能够表明“扫除整个社会现存制度”的恐怖活动,并将其栽赃陷害给共产主义者头上。因此维洛克策划袭击具有代表性的“格林尼治天文台”,但为了避免不必要损伤,维洛克安排温妮(维洛克之妻)有些愚痴的弟弟史迪威放置炸弹。然而史迪威却不小心被树枝绊倒,引爆了炸弹,恐怖活动无疾而终。

贝尔分析认为,将格林尼治天文台设为恐怖活动的目标,此举具有更深层的含义:“消灭时间,从象征意图上而言,消灭的同样也是历史。”[①]作为反对所有传统习俗的“虚无主义”的恐怖本质,“可以从康拉德个人层面和象征层面”得出:“即无意义的行动——或者疯狂。”[②]在贝尔看来,这表达出的恰恰是康拉德对于未来的担忧,也就是小说《间谍》所要想传达的思想:“文明”与“无政府主义冲动和生活中的返祖趋势”(Anarchic impulses and atavistic roots of life)之间的对抗与博弈。贝尔认为,对于康拉德而言的“文明”是一层薄弱的保护膜,具有两层含义:“为了安全”(To be safe)和“忠诚”(Fidelity)。具体而言,现代人为了实现“安全”必须像维多利亚时期的工人那样,将自己完全投身于“直接而实际”的工作当中;在这个基础上,文明的第二重意义出现了,即对他人必要的信任。现代社会借助一整套严格的规则,协调社会内部之间的关系,从而保护“文明”的上述两层含义。然而《间谍》在某种程度上揭露了康拉德所处的社会大环境,这让康拉德深深感到担忧,既作为社会理

---

① Daniel Bell, The *Cultural Contradictions of Capitalism*, Basic Books, Inc., Publishers, 1976, p.6.

② Ibid., pp.6–7.

想又作为个人理想的"文明"随时都面临着土崩瓦解的危险,"虚无主义"的恐怖本质威胁着"文明"的存在。

这里,值得注意的是"文明"一词的意指范畴。在贝尔对康拉德小说的分析过程中,所谓的"文明"是指"从黑暗走向光明的蜕变,是将一切未知、非理性或含混之物,转变为明确形式、规范化、对人具有意义且能被使用之物的过程"[①],用以"抵抗无政府主义冲动和生活中的返祖趋势,而这两种趋势潜伏在存在物的表面之下,而且不时会喷流而出"[②]。社会,作为一种人造结构,需要一套严格且具有威慑力的规则制度,用以保护给人类带来光明的"文明"。由此,从"文明"内部来看,它意味着将不明之物规则化(Named and ordered)为可被人类认知和利用之物;从"文明"外部来看,它需要社会内部构建的一整套有效的制度规则用以维持其存在。因此,从这个意义上来说,"文明"意味着"规则"的存在。

(三)命运(Fate)

对尼采和康拉德做分析之后,贝尔对"虚无主义"提出了自己的看法,即"这是我们的命运?——作为科技理性逻辑产物的虚无主义,或企图毁灭所有传统的作为文化冲动力的最终产物的虚无主义?"[③]对贝尔而言,无论是何种形式的"虚无主义",在本质上都围绕着一个困扰人类的社会学命题——"人类命运?"贝尔意识到目前"正处在西方社会发展史上的一座分水岭上,目睹着资产阶级观念的消亡——即关于人类活动,社会关系,特别是经济交

---

① Daniel Bell, The *Cultural Contradictions of Capitalism*, Basic Books, Inc., Publishers, 1976, pp. 6-7.

② Ibid., p.5.

③ Ibid., p.7.

换的观念——而正是这些观念在过去200年塑造了现代"[①]。尼采与康拉德在资本主义社会现代所凸显出来的"人类命运"问题上,各执一端。对尼采而言,"虚无主义"来临之后,只有寄希望于通过不断向上、不断完善、不断企求进步的生命本能,或权力意志,也就是"人会超越自身"的"超人",才能拯救西方社会;康拉德则不同,认为恰恰是追求生命的本能威胁着人类的"文明"。贝尔分析认为,尼采和康拉德,虽然在一定程度上都"强调了每个社会解体的重复可能性,尤其是当他们从文化领域中归纳出这些观点和意向时"[②],但是尼采和康拉德关于西方社会瓦解可能性的结论, 从历史学和社会学的视角来审视,却是一些"简单且具有迷惑性的设想"(Seductive,and simple,formulations)。贝尔认为,造成尼采和康拉德对西方社会做出不同类型"虚无主义"分析与解答的原因有两个:

第一,"对历史性时间的曲解"(the Distortion of Historical Time)。在贝尔看来,尼采和康拉德尽管将西方社会瓦解的重复可能性,按照不同的思维理路,划归于不同类型的"虚无主义",但是,"他们关于世界和社会变革的观点是带有灾难性变故色彩的(Apocalyptic),这一传统观点可追溯到《圣约翰启示录》(*The Revelation of John*)对'末日'(Last day)的看法,随后经由奥古斯丁对罗马灭亡进行的反思,使之得到了强化"[③]。尼采和康拉德"虚无主义"所呈现出来对西方社会所持有的"末日"悲观色彩,即西方社会总会在某个时间节点上迅速发生转变。在贝尔看来,这是不符合"历史性时间"的演变规则。

理解"历史性时间"之要义,成为进一步思考贝尔批判解读的关键所在。尽管没有在此就"历史性时间"做出必要的概念解释,但值得注意的是,当贝尔围绕"历史性时间"对"虚无主义"进行批判时,曾这样解读社会变化:

---

①②③　Daniel Bell,The *Cultural Contradictions of Capitalism*,Basic Books,Inc.,Publishers,p.7.

虽然我们先是醉心于启示录，随后是革命，但是一个社会的结构——生活方式，社会关系，社会规则和社会价值——一夜之间倒逆运行是绝不可能的。权利结构可能会迅速实现变革……但是社会结构则要缓慢很多，特别是习性，风俗和那些已有的、传统方式……[①]

从上述话语中，可以得知贝尔对“虚无主义”之于社会转变的“迅猛态势”是存有疑虑的。尼采式“虚无主义”认为，将包括传统信仰、宗教、艺术等一切现存之物放于“科学”天平之下进行“价值重估”，契合于“科学”准则，用之留之，反之亦然，因此尼采式“虚无主义”的本质就是破坏；而康拉德式“虚无主义”认为，现代社会“文明”的存在，需要依靠社会不同阶层严格践行某种行为规范，在此意义上，本质上主张无意义恐怖活动的“虚无主义”是“文明”的毁灭者。这两种虽为不同类型，但共性却在于进行“破坏”，在贝尔看来，“破坏”“毁灭”是对社会变革快速度的强调，但所忽视的却恰恰是社会结构中那些世代相传的传统影响力。正是基于这一点，贝尔提示道：“我们应当明白，相较于宗教或革命试图让我们所相信那样，即那种带有灾难性变故色彩的剧变观念，社会变革所需时间更为缓慢，但过程却更为复杂。”[②]

第二，“社会整体观”(the Monolithic View of Society)。促使尼采和康拉德对西方社会做出“末日”判断结论的另一个原因，是一种整体观，即认为社会是依照某种统一、严密的原则而运转。对此贝尔说道：“如果用比较抽象的哲学术语来说，如黑格尔所言，每一文化，每个历史‘时期’，以及与之相应的每个社会，都是一个由某种内在原则统一起来，在结构上彼此相关联的整体。”[③]贝尔认为，马克思关于社会变革的关系也是属于这种类型。历史唯物主义认

① Daniel Bell, *The Cultural Contradictions of Capitalism*, Basic Books, Inc., Publishers, 1976, pp.7–8.

②③ Ibid., p.8.

为,生产力与生产关系之间的辩证关系是促使人类社会不断变革,不断进步的内在动力,在二者的辩证关系中,居于主导地位的生产力是社会生产中最为活跃、最为革命的因素,因而成为社会发展的最终决定性力量。马克思在《〈政治经济学批判〉序言》中对这一辩证关系做了简要表述:

> 人们在自己生活的社会生产中发生一定的、必然的、不以他们的意志为转移的关系,即同他们的物质生产力的一定发展阶段相适合的生产关系。这些生产关系的总和构成社会的经济结构,即有法律的和政治的上层建筑竖立其上并有一定的社会意识形式与之相适应的现实基础。物质生活的生产方式制约着整个社会生活、政治生活和精神生活的过程。不是人们的意识决定人们的存在,相反,是人们的社会存在决定人们的意识。社会的物质生产力发展到一定阶段,便同它们一直在其中运动的现存生产关系或财产关系(这只是生产关系的法律术语)发生矛盾。于是这些关系便由生产力的发展形式变成了生产力的桎梏。那时社会革命的时代就到来了。随着经济基础的变更,全部庞大的上层建筑也或慢或快地发生变革。①

在贝尔看来,马克思将社会视为一个整体,支撑其运转的内在原则是"生产方式决定了所有其他社会关系"②。因此,在这种社会整体观的影响下,马克思将"历史的或社会的变革定义为一种本质上不同,且具有统一性的文化转变(如希腊世界、罗马世界以及基督教世界),其中,每一种文化都有自身独特的意识'时刻',或不同的生产方式(如奴隶制、封建制及资本主义),

---

① [德]马克思:《〈政治经济学批判〉序言》,《马克思恩格斯选集》(第二卷),人民出版社,1995年,第32~33页。

② Daniel Bell, *The Cultural Contradictions of Capitalism*, Basic Books, Inc., Publishers, 1976, p.8.

而且,每一种文化又依赖于不同的社会关系和生产力”[①]。换言之,贝尔认为,社会整体观主张,社会的每一次变革皆在于保证原先社会运转的“内在原则”出现了问题,即贝尔所言的某种在本质上不同的单一文化的转变。

由此,贝尔完成了对尼采式“虚无主义”和康拉德式“虚无主义”的批判解读。诚然,“虚无主义”一方面以某种消极方式回应了困扰现代人的“人类命运”的疑惑,另一方面确实也揭示了西方社会瓦解的“可能性”,但基于对“历史性时间的曲解”和“社会整体观”的理由,贝尔认为,上述两种类型的“虚无主义”绝不是“人类注定的命运”,相反,则是“简单且具有迷惑性的设想(seductive,and simple,formulations)”,贝尔所希冀的是,“提出一种更为复杂却可被经验所证实的社会学观点”[②],加之贝尔对西方社会现状细致入微的观察,因而在此基础上提出了对现代社会学具有深远影响的“三大领域”及其“分裂”学说。

具体而言,贝尔所谓的“三大领域”是指就技术-经济结构领域(Techno-economic Order)、政治领域(The Policy)和文化领域(The Culture)。三个领域按照不同、甚至是相反的轴心原则(Axial Principle)进行着不同节奏地运行与发展。(参见图1)

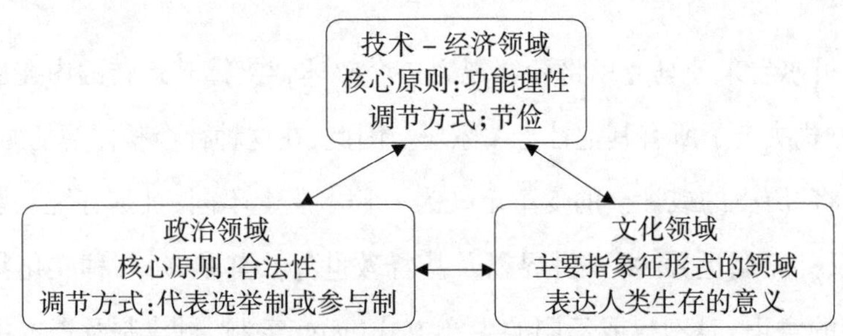

图1　三大领域及其原则情况

① Daniel Bell, *The Cultural Contradictions of Capitalism*, Basic Books, Inc., Publishers, 1976, p.8.

② Ibid., p.7.

因此，从这种意义上而言，以社会学的视域重新审视“虚无主义”，即对“人类命运”疑惑的一种回应，成为贝尔批判资本主义文化矛盾现状的一个逻辑起点。值得注意的一点是，贝尔在《资本主义文化矛盾》的第一部分，重点关注了技术-经济领域和文化领域中的“分裂”问题，而在第二部分中关注了美国社会政治动荡和社会动荡的现状，指出“政治领域完全处于另一个维度。如果说宗教和文化试图确立终极意义，那么政治则不得不应对日常生活的现实问题”①，如此一来，经济领域和文化领域之间的关系解析便成为理解“虚无主义”何以不是“人类命运”的关键之处。

贝尔分析认为，资本主义有着双重的起源，一个是来源于德国经济学家沃纳·桑巴特（Werner Sombart），但长期被忽视的核心思想，强烈的“利欲之心”（Acquisitiveness），即贝尔称之为“经济冲动力”（Economic Impulse）；另一个是马克斯·韦伯（Max Weber）所认为的“禁欲主义”（Asceticism）思想，即被贝尔概括为“文化冲动力”（Cultural Impulses）或“宗教冲动力”（Religious Impulse）。

从资本主义发展史来看，“从一开始，‘禁欲主义’和‘利欲之心’这两种冲动力就交织在一起……而形成了现代理性的观念……”②不过，值得注意的是，“经济冲动力” 在早期资本主义的发展过程中一直受到了某种形式的文化（宗教）冲动力的困滞，“起先受到习俗和传统的控制，随之在某种程度上受制于天主教关于‘公正’的道德原则，之后则又遭到了清教强调节俭思想的压制”③。然而随着“文化（宗教）冲动力”的日渐式微，其对“经济冲动力”的约束和规范也愈发地减弱，尤其是在科学技术强有力的推动下，“经济冲动力”获得了更为长足的发展。伴随着资本主义的不断发展，“文化冲动力”对“经济冲动力”约束的减少，“现代性双重羁绊”（The Double Bind of Modernity）出现在了西方社会中。

①②③ Daniel Bell, *The Cultural Contradictions of Capitalism*, Basic Books, Inc., Publishers, 1976, p.XX.

因此,基于以上思路,下文着重介绍了“现代性双重羁绊”的“两翼”:经济冲动力和文化(宗教)冲动力。

二、经济冲动力

德国经济学家桑巴特认为,资本主义存在多重起源,在其著作《资产阶级论》(*Der Bourgeois*)中,桑巴特叙述了资本主义从业者的六种基本类型:海盗、地主、公众的仆人、投机商、贸易商及工匠师傅和作坊主。在他们身上体现出一种适应于资本主义发展的共同之处,即出于生存需要的考虑,会不断从物质的自然界中获取养分。对生计的顾虑“为地球上一切生物一个……共同特征,表现于一种有规律的循环中,而此循环是在具有欲望的生物与供他们消耗所必需的有形物品两者天然的性质中建立起来的:外部自然界的对象被取来适应需要的目的”[①]。贝尔将此称之为一种强烈的“利欲之心”(Acquisitiveness)。鉴于西方社会“三大领域”分裂的事实,贝尔更进一步总结桑巴特的核心思想,将“利欲之心”称之为“经济冲动力”。

如前所述,“经济冲动力”在资本主义发展的不同阶段,相对应地都受到了“文化(宗教)冲动力”具体不同形式的影响和限制。随着现代资本主义的到来,西方资本主义国家相继进入了“后工业化社会”(The Post-Industrial Society),“经济冲动力”已经逐渐摆脱了来自“文化(宗教)冲动力”的阻力,呈现出一种“不受限制”的发展态势,正如贝尔所言,“经济冲动力”是一种“永不停歇的浮士德的驱动力,这表现在现代经济和技术中,‘无止境的疆域’是它的座右铭;对自然的整体改造则是它的目标”[②]。因此,本书选取了“经济冲动力”

① [德]沃纳·桑巴特:《现代资本主义》(第一卷),商务印书馆,1958年,第1页。

② Daniel Bell, *The Cultural Contradictions of Capitalism*, Basic Books, Inc., Publishers, 1976, p.XVIII.

在发展过程中呈现出的三个新特点，以期恰当地概括出处于“现代性双重羁绊”一端的“经济冲动力”。

(一)后工业社会(The Post–Industrial Society)

“经济冲动力”无限制化的发展态势，带来的不仅是资本主义向更广、更深层次的进军，而且也促进了西方社会发展的不断更迭，形成了贝尔称之为的“前工业社会—工业社会—后工业社会”的社会发展理论。

在贝尔看来，西方社会的发展先后经历了三个依照不同的“中轴原理”(Axial Principle)[①]而运行的社会阶段。贝尔坦诚道：虽然从宏观层面上对三种具体形态进行的概述是一种“理想状态下的构建”(Ideal–type constructions)，但这种形式的建构是为了揭示出不同社会发展阶段中所存在的不同。(具体情况见表1)

表1　前工业社会—工业社会—后工业社会的对照图

General Schena of Social Change					
	Pre–Industrial	Industrial	POST–Industrial		
Regions	Asia Africa Latin America	Westerm Europe Soviet Union Japan	United Stated		
Economic Sector	Primary Extractive	Secondary	Tertiony	Quaternary	Quinary
	Agriculture Mining Fsihing Timber	Good Producing Manufachtring Processing	Transportation Urities	Trade Fiance Insurance Real state	Health Education Research Government Recreation

① 在《资本主义文化矛盾》一书中，贝尔用“Axial Principle”指称处于分裂状态中的“三大领域”运行时所依据的不同原则；而在《后工业社会的来临——对社会预测的一项探索》中，贝尔同样用“Axial Principle”说明三个西方社会发展具体形态所依据的原则。为了加以区分他们之间的不同，本书保留了中译文中的不同用法，即《资本主义文化矛盾》中为“轴心原则”；《后工业社会的来临》为“中轴原理”。

续表

General Schena of Social Change			
	Pre-Industrial	Industrial	POST-Industrial
Occupational Slope	Farmer Miner Fishennan Unskilled worker	Semi-skilled worker Engineer	Professional and technical Scientissts
Technology	Raw matenals	Energy	Infonnation
Design	Game against namre	Game against fabricated nanure	Gamer between people
Methodology	Conmon sence exerience	Empiricism Experimentation	Abstract theory, models, sinmlation, decision theory, systems analysis
Time perspective	Onientation to the past Ad hoc responses	Ad hoc adpriveness Projections	Futuse onientation: Forecasting
Axial principle	Traditionalism: Land/resrurce limitation	Economic growth: State of investment dcisions	Centraity of and codification of theotetical knowledge

贝尔对三个不同阶段的社会形态总结道:“前工业社会的‘设计’是‘与自然的竞争’;其资源来源于采掘工业,受报酬递减率和生产率低下的制约;工业社会的‘设计’是‘同经过加工的自然界竞争’,以人与机器之间的关系为中心,利用能源将自然环境改变为技术环境;后工业社会的‘设计’则是‘人与人之间的竞争’,在这种竞争中,以信息为基础的‘智能技术’与机械技术并驾齐驱。”[①]由此,这也反映出了不同阶段社会的经济形态的过渡状态,即由商品向服务转变。

前工业社会的经济形态是一种以获取自然资源为直接劳动的农业社会。这一社会时期,人们依照传统方式,进行着单纯的体力劳动,劳动生产成果

① Daniel Bell, *The Coming of Post-Industrial Society—A Venture in Social Forecasting*, Basic Book, Inc., Publishers, 1976, p.146.

的获得受到如季节、土壤等自然外界因素的影响，因而劳动生产率极其低下。

工业社会的经济形态则是商品生产的社会。得益于第一次、第二次工业革命，科学技术不断革新，使得机器取代大部分的体力劳动，成为商品生产中最重要的工具。生产效率不断提升，生活节奏不断加快，其背后所凸显的是世界向秩序化、合理化、规范化的趋势。因此，在贝尔看来，"这是一个协调行动的世界，人、原料和市场为了达成商品的生产和分配的目的而密切配合着。这是一个有规划、有程序的社会，商品的各部分都按确切的时间和比例装配起来，以加速商品流通。这是一个有组织的世界——等级森严和官僚科层体制的世界——人被作为'物'来对待，因为协调物与协调人相比更为容易"[①]。也正是在这个意义上，人类进入一种被"异化"的生活世界中，"科学-技术的合理性和操作一道，被熔接成一种新型的社会控制形式"[②]。正如马尔库塞对西方社会所做的批判："社会是在包含对人的技术性利用的事物和关系的技术集合体中对自身进行再生产的——换言之，为生存而进行的斗争、对人和自然的开发，日益变得更加科学、更加合理。"[③]

后工业社会的经济形态是服务型社会。贝尔认为，后工业社会告别了前工业社会和工业社会的那种以"直接或间接"的作用方式与自然相抗衡的运作模式，以纯粹体力劳动获取生存资料的生产方式和以机器生产为主的生产方式，在后工业社会中已经让位于"信息"。"在如此普遍发生嬗变的环境下，知识的本质不改变，就无法生存下来，只有将知识转化成批量的资讯信息，才能通过各种新的媒体，使知识成为可操作和应用的材料"[④]。因此，在后

① Daniel Bell, *The Coming of Post-Industrial Society—A Venture in Social Forecasting*, Basic Book.Inc., Publishers, 1976, p.146.

② [法]赫伯特·马克库塞：《单向度的人——发达工业社会意识形态研究》，刘继译，上海译文出版社，2014年，第124页。

③ 同上，第123页。

④ [法]让-弗朗索瓦·利奥塔：《后现代状况——关于知识的报告》，岛子译，湖南美术出版社，1996年，第35页。

工业社会状况下,对“信息”的掌握成为社会从业者的一种必需,占有“信息”则成为人与人之间不可避免的竞争内容。贝尔关于后工业社会的建构,即其中轴原理是“理论知识的集中化和具体化”;其“设计”是“人与人之间的竞争”,那么,在后工业社会中,人与人之间的竞争就是在争夺“信息”。相较于前工业社会和工业社会,人们的生活面不断扩大,出现了新的需求和爱好,因此,第三产业中的个人服务部门开始迅猛发展。

以服务个人需求为主要经济形态的后工业社会,一方面呈现出一种新的认识,即对“幸福生活”的认知,在目前状态下,已经显著地集中在两个服务领域之中:健康和教育。贝尔认为:“疾病的消灭和过上丰裕生活的人数不断增加,加上努力增长寿命,这就使健康服务成为现代社会的一个重要特色。对技术和专业技能需求的增长,促使教育(拥有获得高等教育的机会)成为进入后工业社会的一个条件。所以,我们在这里看到一个新的知识界的增长,特别是教师。”[①]而在另一方面却更加突出了存在于“人与人”之间围绕“信息”获取而发生的激烈竞争现状。激烈竞争所造成的压力,最终都以旨在获取生存优势的作用形式转嫁给了年轻一代。充满激烈竞争的未来,迫使青年人:“还在年少时,就要在压力下做出艰难的抉择:拿到好成绩,进名牌大学,选择职业。在他经历的所有阶段中,他都会被评定等级,而且这种等级评定现今已然成为一张伴随其一生的身份证明。”[②]

由此可见,以商品生产为思考路径是阐述社会发展三阶段“复杂性”的重要一环,与此同时也是理解贝尔“现代性双重羁绊”之一的“经济冲动力”的重要组成部分,在贝尔看来,这有力地具体解释了尼采和康拉德视角下的“虚无主义”的“短见”,即“对历史性时间的曲解”和“社会整体观”。西方社会

---

① Bell, Daniel, *The Coming of Post-Industrial Society—A Venture in Social Forecasting*, Basic Book, Inc., Publishers, 1976, p.146.

② Ibid., pp.90-91.

发展所呈现出来的“复杂性”“困难度”，并非如同“虚无主义”一言以蔽之的“人类命运”（末日：社会瓦解）那样简单。

（二）大众消费（Mass Consumption）

从经济运行（生产-消费）过程来看，如果说生产满足个人需求的商品，尤其是来源于健康领域和教育领域，是后工业社会经济形态所呈现出的一个特色，那么，“大众消费”则是解读以“服务型经济（Service Economy）”为主的后工业社会经济形态的另一个重要路径。

以围绕核心概念“消费”为研究视角的消费理论，近年来已经成为学术界的一个热点。其中主要的代表理论家有马克思、让·鲍德里亚（Jean Baudrillard）、齐格蒙·鲍曼（Zygmunt Bauman）、丹尼尔·贝勒（Daniel Miller）等。尽管这些理论研究者以某种价值观念为研究方向而形成了关于“消费”理论的不同流派，但从总体上而言，关于“消费”大致可以分为两种观点：其一是从“异化”思想的视角解读“消费社会”。这种观点的典型代表是鲍德里亚，他认为，现代社会条件下的“消费”是以某种编码、符号为主要“异化”方式，进行“社会驯化”的社会，在这个意义上，“消费是一个系统，它维护着符号秩序和组织完整：因此它既是一种道德（一种理想价值体系），也是一种沟通体系、一种交换结构”[①]。其二是以齐格蒙·鲍曼为代表的学者将“消费”作为一种后现代思想进行理论研究。鲍曼提出“消费者合作社”的理论，以应对“消费”社会中所体现出的传统文化的“范式危机”。作为隐喻性的新文化范式在“消费者合作社”中被塑造，对于鲍曼而言，新的文化范式应当是“一个永久的日夜不宁的、难以驾驭的和具有反叛性的行动观，它规定了没有被规范的，舍弃了实质与边缘、必要与偶然之间的神圣区分”[②]。

① ［法］让·鲍德里亚：《消费社会》，刘成富、全志刚译，南京大学出版社，2014年，第60页。

② ［英］齐格蒙·鲍曼：《后现代性及其缺憾》，郇建立、李静涛译，学林出版社，2002年，第162~163页。

然而贝尔的"消费"理论与上述理论有着明显的不同。不同之处体现在，以文化范式的转变为观察视角，批判性地解读现代异化"消费"。尽管贝尔并没有对他所理解的"大众消费"做出过明确的概念定义，但贝尔在论及"文化转变"与"大众消费"之间的关系时，曾解释道：

> 现代社会的文化转变主要是在于大众消费的兴起，或是曾被中低层阶级视为奢侈品之物在社会上的扩散。在这一过程中，过去的奢侈品现在不断地被重新定义为必需品，以至于人们竟难以相信普通人曾经无法受用某一种普通物品。①

在这里，值得注意的有两点：其一是对"大众消费"的理解。在贝尔看来，可以将"大众消费"解释为，曾被大众视为遥不可及的奢侈之物，随着资本主义社会转变的完成，即实现了由"前工业社会—工业社会—后工业社会"的过渡，现在都变成了一种"普通之物"，甚至是"必需品"。其二是贝尔对于"文化转变"与"大众消费"之间"归因关系"的建构。对贝尔而言，"大众消费"的出现与发展，是使现代社会中的"文化"得以发生转变的主要原因。在这一点上，贝尔与鲍曼关于"消费"的后现代性思想不谋而合，承认了现代社会中所出现的"传统文化范式-新文化范式"之间的转变的事实。如果将这里所提及的"文化"范畴进行再细化而关注于"知识"，那么，"传统范式"向"新范式"的转变的事实在《后现代状况——关于知识的报告》(The Postmodern Condition: A Report on Knowledge)一书中由让-弗朗索瓦·利奥塔(Jean Francois Lyotard)详细地论及，即由叙事性知识(Narrative Knowledge)向科学知识(Scientific Knowledge)的转变，二者的核心问题在于对知识"合法性(Legitimation)"的理

① Daniel Bell, *The Coming of Post-Industrial Society—A Venture in Social Forecasting*, Basic Book, Inc., Publishers, 1976, p.65.

解。而所发生的“文化转变”，对于贝尔而言，主要是指在大众消费背景下，出现的一种与“文化冲动力”所提倡的“禁欲主义”相对立、被贝尔称之为的“娱乐道德观”（Fun Morality）。

就“大众消费”而言，贝尔认为，“始于20世纪20年代的大众消费，一方面归功于技术革命，特别是家用电器的应用（洗衣机、冰箱、吸尘器等）；另一方面则应归功于三项社会发明：一是装配线上大批量生产，这使得汽车的廉价出售成为可能；二是市场的发展，使区分买卖集团和刺激消费欲望的手段科学化；三是分期购物的传播，这比任何其他社会方法更为有效地破坏了新教徒害怕负债的传统顾虑”[①]。由此，在贝尔看来，对“大众消费”蓬勃发展的推动力分析，可以从两个角度进行解读，具体而言，一是技术层面上的推动作用，即技术的发展使社会习惯的变革成为可能，其具体象征物是：汽车和电影；二是社会学上的创新，具体而言，是指广告、计划性废弃（Planned Obsolescence）和信用借贷（Credit）。

从技术革命的促进力方面而言，贝尔提醒注意两个象征物：

其一是汽车。得益于技术革命的迅猛发展，汽车大规模地使用，一方面促使人们变革如马车、徒步等传统出行方式，极大地为处于远距离的人们之间的交流提供了便利；另一方面使曾经存在于彼此之间的空间距离不再成为一个困扰，拓展了人们的空间观，“封闭式小城镇”的生活不再成为一种约束。此时，“密封的小轿车已成为中产阶级的私室（Cabinet Particulie），同时也是具有冒险精神的年轻人放纵情欲、打破旧禁的场所”[②]。在这里，强调了汽车改变了人们关于空间观念的传统观念，这与当代英国社会学家安东尼·吉登斯（Anthony Giddens）在围绕造就现代性问题的动力机制时所言及的“时-空

① Daniel Bell, *The Coming of Post-Industrial Society—A Venture in Social Forecasting*, Basic Book, Inc., Publishers, 1976, p.66.

② Daniel Bell, *The Cultural Contradictions of Capitalism*, Basic Books, Inc., Publishers, 1976, p.67.

分离”[1]有着异曲同工之妙。吉登斯认为,“虚化空间”是解读现代性条件下“空间分离”的核心概念,且在分析时吉登斯引入了具有同一意义的“地点”。吉登斯认为,在前现代社会条件下,“空间”和“地点”总是保持着一致性,“因为对大多数人来说,在大多数情况下,社会生活的空间维度都是受‘在场’(Presence)的支配,即地域性活动支配的。现代性的降临,通过对‘缺场’(Absence)的各种其他要素的孕育,日益把空间从地点分离了出来,从位置上看,远离了任何给定的面对面的互动情势”[2]。如此,“虚化空间”就此出现,现代性条件下的人们由此改变了对传统“空间”的看法,地域性活动对人们产生的限制程度也极大地降低。而“虚化空间”的实现,在贝尔看来,恰恰应该归功于汽车的大规模使用。

其二是电影。对贝尔而言,电影是技术革命层面的第二项重大事件,电影何以改造文化?贝尔认为:“电影是许多他物的集合体——它既是窥探世界的窗口,同时也是早已存在的白日梦、幻想和筹划、逃避现实与无所不能的一个背景——因此电影所具有的情感力量是十分巨大的。”[3]这种改造文化的力量集中体现在对青少年施加的影响上。在电影中所展示的内容,如两性关系、留短发、暴力信息、所谓的“自由”观念及“及时行乐”等思想,使青少年为之迷恋、崇拜。对青少年而言,此时的电影不仅仅是一种娱乐消遣之物,更是一种了解不同于其生长环境的外在世界渠道,是另一种新形式的“学

① 安东尼·吉登斯认为促成极盛现代性成型的动力机制有三个:一是时空分离,即“使得跨越广阔时空领域(乃至全球体系)的社会关系发生联结之条件”;二是脱域机制,即“由象征标识和专家体系构成(二者合在一起即抽象体系),它使得互动摆脱了场所的特殊性”;三是制度化反身性(或知识的反思性运用),即“定期把知识应用于社会生活之情境中,并成为社会生活组成和转型的建构性要素”。参见《现代性的后果》的第一部分([英]安东尼·吉登斯:《现代性的后果》,田禾译,译林出版社,2016年)或《现代性与自我认同——晚期现代中的自我与社会》的第一章([英]安东尼·吉登斯:《现代性与自我认同——晚期现代中的自我与社会》,夏璐译,中国人民大学出版社,2016年)。

② [英]安东尼·吉登斯:《现代性的后果》,田禾译,译林出版社,2016年,第16页。

③ Daniel Bell, *The Cultural Contradictions of Capitalism*, Basic Books, Inc., Publishers, 1976, p.67.

校”。在这里,“他们模仿电影明星,重复电影笑话,效仿电影姿态,学习两性之间的微妙举止,因而养成了一种老练式的虚伪行为。当他们设法表现这种老练,其行动模型‘并不是……他们谨小慎微的父母的生活方式,而是……关于他们自身的另一种可能存在的世界’,其目的是通过外向性的确定性行为消解他们的不确定感和困惑”[①]。

而在社会学创新方面,贝尔同样提及了两个意向物的传播:

其一是广告。在贝尔看来,广告的不寻常之处在于它的普遍渗透性(Pervasiveness)。贝尔认为,广告的普遍渗透性在后工业社会中主要以两种方式发生作用:一方面,大量广告的市场投放,作为一个“货物的标识,新生活方式的模板,新价值观的预告”[②]而存在。在这种情况下,广告极大地突出了陈列商品中最让人心动的部分,从而激发了人内在的购买欲望,更甚者,广告将人内心中的无限欲望转化为一种合理的“生活需求”。正如鲍德里亚所言:“广告的窍门和战略性价值就在于此:通过他人来激起每个人对物化世界的神话产生欲望。它从不与单个人说话,而是在区分性的关系中瞄准他,好似要捕捉其‘深层的’动机。”[③]这也是贝尔所强调“消费”得以存在的一个条件,即“消费经济借助于表象事物而找到其存在的真实性”[④]。另一方面,“广告所起的作用不只是刺激需要,它更为微妙的角色是在于习俗的改变”[⑤]。从服饰、穿戴、家居装潢、鉴别红酒等各种生活小事中,教会人们如何适应新产生的生活方式,虽然改变发生在这些具体小事之中,但是贝尔认为,“它迟早会在更为根本的方面产生影响,如家庭中的权力结构,儿童和青少年在社会中扮演独立消费者的角色,道德模式以及在社会中成就的不同意义”[⑥]。

---

① Daniel Bell, *The Cultural Contradictions of Capitalism*, Basic Books, Inc., Publishers, 1976, p.67.

②④ Ibid., p.68.

③ [法]让·鲍德里亚:《消费社会》,刘成富、全志刚译,南京大学出版社,2014年,第45页。

⑤⑥ Daniel Bell, *The Cultural Contradictions of Capitalism*, Basic Books, Inc., Publishers, 1976, p.69.

其二是计划性废弃和信用借贷。计划性废弃是消费社会出现的一种必然现状，尽管贝尔没有对“计划性废弃”做出进一步的解释，但在《消费社会》(*The Consumer Society: Myths and Structures*)一书中，鲍德里亚也曾提到过与“计划性废弃”相类似的概念，即“内置性废弃”(Built-in Obsolescence)，鲍德里亚用“内置性废弃”表明如下论点：

> 今天，生产的东西，并不是根据其使用价值或其可能的使用时间而存在，而是恰恰相反——根据其死亡而存在，死亡的加速势必引起价格上涨速度的加快。[①]

因此，在现代消费现状的背景下，所有商品的生产过程都是以这种所有商品的灭绝、永久性预先安排的“死亡”为代价的。简言之，“出生即意味着死亡”。贝尔视域中的“计划性废弃”可以借助鲍德里亚的上述观点得以理解。因此，贝尔认为，与商品“计划性废弃”相关联的销售行业，在目前状态下已经成为当代美国最主要的事业。但是也正是在这种销售过程中，可以深刻体验到贝尔所认为“现代性双重羁绊”，即资本主义社会中所存在“经济冲动力”和“文化冲动力”两者之间的矛盾。对此，贝尔解释道：“销售不仅强调挥霍而与节俭相对，同时也主张铺张浪费而与禁欲主义相对。”[②]

尽管“现代性双重羁绊”之间的紧张度如此明显地揭示于销售活动中，但是由于信用借贷的出现却极大地缓和了这种紧张的矛盾。长久以来，“节俭”是新教伦理的核心所在，在此影响下，“节俭能够成倍地扩大再生产，并可通过利息获得报偿”[③]对清教徒而言是应当秉持的正确“金钱观”。分期借

① Jean Baudrillar, *The Consumer Society: Myths and Structures*, SAGE Publications, 1998, p.46.

② Daniel Bell, *The Cultural Contradictions of Capitalism*, Basic Books, Inc., Publishers, 1976, p.69.

③ Ibid., p.70.

贷将"金钱"与个人"信用"紧密联系起来，允许借款人分月偿还金额，因此，"信用借贷"的出现改变了人们的消费观，"人们再也用不着在拍卖场上抑制可以满足自己的一时冲动。对所有消费者的诱惑已全面得手"[①]。

不论是技术层面的推动作用(汽车、电影)，还是社会学角度的创新(广告、计划性废弃和信用借贷)，对贝尔而言，不仅仅是作为"大众消费"社会成型的原因，更为重要的是在此过程中所凸显出来的"社会变化"。贝尔总结道："总体来说，大众消费意味着人们在生活方式这一重要领域接受了社会变化和个人转变的观念，而这给那些在文化和生产部门进行创新、开辟道路的人们以合法的地位。"[②]

值得注意的是，贝尔对"大众消费"的上述双重性认知，在这里与鲍德里亚的"消费社会"融合到了一起。对于鲍德里亚，在现代条件下的消费社会中，对商品物的购买，"表面上以物品和享受为关注点和导向性的消费行为，实际上指向的是其他目标：即通过不同符号表达隐喻式或替换性的欲望与表达价值社会编码中的生产。因此，具有决定意义的不是商品集合中利益的个体化功能，而是符号集合中的交换、沟通、价值分配的即时社会性功能"[③]。

由此，贝尔和鲍德里亚都在某种程度上承认了，"消费"中的二重性：一是对商品物体的表象性消费所带来的"现象"；二是"现象性"的消费背后所体现出来的某种隐性的社会功能。这种隐性的社会功能，对贝尔来说意味着"微妙地改变了人们的习俗"，进而促进了社会变化，对鲍德里亚来说，则意味着以符号的经济学运转所呈现出来的"异化"。

综上，继从商品生产为视角对现代资本主义的"现代性双重羁绊"的"经

① Daniel Bell, *The Cultural Contradictions of Capitalism*, Basic Books, Inc., Publishers, 1976, p.70.

② Ibid., p.66.

③ Jean Baudrillar, *The Consumer Society: Myths and Structures*, SAGE Publications, 1998, p.78.

济冲动力”进行考察后，贝尔又从商品消费的角度对“经济冲动力”进行了细致的研究，同样得出了社会进化的“复杂性”和“领域分裂”的结论，这并非是像尼采式“虚无主义”或康拉德式“虚无主义”对社会进行的预言。

（三）娱乐道德（Fun Morality）

如果说以生产服务型商品为主要特征的后工业社会和以消费行为视角而成型的“大众消费”，是贝尔从具体层面上对现代社会进行的“形而下”解读，那么“娱乐道德”（Fun Morality）则可以说是从抽象层面对资本主义社会“经济冲动力”的“形而上”的社会学理解。

在贝尔看来，以商品为中介建构起来的后工业社会（生产角度）和消费社会（消费角度），背后所揭示的是传统社会向现代社会转型中的“道德变革”，贝尔对此总结道：“五十年代，成就模式依然存在，但它却强调地位和趣味。文化……关心的是如何花钱、如何享受。尽管新教道德观的某些言语沿用下来，事实上五十年代的美国文化已经重点转向了注重游玩、娱乐、炫耀和快乐的享乐主义——带有美国典型的强制色彩。”①

由此可见，20 世纪 50 年代的“道德变革”更加注重了所有活动的娱乐化倾向，自此，“娱乐道德”逐步取代了传统社会中的“德行道德”（Goodness Morality）流行于资本主义社会之中。对于“欢乐”的强调成为当时人们衡量社会行为的一个主导性准则。“无趣成为自我反思（我怎么了？）出现的契机”②。换言之，“趣味”与“自我反思”之间存在某种直接性的关系，即“趣味”作为诱发“自我反思”的一个时机而存在。当“趣味”转变成“自我”重要组成部分时，随之又与西方学者所关注的“自我认同问题”紧密地联系起来。在围绕商品生产和消费环节而建构起来的“后工业社会”与“大众消费”中，“遵循享乐主

① Daniel Bell, *The Cultural Contradictions of Capitalism*, Basic Books, Inc., Publishers, 1976, p.69.

② Ibid., p.71.

义,追逐眼前的快感,培养自我表现的生活方式,发展自恋和自私的人格类型,这一切,都是消费文化所强调的内容”[①]。这种以“趣味”为导向的消费文化,使“自我认同”被琳琅满目的商品、变化不定的广告、光彩夺目的明星等所左右,因此,人们借助这些不定的“存在物”定义自己,使自己区别于外在的“他者”,使得自己具有关于自身良好的“存在感”。在此条件下,“自我认同”是由个人消费构成,“欲望无法得到满足,相反,欲望却使欲望成为欲望”[②],成为一种消费中的常态。此时,消费行径并不是以需求进行的物品消费,而是以企图满足无法满足欲望的异化消费,商品的真实性与“自我认同”的真切性消失于以“趣味”为导向的消费文化语境中,对商品、娱乐的享用,“构成了一个全球、任意、协作的符号系统,也形成了文化系统,它用需求及享受取代了依情况而定的世界,用以价值和区分为特色的社会秩序替代了自然的或生物的秩序”[③]。当人们越来越多地将自身置于对“欲望”的持续更新与满足时,他就会愈发调动自身的一切消费能力和潜力,否则会出现一种“与社会脱节”的“不安之感”。于是,出现了对一切社会物的“一种扩散了的牵挂挑动起来的普遍好奇——这便是‘娱乐道德’,其中充满了自娱的绝对命令,即深入开发能使自我兴奋、享受、满意的一切可能性”[④]。正如贝尔所言:“这是一个‘使之确信’的世界,即过着期望的、即将到来而非‘是其所是’的生活。而且是一个毫不费力的世界。”[⑤]

综上,意识到资本主义社会中存在的“现代性双重羁绊”后,贝尔随之分析了位于矛盾一方的“经济冲动力”。围绕该主题,贝尔首先分析了后工业社会的来临,通过与前工业社会和工业社会的精细对比,指出在后工业社会

① [英]迈克·费瑟斯通:《消费文化与后现代主义》,刘精明译,译林出版社,2000年,第165页。

② M.C.Taylor and E.Saarinen, *Media Philosophy*, Routledge, 1994, p.11.

③ Jean Baudrillar, *The Consumer Society: Myths and Structures*, SAGE Publications, 1998, p.80.

④ Daniel Bell, *The Cultural Contradictions of Capitalism*, Basic Books, Inc., Publishers, 1976, p.80.

⑤ Ibid., p.70.

中,生产主要是为了满足不断出现的个人需求的商品;其次,从商品消费的角度,得出了"大众消费"时代到来的结论;最后,贝尔在后工业社会和大众消费的基础上,着重介绍了现代社会出现的"娱乐道德"。由此,从"经济冲动力"角度来看,西方社会所发展的变革,一方面并非是一种带有灾难性变故色彩的末日时间观,即尼采式和康拉德式"虚无主义"对"历史性时间"的曲解,另一方面也从侧面揭示了西方社会不是依照马克思等所主张的"社会整体观"的路径发展,相反则是不同领域依照不同原则而运行于一种矛盾双方在张力条件下的彼此博弈中。贝尔正是基于这样的思考,对尼采式"虚无主义"和康拉德式"虚无主义"进行了批判,认为两种形式的"虚无主义"从本质上来说是一种"简单而诱人的设想"。

三、文化(宗教)冲动力

德国著名社会学家马克斯·韦伯在《新教伦理与资本主义精神》中分析认为,"资本主义精神"是"将工作奉为天职有系统且理性地追求合法利得的心态……在近代资本主义企业里找到其最适合的形式,另一方面,资本主义企业则在心态上找到最适合的精神推动力"[1]。在"资本主义精神"的形成中,韦伯认为新教的生活伦理思想对此有着深远影响。所以在新教伦理思想指导影响下,教徒必须努力践行体力劳动和脑力劳动,一方面,这符合宗教思想一直以来所宣扬的"禁欲主义",另一方面,进行劳动是上帝对每个人的圣谕,"人为神而存在,并且,宇宙万象……若有什么意义可言,也仅止于作为神荣耀自己尊高的手段而已"[2]。

---

① [德]马克斯·韦伯:《新教伦理与资本主义精神》,康乐、简惠美译,广西师范大学出版社,2007年,第40页。

② 同上,第82页。

贝尔将韦伯资本主义思想研究,总结概括为“禁欲主义”(Asceticism),也即是“文化(宗教)冲动力”,也就是是“加尔文教义和清教伦理,具体而言,严谨的工作习惯和对财富的合法追求，是促使以理性生产与交换为特征的西方文明兴起的基本原则”[①]。对“文化(宗教)冲动力”的理解,在于理解“文化”的中心议题:文化自身是否具有足够的凝聚力,也就是,“现代文化(而非宗教)能否在日常生活中能够提供全面理解终极意义,且具有超验性质的体系,又或是能够满足理解终极意义的要求”[②]。但是在现代性背景下,文化所发生的一系列“断裂”使得这一中心议题束之高堂。在贝尔看来,对“文化断裂”的解读,可从以下三个维度进行:①世界变化作用于个体的反应,即贝尔称之为的“感觉革命”;②“从内到外”的断裂,即“文化的分裂”;③冲动性的表现体裁,或美学意识的分崩离析,贝尔将此概括为“距离的销蚀”现象。

(一)感觉革命(The Revolutionary in Sensibility)

在现代社会中,社会所发生的一系列变革,不仅仅是一场围绕商品一物的变革,更是一场现代人如何认识、感知周围世界的方式革新。在这一过程中,现代人的认知方式已经越发脱离了传统视角,造就了一场发生在认知领域中的“感觉革命”。对此,贝尔认为可以从以下四个方面理解发生在认知领域中的“感觉革命”。

1.人口数量(Number)的急剧增长

贝尔梳理、对比20世纪六七十年代和1789年(建国时)的美国人口数据,并发现1789年时美国社会的人口总量不足四百万,其中约七十五万是黑人,且城市人口寥寥无几;而在20世纪中叶,美国人口已经超过两亿一千多万,其中仅有一半以上的人口居住在城市,数量约是一亿四千万。贝尔在

① Daniel Bell, *The Cultural Contradictions of Capitalism*, Basic Book, Inc., Publishers, 1976, p. XⅧ.

② Ibid., p.85.

梳理过程中，特别注意了城市人口的数量变化。关于城市人口数量的变化，具体数据参见表2、图2。

表2：美洲和前欧洲都市人口增长的比较（1500—1998）

	人口规模（百万）		增加倍数		人口规模（百万）		增加倍数
	1500	1998	1500—1998		1500	1998	1500—1998
巴西	1	170	170	美国	2.00	271	136
葡萄牙	1	10	10	英国	3.94	59	15
其他拉丁美洲	16.5	338	20	加拿大	0.25	30	120
西班牙	6.8	39	6	法国	15.00	59	4

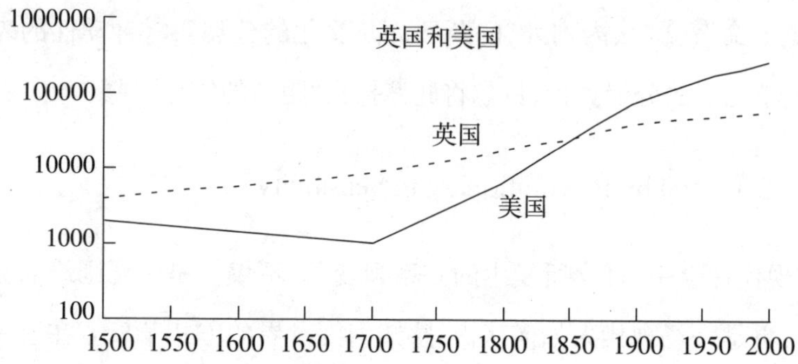

图2　三个最大的美洲国家与他们宗主国人口水平的比较（1500—1998）（节选）

资料来源：[英]安格斯·麦迪森《世界经济千年史》，伍晓鹰等译，北京大学出版社，2003年，第23~24页。

尽管安格斯·麦迪森的数据是以1500年至1998年为限，但是依旧可以从中窥见美国社会城市人口的发展趋势，从表2和图2，可以发现，在约200年的发展时间内，美国人口数量以每年约1%的速度增长。因此，贝尔认为，人口数量的增长对现代人的影响最为显著的两个方面是："我们每个人认识人的数目的差异和我们每个人知道的人的数目上的差异。"[①]换言之，随着资

① Daniel Bell, *The Cultural Contradictions of Capitalism*, Basic Books, Inc., Publishers, 1976, p.88.

本主义走向后工业社会和消费社会，现代人的交往范围也随之扩大，尤其是在大众传媒的影响之下，每个人在未来时空中所遇见的人，所必须知晓的姓名、时间及所要掌握的知识也会愈发扩大。这一被大众所承认的事实构成了现代人感知世界的直接来源。

2.现代人之间的相互影响（Interaction）

人口在数字上的变化仅仅是考量社会发展的一个方面，如历史上的沙皇俄国和封建中国，虽然是属于幅员辽阔人口众多的社会，但是从整体来看，这样的社会基本上处于一种彼此“孤立”的状态中，“每个村庄大致上概括了其他村庄的特征”[①]。但随着社会的不断发展，处于隔离状态的个人之间的联系更加紧密，至少说比之前更加亲密了。在这种状态下，社会各个部分之间形成了各种运动，相互影响的程度随着个人联系的加强而逐渐加深。“社会生活不再集中为相互有别而又相互类似的小核心，而是变得越来越普遍了。社会关系——确切地说是社会内部关系——变得越来越多了，它们超出了原来的界线，扩展到了各个方面。”[②]

这一点无疑受到法国社会学家埃米尔·涂尔干（Émile Durkheim）“劳动分工论”的影响。涂尔干认为，传统社会内部之间的关系属于“机械团结”，又称“相似性所致的团结”，而现代社会则属于“有机团结”，即由“社会劳动分工”所形成的团结。在从传统社会向现代社会转变的过程中，个体之间联系的紧密度成为涂尔干考量社会转变的一个重要因素，用社会学术语来说，是“社会密度”。涂尔干分析认为，在社会历史发展过程中，不断增加的社会密度主要体现在以下三个方面：

① Daniel Bell, *The Cultural Contradictions of Capitalism*, Basic Book, Inc., Publishers, 1976, p.89.

② ［法］埃米尔·涂尔干：《社会分工论》，渠东译，生活·读书·新知三联书店，2000 年，第 214 页。

> 第一，对构成低级社会的个人数量而言，低级社会所占据的范围是比较广阔的，而对更先进的民族来说，人口则表现出了越来越密集的趋势；
>
> 第二，城镇的形成和发展是同样现象的另一个征兆，甚至是更明显的征兆；
>
> 第三，还有沟通手段和传播手段的数量和速度等问题。①

所以这促使贝尔认为，现代人之间的相互影响逐渐代替了彼此之间的"分裂"状态，这更能体现出现代人感知世界的变化，即"当'隔离'被打破，人们相互影响出现时；当不断增加的竞争并非必然导致冲突，更多的是形成了复杂的劳动分工和互补关系以及结构差异的强化的时候，新社会形式便出现了"②。就现代人之间不断增大的"相互影响"（既是身体上的，也是心理上的）而言，其结果"不仅导致了社会差异，而且作为一种经验方式也导致了心理差别——对变化和新奇的渴望，对轰动感觉的追求，以及文化融合，所有这一切都突出地表明了当代生活的节奏"③。

3.自我意识（Self-consciousness）

人口数量和彼此之间相互影响的增加，带来的后果不仅仅是社会宏观层面中诸如社会结构、社会差异、社会关系、文化融合等方面的变化，而且也对每个现代人的"自我意识"提出了巨大的挑战。在贝尔看来，对"自我意识"

---

① ［法］埃米尔·涂尔干：《社会分工论》，渠东译，生活·读书·新知三联书店，2000年，第214、215、217页。

②③ Daniel Bell, *The Cultural Contradictions of Capitalism*, Basic Books, Inc., Publishers, 1976, p.89.

问题的回答,即对"你是谁? "(Who are you?)这一典型"身份"(Identity)[①]问题的解答。传统社会中的个人与现代人之间就这一问题的回答有着明显的不同。具体而言,传统人会回答"我是我父亲的儿子"[②],即通过现实中"具有权威性""重要性"的"参照人物"的认可,从而确认自己的存在,在传统社会条件下,这一"参照人物"通常是"父亲";而在现代社会中,现代人则会说"我是我,我来源于我,在选择和行动中我塑造了自己"[③],因而,传统社会中的"身份确认"标准随着"自我意识"的觉醒,已经失去了存在的合法性。

如此一来,人对自我"身份"的认知标准由"重要的他者"转向了"以自我经验性的认识"。在这种情况下,贝尔分析道:"当现代人将自己的经验当作真理的试金石,他便寻求那些与他有共同经验的人,以便发现共同意义所在。在这种情况下,代际更迭,代序感变成了现代身份的独特焦点。不过,这种变化也是一种'身份危机'的根源所在。"[④]

那么这里值得注意的是,贝尔在对"自我意识"的分析过程中,已然窥见了被后来众多西方学者所研究的"Identity Crisis"("身份危机"或"认同危机"又或是"同一性危机")。据美国社会学家埃里克·H.埃里克森(Erik H.Erikson)回忆,"同一性危机"这个词,出现在二战期间的齐昂山退伍军人健康诊

---

① 为方便读者理解,作者将"Identity"一词的三种释义摘录如下:①(ID)who or what sb/sth is,可译为"身份";②the characteristics,feelings or beliefs that distinguish people from others,可译为"特征、特有的感觉(信仰)";③the state or feeling of being very similar to and able to understand sb/sth,可译为"同一性"。详情参见[英]霍恩比:《牛津高阶英汉双解词典》(第六版),石孝殊等译,商务印书馆,2004年,第873页。在中译文中,不同于译者将这一词翻译成了不同中文,如孙名之将埃里克·H.埃里克森(Erik H.Erikson)的Identity,Youth and Crisis译为《同一性:青少年与危机》;韩震等将加拿大学者查尔斯·泰勒(Charles Taylor)的Sources of the Self:The Making of the Modern Identity译为《自我的根源:现代认同的形成》;在赵一凡等人翻译的《资本主义文化矛盾》相关章节中,将"Identity"翻译为"身份"。

②③ Daniel Bell, *The Cultural Contradictions of Capitalism*, Basic Books, Inc., Publishers, 1976, p.89.

④ Ibid., p.90.

所,是为了一种特殊的临床目的而首次使用的。“大多数病人……是在战争的紧急状态中失去了个人同一性和历史连续性之感,他们失去了对自己的中枢的控制。就精神分析的图式而言,这种控制只有自我(ego)的‘内部机构’能为之负责”[①]。“Identity Crisis”的概念,由此在西方社会中广泛流传开来,其最主要的表现是自我身份感丧失而导致的“内在无序感”,即英国社会学家安东尼·吉登斯(Anthony Giddens)所言的“本体安全”和“生存性条件”受到威胁:“一种无序状态(Chaos)潜伏于日常行为和话语之极为琐细的另一面,此种无序并不仅仅是指组织上的无序,而且指人们对事物与他者的真实感本身之丧失。”[②]不同之处在于,贝尔对“身份危机”的产生更加强调发生在社会转型中与传统相隔离的事实因素。

4.时间定向(Time-Orientation)

无论是人口数量,还是现代人之间的相互影响,抑或是现代人“自我意识”,在某种程度上揭示现代社会反映在文化领域中某些方面的嬗变现象,这些变化在贝尔看来,虽然呈现出多样化、不同步性,以及彼此之间某种矛盾性,但是从社会学理论高度审视这些变化时,就会发现“在所有维度上,以‘未来定向’(Future-oriented)为发展方向的现代社会已经形成……不再以自生的方式发展了;它由于某些特定目的而被动员起来”[③]。

那么社会依照“未来定向”而出现的发展结果,一方面将社会中最大的压力转嫁到年轻一代身上,为了适应社会所发生的一系列变化,青年一代被迫在“社会化”的过程中做出符合既定社会发展趋势的选择和决定。另一方面各种社会“失范”行为则相应显现于社会中,因为“在过渡时(学校指导,职

---

① [美]埃里克·H.埃里克森:《同一性:青少年与危机》,孙名之译,中央编译出版社,2015年,第2页。

② [英]安东尼·吉登斯:《现代性与自我认同:晚期现代中的自我与社会》,夏璐译,中国人民大学出版社,2016年,第34页。

③ Daniel Bell, *The Cultural Contradictions of Capitalism*, Basic Books, Inc., Publishers, 1976, p.90.

业咨询)，未能向青年提供合适的就业机制，就会导致明显的紧张，并促成他们选择脱离现行体制"[①]。而这种对"未来"关注与强调，已成为美国社会正在经历的一个新的社会学范畴。

综上，在现代社会条件下，作为个人认知世界方式的"感觉革命"体现出的是贝尔一直关注的"文化冲动力"式微，尤其与"经济冲动力"相互作用时，"文化"衰弱现象更为显著。具体而言，人口数量和人与人之间的相互影响是现代社会发展所必然呈现出来的特点，"主要造成了对富有直接、冲击、轰动与同步特色的现代感应的强调。这些节奏也有助于塑造绘画、音乐和文学的技巧形式"[②]。自我意识和以未来为时间导向的发展，则"导致了对于社会更加公开和自觉的意识反应——反叛、异化、隐退、冷漠，或顺从——这一切都格外清晰地镌刻在文化的表面上"[③]。"感觉革命"中出现的这四个方面，在贝尔看来，成为个人对世界进行认知的方式，因而也成为体现"文化冲动力"断裂的第一层次。

(二)文化的分裂(The Diremption of Culture)

"文化冲动力"的"断裂"体现在现代人内化与外化两个维度上的转变。如果说"感觉革命"谈及了现代社会作用于个体，使现代人认识世界的方式更新，这是外在世界内化为现代人认知的变化过程，那么，"文化的分裂"则是现代人将对外在世界的认知外化为行动的过程。贝尔将现代人的这种外化称之为"认识表现和情感表现"，而"断裂"在外化维度上具体表现在以下三个方面：第一，角色和人的断裂；第二，功能专门化，或角色与象征表现之间的断裂；第三，词汇从隐喻向数学的转变。

①② Daniel Bell, *The Cultural Contradictions of Capitalism*, Basic Books, Inc., Publishers, 1976, p.90.

③ Ibid., p.91.

1.角色和人的断裂(The Disjunction of Role and Person)

贝尔认为,当今社会学界围绕“现代社会是一个什么样的社会”的议题,存在两个针锋相对的观点:一方认为现代社会是一个日益走向非人格化的社会,最早可追溯到韦伯的社会学理论。在韦伯看来,社会的进化过程是不断合理化的过程,社会分工的专业化是人类社会不可避免的。在这种状况之下,社会机构中的“官僚化”倾向与日俱增,社会个人在所从事的事业中越发受限,逐渐成为一个“异化”的存在物,“自由”变得遥不可及。贝尔正是从这种意义上理解韦伯的社会学观点,并将之概括为:“社会的趋向是日益增长的官僚化(或功能理性)。在这种情况下,更高程度的功能专业化,意味着个人日益脱离其所参与事业的控制。”[①]另一种观点则是以涂尔干为代表,认为现代社会是一个日益走向多元化、更加自由的社会。如前所述(见“感觉革命”之“相互影响”),涂尔干把社会的转变划分为两个阶段,即“机械团结”(又称“相似性所致的团结”)和“有机团结”(又称“社会劳动分工所导致的团结”),劳动分工的不断专业化促使社会从“机械团结”向“有机团结”转变,这种转变在贝尔看来,是一种从同质性(Homogeneity)到异质性(Heterogeneity),从统一性(Uniformity)到多样性(Diversity)的转变过程。

从理论上来看,上述观点依旧是流行于西方社会学界的不同理论,但在贝尔看来,却指称的是同一种对象,“因为人们往往用相同词语意指两种截然不同之物”[②]。立足社会角色与人之间的关系,解读传统社会与现代社会之间的不同,贝尔得出了社会角色与社会个体“分裂”的结论。在传统社会形态下,个人通过宗教信仰及其与宗教信仰相关之物的存在而确认自己的身份,宗教信仰对维持代际个人的“身份认同”有着不可忽视的作用。然而随着转向现代社会,尤其是处在后工业社会阶段,专业化、角色化的限定成为主流,

① Daniel Bell, *The Cultural Contradictions of Capitalism*, Basic Books, Inc., Publishers, 1976, p.91.

② Ibid., p.93.

社会个体在社会中需要随着环境的转变相应地承担不同的角色扮演，若能有效地实现角色扮演的要求，个体在处理复杂事项中就会游刃有余，倘若出现了角色冲突或者角色扮演失效的结果，那么这就意味着社会活动或行为的失败，而这在客观上又“加强了自我分裂的意识”。因而贝尔认为，“现代生活创造了一种角色和人的分裂。对于敏感的个人而言，这就是一种压迫感”[①]。

2.功能专门化（Functional Specialization）

如果说“角色”与“人”之间的分裂，关注的是个体在社会组织机构中的“分化状态”，那么“功能专门化”则要说明的是，在表达整体性、全局性意义上，“文化”已经受到“高度专业化”发展的影响而发生了分裂，“文化”所起的“黏合剂”作用已经消失殆尽。

贝尔认为，既存在于知识领域又流行于组织机构中的“高度专业化”，一方面“不可避免地在文化与社会结构之间制造了一种几乎无法忍受的紧张”[②]，另一方面就“文化”角度而言，“不但创造了‘亚文化群’或私人世界（人类学意义上），而且这一过程反过来往往创造出在‘公众’文化世界广为渗透的私人语言，私人符号与象征”[③]。换言之，在现代社会背景下，曾经“文化”（请注意贝尔对“文化”的定义）所表达的普遍性意义已经让位于“私人化”的意义表达，鉴于这一事实，即社会关系结构中的高度专业化倾向，使现代人需要扮演不同的社会角色而拥有错综复杂的“经验”，此时，“文化”不再具有整合各种经验的功能，从而“使人很难找到一种把经验与另一种经验关联起来的共同象征”[④]。

这也正是德国学者彼得·科斯洛夫斯基称之为的“文化原则”的“自主性与同一性矛盾”。科斯洛夫斯基认为，生命—自律—同一性，“彼此间存在着

---

① Daniel Bell, *The Cultural Contradictions of Capitalism*, Basic Books, Inc., Publishers, 1976, p.94.

②③④ Ibid., p.95.

一种张力关系，这种关系对新社会运动中的矛盾性及当前文化意识的嬗变负有责任”[①]，因为“生命”本身不是自律的，而是有机的，因而与“同一性”相抗，这使得生命必然走向他者存在，在他者的存在中存在，并在这一过程中使个体生命的内在性与外在性统一结合起来。如此一来，“当人们抱怨生活世界不断被侵蚀、生活方式与文化同一性逐渐丧失时，那么，主体增长的自主性能否抵制‘生活世界的殖民化’，这是很值得怀疑的”[②]。显然，文化原则的这种矛盾，在现代社会条件下，被不断地激化，从而构成了贝尔视域之下的“文化分裂”。

3.词汇的断裂（The Disjunction of Vocabulary）

“角色”和“人”的断裂描述了现代人在社会组织中的“分裂”状态，“功能专门化”则分析了作用于社会个体的“文化分裂”，那么作为文化载体的“语言”在现代社会状态下所发生的变化，则加速了现代人的“分裂”状态。

贝尔认为，不同形态的社会，在对世界的描述问题上是具有差异的。在原始社会中，世界是被人们用质朴的语言直接而具体地表现的；随后，古希腊时期提供给我们某些最为基本的“抽象词汇”，具体而言，“前苏格拉底哲学引进了隐喻，柏拉图借助蒂迈欧的概念引进了象征，亚里士多德引进了类比观念”[③]，而来自基督教思想的神学语言则处处渗透着对神秘因素象征的强调。所有对现实世界的语言描述，都突出了一种“整体性”“有序性”的宇宙观，且在这种宇宙观的形成过程中，“抽象”色彩越来越浓重。直到18、19世纪所产生并流行的一种“机械论宇宙观”。

贝尔认为，“机械论的宇宙观”在法国著名天文学家皮埃尔-西蒙·拉普拉斯（Pierre-Simon marquis de Laplace）的著作和18世纪最伟大的英国诗人

①② ［德］彼得·科斯洛夫斯基：《后现代文化——技术发展的社会文化后果》，毛怡红译，中央编译出版社，2011年，第84页。

③ Daniel Bell, *The Cultural Contradictions of Capitalism*, Basic Books, Inc., Publishers, 1976, p.95.

亚历山大·波普(Alexander Pope)的著作中发挥得淋漓尽致。

在《天体力学》(*The Mechanism of the Heavens*)一书中,拉普拉斯说道:"宇宙和地球上运动的无限变化都遵循着一定的规则,沿曲面运动着,而这曲面被如风之行径一样的原子记录着,且这种规则使用的普遍性就像行星的运行轨迹一样是确定无疑的。"[①]随着物理学和其他自然科学的不断发展,尤其是两位物理学家的发现:伽利略在比萨斜塔上进行的落体实验,推翻了亚里士多德"物体下落速度与其重量成比例"的学说,从而奠定了力学的基础;牛顿发现"万有引力",从而将地表物体运动的规律和天体运动的规律统一起来,成为17世纪自然科学最伟大的成就之一,这些"自然规则"才逐渐被人们所熟知。而这些规则的事实是"其原初性质一方面将我们的星球与众多遥远世界联系起来,另一方面能使我们确定距离、预估重量,而这一切似乎在人类掌控之外。从日常之物和细微事件中被察觉和推演出来的自然普遍法则,正如伽利略和牛顿所做的一样,是最高理智力量的标识"[②]。

同样,"机械论宇宙观"在波普诗歌中精妙地体现出来。在《论人》(*An Essay on Man*)中,英国诗人波普说道:

环顾世界,看到的是爱之锁链
连接着上与下
……
一切都那么熟悉:局部关联着整体;
一个充裕发展的灵魂
一个完好无损的灵魂
联结了每一个存在

①② Pierre-Simon marquis de Laplace, *The Mechanism of the Heavens*, Cambridge University Press, 2009, p.1.

用最小的力量实现最大的福祉
人类的帮助,成就了野兽
同样,野兽的存在,塑造了人类
已被保存之物
正在保存之物
没有一个处于孤立之中
这链条紧紧支撑着
其末端在何方
未解之谜①

贝尔将这种“宇宙观”概括为“存在链条”观念,即认为世间万物生灵在“存在链条”的作用下,完美地联系在一起,成为一个密不可分的整体。而这链条则来源于上帝。

随着自然科学和社会科学的进步,以“分析”为主要特征的语言流行于20世纪。其主要类型是数学语言,尤其是在现代社会“智能化”趋势的迅猛发展下更为明显。对于现实生活的思考和理解,转变为对自变量、因变量、参数、模型、算法、图式等的计算。于是“生活成为一种‘游戏’—— 一场与自然的游戏,一场人与人的游戏——而一个人奉行的就是理性策略,即风险大小与收益大小的正相关性……”②在贝尔看来,这一切都导致了一种“悖论”:纯理性的现代词汇与指示对象的非纯理性之间的矛盾与张力。这样,“分析”式现代语言“促进了一种抽象世界概念的出现。而这正是事实和经验的日常世界与概念物质世界之间的最后的断裂”③。

---

① Sowerby, Robin, (edited) *Alexander Pope: Selected Poetry and Prose*, Rourledge, 2003, p.155.

②③ Daniel Bell, *The Cultural Contradictions of Capitalism*, Basic Book, Inc., Publishers, 1976, p.98.

综上，在现代社会条件下，现代人在对所认知世界进行外化呈现的过程中深刻地体现了贝尔所关注的“文化冲动力”于现代世界中的“断裂”变化，指出文化已经失去了整合能力，出现了文化与社会之间、“角色”和“人”之间的断裂现象；导致了能体现文化自身内部分裂的“功能专业化”现状；也表现了具有加速“文化冲动力”分裂作用的言语转向。如果说“感觉革命”是个人对世界认知方式进行内化时出现的“文化”断裂的第一个层次，那么“文化的分裂”就是在现代人将所认知的世界进行外化展示过程中，所体现的“文化冲动力”断裂之第二层次。

（三）距离的销蚀（The Eclipse of Distance）

贝尔认为，用于表达“人类生存意义”的“文化”在现代性条件下已经发生了“分裂”，表现在现代人对世界的内化认知方式和外化表现过程之中。而从“文化”的具体种类来看，这种“分裂”主要表现在“宗教文化”和各种“世俗文化”的对立中。一般而言，“相较于其他文化，宗教文化更具统一性，因为宗教文化中的所有一切因素都直指某种共同目的：对神秘的强调，创造敬畏之感，鼓励升华，劝勉超越”[①]，而“各种世俗文化很少有这种自觉的设计。不过，它们也有一种共同风格，表现在节奏和情绪之中”[②]。当代批判家，如美国学者利奥·洛文塔尔（Leo Lowenthal）、当代法国知名学者利奥塔及德国学者彼得·科斯洛夫斯基等，皆在相关章节提及了“传统文化”与“现代文化”之间的转变关系，从这个意义上来说，尽管不同批评家的侧重点有所不同，但都承认了“宗教文化”与“世俗文化”之间的这种“分裂现状”，而且“都假定是一种共同文化的组成部分，且须用某种方式表现共同潜在的节奏或情绪”[③]。与上述批评家的不同之处在于，贝尔虽然承认了“文化分裂”的现实，但指出当代

①②③　Daniel Bell, *The Cultural Contradictions of Capitalism*, Basic Book, Inc., Publishers, 1976, p.99.

批评家企图探寻“文化”分裂背后的某种共同因素，以此“找到一条定义现代性的简答原则”的努力却是行不通的。为此，贝尔总结了四个“文化分裂”表现特征：第一，文化经验的多样性；第二，缺乏中心；第三，视觉文化；第四，理性宇宙观的破裂。

1.文化经验的多样性（The Varieties of Cultural Experience）

现代社会的“文化分裂”表现出来的第一个显著特征就是文化经验多样性的出现。后工业社会和大众消费的到来，在提供了不断满足现代人个性需求的同时，又为广大群众创造了一种围绕“物”而出现的纷繁复杂的局面，现代人游离于一种由日益增长的商品、服务、财富所构成的消费丰盛现象中。世界的不同侧面在现代媒体的推动下以难以想象的速度传递到广大群众的视界中，一种对感知外在世界的经验性要求（速度、方式、内容有效性等）成为现代男女的普遍要求。在贝尔看来，“这种眼界的拓展、这种艺术的融合、这种对新事物的追求，不论是作为发现之旅，还是作为一种区别于他者的自命不凡的努力，其本身就是在创造一种新风格、一种现代性”[①]。简言之，在贝尔看来，现代性的出现离不开这一事实，即“文化分裂”为“多样的文化经验”提供了一种可能性，从受众角度来看，是一种现代人在文化领域中对“新”的追求。在这种意义上而言，“文化经验多样性”就是“现代性”的别名。

如何理解贝尔“现代性”与“文化经验多样性”之间的关系，更重要的是如何解读贝尔视域中“现代性”的问题，成为接下来关注的一个重点。在这一问题上，贝尔的立足点在于资本主义社会“文化冲动力”之“分裂”的基本事实，认为“现代性”的核心问题在于对“文化”概念的阐释。因此在“文化”范畴的视域中，贝尔对“现代性”进行了如下两个定义：

定义一：“很显然，现代性是同过去了的过去进行的告别，同时又把过去

① Daniel Bell, *The Cultural Contradictions of Capitalism*, Basic Book, Inc., Publishers, 1976, p.100.

投射进了现在。”[1]

定义二:“现代性被定义为‘新事物’的传统。”[2]

尽管贝尔使用了不同的表述方式定义“现代性”,但是稍加分析就会发现,两个定义表达的意义是一致的,即“文化冲动力”的理论视角,概述了传统文化和现代文化之间的“分裂”现状而出现的多类型文化经验,明确指出了“现代性”问题就是关于“文化”分裂之后所形成的纷繁多样的文化经验现状。具体而言,“原有文化概念的基础是连续性,现代文化则是建立在变动性的基础之上;原有文化概念重视传统,而当代的理想却是异质合成现象(Syncretism)”[3]。在这里,所谓异质合成现象,贝尔指的是由于“文化冲动力”的分裂现状造成了“文化经验”彼此之间相互共存的社会现状。所以在这种意义上而言,当代批评家企图探究“传统文化”与“现代文化”之间的共同之处,从而以某种共同的原则将两种文化形态一言以蔽之,这种尝试与努力在贝尔看来是徒劳的,以“文化”概念为核心的“现代性”,“其本质就已决定无法用简明扼要的答案回应这种类型的问题”[4]。

2.缺乏中心(The Lack of a Center)

“文化经验多样性”的出现,从某种程度来看,意味着文化“中心感”的丧失,这种丧失不仅是由于文化领域中出现的令人眼花缭乱的文化派别,如未来主义、达达主义、超现实主义等,而且还因为“缺乏一个既提供权威又提供地点的(地理上或精神上的)中心,而使知名画家、音乐和小说家相遇结交”[5]。

贝尔认为,从前各行业的艺术家在某中心场所,如广场、市场或会场中彼此集中、交流、论战、比赛,相互之间鼓励沟通,从而获得了各种艺术创造的动力之源。各种艺术所设计的内容、形式为了避免重合,因而艺术创作者会在创作技巧上有更多的考量。更为重要的一点是,各位艺术创作者在“文

①②③④⑤　Daniel Bell, *The Cultural Contradictions of Capitalism*, Basic Book, Inc., Publishers, 1976, p.100.

化中心”平台中分享所思，这种交流方式有效地将不同题材中的“文化共同之处”传达出来，从而使“文化冲动力”获得了一种源源不断的内生力。

然而在现代社会中，“文化”的分裂现状，使“中心”感丧失殆尽。贝尔认为，美国文化各界之间缺乏交流的现状，现如今已经到了“让人心寒的地步”(Dispiriting)，进入相对孤立的“专业化”地步。贝尔认为造成这种现状的主要原因是现代性本身已经到了某种“边缘地界”。在过去的几十年中，现代文化为了追求“创新”“个性”“新风格”等与传统文化相区别的特色，使自身“贪婪地” 在人类文化宝库中搜索能够找到的一切艺术形式，而使自我独树一帜。但是由于“现代性”自身被定义为“新事物的传统”，那么也就意味着创作完成的当下已是“传统”的艺术品。换言之，创作的艺术品在流动中，而缺乏“中心”。

鉴于此，贝尔总结道：“中心的存在和人们彼此间的相互作用的紧密程度，能创造出一种影响力的集聚，从而使涵盖所有参与者的努力变得都富有生气，只有在这样的环境中，文化才会欣欣向荣。无论是国内还是国际的现代文化都缺乏中心，文化的断裂成为可进行区别的组成部分，这就不可避免地要隔断对整个社会而言起维系文化作用的言论。”①

3.视觉文化(The Visual Culture)

在贝尔看来，“视觉文化”的基本要义是视觉成分或以电视、电影、广告等媒体介质传播的“视觉观念”在现代社会的文化领域中占据了“统治地位”，主要涉及的是声音和景象。在后工业化社会和消费社会这样的历史背景下，已经有无数的例证，佐证了贝尔的预言：“当前文化正在变成一种视觉文化，而不是一种印刷文化，这是千真万确的事实。”②现实生活中，目力所及之处，从广告设计与宣传、电视、电影、音乐、游戏中虚构的生活场景、健身会所、各种自媒体、

①② Daniel Bell, *The Cultural Contradictions of Capitalism*, Basic Book, Inc., Publishers, 1976, p.104.

手机 App……我们仿佛置身于一个图像化的世界中，景象已经成为现代社会人们获取生活资源的重要来源，置身于其中的现代人已经无法逃离由数字符号支配下的图像情景，而这已经成为现代文化最重要的体现。

贝尔分析认为，当代生活中的群众娱乐存在两个“必须强调”视觉成分的方面：“其一，现代世界是城市世界。大城市生活、激励方式与社交能力，为人们看见和想看见（不是阅读和听见）事物提供了大量优越的情形。其二，就是当代倾向的本质，即渴望行动（与静观相反）、探求新奇、贪求轰动。”[①]城市世界的出现可以追溯至工业革命时期，马歇尔·伯曼（Marshall Berman）认为，早期现代化的进程中存在两种模式的现代主义文化，[②]一是夏尔·皮埃尔·波德莱尔（Charles Pierre Baudelaire）以奥斯曼建造的巴黎林荫大道为社会背景创作的现代诗歌和散文；另一个则是俄罗斯文学家以圣彼得堡的涅夫斯基大街为生活背景创作的现实性小说。林荫大道和涅夫斯基大街建设，浓缩了巴黎和圣彼得堡两个城市为尽快实现现代化，发展生产力与社会关系，使人员、商品、物资、货币等内容在社会中实现最为快速流通的努力。这样的要求将城市原本的“时空秩序”打破，而以规范化、制度化、结构化的方式借助现代交通运输工具、网络技术等形式重新连接起来。“世界”变得伸手可及。无疑，城市由此为现代人提供了获取一切的便利条件。

如果将城市看作是展现“视觉成分”的客观平台，那么贝尔称之为的“当代倾向的本质”则就是“视觉成分”的内在动力和因素。对“新”事物的渴望，

---

① Daniel Bell, *The Cultural Contradictions of Capitalism*, Basic Book, Inc., Publishers, 1976, p.104.

② 在伯曼看来，解读波德莱尔和俄国文学家这两种不同类型的文化，可以有助于厘清现代主义的“两极性”：在一极，我们看到的是先进民族国家的现代主义，直接建立在经济与政治现代化的基础上，从已经现代化的现实中描述风俗世态景象、获得创作的能量……而在另一极，我们发现一种源于落后与欠发达的现代主义……欠发达的现代主义被迫建立在关于现代性的幻想与梦境上，和各种幻象、各种幽灵既亲密又斗争，从中为自己汲取营养。具体可参见［美］马歇尔·伯曼：《一切坚固的东西都烟消云散了——现代性体验》，徐大建、张辑译，商务印书馆，2015 年，第 304 页。

在现代性的历史条件下，迅速转化为主体行动而替代了传统美学“静观”的审美反应。“在力的可怕王国和法则的神圣王国之间，审美的创造活动不知不觉地建立起第三个王国，即游戏和假象的王国。在这个王国里，审美的创造冲动给人卸去了一切关系的枷锁，使人摆脱了一切被称为强制的东西，不论这些东西是物质的，还是道德的”[①]。在这种情况下，“现代性的主要特征——在新奇、轰动、同步、碰撞方面，组织社会反应和审美反应——因而在视觉艺术中找到了主要的表述”[②]。由此，“视觉文化”迅速迎合了大众对“文化”的需求。从贝尔对“文化”的定义来看，“视觉文化”与“现代性”紧密结合，加速了现代文化的枯竭，从而使“文化冲动力”的“分裂”现状愈演愈烈。

4.理性宇宙观的破裂(The Breakup of the Rational Cosmos)

文化分裂的第四个特征是“理性宇宙观的破裂”。“理性宇宙观”是16世纪中叶到19世纪中叶，主导西方社会审美意向的古典原则，主要有两个方面的内容：第一，“围绕空间和时间的理性组织建立起某种正式艺术原则。一致的美学理想，作为一项调整原则而起作用，其焦点集中在相关整体和形式统一上”[③]；第二，西方大多数文学艺术的创作源泉在于“模仿的思想”(The idea of mimesis)，或者通过“效仿”(Imitation)的手法而实现对现实生活的解释。

围绕空间和时间的理性艺术原则，在文艺复兴时期的艺术作品中表现得最为充分。如绘画中使用数学原则(空间比例、透视手法等)描绘景物对象；在音乐中，为了呈现出“井然有序的音程结构”，引入了和弦，使乐曲节奏与旋律有效统一；在新古典主义作品中，基本意向即是制定审美观念的“原则”；诗歌等其他艺术题材找了与之相类似的理性原则。贝尔分析认为，在各

① 转引自[德]于尔根·哈贝马斯：《现代性的哲学话语》，曹卫东译，译林出版社，2016年，第55~56页。

② Daniel Bell, *The Cultural Contradictions of Capitalism*, Basic Book, Inc., Publishers, 1976, p.104.

③ Ibid., p.108.

种题材的背后是一种基本宇宙观:“深度,一种三维空间,创造了一种模仿真实世界的‘内在距离’;叙述,即有开头、中间与末尾的观念,它赋予顺序一种时间链条,提供了一种有进程和结论的感觉”[①]。

“模仿”、再现现实是在“理性宇宙观”指导下形成的一种主流创作理念。对于艺术作品而言,“艺术是自然的一面镜子,是生活的再现”[②]。创作者对现实进行深入观测,而后进行意识反思。反思的结果往往意味着允许创作依据所观察的内容创造出自己理解的事物,即“理论”(Theoria),而“‘理论’则意味着与一种物体,或一种经验保持一定的距离——通常是一种审美距离,以便确立必要的时间和空间去吸收它,判断它”[③]。

然而随着现代性的滋生和发展,这一切都被改变。现代主义的艺术创作否认外部现实的创作,以探求“轰动、同步、直接、碰撞”的感性体验形式代替西方审美“观测—意识反思—理论”的步骤,“它所寻求的要么重新安排现实,要么退隐到自我内在中,退缩到个人经验中,并把这些作为它所关心和审美专注的源泉”[④],因而这些变化促使“宇宙理性观”的破裂。

综上,贝尔围绕“现代性双重羁绊”另一端——“文化冲动力”,分析了资本主义文化在现代社会背景下发生的“断裂”现象。在此情形下,“感觉革命”描述了现代人如何认识外在世界,“文化”分裂如何体现在这一内化过程中。与“感觉革命”相一致的是,“文化的分裂”分析的重点是现代人在如何认识外在世界的基础上,将这一内化认识在社会实践活动中进行外化性的展示。随后,贝尔从文化发展的历史性角度,将“文化冲动力”的分裂现状概括为“传统文化”与“现代文化”之间的“断裂”,并在此基础上总结概括了“文化分裂”的四个现实特征,批判了当代批评学家企图寻找“共同原则”而调和“文化分裂”的现实。文化领域的这种复杂现实,从侧面佐证了贝尔对“虚无主

---

① Daniel Bell, *The Cultural Contradictions of Capitalism*, Basic Book, Inc., Publishers, 1976, p.108.

②③④ Ibid., p.110.

义”的批判。一方面,尼采式“虚无主义”和康拉德式“虚无主义”对“历史性时间”的曲解,即一种带有灾难性变故色彩的末日时间观,并不契合资本主义社会现实;另一方面,由马克思等思想家所主张的“社会整体观”论点也遭到了“文化冲动力”分裂事实的现实性批判。

因此,贝尔系统分析了由“经济冲动力”和“文化冲动力”所构成的“现代性双重羁绊”的历史事实后指出,在“人类命运”这一命题之下“虚无主义”在没有详尽探讨社会现实的基础上,回应了该问题,这种回答不仅是对“历史性时间”的瓦解,而且也是一种“社会整体观”的形态,因而遭到了贝尔的严厉批判,将之概括为一种“诱人而简单的设想”。

第四节　理论特征

在贝尔看来,尼采式和康拉德式的“虚无主义”是两种从不同形式上对人类命运疑惑的“同质性”回答,即人类社会是否会走向“末日”?对此,贝尔立足于资本主义社会的发展史,以“现代性的双重羁绊”为核心思想对上述两种类型的“虚无主义”进行了系统的社会学批判,并在此过程中,形成了贝尔批判视角中的两大理论特征。

一、哲学:围绕“形而上学”的现代争议

从当代西方哲学对“形而上学”的判断来看,学界主要存在两种倾向:第一种表现出一种对“形而上学”的拒斥态度,因而主张超越“形而上学”,这以哈贝马斯的“后形而上学”观念、理查德·罗蒂“大写的哲学”等为主要代表;另一种则主张在全新的立场上,重建“形而上学”的权威,其主要代表人物是

施特劳斯、达米特等人。一般而言，“自从亚里士多德在《形而上学》中把研究‘存在(是)作为存在(是)’的根据作为‘第一哲学’以来，西方哲学家们大多都把形而上学研究看作是哲学中的主要部分，也是哲学研究的基础”①。然而“何为‘形而上学’”，在现代哲学视野下变得越发模糊，但基本含义是人类对世界本源的探索和追问，即对世界万物都归结于某种或某些被认为是最简单、最根本、最核心之物进行的研究，换言之，“形而上学”的研究是对经验之外的某种超感之物的研究和探索。

从前文可知，尼采“虚无主义”的思想恰恰是对“传统形而上学”的一种现代“反叛”。尼采在《人性的，太人性的》一文中说道：

形而上学的世界——确实可能存在一种形而上学的世界，这种绝对的可能性几乎是无法反驳的。我们都在以人的头脑观察万物，不可能斩首了事。不过还有一个问题：倘若真能把人的脑袋砍掉，那么这个世界还会剩下什么？这是一个纯粹的学术问题，不会让世人忧心忡忡。然而，是什么使他们一直觉得形而上学的假设充满价值、充满恐惧、充满乐趣，是什么创造了形而上学的假设？毫无例外都是狂热、谬误、自我欺骗。并非最佳的，而是最差的认识方法教会了人们相信这一点。作为所有现存宗教和形而上学的基石，这些方法一旦揭露，便已驳倒。当然，上述可能性依然存在，但它对你而言毫无用处，遑论将快乐、福祉、生活建筑在这样一种可能性的蜘蛛网上。——因为对形而上学的世界你能说什么？只能说它是一种别样的存在，一种我们不可企及、不可理喻的别样存在，是一种以否定性为特征的事物。——即便能有力地证实这样一种世界的存在，那么同样毋庸置疑，关于它的知识是所有知识中最无

① 江怡等：《当代西方哲学演变史》，人民出版社，2009 年，第 619 页。

所谓的。对暴风雨中大难临头的船家而言,有无对水进行化学分析的知识是无所谓的;与此相比,关于形而上学世界的知识更是无所谓的。①

这里,尼采对“形而上学”的思考有三个值得注意的地方:第一,“形而上学”的界定,即“一种别样的存在,一种我们不可企及、不可理喻的别样存在,是一种以否定性为特征的事物”;第二,“形而上学”各种假设的来源,即“毫无例外都是狂热、谬误、自我欺骗”,换言之,“形而上学”是人类虚构的“避难所”,通过理性逻辑的手段,达到克服人类生存不确定性的目的,因为在尼采看来,“在长达几十万年的时期,人一直是极易产生恐惧的动物,凡事只要突然发生、不期而至、他便准备搏斗,甚至准备战死;即使后来生活在社会关系中,也要在一切观点和行为的意料之中、都有来龙去脉时,人才有安全感”②;第三,围绕“形而上学”而形成的知识是“所有知识中最无所谓的”。总体来看,“形而上学”这种“别样存在”之物,其最为显著的特征在于虚构性,人类需要通过“自我欺骗”的方式,使自身相信生活,相信生活中的真善美。对此尼采总结道:

形而上学、道德、宗教、科学——它们在本书中只是作为不同的谎言形式而得到考虑的:借助于它们,人们才会相信生活。“生活应当得到信赖”:这里所提出的任务是巨大的。为了完成这项任务,人必须天生就是一个说谎者,人必须更多的是一位艺术家,更甚于所有其他的……而且人确实也是一位艺术家:形而上学、宗教、道德、科学——这一切只不过是人力求艺术的意志,力求说谎的意志、力求逃避“真理”的意志、力

① [德]尼采:《人性的,太人性的:一本献给自由精神的书》,魏育青译,华东师范大学出版社,2008年,第24~25页。

② 同上,第161页。

求否定“真理”的意志怪胎而已。[①]

在尼采看来，理论人对“形而上学”的坚守恰恰是人类生存中恐惧、焦虑情形的“真实写照”，企图通过逻辑虚构力量的存在构建“彼岸世界”的存在，从而使人类“在场”，然而“结果：对理性范畴的信仰乃是虚无主义的原因——我们是根据与一个纯粹虚构的世界相联系的范畴来衡量世界的价值”[②]。也就是尼采在后期思想中围绕“此岸世界”和“彼岸世界”进行的理论批判。

如果说，尼采“虚无主义”的主张是从思维理论的角度对“形而上学”进行的批判，那么哈贝马斯则更多的是从社会现实的历史发展过程中对“形而上学”进行解释。哈贝马斯在《后形而上学》一书中，通过以下四个方面解释了“形而上学”思想：①同一性思想，即世界之始基的思想，“无论是作为凌驾于世界之上的创世主，还是作为自然的本质原因，或再抽象一步作为存在，都形成了一种视角，由此看来，世界内部的事物和事件尽管丰富多彩，但还是能够整齐划一，成为特殊的实体，同时也可以理解为整体的各个部分”[③]。②唯心论，即从现实多样性中抽象而来的范式。“建立在经验基础上的推理知识和建立在知性直观基础上的回忆知识，这样两种知识形式在理论中所形成的紧张关系，以及概念与现象、形式与质料等似是而非的对立，都为形而上学历史提供了内在的动力”[④]。③作为意识哲学的第一哲学，即以自我意识为特征的主体性哲学出现在这种情况下，“自我意识不是作为先验能力的

① ［德］尼采：《权力意志》（下卷），孙周兴译，商务印书馆，2014年，第904页。

② 同上，第722~723页。

③ ［德］于尔根·哈贝马斯：《后形而上学思想》，曹卫东、付德根译，译林出版社，2016年，第29页。

④ 同上，第30页。

本源被放到一个基础的位置上,就是作为精神本身被提高到绝对的高度"[1]。④强大的理论概念,即沉思的理论生活方式成为个体拯救的途径。由此,"形而上学"思想成为传统西方哲学一直坚守的理论阵地而传承下来。

与"传统形而上学"的四个方面相对应,在现代社会条件下,已经从四个外部方向上"侵蚀"了"形而上学":①追求同一性的整体思想愈发受到了"程序合理性"思想的"侵蚀","程序合理性"思想出现,迫使哲学面临着一种新的论证需求,从而动摇了哲学的认识特权;②历史解释科学的出现,反映了现代社会中越来越复杂的"新的时间观念和偶发经验",在这种情况下,"有限性维度"的解释远比传统概念更具有说服力;③"在十九世纪,对交往方式和生活方式的物化和功能化的批判,以及科学技术的客观主义自我理解的批判,也随之广泛开展起来"[2];④理性对实践的经典领先地位让位于愈发清楚的相互依存关系。因此,正是在这种社会现实的背景下,"传统形而上学"面临着诸多挑战,也酝酿着被哈贝马斯称之为的"向后形而上学思想过渡"的哲学发展阶段。就"后形而上学思想"的主题而言,哈贝马斯同样总结了四个方面:①程序合理性,②理性的定位,③语言学转向,④超验的萎缩。这也构成了哈贝马斯交往互动理论的哲学观点。

贝尔同样察觉到资本主义社会的复杂现状,并将之总结为"现代性的双重羁绊",即"经济冲动力"和"文化冲动力"之间的内在张力,这种作用关系以"领域分裂"的态势呈现于现代社会生活中,使社会现象变得异常纷繁复杂,也正是在这个思考维度上,贝尔认为,组成社会整体的政治、经济、文化三大领域各自依据自身"轴心原则"运转,三者处于彼此紧张的作用关系中,并非如诸多社会学家所认为的那样,即社会处于和谐一致的整体运行中。对贝尔而言,这种社会整体观恰恰是尼采式"虚无主义"和康拉德式"虚无主

① [德]于尔根·哈贝马斯:《后形而上学思想》,曹卫东、付德根译,译林出版社,2016年,第31页。
② 同上,第33页。

义”产生的缘由之一。

从前文对“形而上学”问题的大致划分角度来看，尼采与哈贝马斯属于前者，即主张通过批判“形而上学”问题继而超越“形而上学”。但二人的不同之处在于其所提出的“超越”路径。对尼采而言，寄希望于拥有完全生命意志的“超人”；哈贝马斯则认为通过以语言为中介，以生活世界为活动背景的交往行为理论，才是消解“形而上学”所面临的困境，即“穷竭的意识哲学范式”。而贝尔则属于后者，即主张“重建形而上学”的阵营。被尼采斥之为“虚构的形而上学、宗教思想”，在贝尔看来却是解决“现代性双重羁绊”的良方。从这个意义上来说，贝尔对“虚无主义”进行的批判是企图重现构建具有整合作用的“形而上学”思想，这也注定了资本主义社会将重新回归于某种宗教理念，即“通过传统信仰的复兴拯救人类”①。因为对他而言，“宗教能够重建代际的连续性，使我们重返以人道与友爱为基础的生存境遇中。然而这种连续性并不是人造物，文化革命被设计促使的。连续性来源于对生活的悲剧性经验，而这种悲剧存在于有限和自由的刀口上的生活之中”②。

综上，贝尔立足资本主义社会中的“现代性的双重羁绊”，围绕“经济冲动力”与“文化冲动力”之间的内在张力，深入探究了现代社会的“领域断裂”现状，指出西方社会并不是像黑格尔、马克思等人所主张的“社会整体论”及围绕“社会整体论”而滋生出来的以尼采式“虚无主义”、康拉德式“虚无主义”等为代表宣扬西方社会“末日毁灭”各种消极论调，并将斥之为“一些简单而诱人的想法”，在此基础上，提出了“西方社会向某种宗教思想回归”的观点。从之前对尼采“虚无主义”思想的分析中，可以清楚地看到，“虚无主义”所针对的就是“形而上学”，或是宗教思想，即宣扬肯定以逻辑力量建构起来的“彼岸世界”而否定真实存在“此岸世界”的带有“自我欺骗”性意味的

①② Daniel Bell, *The Cultural Contradietions of Capitalism*, Basic Book, Inc., Publishers, 1976, p.30.

哲学或宗教论调。贝尔主张的“宗教回归”思想，恰恰是尼采“虚无主义”观点所反对的。因此，从这个意义上而言，贝尔对尼采式“虚无主义”进行批判，不仅是对“传统形而上学”的一次理论重构，也是围绕“形而上学”在现代社会下何以可能的一次理论探讨。

二、文化：多元现状中的人类命运探究

站在“文化”阵地，担忧“人类命运”的未来走向，是贝尔在对“虚无主义”进行社会学批判时所体现出来的另一个理论特征。在《资本主义文化矛盾》中，贝尔对“文化”有着独特的理解，他认为“文化”：

> 其范围略小于人类学家将文化定义为某个族群人造的、模式化的生活行径，又略大于如马修·阿诺德(Matthew Arnold)等人富有学识概念，对这类人来说，文化就是个人完美成就。我所谓的文化——这里我认同恩斯特·卡西尔的意见——指的是象征形式的领域，在本书讨论的范围内，狭义上而言更多的是“表现的象征主义”；体现在绘画、诗歌、小说中的这些努力或由祷念、礼拜和仪式中所表现的宗教主义，都试图以某种想象形式去探索并表达人类生存的意义所在。文化的形态为数甚少，且来源于所有人类在意识本质中所面临的生存境遇，而不受时代的限制：例如怎样面对死亡，怎样理解悲剧内在和英雄性格，怎样确定忠诚和责任，怎样拯救灵魂，怎样解读爱情与牺牲，怎样解释同情，怎样处理兽性与人性本质间的矛盾，怎样划定本能与约束的界限。因此，在历史的意义上，可以说文化里融入了宗教。①

---

① Daniel Bell, *The Cultural Contradictions of Capitalism*, Basic Book, Inc., Publishers, 1976, p.12.

从上述“文化”定义中可知，在贝尔视野中的“文化”具备两个特征，首先是“文化”与象征性之间的紧密联系，象征性背后突出的则是如何解读死亡、灵魂拯救、人性本质等关于“人类生存意义”的某种终极性思考，而恰恰是这种思考使贝尔对“文化”的解读具有了第二个特征，即宗教色彩。在贝尔看来，宗教所具有的作用力在于，通过某种作用方式消解弥留在“经济冲动力”和“文化冲动力”之间的紧张度，从而解决资本主义社会领域之间的“断裂”现象，使人类状况继续发展得以实现。由此，“文化”在贝尔《资本主义文化矛盾》一书扮演着相当重要的作用。“文化冲动力”不仅是构成贝尔视角下“现代性双重羁绊”的一个重要方面，而且也是贝尔提出“回归宗教”的观点，以解决“资本主义文化矛盾”的重要原则。

在此，贝尔从“人类生存意义”的终极思考中对“文化”进行的定义与中国传统视野中对“文化”进行的定义不谋而合。据《说文解字》释义：“文，错画也，象交文，凡文之属皆从文”；而“化：教行也，从匕从人，匕亦声。”[①]“文”和“化”在《周易》中并联使用，“刚柔交错，天文也。文明以止，人文也。观乎天文以察时变，关乎人文以化天下”[②]。西汉之后，“文”与“化”作为一个整词而使用，汉代刘向在《说苑·指武》中说道：“圣人之治天下也，先文德而后武力。凡武之兴，为不服也。文化不改，然后加诛。夫下愚不移，纯德之所不能化，而后武力加焉。”[③]由此可见，“文化”在汉语世界中的本义就是“以文而化之”，即表示对人的品行、德行、性情进行教化，而使“君子”“圣人”之智德能够在世代之间流传。从这个角度上而言，贝尔的“文化”理念所表达出来的对“人类生存现状”的担忧，恰恰是中国哲学中“文”“化”之意所在。因此，可以这样说，无论是贝尔的理解，还是汉语中“文化”的释义，“文化”一开始就与“人类

① [汉]许慎：《说文解字(附检字)》，中华书局，1978年，第185、168页。

② 周振甫译注：《周易译注》，中华书局，1991年，第81页。

③ [汉]刘向：《说苑校证》，向宗鲁校证，中华书局，1987年，第380页。

生存”“未来命运”等带有终极性意味的思考联系在一起。

然而“文化”以小说、绘画等形式表达出来的对“人类生存境遇”的担忧，不论是在西方资本主义国家中，亦是正处于现代化建设高速发展之中的中国，这种共同性的关注迅速发生了变化。在现代性背景条件下，“文化”逐渐演变成一个“内涵更为丰富、外延更为宽阔”的多维度概念。也正是在这种背景下，“多元文化”现状得以成形，这也是马歇尔·伯曼(Marshall Berman)在经历现代性时所体验到的：“一切坚固的东西都烟消云散了。”各种“文化”的蓬勃发展，都成为现代性发展的一个缩影，在这一过程中，现代人都努力地肯定自己所能够抉择和控制的未来，努力地在现代世界中为自己的存在和发展争取一个能够称之为“家”的地方。在此影响下，西方各种文艺理论、流派在20世纪不断地推陈出新，受弗洛伊德“无意识”影响较深的超现实主义和以毕加索、布拉克为代表的立体派，以及在此之后的画坛主要趋势，如达达主义、抽象主义、动作画派、波普艺术等，无不体现现代人对“家”的渴望。在贝尔看来，这些具体象征领域所凸显出了现代文化的一个特性：

> 极其自由地搜检世界文化仓库，吞噬任何一种所遇到的艺术风格。这种自由来自以下事实，即现代文化的轴心原则，是对自我进行表述和再造，以达到自我实现和自我满足。在这种检索中，存在一种对经验本身有任何限制或边界的否定。现代文化向所有各种经验延伸着，不加受制，一切都可以被探求。①

“文化”所呈现出来的多元化态势，对贝尔而言，恰恰不仅体现的是“文化领域”的断裂现状，而且也体现的是具有整合作用的“文化冲动力”，在现

① Daniel Bell, *The Cultural Contradictions of Capitalism*, Basic Book, Inc., Publishers, 1976, p.13.

代性的条件下对“经济冲动力”的制约作用已经呈现出“衰微”的情形。因此贝尔说道，现代主义目前已经“消耗殆尽”，成为一只“空碗”，其创造力在这一过程中伴随着与“经济冲动力”的紧张作用的消失而逐渐松懈下来，其表现形式也已经转变成了依附于“经济冲动力”的某个环节，成为表征某种经济地位的象征性符号。

因此，文化的多元现状必然带来这样一个问题："多元主义没有回答文化的意义问题，因为它没有严肃地对待这个问题……文化的自我解释、自我掂量是必要的，因为我们的生命只有一次，生命的时间是有限的，我们要严肃地对待我们自己，对待我们的生命。多元主义没有严肃地对待我们提出的文化的意义问题。"[①]而这也是贝尔所一直担心的问题，即对“人类生存意义”的终极性问题的思考："现代性的真正问题是信仰问题。用过气的言语来说，就是一场精神危机，因为这种新生之物充满了空幻，而旧的信念已被掩盖。如此境遇将我们带回到虚无。缺少过去或将来，有的只是一片空白。"[②]

这也正是意大利学者瓦蒂莫在《现代性的终结》中的“人道主义危机”章节中所阐述的主题，“上帝的否定或上帝死亡的现实化，未能借助人类通过神性崇拜获得的某种异化本质而引导今天走向任何‘重新挪用’”[③]。在瓦蒂莫看来，上帝之死与人道主义危机之间存在着某种联系，这种联系体现在两个方面：第一，描述了当代无神论，因为这种联系宣告了某种重新不断被挪用的神性崇拜的结束；第二，以某种确定性的方式明确宣告了“人道主义危机”的到来，因为通过对某种先验之物的信仰而解决所有事物的传统做法，

① [德]彼得·科斯洛夫斯基:《后现代文化:技术发展的社会文化后果》,毛怡红译,姚燕校,中央编译出版社,2011年,第165页。

② Daniel Bell, *The Cultural Contradictions of Capitalism*, Basic Book, Inc., Publishers, 1976, pp. 28-29.

③ [意]詹尼·瓦蒂莫:《现代性的终结——虚无主义与后现代文化阐释学》,李建盛译,商务印书馆,2013年,第83页。

在现代性条件下已经不合时宜,因而使现代人陷入一种思想困境之中。换言之,上帝之死的背后,是人道主义以某种确定性的方式宣告了这样一种努力的失败,即人类再也无法通过传统人道主义所希冀借助某种先验基础的东西来解决人类所面临的所有事物,对此,瓦蒂莫总结道:"人道主义危机的真实本质就是上帝之死。这一点必须由尼采这个我们时代的第一个激进的非人道主义思想家来宣布,这不是一种巧合。"[①]

"文化"多元现状背后的"意义问题",即对"人类生存命运"的思考,成为贝尔接下来不得不处理的一个棘手问题,因为"人们需要一种正确的社会与文化的总体途径,即是正确的社会理论相信理性是有限的,并认为应该为个体发展、个体责任提供出更多空间的可能性,也依然如此"[②]。也正是在这个意义上,贝尔提出了"宗教回归"的思想:通过某种超验力量使人类重新获得某种整体性、统一性的存在感,投射到人类生活实践经验的层面,从而将人类活动整合到一种有序和谐的宇宙秩序中,并且通过对宗教的信仰力量使这种整体性的存在命运在人类代际完成传递。贝尔通过分析资本主义社会中的"分裂现状",了解了"文化"多元的社会事实,透露出对"人类生存命运"担忧,展现出了作为一个公众知识分子应有的社会担当,这成为贝尔批判理论中的一大特色。

第五节　简要评价

贝尔基于对"人类命运"的终极性思考,从"现代性双重羁绊"的两翼对

① [意]詹尼·瓦蒂莫:《现代性的终结——虚无主义与后现代文化阐释学》,李建盛译,商务印书馆,2013年,第83~84页。

② [德]彼得·科斯洛夫斯基:《后现代化:技术发展的社会文化后果》,毛怡红译,姚燕校,中央编译出版社,2011年,第165页。

“虚无主义”思想进行了深入解析，认为“虚无主义”理论在解读西方整体社会方面有两个错误：“对历史性时间的曲解”和受到“社会整体观”的影响，由此提出了“领域分裂”的社会学思想，并主张解决方案是向“宗教思想”的回归。从这个意义上而言，剖析“虚无主义”，尤其是解读批判尼采式“虚无主义”的策略，成为一个理解贝尔思想不可忽视的关注点。

贝尔在《资本主义文化矛盾》的序言中，首先对“虚无主义”进行了分类式的解读，认为西方历史上存在两种类型的“虚无主义”：尼采式“虚无主义”和康拉德式“虚无主义”。前者突出的是“理性特征”，正如贝尔所言，“假如尼采能找到一个单一象征体来总结虚无主义的话，这个象征体便是现代科学”；而后者突出的是“无意义的活动”，即无政府主义的恐怖行动。如果结合上文尼采本人对“虚无主义”的理解，即将“虚无主义”区分为主张超越性、重建色彩的“积极的虚无主义”和带有破坏性色彩的“消极的虚无主义”，贝尔视域下的康拉德式“虚无主义”应该隶属于尼采“消极虚无主义”的范畴。由此可知，康拉德式“虚无主义”在本质上是尼采视界中“虚无主义”的一个组成部分。那么现在的问题就转变成，贝尔将尼采式“虚无主义”用现代科学简单象征是否合理？

为了回答这个问题，至少需要考虑以下三方面的内容：①从尼采哲学思想框架出发，对虚无主义进行相关考察；②尼采是如何认识“现代科学”的；③在尼采看来，“虚无主义”和“现代科学”之间有何种关联性。

一、如何理解尼采视角下的“虚无主义”

前文已经粗略地回顾了尼采虚无主义的见解以及超越。在此则简要地总结一下（详见在第二章第一部分）。虚无主义作为“最高价值的自行贬黜”，反映的是尼采对苏格拉底-柏拉图主义哲学所建立的传统形而上学进行的批判,传统形而上学依靠理性逻辑的抽象性、虚构性的特点,构建了一个凌驾于“此岸世界”之上的“彼岸世界”,并将此作为人类生活行为的准则。而随后的犹太-基督教也继承了传统形而上学的这个特点,因而成为尼采批判的对象。在这种意义上,尼采所理解的“虚无主义”虽然具有贬义色彩,但结合前文尼采描述的“今后两个世纪的历史”的内容来看,“虚无主义”的背后所呈现的恰恰是现代人类自我意识的新崛起,“因为现代人终于敢批判一般价值了;他认识到价值的起源;他认识得够了,不再相信任何价值;激情已在那里,新的战栗……”[①]此外,结合尼采在《权力意志》中对“虚无主义”进行的两类划分(即作为提高了精神权力的象征的积极的“虚无主义”和作为精神权力下降和没落的消极的“虚无主义”)来看,在谈及“今后两个世界的历史”即虚无主义降临的时候,尼采所坚信的是一种积极意义上的“虚无主义”,因为对他而言,巨大危机的背后所隐藏的是能够让“人类进行最深刻的自我沉思的瞬间:人类是否能从中恢复过来,人类能否制服这次危机,这是一个关乎人类的力量的问题:这是可能的……”[②]由此看来,贝尔对尼采虚无主义思想的理解并不是全面的。

二、尼采之于科学的认识

在这一问题上,首先应当注意的是不同语言系统之下的“(现代)科学”含义。在德语中“科学”(Wissenschaft)一词泛指包含自然科学在内的一切系统化、理论化的知识、学问、理论,而非日常所理解的 science。尼采对“科学”进行的批判,不仅就“科学”的有效性、范畴、规范性的问题进行了解读,而且更重要的是将这种批判推向了对“科学”而言更深层的领域,即“科学”的价

①② [德]尼采:《权力意志》(下卷),孙周兴译,商务印书馆,2014年,第732页。

值问题。在这种意义上,尼采对"科学"地批判更多具有了文化性质的色彩。[①]其次应该注意到尼采对"科学"的批判态度尽管在前后期的著作中是有所改变的,但是批判的核心角度却保持了一致。在早期著作《悲剧的诞生》中,尼采发现了希腊文化中的两种不同的精神。日神和酒神之间的作用关系借以悲剧的艺术表演形式流露出了前苏格拉底时期希腊人对生活自身的看法,然而这种彰显着生命力量的作用关系被两位观众所破坏, 即欧里庇得斯和苏格拉底。尼采认为,欧里庇得斯仅仅是一个"面具",促使希腊悲剧艺术走向灭亡的"真凶"是苏格拉底。"我们只要清楚地设想一下苏格拉底命题的结论:'知识即美德;罪恶仅仅源于无知;有德者即幸福者'——悲剧的灭亡已经包含在这三个乐观主义基本公式之中了"[②]。苏格拉底,作为追求真理事实的理论人,"他的最大快乐便在靠自己力量不断成功地揭露真相的过程之中"[③]。那么,最早体现在苏格拉底人格中的"科学"就具有一种不可动摇的妄念,一种存在于"科学"自身外的深刻的信念:

---

① 尼采在文化层面上对"科学"所进行的批判,可参见[德]赫尔穆特·海特:《尼采对西方科学的文化批判》,《同济大学学报(社会科学版)》,2017年第1期。在该文中,海特深入解读了尼采对"科学"批判的时代背景,突出了尼采对西方科学所进行的文化批判,在何种程度上属于其自身的时代,但与此同时又超越了尼采年代,从而与现代社会相关联,使"科学"问题具有了一种普遍性的色彩。作者认为,尼采对"科学"的批判,在精神科学领域的意义上来说,至少具有三个层面的相关点:①与古代文化之间的联系,即从古希腊寻找西方文明的诸种文化根源;②蕴含其中的一以贯之的历史意识,即重视"科学"发展的历史事实,并在此基础上得出了"一切都在生成,永恒事实不存在"的结论;③阐释,即"科学"所追求的对世界的认识,只不过是一种解释行为。而在自然科学领域的意义上来说,尼采关注了海姆霍兹的感觉生理学研究和雷蒙对作为假设性工作的自然研究的相关观点,得出了尼采从"科学"问题化的背后,其实超越了传统意义上对"科学"进行的批判(或从科学理论和认识的有效性与严格性角度;或从科学及其历史性显现方式的社会组织形式;或从科学研究的规范性意蕴和结果等)首次明确追问了科学的根本价值,由此将科学的问题拓展为一个西方存在的"文化问题"。

② [德]尼采:《悲剧的诞生》,周国平译,生活·读书·新知三联书店,1986年,第60页。

③ 同上,第63页。

> 认为思想循着因果律的线索可以直到存在至深的深远，还认为思想不仅能够认识存在，而且能够修正存在。这一崇高的形而上学妄念成了科学的本能，引导科学不断走向自己的极限，到了这极限，科学必定突变为艺术——原来艺术就是这一力学过程所要达到的目的。[①]

尼采在这里揭示的“形而上学妄念”就是试图按照以因果律为线索的思想，引导“此在”的所思所行，使其构建起一种完整的网络结构，这也是贝尔在解读社会整体观时所提出的“交互式、网状联系”(view of interconnectedness,of a web)的看法。因此，在尼采早期的解读里，“科学”的问题存在于这种形而上学式的“虚妄”中。而在尼采后期著作《权力意志》中，“认识-阐释”的价值性批判成为尼采解读“科学”的主要论点。尼采认为，科学工作的前提在于使每位工作者相信其所从事的具体工作虽然很渺小，但却不是徒劳的。然而从本质上看，科学工作前提的“背后”隐藏了一个巨大的让人麻醉之处：“徒劳的工作，徒劳的奋斗。”[②]因为对尼采而言，科学中存在的偏见是一种关于“认识”的谎言。所谓“认识”就是“把某种陌生的东西归结为某种已知的、熟悉的东西。第一原理：我们已经习惯的东西就不再被我们视为谜团、问题。对新鲜、令人诧异之物的感受的麻木化：一切依照规律发生的事情在我们看来就不再是可疑的了。因此寻找规则乃是认识者的第一本能：而自然地，借助对规则的确定根本就没有什么得到‘认识’！”[③]在这种意义上而言，“认识”自身就意味着为了某种东西而对条件本身进行确认和指示，换言之，“认识”的前提性规定受到了“条件”的限制。因此，受到“条件”制约的“认识”确定

① [德]尼采：《悲剧的诞生》，周国平译，生活·读书·新知三联书店，1986年，第63页。

② [德]尼采：《权力意志》(上卷)，孙周兴译，商务印书馆，2014年，第241页。

③ 同上，第218页。

化，就是科学对规则、规律、所谓“真理”信仰的深化。此时，停留在现象之中的科学，一心只关注“现象”背后隐藏的事实。但是尼采坚定地认为：

> 不对，恰恰没有事实，而只有阐释。我们不能确定任何“自在的”事实(Factum)：有此类意愿，也许是一种胡闹罢了。你们说“一切都是主观的”：但这已经是解释了，“主体”不是任何给定的东西，而是某种虚构的东西、隐蔽的东西。——最后，把阐释者置于阐释后面，这是必要的吗？这已经是杜撰、假设了。
>
> 只要“认识”一词竟是有意义的，则世界就是可认识的：但世界是可以不同的解说的，它没有什么隐含的意义，而是具有无数的意义，此即“透视主义”。
>
> 我们的需要就是解释世界的需要：我们的欲望及其赞成和反对。每一种欲望都是一种支配欲，都有自己的透视角度，都想把自己的透视角度当作规范强加给其他欲望。[①]

尽管对“科学”进行的批判，前后期的尼采有着不同的侧重点，但其关注的核心问题依旧贯穿于其中，即“我们对科学的信仰始终还是基于一种形而上学的信仰。我们，当今的求知者、无神论者和反形而上学者，也是从那个古老信仰，亦即从基督徒的和柏拉图的信仰所点燃的千年火堆中取自己之火的，认为上帝即真理，真理是神圣的……”[②]换言之，尼采批判的是对建立在形而上学基础之上的“两个世界”信仰的“科学”，这种“科学”肯定了存在于虚幻之中的“彼岸世界”，而将真实存在的“此岸世界”所抛弃。这正是尼采所理解的“科学”最大的一个谎言。

---

① ［德］尼采：《权力意志》（上卷），孙同兴译，商务印书馆，2014年，第361~362页。

② ［德］尼采：《快乐的科学》，黄明嘉译，漓江出版社，2000年，第217页。

三、如何理解尼采视角下的“虚无主义”和“现代科学”之间的关联性

尼采视角之下的“虚无主义”和“科学”之间的关联性，是否就像贝尔所简要总结的，二者可以划等？从对第一点与第二点的分析中，可以看到“虚无主义”与“科学”之间有着某种必然、内在的联系。“虚无主义”的出现，反映的是西方传统形而上学中“理论人”对依靠理性力量获知生活世界的一种盲目的“虚妄”。这种虚妄在古代时期表现为苏格拉底-柏拉图主义的哲学思想；在中世纪则为犹太-基督的盛行；在近代则具象化为“科学”。这种关系主要体现在《论道德的谱系》第三篇之《苦修理想意味着什么？》一文中。在该文中，尼采用“理想”指称“人”，即理想的苦修之人，抑或可译为“典范”。尽管对不同身份的人而言，苦修理想有着不同指向，但是总体而言，苦修理想意味着：

> 某种东西缺失了，人类周围裂开了一道阴森叵测的裂缝，——他自己对自己不知道如何去辩护、解释、肯定，他罹受着他的意义问题。他一直在罹受，他主要是一种病态的动物：但是，他的问题并不是罹受苦难本身，而在于缺乏答案，以回答“苦难是为了什么”这个问题的嘶喊。[①]

对于自身“意义”问题的思考，苦修理想则恰如其分地为探寻答案之人提供了一个“对一种形而上学价值、一种真理之自在的价值的信仰，在那种理想中所唯一担保和画押认定过的那种价值”[②]。而如今的“科学”，作为一种“自我麻痹的手段”，现如今已经转变为一个“藏身之所”，用以藏匿各种形态

① ［德］尼采：《论道德的谱系》，赵千帆译，孙周兴校，商务印书馆，2016年，第506~507页。

② 同上，第493页。

的怀疑、猜忌等各种因对自身意义问题产生困惑的“无理想状态本身的不安宁”“一种非自愿知足的不满足”。在尼采看来,“根本没有什么‘无前提的科学’,一种这样的想法是不可设想的,是个逻辑错误:必定首先有一种哲学、一个‘信仰’在那里,科学因而从中获得某个方向、某种意义、某条界限、某项方法、某个此在之权利”[①]。换言之,“科学”对于某种价值理想的“前提性”促使“科学”与苦修理想共同地奠基于“对真理之不可评价性和不可批判性的信念”[②]的基础上,成为古老的“苦修理想”在现阶段“最无意识、最无意为之、最秘密和最隐蔽与地下的同盟者!”[③]因此在《道德的谱系》中,尼采赋予了从古希腊经犹太-基督流传而来的“苦修理想”以“最新颖和最高尚的形式”[④]。并将之总结为“科学”,在此可以发现苏格拉底-柏拉图主义、基督教和现代科学之间保持着一种内在历史性的联系,虽然在不同的时代背景下呈现出了不同的具体理论形态。但无独有偶的是,三者都与“彼岸世界”“真理”“信仰”等具有形而上学意蕴思想联系起来。结合之前对“虚无主义”的论述来看,“现代科学”毋宁说是“虚无主义”在现代性背景下最新的具化载体。正如尼采自己对此的总结:

> 这一切意味着,我们大胆将之把握为,虚无的意志,一种对生命的不愿意,一种对生命那些最基本前提的抵制,不过它是而且始终是一个意志!……人类与其无所意愿,宁愿意愿虚无……[⑤]

综上,对贝尔而言,“现代科学”的特点在于理性主义和数字计算;然而

---

① [德]尼采:《论道德的谱系》,赵千帆译,孙周兴校,商务印书馆,2016年,第493页。

② 同上,第496页

③ 同上,第497页。

④ 同上,第489页。

⑤ 同上,第507~508页。

这已经与尼采对“科学”的认知相差甚远。因此贝尔将尼采笔触下的“虚无主义”简单地等同于“现代科学”显然是不合时宜的。

此外,应当注意到的一点是,为了凸显“现代性问题”,贝尔着重强调了尼采具有破坏性力量的“虚无主义”,那么问题在于,贝尔视域下的尼采式“虚无主义”是否等同于尼采所宣称的“虚无主义”呢?结合上文对尼采“虚无主义”的论述来看,可以明显地发现贝尔片面地理解了尼采的“虚无主义”。这种片面性主要体现在贝尔重点关注了“虚无主义”所具有的破坏性,即尼采所理解的“消极的虚无主义”,而忽视了尼采所重点强调的“积极的虚无主义”。

在尼采看来,“虚无主义”作为“最高价值的自行贬黜”是具有两种含义的:作为积极的虚无主义和作为消极的虚无主义。就“积极的虚无主义”而言,“虚无主义”是“作为提高了的精神权力的象征”而存在。这种“虚无主义”既可以“是强者的标志:精神力量可能如此这般地增长,以至于以往的目标(‘信仰’、教条)已经与之不相适应了”,也可能是“不充分的强者的标志,目的是创造性地重又设定一个目标、一个为何之故、一种信仰”。[①]另一方面,“消极的虚无主义”与之相反,是“作为精神权力的下降和没落”而存在。对于这种“虚无主义”而言,尼采描述道:

> 作为一种弱者的象征:精神力量可能已经困倦、已经衰竭,以至于以往的目标和价值不适合了,再也找不到信仰——
>
> 价值和目标的综合(每一种强大的文化都以此为基础)自行消解。结果是各种价值相互冲突:导致瓦解。
>
> 一切令人振作、有疗救作用、提供慰藉、令人麻醉的东西纷纷出笼了,披着形形色色的伪装,宗教的,或者道德的,或者政治的,或者美学

① [德]尼采:《权力意志》(上卷),孙周兴译,商务印书馆,2014年,第400页。

的，等等。①

尽管尼采在精神力量的角度上对“虚无主义”进行了不同类型的划分，但是尼采始终坚信自己是“一个积极的虚无主义者”。作为象征着“提高了精神权力”的“积极的虚无主义者”，尼采主张站在作为权力意志的生命立场，从“形而上学虚幻”中跳脱出来，反思现存的一切价值，并对之进行重估。所以在这种意义上而言，尼采不仅关注了在消极层面上具有“破坏作用”的“虚无主义”，而且更为强调的具有重构性的“积极虚无主义”。尼采认为，在目前状态下“人类并没有呈现出一种向着更善，或者更强壮，或者更高的方向的发展”②。因此作为一个更高类型的“超人”，成为尼采后期思想的一个重要思考方向。由此可见，贝尔对“虚无主义”的关注，仅仅停留在尼采视角之下“消极虚无主义”，而没有从整体角度思考尼采“虚无主义”的深意。因而贝尔简单化处理尼采式“虚无主义”就变成了一种“意料之中”的结果。

如前所述，尼采式和康拉德式“虚无主义”的缺陷，一方面是曲解“历史性时间”而形成了带有灾难性变故色彩的(Apocalyptic)末日论观点，认为世界和社会的变革是可以在一夜之间完成的；另一方面则是受到了“社会整体观”的影响，贝尔坦然承认，“虚无主义”尽管揭示了“人类社会瓦解”的可能性，但绝非“人类注定的命运”，相反，只是一些“诱人的设想”。换言之，在某种程度上，贝尔肯定了资本主义社会中“风险性”的存在，但“风险”的产生原因和应对之道却与“虚无主义”不尽相同。“风险”是“经济冲动力”和“文化或宗教冲动力”之间彼此博弈而形成的必然结果，即“现代性的双重羁绊”，对此贝尔提出了西方社会向某种宗教思想的回归，因为对他而言：

① ［德］尼采：《权力意志》(上卷)，孙周兴译，商务印书馆，2014 年，第 400~401 页。

② ［德］尼采：《权力意志》(下卷)，孙周兴译，商务印书馆，2014 年，第 901 页。

> 过去,人类社会对灾难是有所准备的,也就是根源于经验的稳定信仰,这种信仰能为人们提供关于现实的某些超时间性概念。传统上的稳定信仰即是宗教……然而,现代社会却用乌托邦取代了宗教——乌托邦并不是那种超验的理念,而是指在技术提供的营养和革命所起的催动作用下、通过历史(进步、理性与科学)来实现的乌托邦。[①]

此种情景下,现代人企图从文化艺术中寻找到"兴奋"和"意义"的努力,促使现代主义成为当今社会主要的文化模式。对贝尔更为重要的一点是,取代"宗教"而转向"现代主义"的这种变化,"在人的精神世界引起了一场更为深刻的危机,即对空虚的恐惧"[②],这成为贝尔思考现代性的重要组成部分:"现代性的真正问题在于信仰问题"。宗教或文化冲动力的式微过程同时也是现代人"精神世界"危机化的过程,在贝尔看来,取代宗教信仰的背后,其实掩藏的是"现代人的傲慢",一种不断追求自我精神无限扩大的狂妄自大之态,"因此,现代人的傲慢就表现在拒绝承认有限性,对不断扩张的坚持;随之,不断进行超越成为现代世界的一种命运——超越道德,超越悲剧,超越文化"[③]。

由此,贝尔对"虚无主义"理论的批判,揭示了现代世界和资本主义社会变革的双重动力(即"经济冲动力"和"文化冲动力"),其背后所隐藏的关于"人类命运"的人文主义关怀,最终与现代人的"精神危机"或"信仰"问题联系了起来。在现代性背景下,围绕"现代人"而产生的"精神"或"信仰"问题,在"经济冲动力"一端中表现为消费的异化以及由此产生的"娱乐道德"现状,而其表现形式在"文化冲动力"中则更为明显,从内化维度上而言,现代

---

① Daniel Bell, *The Cultural Contradictions of Capitalism*, Basic Book, Inc., Publishers, 1976, p.28.

②③ Ibid., p.49.

人感知外部世界的方式发生了变化，正如在“感觉革命”一节中所揭示的那样，从外化维度上，现代人在外部世界中的所言所行也发生了剧变，“角色分裂”则是这种剧变最为真实的反应，这一点在“文化的断裂”一节中已经详细地论述过。因此所有这一切变化，在较为深刻的意义上而言，反映出的是现代人的本质：

> 现代人最为深刻的本质，即由现代形而上学所揭示的人类灵魂深处的奥秘，是寻求超越自身，无限发展的努力。他知道消极之物——死亡——对我们而言是一种有限存在，但他拒不接受这一事实。①

无论从内化维度还是外化维度上，“分裂”状态已经成为“现代人”所处的一种常态，成为一个现代人企图捍卫“自我”完整性所亟待解决的人学问题。从这个角度上而言，贝尔谈到的“分裂”问题及“现代性真正问题”其实是围绕人学视角中的“自我认同”及其“自我认同危机”而进行的。因此，对贝尔理论进行的分析转向了以下问题的研究：现代性背景下的“自我认同”及其“认同危机”。

在现代语境中，“自我认同”及其“认同危机”自20世纪中叶，尤其是20世纪70年代以来，已经成为人学研究领域中的一个重要方向。但在此之前，对“自我认同”问题进行研究并没有引起学术界的足够重视，更甚者，几乎不存在“自我认同”的困扰。可以说，“认同危机”的出现恰恰是研究“自我认同”问题的一个契机。据埃里克·H.埃里克森回忆，“认同危机”最先出现在第二次世界大战期间，是为了一种特殊的临床目的而使用的词语。其间，包括埃里克森在内的不同的精神病工作者，由于国家的紧急状态，齐聚齐昂山退伍

① Daniel Bell, *The Cultural Contradictions of Capitalism*, Basic Book, Inc., Publishers, 1976, p.49.

军人健康诊所,但是所诊治的大多数病人,属于“既不曾患有弹震症,也不是装病者,而是在战争的紧急状态中失去了个人同一性和历史连续性之感,他们失去了对自己的中枢控制。就精神分析的图式而言,这种控制只有自我(ego)的‘内部机构’能为之负责”[①]。埃里克森把这种失衡状态称之为“认同危机”。

在现代性条件下,这种失衡状态不仅仅局限于战后军人群体中,其他社会群体同样存在着这种状况,可从不同研究视角对该状况进行归纳整理,如具有严重冲突的年轻人、同性恋者的身份认同、对国家或民族的认同等。处于失衡状态的这种普遍性,一方面使得研究者在思考“自我认同”问题时不得不面对两个基本的事实:其一是“自我认同”和“认同危机”在当代社会中已经成为一组被频繁使用的词汇;其二是这组概念在研究过程中已经被研究人员所泛化和模糊化,另一方面,上述两个事实也决定了“自我认同”问题研究的特点:第一是“自我认同”问题的跨学科、综合性的研究属性;第二则是鉴于从精神领域生成的“自我认同”事实,相关概念的历史性演变,使研究的复杂化程度大大加深。

与此同时,上述事实也增加了对“自我认同”概念进行当代语境下界定的困难度,但这绝不意味着不可界定。从国外来看,以“自我认同”的理论切入点并向周围不断延伸的研究,已经取得了丰硕的成果,如英国学者安东尼·吉登斯就现代性与自我认同之间的关系进行研究、加拿大学者查尔斯·泰勒的现代历史叙述方法研究及从行为主义、结构主义、心理分析、后现代主义等方法进行的研究。美国史密斯学院(Smith College)的哲学教授杰伊·L.加菲尔德(Jay L.Garfield)对上述西方世界中围绕“自我”而产生的问题进行

① [美]埃里克·H.埃里克森:《同一性:青少年与危机》,孙名之译,中央编译出版社,2015年,第2页。

了概括，认为可以从四个具有代表性争议①进行理解：历时性认同（Diachronic Identity）、共时性认同（Synchronic Identity）、个体本质（Personal Essence）及关于自我的最小概念（Minimal Conceptions of Self）。而从国内来看，北京师范大学王成兵在其博士论文《当代认同危机的人学探索》对“自我认同”问题进行的界定，具有很大的参考价值，该界定如下：

> 按照我们的理解，所谓当代认同是指现代人在现代社会中塑造成的、以人的自我为轴心展开和运转的、对自我身份的确认，它围绕着各种差异轴（譬如性别、年龄、阶级、种族和国家等）展开，其中每一个差异轴都有一个力量的向度，人们通过彼此间的力量差异而获得自我的社会差异，从而对自我身份进行识别。②

这些研究方向和方法为进一步界定“自我认同”提供了诸多有益借鉴。

从以上对“自我认同”和“认同危机”的事实性梳理，不难发现，该研究的现代色彩十分浓郁，脱胎于现代社会背景之中，当然，这并不是说以往社会中不存在“认同危机”，只是应当注意到，“自我认同”或“认同危机”在当代不仅已成为一个颇具影响力的话题，与此同时还是每个人需要面对且亟待解决的问题。因为“在过去，事态似乎稳定一些，还可以预测。人们为生存而奋斗，这似乎赋予了生活一些内在意义，目标似乎也比较明确。然而由于今天技术与财富的泛滥，对大多数人来说，生存已不再是唯一的奋斗目标。在这样的环境中，人们开始思考他们生存的意义和本质。这时，他们常常发现自己为这一类问题所困惑，诸如：‘我是谁？我正走向何方？为什么我要去那里？

① See Jay L. Garfield, *Engaging Buddhism: Why it matters to philosophy?* Oxford University Press, 2015, Chapter 4.

② 王成兵：《当代认同危机的人学探索》，北京师范大学博士学位论文，2003年。

②

我所干的一切意义何在？真的有必要吗？'"[①]由此，从传统社会向现代社会的转变，恰恰成为"自我认同"与"认同危机"问题的契机，从现代生活的大背景而理解当代认同问题，因此也成为一种研究路径。

贝尔对当代社会的深刻解读，归纳了内生于资本主义社会中的"现代性双重羁绊"，围绕"经济冲动力"和"文化冲动力"之间的作用张力，分析了处于"断裂状态"中的资本主义社会从开始发展阶段到20世纪60至70年代期间所衍生出来的各种文化"新"现象，指出"现代性的真正问题是信仰问题"，并得出"宗教回归"的论断。在这个基础上，批判了在歪曲"历史性时间"和"社会整体观"影响下而形成的"虚无主义"观点。贝尔花费大量的时间、精力分析社会宏观层面上的种种文化现状，却富有深意地道出了文化现状背后的"现代人的精神危机"。由此可知，从尼采式"虚无主义"到康拉德式"虚无主义"，到"现代性的真正问题"，最后再到"宗教回归"思想，贝尔思维脉络指向了围绕"人"而存在的一系列问题，其中处于核心地位的就是"自我认同"和"认同危机"。

从"断裂状态"中的社会入手，分析研究"现代人"精神领域中的"危机"，也正是吉登斯在研究现代性与自我认同关系时的思考路径，即从时间与空间中的现代性断裂而引发的社会系统的"脱域"问题出发，分析了由此而带来"自我"两方面问题，即"本体性安全"和"生存性问题"。"本体性安全"是"所有文化中的大部分人类活动的特点"[②]，是通过日常社会互动建立起立的可信性而传递的关于人和事物的"现实共享感"；而"生存性问题"关涉的则是人类生活的基本参量，并且由每个社会活动的场域中"实践"的社会个体所解答，它包含以下四个方面：第一，存在和存有，即存在的本质、客体和事

① ［美］马斯洛等：《人的潜能和价值》，林方主编，华夏出版社，1987年，第400页。

② ［英］安东尼·吉登斯：《现代性与自我认同：现代晚期的自我与社会》，赵旭东、方文译，生活·读书·新知三联书店，1998年，第40页。

件的识别;第二,有限性和人类生活,即人类既是自然的一部分,又作为有感知和反思性的创造物与之相分离,这造成了存在的矛盾;第三,他人经验,即个人解释他人的特质和动作的程度;第四,自我认同的连续性,即在连续的自我和身体中,人的概念的持续感受。由此吉登斯在"自我"问题上,有关"本体性安全"的探讨大致相当于贝尔对"现代人精神困境"所做的诊断,但吉登斯更进一步指出社会个体在"存在性问题"中所存在的困境,并从四个方面对其进行解读。

那么这又引向一个全新的角度,即建立在"自我认同"基础上的人学思考,能否成为解读贝尔批判"虚无主义"的一条有益思路,能够成为理解《资本主义文化矛盾》的一个方向,更甚者能够成为研究贝尔现代性思想的一种路径?

英国学者杰拉德·德兰蒂(Gerard Delanty)在《现代性与后现代性》一文中指出:"现代性导致肇端于后现代神学论争的一种不确定性话语的加深,同样,后现代性话语可以看作一种现代求索的神话,此种求索旨在解决一个最初在宗教经验领域提出的问题:信仰(可能性的领域)和知识(局限的领域)之间的冲突……解决这个问题的现代方案是在一种自我局限的主体性之内找到超越之道……在现代性条件之下,超越就是局限意识,并且在知识的有限性和完美的不可实现性中得到表达。知识的关键力量源于承认一切形式的人类经验都是经过中介的。揭示这些中介结构是这里所提出的现代性理论的核心任务之一。"[①]与此同时,德兰蒂也指出,信仰(可能性领域)和知识(局限的领域)之间的冲突同样也适用于自我领域。其原因在于,"现代文化的基础是有关自我的自主性及其自我决定之意向的学说,此学说预设了特定的空间和时间结构",因此,在这种状况下,通过某种中介的参考,才

① [英]杰拉德·德兰蒂:《现代性与后现代性:知识、权力与自我》,李瑞华译,商务印书馆,2015年,第3页。

能实现“自我认同”,“只有参考一个不可知的他人,自我才能确证其认同,无论这个他人是上帝、异域和原始民族、自然、原始文化、战争对手、疯子、穷人、罪犯”。[①]

按照由“小”(指“自我认同”的理论视角)到“大”(指贝尔的人文关怀、现代性问题,或后现代性问题)的研究思路,不仅可以窥见贝尔批判“虚无主义”这种“诱人而简单的构想”的深意,而且解读贝尔作为公众知识分子所体现出来的对于“人类命运”走向的深切关怀,与此同时,还能够为围绕“现代性”“后现代性”而产生的一系列困惑提供一种有益思路。那么,这一切的一切又重新回归到德尔菲神庙石碑上那句被苏格拉底当作座右铭的古代箴言:“人,要认识你自己。”

通过以上梳理和分析可以发现,“虚无主义” 无论是大革命时期作为清除神权思想的工具利器,还是批判德国哲学唯心论思想的名号,或是俄国文坛企图与传统分道扬镳的“号角”,都与当时某种社会转变的现实有着相当密切的联系。可以说,每当社会发生某种大的变动,如“法国大革命”、德国资产阶级改革及俄国自上而下的改革,都会成为“虚无主义”迅速发展的一个历史契机。处在变动中的社会,通过衣、食、住、行等方面对社会成员施加某种无形的影响,对贝尔而言,社会变动的背后所掩藏的是人类精神层面上的危机。由此,社会变动、“虚无主义”和“精神危机”问题,在贝尔这里变成了对未来“人类命运”的人学探讨。

面对上述三方面错综复杂的关系,贝尔主张通过对资本主义社会的“现代性双重羁绊”进行社会学分析,认为“虚无主义”一方面曲解了“历史性时间”,另一方面受“社会整体观”的影响,而无法在本质上解答“人类命运”的疑惑,尽管“虚无主义”已经揭示了西方社会瓦解的重复可能性,因此面对西

① [英]杰拉德·德兰蒂:《现代性与后现代性:知识、权力与自我》,李瑞华译,商务印书馆,2015年,第3~4页。

方社会存在的诸多问题，贝尔提出了“现代性的真正问题在于信仰”，并为西方社会的未来发展提出一个论断，即回归某种宗教思想。对贝尔而言，“人类精神危机”的出现与“信仰”问题的出现息息相关，对“宗教思想回归”的呼喊成为一种必然。

如果将贝尔理解中的“人类精神危机”具化到每个人，那么“自我认同”及其“认同危机”问题的思考与研究随即成为一个新的切入点。“自我认同”首先出现在参战士兵对“自我”无法实现合法性认可的情况中，而产生了一种“分裂感”“不确定感”、又或是贝尔称之为的“对空虚的恐惧”。现代性发展所引发的社会变革，使得“自我认同”成为现代人所不得不面对的一个问题。在这种意义上来说，现代性、社会变动、“虚无主义”“人类精神危机”“信仰”等问题的研究，在现代个体这里融合在一起，构成了人学领域的“自我认同”课题。

如此说来，对“自我认同”问题进行的分析和研究，虽然是以社会个体为切入点，但是若将视角拓展到整个社会层面，就可以发现，“自我认同”的背后却是与之相关的宏观研究点，于是“自我认同”便成为一面浓缩“社会变动”的“放大镜”，便成为“现代性”“虚无主义”研究的另一条有效路径。

参考文献

一、中文文献

1.[英]安东尼·吉登斯：《现代性与自我认同——晚期现代中的自我与社会》，更璐译，中国人民大学出版社，2016年。

2.[英]B.鲍桑葵：《美学史》，张令译，中国人民大学出版社，2016年。

3.[英]D.R.格里芬：《后现代精神》，王成兵译，中央编译出版社，2011年。

4.[德]海德格尔:《林中路》,孙周兴译,商务印书馆,2015 年。

5.[德]海德格尔:《路标》,孙周兴译,商务印书馆,2014 年。

6.[德]海德格尔:《论哲学的规定》,孙周兴、高松译,商务印书馆,2016 年。

7.[德]海德格尔:《面向思的事情》,陆小文、孙周兴译,商务印书馆,2015 年。

8.[德]海德格尔:《尼采》,孙周兴译,商务印书馆,2014 年。

9.[德]海德格尔:《形而上学导论》,王庆节译,商务印书馆,2015 年。

10.[德]赫伯特·马尔库塞:《单向度的人——发达工业社会意识形态研究》,刘继译,译文出版社,2015 年。

11.江怡主编:《走向新世纪的西方哲学》,中国社会科学出版社,1998 年。

12.刘放桐等编著:《新编现代西方哲学》,人民出版社,2000 年。

13.[美]马泰·卡林内斯库:《现代性的五副面孔》,顾爱彬、李瑞华译,译林出版社,2015 年。

14.[德]尼采:《查拉图斯特拉如是说》(译注本),钱春绮译,生活·读书·新知三联书店,2015 年。

15.[德]尼采:《尼采著作全集》(第六卷),孙周兴译,商务印书馆,2016 年。

16.[德]尼采:《尼采著作全集》(第五卷),赵千帆译,商务印书馆,2016 年。

17.[德]尼采:《权力意志》,孙周兴译,商务印书馆,2014 年。

18.[法]让·鲍德里亚:《生产之镜》,仰海峰译,中央编译出版社,2005 年。

19.[法]让·鲍德里亚:《消费社会》,诚成富、全志钢译,南京大学出版社,2014 年。

20.佟立:《当代西方生态哲学思潮》,天津人民出版社,2017 年。

21.佟立:《全球化与后现代化思潮研究》,天津人民出版社,2012 年。

22.佟立:《西方后现代主义哲学思潮研究》,人民出版社,2003 年。

23.涂继亮:《美国哲学史》,社会科学文献出版社,2007 年。

24.[美]伊哈布·哈桑:《后现代转向:后现代理论与文化论文集》,时报文化出版企业有限公司,1993 年。

25.[德]约尔根·哈贝马斯:《现代性的哲学话语》,葛卫东译,译林出版社,2016 年。

26.[丹]约尔根·哈斯:《幻觉的哲学:尼采八十年代手稿研究》,京不特译,东方出版社,2011 年。

27.朱光潜:《西方美学史》,商务印书馆,2015 年。

二、外文文献

1.Arthur Kroker, *The Will to Technology and the Culture of Nihilism: Heidegger, Nietzsche, and Marx*, Toronto: University of Toronto Press, 2004.

2.Brian Schroeder, *Nihilism and Metaphysics: the third voyage*, Trans.Daniel B.Gallagher, State University of New York Press, 2014.

3.Daniel Bell, *The coming of post-industrial society: A venture in social forecasting*, Basic Books, 1999.

4.Daniel Bell, *The Cultural Contradictions of Capitalism*, Basic Books, Inc., 1976.

5.Daniel Bell, *The end of ideology*, Cambridge, Harvard University Press, 1988.

6.Daniel Bell, *The winding passage: Sociological Essays and Journeys*, New Brunswick, Transaction, 1991.

7.Gianni Vattimo, *The End of Modernity: Nihilism and Hermeneutics in Postmodern Culture*, Polity Press, 2006.

8.Jean-Francois Lyotard, *The Postmodern Condition: A Report on Knowledge*, Trans.Geoff Bennington and Brian Massumi, Manchester: Manchester University Press, 1984.

9.Jeffrey Metzger, *Ed.Nietzsche, Nihilism and the philosophy of the Future*, Continuum International Publishing Group, 2009.

10.Johan Goudsblom, *Nihilism and Culture*, Basil Blackwell, 1980.

11.Malcolm Waters, *Daniel Bell*, Routledge, 1996.

12.Martin Heidegger, *Being and Time*, Trans.John Macquarrie and Edward Robinson, Harper & Row, 1962.

13.Martin Heidegger, *Contributions to Philosophy(From Enowning)*, Trans. Parvis Emad and Kenneth Maly, Bloomington, Indiana University Press, 1999.

14.Martin Heidegger, *Introduction to Metaphysics*, Trans.Gregory Fried an-dRichard Polt, New Haven, Yale University Press, 2000.

15.Martin Heidegger, Nietzsche, *Vol.4: Nihilism*.Ed.David Farrell Krell.Trans. Frank A.Capuzzi, Harper & Row, 1982.

16.Martin Heidegger, Nietzsche, *Vol.1: The Will to Power as Art*, Trans.David Farrell Krell, Harper & Row, 1979.

17.Martin Heidegger, *Pathmarks*, Ed.William McNeill, Cambridge University Press, 1998.

18.Martin Heidegger, *The Question Concerning Technology and Other Essays*, Trans.William Lovitt, Harper & Row, 1977.

19.P.Laurence Hemming, *The Movement of Nihilism: Heidegger's thinking After Nietzsche*, Ed.Costea Bogdan and Amiridis Kostas, Continuum International Publishing Group, 2011.

20.Shane Weller, *Modernism and Nihilism*, Palgrave Macmillan, 2011.

21.Theodor W. Adorno, *Against Epistemology: A Metacritique: Studies in Husserl and the Phenomenological Antinomies*, Trans.Willis Domingo, Basil Blackwell, 1982.

22.Theodor W. Adorno, *Metaphysics: Concept and Problems*, Ed.Rolf Tiedemann, Trans.Edmund Jephcott, Polity Press, 2000.

23.Theodor W. Adorno, *Negative Dialectics*, Trans.E.B.Ashton, Routledge & Kegan Paul, 1973.

24.Theodor W. Adorno, *Prisms*, Trans.Samuel and Shierry Weber, Cambridge, MIT Press, 1981.

第三章　贝尔与现代宗教思想

To understand the transcendent, man requires a sense of the sacred. To remake nature, man can invade the profane. But if there is no separation of realms, if the sacred is destroyed, then we are left with the shambles of appetite and self-interest and the destruction of the moral circle which engirds mankind. Can we—must we not—reestablish that which is sacred and that which is profane?

——Daniel Bell

要理解超验之物,人就需要一种神圣感。要再造自然,人就可以侵扰凡俗事物。但如果没有圣俗两领域的分离,如果神圣遭劫,那么我们便只剩欲望和自私的废墟,以及约束人类的道德之环的毁灭。我们能够——难道不是必须——重建何为神圣、何为凡俗吗?①

——丹尼尔·贝尔

① Daniel Bell, *The Cultural Contradictions of Capitalism*, 20th Anniversary ed., Basic Books, Inc., Publishers, 1996, p.171.中译本此处有误,由笔者据原著翻译。

宗教思想是《资本主义文化矛盾》的核心内容，对该思想的研究是理解整部著作的关键。本文梳理出三组共九个核心术语，进行历时性和共时性考察；揭示了从新教伦理和经济冲动相协调促进了早期资本主义崛起，到信仰衰落、现代主义兴起和享乐主义盛行的过程；展现了现代社会中人的欲望和理性缺乏限制、经济和文化领域断裂、精神陷入危机、社会矛盾重重的现象；据此贝尔提出复兴传统宗教和"公众家庭"的解决方案。其理论体现出批判现代主义和重建神圣信仰两个特征。贝尔的信仰复兴有一些特殊性：其宗教观的基础是存在主义的，出于解决社会问题的工具性需要，本质上是基于理性的信仰，内容上的关键是隔离神圣和凡俗。虽然贝尔的思想有一些明显的缺点，但其关于尊重和延续传统、协调多重价值目标等观念，对我国复兴中华文明、营造和谐社会和实现可持续发展，具有一定的借鉴意义。

第一节　研究现状综述

贝尔最重要的三部作品分别是《资本主义文化矛盾》(1976)、《意识形态的终结》(1960)和《后工业社会的来临》(1973)，前两者均入选《泰晤士报文学副刊》(*Times Literary Supplement*)认定的自二战以来最有影响力的一百本著作。《资本主义文化矛盾》集结了贝尔已发表过的一些文章，在三者之中整体协调性最好，也因成书时间晚于另两本而在思想上更臻成熟，一经出版就引起广泛持久的关注。此书聚焦于现代资本主义发展中的文化趋势，认为不同于资本主义初期勤奋节俭的新教伦理与经济扩张协调一致，20 世纪资本主义的发展导向一种文化领域的自我满足、自我实现和享乐主义，这与经济生产领域要求的自律相冲突；通过"理想类型"(ideal type)的虚拟演绎和历史经验的观照这两个维度进行论述，结尾以宗教复兴、"公众家庭"为解决方案。宗教有关思想是贯穿全书的一条主线与核心内容，是此书论述的出发点和终极旨归，也是贝尔整体思想的中心之一。因此，梳理解读《资本主义文化矛盾》的宗教思想十分重要，国内外的相关研究也早已展开。

贝尔的理论基于经验事实的归纳而成，如社会结构的轴心原则、社会秩序的文化基础和社会变化的动力学等。他于1980年将1960年至1980年间发表的一些文章按五个主题分类编辑成《蜿蜒之路》(*The Winding Passage*)一书，这是了解其研究的广泛兴趣和基本观点的捷径。在《神圣回归？论宗教的未来》(*The Return of the Sacred? The Argument on the Future of Religion*)一文中，他认为资本主义宗教经历了两大转变：一是发生于社会结构中的世俗化，他不将其视为在宗教实践或信仰领域的衰退，而是宗教的公共机构权威从艺术和政治的公众领域收缩至教会和家庭的私人领域；即使在技术-经济结构中世俗化被理性化所支持，它还暗含着私人领域宗教行为中的活力或信奉的不必要缺乏。二是发生于文化中的“大亵渎”(Great Profanation)，类似于韦伯的“祛魅”，它与现代主义的兴起相关，现代主义致力于越界和侵犯禁忌直至“无所神圣”(nothing sacred)。“大亵渎”包含三部分：一是技术-经济和政治中的激进个人主义和文化中的无限制自我，二是艺术取代宗教成为回答道德问题的舞台，三是虚无主义兴起。它们为宗教替代品的发展打开了空间，贝尔列举了五种：理性主义、审美主义、存在主义、公民宗教和政治宗教。[①]接着他讨论了现代主义的耗竭、马克思主义的黯然和利己主义的厌倦，以证明替代品的失败。于是贝尔相信神圣将会回归，且在西方将可能有三种模式[②]：①道德化宗教(moralizing religion)，其根源和力量在基要主义信仰中，是福音派的，严斥罪恶，传统上包含农民、中产阶级下层和小城镇技工等人

① See Daniel Bell, *The Return of the Sacred? The Argument on the Future of Religion*, The Winding Passage, Cambridge, Massachusetts, Abt Associates Inc., 1980, p.338.

② Ibid., pp.349-351.

群;②救赎性宗教(redemptive religion),它将在知识分子和专业人士阶层中找到追随者;③神话的和神秘的宗教(mythic and mystical religion),世界已变得过于科学和单调,人需要一种奇妙和神秘的感觉。以上三者均源于某种传统宗教观念。在2006年的一个采访[①]中,贝尔强调其众多思考根植于犹太文化,他从埃米尔·涂尔干(Émile Durkheim)那里找到了代替唤起上帝观念的方法,即假如有一个不能被侵犯的神圣世界。贝尔认为神圣与凡俗之间存在差别,人们需要超越世俗的某些事物,新近出现的乌托邦重生即是重建宗教观念的一种努力,他已开始撰写一部关于乌托邦主义和弥赛亚主义之间的历史张力的作品。

马尔科姆·沃特斯(Malcolm Waters)是研究丹尼尔·贝尔的一位权威学者,他于1996年出版了劳特利奇"关键社会学家"系列专著之一《丹尼尔·贝尔》(*Daniel Bell*),对贝尔的人生经历、治学方法、研究内容、著作和思想等进行了全面评介。他于2003年又为《布莱克威尔当代主要社会理论家指南》(*The Blackwell Companion to Major Contemporary Social Theorists*)撰写了关于贝尔的章节,此文沿用之前专著的脉络,篇幅相对简短,对贝尔学术贡献的评价更严苛一点。沃特斯指出,贝尔描绘其文化观念的立场为审美或宗教领域的"表现性象征主义"(expressive symbolism),包括关于人生意义、死亡、爱和精神性的有关存在的关键问题。沃特斯认为,在一定程度上,《资本主义文化矛盾》是一篇为复归宗教而写的论文;现代主义导致了文化分裂,否认了宗教信仰的可能性,然而现代主义的萎缩所留下的空虚为宗教复兴提供了机会。[②]对于贝尔来说,继"大亵渎"之后必然是"伟大的复兴"(Great Instauration),因为文化中关于存在的问题是无法逃避的。与韦伯不同,贝尔认为宗教回归不会采取之前宗教转变的清教化途径,相反,这种新宗教将是一

① See P.Beilharz, Ends and Rebirths: An Interview with Daniel Bell, *Thesis Eleven*, (1)2006, p.93.

② See Malcolm Waters, *Daniel Bell*, Routledge, 1996, p.141.

种真正的复兴,回到将把个体与过去和未来联结起来的一种传统。沃特斯指出,贝尔沉浸于经典的西方文化和犹太教中,于是以一种强烈的个人化方式感受到文化的分裂和宗教信仰的丧失。贝尔发现存在根本矛盾之处,并不真正是完全互相抵触的。如文化领域的自我赞颂和技术经济领域要求自我从属于纪律这一最大的分裂,也可被替换性解释为,技术经济领域要求的纪律,不是早期加尔文主义规定的那种意义上的天职观念或禁欲主义,而是一种非内在化的服从规则,这种外在服从可以通过薪资换来自我的物质满足,于是贝尔所说的矛盾就不成立了。[①]对于贝尔看作美国价值体系之基础的新教伦理和清教精神,可以被认为其实是与之对立的:他夸大了小城镇的作用,美国价值体系恰恰坐落于大城市和东部自由企业中,小城镇的美国只是暂时性失常,偶尔表现为宗教激进主义;清教主义坚持集体的重要性和个体的从属性,因而是非美国式的;新教资产阶级文化本身是反对权威等级制的一场改革运动,难以将其看作传统的一个来源;而现代主义和后现代主义与美国价值观是完全一致的,并在美国发展得比世界上其他地方更充分。[②]贝尔关于现代主义兴起的解释是,科技将恶魔般的自我从宗教监牢中释放了出来,而一些成熟的替代性论证认为这种"自我",恶魔般的或其他的,是一座现代建筑物而不是一个基础性现实;贝尔说自从资产阶级文化在 20 世纪 60 年代被击败以来,已经没什么可被反叛的了,但福柯说仍存在一个充满权威和控制的社会。沃特斯总结道,人不能通过共同体的反射行为或哲学的挪用来学会信仰或创造宗教。如韦伯所说,伟大的复兴不会存在,如果那意味着灵魂的一个漫长黑夜,那么那就是自我认知的代价;然而即使存在一个较大的复归,也要考虑它是否确实有积极价值。贝尔知晓清教主义的负面性,更不用说政治意识形态,但为什么他没把这些扩展至所有使人成为附庸的

①② See Malcolm Waters, *Daniel Bell*, Routledge, 1996, p.145.

思想体系，这完全不清楚。贝尔的文化保守主义似乎是呼吁一种拒绝，对于杰弗逊主义式的思想开明所隐含的可能性的一种拒绝。[①]

关于贝尔的思想立场，内森·利博维茨（Nathan Liebowitz）在《丹尼尔·贝尔和现代自由主义的痛楚》（*Daniel Bell and the Agony of Modern Liberalism*）中，强调了贝尔思想里介于以下两种力量之间的内在张力，即通过社会改良而进步的理性主义者的行动主义和乐观主义，如在杜威（John Dewey）的思想中发现的，和派生自尼布尔（Reinhold Niebuhr）的神学的约束节制和悲观主义，尼布尔怀疑价值导向型政治的可能性（the possibility of value-based politics），贝尔试图调和此两者。[②]此外，约翰·奥尼尔（John O'Neill）在《后现代主义的贫困》（*The Poverty of Postmodernism*）中，强调了贝尔的观点，即资本主义似乎更有必要担心其文化矛盾和社会生活的分裂而不是阶级斗争，并指出贝尔和詹姆逊（Fredric Jameson）都倾向于更新宗教的象征意义来恢复社会纽带，以对抗给保守主义传统和马克思主义传统带来同等破坏的后现代价值观，[③]虽然涂尔干的这个课题沿着两个不同方向进行，贝尔向后看怀念保守主义，詹姆逊向前看期待激进乌托邦主义。

对于贝尔的概念和假设，有学者认为，他对经济、文化、政治领域的定义不总是一贯的或令人信服的；经济和文化领域的彻底断裂假设，引发诸多争议，也难以判定不同领域之间的断裂究竟产生于贝尔构建的观念大厦，还是社会中可观察的过程？还有学者依据历史资料提出异议，阿兰·杜海纳（Alain Touraine）对贝尔的假设——当代社会的独特显著特征是社会联结的解散，

---

① See Waters, Malcolm, *Daniel Bell*, Routledge, 1996, p.147.

② See Williams, Leonard, The American Political Science Review, Daniel Bell and the Agony of Modern Liberalism by Nathan Liebowitz, *The American Political Science Review*, Vol.80, No.2, 1986, pp. 654-656.

③ See O'Neill, John, *The Poverty of Postmodernism*, Routledge, 1995, p.111.

在历史方面的充足性持怀疑态度,认为社会并没有比以前更支离破碎。[①]史蒂文·布林特(Steven Brint)和克里斯托弗·普罗克特(Kristopher Proctor)基于美国职业中产阶级的生活世界的历史证据，坚称工作时的自我约束和休闲时的享乐主义并不矛盾。[②]

关于贝尔对资本主义文化矛盾的诊断和解决方案，尤尔根·哈贝马斯(Jurgen Habermas)评论道,贝尔认为现代主义文化释放了与职业生活的纪律性不协调的享乐主义,甚至与目的理性的人生行为的道德基础完全不匹配,以这种方式，贝尔把经济和社会的资本主义现代化对于新教伦理衰落和社会联结解散的责任转移至现代主义;贝尔视宗教复兴为唯一的解决方案,传统的宗教信仰能为个体提供定义清晰的身份和有关存在的安全感。[③]约瑟夫·本斯曼(Joseph Bensman)和亚瑟·J.维迪奇(Arthur J.Vidich)主张,贝尔未能解释20世纪六七十年代的文化冲突,其文化矛盾假设过于笼统地概括和忽视了经济和社会结构中的进展——它们能解释文化的躁动和冲突；贝尔夸大了文化对于经济的自主性。[④]安德鲁·吉尔伯特(Andrew Gilbert)指出,哈贝马斯将理性文化、解放的启蒙方案视为通向自由的途径,而贝尔却认为自由和解放是问题所在,贝尔要通过宗教把限制和神圣的意识带回文化中,技术和理性不能根本解决来自人生的有限性和偶然性的关于存在的问题,而

① See Touraine, Alain, What is Daniel Bell Afraid of? *American Journal of Sociology*, 1977, pp.469–473.

② See Brint, Steven, and Kristopher Proctor, *Middle–class Respectability in Twenty–first–century America: Work and Lifestyle in the Professional–managerial Stratum*, *In Thrift and Thriving in America: Capitalism and Moral Order from the Puritans to the Present*, Eds.Joshua Yates and James Hunter, Oxford University Press, 2011, pp.462–490.

③ See Habermas, Jürgen, and Seyla Ben–Habib, Modernity versus Postmodernity, *New German Critique*, No.22, 1981, pp.3–14.

④ See Joseph Bensman, and Arthur J.Vidich, *The Cultural Contradictions of Daniel Bell*, *International Journal of Culture, Politics and Society*, 1999, pp.503–514.

唯有宗教有足够歧义性(ambiguous)和阐释性来解答；贝尔认为当代的新教复兴不过是以宗教形式重建的自我导向的享乐主义文化，而他指向的是一种“公共哲学”——联合体有着共享的权利和责任的意识，但这种方案似乎是无效的，其理论在随后历史中看来是失败的。[①]

综上所述，国外学者对于贝尔的研究较为全面深入，涵盖其思想的整个链条，视角多样、见解犀利。他们分析其理论的根源和逻辑，质疑其理论前提和假设，考察其概念应用的准确性和一致性，权衡其历史考察及相关论据的充分性，评判其社会诊断和应对方案的合理性等，既有理论归纳考察，也有历史数据考证，可谓有理有据。他们对贝尔宗教复兴等文化保守主义态度也颇有微词，与国内相比，很少有国外学者谈及资本主义私有制的问题。

由于贝尔的重要影响，其主要著作均被译成中文且多次再版。《资本主义文化矛盾》先后有赵一凡等人合译和严蓓雯翻译的两个版本，前者译于1978年，有赵一凡评介贝尔思想的一篇绪言；后者译于1996年，有贝尔为新版撰写的长篇后记，结合近二十年来的社会时代变迁，概括并重申了书中的主要观点，有较高的研究价值。

王小章的《丹尼尔·贝尔：介入的观念》[②]一书以贝尔的“三大观念”为中心，全面评介了贝尔的主要思想，该书注重贝尔的研究方法论，营造把握社会大趋势的“大观念”的能力和其价值立场与人文现实关怀。他认为，贝尔面对文化领域的矛盾，一方面提出限制性主张，即限制那些超出道德规范的活动；另一方面提出建设性策略，包括以回归宗教、重建文化基础来应对信仰危机，和以“公众家庭”理论应对文化“灾变”给政治经济造成的困窘。他认

① Andrew Gilbert, The Culture Crunch: The Cultural Contradictions of Capitalism, *Thesis Eleven* (118)2013, pp.83–95.

② 王小章：《丹尼尔·贝尔：介入的观念》，浙江大学出版社，2000年。

为，贝尔有关宗教复兴的观念“最令人怀疑”。

徐大同主编的《当代西方政治思潮》提出，贝尔把资本主义文化矛盾最后归结为宗教冲动力耗散造成的信仰丧失，因此其应对之策是回归某种宗教观念，但他并没有明确阐述这种宗教观念；贝尔没有看到造成资本主义矛盾和信仰危机的根本原因在于资本主义生产关系本身，解决这些问题的根本出路在于变革社会制度。①

杨华的《贝尔资本主义文化矛盾思想研究》揭示了贝尔的理论逻辑：现代主义文化取代了宗教，却让人们陷入更大的空虚，这必然让人回归宗教。他指出，贝尔对新宗教的现实可行性不确定，于是又从政治经济角度提出了一个多元谱系的“实践性的解决方案”—公众家庭，它的经济-文化-政治的三位一体思考表明贝尔跳出了宗教冲动力——经济冲动力的二元思维模式，而坚持了多元决定思想和中介方法。②公众家庭是实现新宗教的工具，虽有宗教色彩，但与回归宗教有根本差别。贝尔夸大了宗教的社会作用，陷入了意识还原论，即贝尔预先假设了一个终极的绝对的概念——宗教，并把现实生活视为其全部展开，而最后却不得不要求以意识来规范现实。③总之，宗教回归只是空想。

赵一凡在其译著《资本主义文化矛盾》的绪言中指出，贝尔认为崇拜比宗教更适合于后工业社会，这种崇拜应适当保留传统宗教中某些至今仍有意义的内容，如冷峻看待人性、敬畏不可知力量和节制人的无限扩张等，于是贝尔设计出“公众家庭”理论，赵一凡称之为“新宗教”或“广义文化崇拜”。④

① 参见徐大同主编：《当代西方政治思潮》，天津人民出版社，2011 年，第 414 页。

② 参见杨华：《贝尔资本主义文化矛盾思想研究》，黑龙江教育出版社，2012 年，第 213 页。

③ 同上，第 188 页。

④ 参见[美]丹尼尔·贝尔：《资本主义文化矛盾》，赵一凡、蒲隆、任晓晋译，生活·读书·新知三联书店，1989 年，第 17 页。

他认为,贝尔在阐释“公众家庭”时,统一了其经济社会主义、政治自由主义和文化保守主义的立场。此观点较有影响力和代表性。

《天津社会科学》于 2012 年组织南京大学的四位学者对贝尔其人其思进行了“批判的再发现”。在研究论文中,孙乐强在《失落的幽灵:贝尔的文化救赎及其方法论幻象——重读〈资本主义文化矛盾〉》总结道,贝尔并没有真正揭示资本主义文化矛盾产生的根源,因为单纯从文化领域来诠释不可能找到真正根源,而是陷入精英主义和技术决定论的方法论镜像之中,所提出的救赎方案——“公共家庭”是资产阶级的幻想,不具任何可行性,而要根本解决矛盾只能借助改变资产阶级统治,而这违背了贝尔的保守主义立场。①

邢媛的《走出“彻底非人性化”的泥泽——丹尼尔·贝尔人性拯救思想的话语分析》②从语言哲学的视角对贝尔的人性拯救思想做了解读,视角独特、观点新颖。该文提出存在主义构成其哲学思想和话语认同的理论基础,对社会符号体系的语用断裂内在分析是其基本任务,建构人性拯救的新宏大叙事理论——新宗教,则构成其学术活动的目标。这种新宗教的核心话语是“合成仪式”和“限制”,与传统宗教有根本区别,等等。

此外,较有代表性的文章有徐百军的《公众家庭:一个想象的共同体——基于丹尼尔·贝尔文化诊断学的一种考察》③。他认为,贝尔提出重新赋予宗教权威性地位这种“限制”路径、“硬”性方案来缓解矛盾,潜存着激化矛盾的可能,于是贝尔又提出“公众家庭”这一“软”性方案,它不去刺激各领域赖以

① 参见孙乐强:《失落的幽灵:贝尔的文化救赎及其方法论幻象——重读〈资本主义文化矛盾〉》,《天津社会科学》,2012 年第 3 期。

② 邢媛:《走出“彻底非人性化”的泥泽——丹尼尔·贝尔人性拯救思想的话语分析》,《哲学堂》,2005 年第 2 辑。

③ 徐百军:《公众家庭:一个想象的共同体——基于丹尼尔·贝尔文化诊断学的一种考察》,《黑龙江社会科学》,2012 年第 5 期。

运转的轴心原则,而是寻求它们可以达到的最低共识。在某种程度上,公众家庭即是这种最低共识的产物,因此它又相应地具有"限制"作用,可以说公众家庭同时拥有宗教性权威力量,它是贝尔宗教崇拜的具象。贝尔主张"人为"地"介入",从而蕴含着现实性,但从理论走向现实时会有困难,最终可能只是一个"想象的共同体"。

张东洁的论文《意义的失落与追寻——丹尼尔·贝尔的"新宗教"观探析》[1],从价值哲学视角分析了"公众家庭"理论——"新宗教"观,认为其本质是追求一种生命的意义,是一种世俗化宗教,肯定了其合理性,但"注定是一种幻想",还从宗教本身的局限性和贝尔自身的复杂立场(经济、政治和文化上的不同立场)出发,解释了注定失败的原因。

赵子源的论文《公共家庭与公共哲学——〈资本主义文化矛盾〉中自由主义思想研究》[2]从政治哲学角度,研究了贝尔的"公共家庭"观念,指出贝尔想通过公共家庭和公共哲学,在个体和共同体之间达成妥协,让社会从"利益""失范"走向"德行"。他进一步分析,贝尔自由主义思想的基本逻辑是"将自由主义之基础定位于公共利益和公共价值观,即共同体本位而非绝对意义上的个人本位"。在贝尔看来,公共哲学的建立是为广义宗教的长期酝酿赢得时间;贝尔对宗教的期望不是恢复某种旧宗教,也不是建构某种新宗教,而是基于宗教的最重要向度:宗教体现公共关切,提供一种公民联合的可能性方案;贝尔希望宗教能让个人妥协,以维系共同体,这是对公共道德和公共责任的期望。

国内众多学者对贝尔的研究做出了重要贡献,但存在如下问题:

① 张东洁:《意义的失落与追寻——丹尼尔·贝尔的"新宗教"观探析》,河北大学硕士研究生学位论文,2007年。

② 赵子源:《公共家庭与公共哲学——〈资本主义文化矛盾〉中自由主义思想研究》,上海师范大学硕士研究生学位论文,2014年。

第一,在文献调研、形式和内容方面,未充分体现国外最新的研究进展,缺少以宗教思想有关术语为切入点进行的研究，对宗教思想的专题研究较为薄弱。

第二,存在分歧。不同学者对于“新宗教”和“公众家庭”(有的译为“公共家庭”)的认识分歧较大,或说从不同角度提出了不同见解:有的认为两者一样,“新宗教”即“公众家庭”(赵一凡、孙乐强、张东洁),有的认为后者在某种程度上是实现前者的工具(杨华、赵子源);在作用上,有的认为前者是文化领域、后者是政治经济领域的方案(王小章、杨华),有的只笼统说后者是与前者并列的、修复文化断裂的又一措施[①](严翅君)。

第三,在思想评价和意义阐发方面,多数学者对贝尔的整体研究和思想成果给予高度肯定,但大都认为贝尔夸大了文化的作用。一些学者从马克思主义理论出发,认为贝尔没有找到资本主义文化矛盾的根源,不能触及资本主义私有制,对其“新宗教”或“公众家庭”的应对之策也大都持否定态度。这种评判不够全面,有碍于我们借鉴其理论的积极内容。此外,在贝尔的思想与我国社会现实的结合阐发方面,也有待加强。

第二节　现代宗教思想的产生

宗教思想是《资本主义文化矛盾》的核心内容,也是贝尔学术生涯中最关注的问题之一。这一方面源于其犹太人身份秉承的深厚信仰传统,另一方面源自宗教在西方社会中有重要影响,发挥着重大作用,同时也被社会变化深刻影响。近现代社会的变迁伴随着宗教的变化,如私人化、世俗化、宗教宽

① 参见严翅君:《后现代理论家关键词》,江苏人民出版社,2011年,第48页。

容和多元化。信仰的衰落与复兴总是交替出现，社会变迁推动着宗教变革，让其以新的形式与内容适应人们的精神需要，因此宗教能持续地对公众产生影响。从社会底层发展到知识精英的贝尔，其思想屹立于时代思潮的风口浪尖，经历了从激进到保守，从无神论到一定程度的回归宗教信仰的过程。

一、社会背景

始于16世纪的欧洲宗教改革运动（Reformation）是基督教历史上的第二次大分裂，继11世纪的第一次东西教会分裂之后，这次基于西部教会——罗马天主教的新旧教会分裂，形成了路德宗、加尔文宗和安立甘宗三个独立的新教宗派，其中前二者的神学思想及教会制度奠定了新教的理论基础和组织原则。随着基督教分裂和各宗派之间的斗争，欧洲经历了痛苦的宗教战争，在最惨烈的"三十年战争"后，各方终于妥协并签订了《威斯特伐利亚和约》（1648），重申了"教随国定"原则，并实际上给予普通民众以一定的信仰自由权利，近于"教随人定"[①]。"这为启蒙的如下主张奠定了基础：宗教关乎私人的信念，而不关乎国家政策。"[②]信仰逐渐成了个人的私事。人们痛恨宗教冲突，渴望和平，接受了不同宗派并存的现实，宽容的时代来临了。宽容精神为17世纪至18世纪的启蒙运动（The Enlightenment）营造了良好氛围，这是继文艺复兴之后的又一场思想解放运动，是一段理性时代。"它让理性取代了信仰。人的根本关注点不是来生，而是在这个世界上获得快乐和成就；通往快乐的最佳向导是人的心智，而不是信仰——也非情感、神话或迷信。"[③]抛

---

① 赵林：《基督教与西方文化》，商务印书馆，2013年，第328页。

② ［英］阿利斯特·E.麦格拉思：《基督教概论》（第2版），马树林、孙毅译，上海人民出版社，2013年，第286页。

③ ［美］布鲁斯·L.雪莱：《基督教会史》，刘平译，上海人民出版社，2012年，第318页。

开神圣信仰的世俗主义也就此兴起。宗教改革和启蒙运动为欧洲民族国家的建立、资本主义的发展和文化科技的进步提供了有利条件。新教伦理尤其是提倡勤俭节制,赋予世俗成就以神圣意义的加尔文宗,客观上极大地推动了资本主义及整个西方文明的发展。

第一次和第二次工业革命使社会生产力水平空前提高，人类从农业文明步入工业文明时代，自由资本主义在19世纪末演进为垄断资本主义,其世界市场、殖民体系最终形成。此时,经过初期的蓬勃发展,资本主义的基本矛盾开始凸显,周期性出现的经济危机造成社会伤害,列强间发展不平衡、矛盾激化,导致了两次残酷的世界大战,给全人类带来深重灾难。文明进程的加速和动荡带来社会思潮的日新月异、变幻起伏。自从理性时代以来,基督教遭到理性主义者、怀疑论者、不可知论者、人文主义者、实证主义者、社会主义者、科学家、历史学家的攻击,其中19世纪末至20世纪中期的现代主义思潮(Modernism)对宗教信仰、传统文化和资本主义社会产生猛烈冲击。更重要的是,虽然经济生产领域仍然需要勤俭克己的新教伦理,但资本主义已进入从以生产为支撑到以消费为支撑、从储蓄消费到借贷消费、从满足欲望到诱发欲望的发展阶段,甚至放纵欲望、追求享乐变得理所当然,于是有禁欲性质的新教伦理和清教精神也就不合时宜了。资本主义贪婪利润,人性欲望缺少约束,现代主义推波助澜,奢靡享乐之风盛行,传统信仰日渐衰落。现代主义文化和各种新兴宗教形式成了填补人们精神空虚的替代品，但因二者的性质,大多只能让人得到短暂的安慰。此种令人忧虑的境况,正是贝尔在书中一再申明的资本主义文化矛盾的体现。

虽然社会发展和各种思潮给传统宗教带来了多次危机，世俗政权地位的提升和法治的建立导致了宗教机构的萎缩和宗教影响的减弱，但基督教通过不断自我调整,跟上了时代的脚步。尤其是比天主教更为开明的新教,在18世纪理性时代的批判中,通过虔敬主义(传入北美后掀起振奋宗教情感的“大觉醒运动”,形成“宗教复兴”热潮)和新教神秘主义运动,在19世纪重新活跃起来,并分化成坚守传统信仰的福音派和主张吸收新观念的自由主义神学派。两大思潮在20世纪演变出乐观的自由主义神学(美国称现代派神学)、保守的福音主义神学(基要主义是福音派之右翼)和悲观的新正统神学(美国称基督教现实主义,在20世纪30年代至60年代居新教神学主流地位),它们在不同时期、不同地区和不同层次上各占优势或一度居于主导地位。20世纪50年代末60年代初,由于世俗主义的发展,新教出现了各种激进的世俗神学,它们不遵从传统的仪式和说教,提倡个人的宗教体验。[①]总之,现代西方社会的宗教信仰在社会的快速发展中历经起伏,日趋变得私人化、多元化、世俗化。

由上可见,宗教与社会发展紧密相连,在现代社会仍有顽强的生命力。新教与资本主义社会兴衰起伏的发展历程正是《资本主义文化矛盾》论述内容的大背景和主线。此外,该书还有其相应的20世纪60年代至70年代初期的美国社会小背景(书中文章大都写于1961年至1974年),当时社会上弥漫着激进行动主义的气息,外交方面有令美国蒙羞的猪湾事件(1961)、惊险万分的古巴导弹危机(1962),陷入泥潭的越南战争(1955—1975);内政方面的“新边疆”和“伟大社会”政策大大发展了经济,改善了人民生活,也促成民权意识高涨,黑人运动、反战运动、学生运动、女权运动此起彼伏;还发生了骇人听闻的肯尼迪遇刺,这些大都令当时的美国社会备受折磨。进入70年代后,又发生了二战后最严重的经济危机(1973—1975)。大众厌倦了动荡,向往安定的生活,政治风向开始右转,一种具有调和折中特点的新保守主义迅速兴起,一直持续到90年代初期。贝尔身处当时这种风云激荡的时代环境,受这些重大事件影响进行了思索和写作。

① 参见徐家玲主编:《世界宗教史纲》,高等教育出版社,2007年,第251页。

二、理论背景

贝尔成长于美国社会底层的一个东欧犹太人移民家庭，从小饱尝人间疾苦，经过不懈努力，终于跻身上流知识精英。宗教传统深厚的犹太人身份、艰苦奋斗的早年经历、历经时代剧变的丰富阅历、专业的社会学背景和广博的西方传统文化素养相融合，形成了他的基本立场和学术框架。犹太民族历史悠久却苦难深重，性格坚忍又聪慧过人，历经千年漂泊终于重建家园，屡遭歧视迫害仍然人才辈出，这离不开其独特的犹太文化传统。虽然贝尔在13岁时就宣称自己是无神论者且未再改变，但始终清醒地意识到并铭记着其犹太人的身份和民族历史。“我依然是一个犹太人。为什么是一个犹太人？因为那是我的血统，那是我的民族。”(I remain a Jew.Why a Jew? Because that's my line of descent,that's my people.)[①]他相信基础主义，而这个基础就是宗教。[②]对信仰问题的重点关注也明显体现在其作品中，尤其是《资本主义文化矛盾》。他说：“最后谈谈宗教问题，这是本书的支撑论点。”[③]他相信宗教的作用和价值，但又不是任何宗教的信徒，这本身就存在矛盾，自然也带来困扰。“贝尔经历了两者之间矛盾的所有折磨，作为对宗教提供意义之能力的一位深信者，和同时不是任何宗教的一位实践者。”(Bell experiences all the torture of the contradiction between being a deep believer in the capacity of religion to provide meaning and simultaneously of not being a practising member of any religion.)[④]少年贝尔在放弃传统犹太信仰的同时，选择了社会主义，“从他

① P.Beilharz, *Ends and Rebirths: An Interview with Daniel Bell*, *Thesis Eleven*, 2006, p.103.

② See P.Beilharz, *Ends and Rebirths: An Interview with Daniel Bell*, *Thesis Eleven*, 2006, p.102.

③ [美]丹尼尔·贝尔:《资本主义文化矛盾》,赵一凡、蒲隆、任晓晋译,生活·读书·新知三联书店,1989年,第39页。

④ Malcolm Waters, *Daniel Bell*, Routledge, 1996, p.16.

自己的推测看,这些贫困经历使贝尔倾向于成为一名社会主义者。”(By his own supposition,these experiences of poverty predisposed Bell to become a so-cialist.)[①]他自13岁时起就加入过青年社会主义者联盟(Young People's Socialist League)等左派团体,他还是拥护左翼政治且反对斯大林主义的“纽约文人”(The New York Intellectuals)团体的关键人物。虽然他曾被托洛茨基和斯大林式的共产主义所吸引,但仍然是一名民主社会主义者,反对暴力革命,坚持混合经济,也保持经济上的社会主义到最后。

在政治上,他于1947年完全拒绝了社会主义,转为相对保守的、其所说的自由主义政治立场。面对现代主义的浮躁和20世纪60年代美国社会的各种激进运动,已届不惑之年且为文化精英的贝尔选定了保守主义文化立场。20世纪60年代以前,自由主义思想一直在西方资本主义社会中占主流,从70年代兴盛起来的新保守主义把自由民主政治、自由市场经济和捍卫传统伦理道德相结合,基本满足了当时应对社会危机的需要。与贝尔自己表明的混合立场相比,可发现只在经济上有所差别,而其经济上的社会主义“不是中央集权或生产资料集体所有制”[②],而是为保证社会资源能优先配置于群体的最基本需要(Need),所以他在经济上将群体价值置于个人价值之上。可见,贝尔并不排斥自由市场,其立场确实和新保守主义很相似。因此,虽然贝尔本人不大认同,但一些学者将其归入新保守主义阵营是合理的。

在宗教方面,当时居于主导地位的基督教现实主义既反对过于乐观的现代派神学,也反对过于保守的基要主义,它强调关注当代社会的现实问题,认为社会危机的出现是由于信仰的衰落,而导致危机的各种矛盾在现实世界中不能根本解决,只有在超自然的世界中才能解决,只有宗教才能拯救

---

① Malcolm Waters, *Daniel Bell*, Routledge, 1996, p.14.

② [美]丹尼尔·贝尔:《资本主义文化矛盾》,赵一凡、蒲隆、任晓晋译,生活·读书·新知三联书店,1989年,第21页。

人类。该派的最主要代表人物尼布尔(Reinhold Niebuhr)常说其“基督教现实主义”是实用主义的,但他不赞同詹姆斯对人之意志和杜威对人之智慧的盲目崇拜。[①]此神学思潮也在一定程度上影响了贝尔。

在具体理论方面，贝尔的基础来自19世纪和20世纪早期的经典社会学家,尤其是马克思(Karl Marx)、韦伯(Max Weber)和涂尔干(Émile Durkheim)。“可以说,他最靠近韦伯,最对立于马克思,最中立于涂尔干,不反对被标记为涂尔干的追随者。”(one would say that he is closest to Weber, most opposed to Marx, and most neutral in relation to Durkheim, not withstanding labeling as a Durkheimian.)[②]这明显体现于《资本主义文化矛盾》中。他对新教伦理和资本主义发展之关联的解读和运用，源于韦伯的名著《新教伦理和资本主义精神》;对社会三领域的断裂假设和文化领域作用的突出强调,与马克思的社会存在决定社会意识、经济基础决定上层建筑的历史唯物主义相左;对宗教信仰的关切和区分神圣与凡俗等核心观念的运用与涂尔干的理论很相似。此外,与塔尔科特·帕森斯(Talcott Parsons)将社会看作功能协调的综合系统相反,贝尔设想社会在经济、政治和文化等领域之间的联系是松散的,且其中还包含着断裂和矛盾。重要的是,贝尔认为只依靠世俗理性不能完成社会整合、恢复社会秩序,摆脱西方面临的困境,这也是贝尔寄希望于超越世俗的神圣性因素来维系社会纽带、恢复社会秩序和世代连续性的重要原因。除了社会学背景,贝尔的作品体现出其深广的西方文化底蕴,亚里士多德、歌德、尼采、亚当·斯密、桑巴特、边沁、凯恩斯、熊彼特等思想家和政治经济学家,还有众多现代文艺名家的思想内容都出现在其作品中。此外,贝尔还受到纽约文人团体中一些成员的直接影响。

---

① 参见涂纪亮:《美国哲学史》(第二卷),社会科学文献出版社,2007年,第396页。

② Malcolm Waters, *Daniel Bell*, *The Blackwell Companion to Major Contemporary Social Theorists.* Ed.Ritzer, Blackwell Publishing Ltd, 2003, p.168.

综合个人和社会、微观和宏观两方面，以上较全面地展现了贝尔思想的理论背景，尤其是有关《资本主义文化矛盾》的宗教思想的内容，可见其理论背景有立场上的保守性、基础上的宗教性、内容上的社会现实性、多领域综合性等特点。

第三节 贝尔宗教思想的基本内涵

本章通过三组共九个核心术语，呈现出贝尔有关宗教思想的主要内容。第一组术语聚焦于资本主义兴起阶段，也是新教伦理占据主导的时期；第二组术语论述现代社会出现的种种问题和矛盾；第三组术语介绍贝尔提出的解决问题的方案。采用历时性和共时性研究结合的方法，在挖掘术语的准确含义和多方诠释的基础上，力求全面呈现贝尔的宗教思想。

一、资本主义的双重起源

在贝尔看来，资本主义有着双重起源，即宗教冲动和经济冲动，也称为禁欲和贪欲。凭借新教伦理这一宗教冲动的牵制，早期资产阶级抑制了自身的经济冲动等本能欲望，协调了人性中的两重性，形成一种禁欲的清教徒品格，他们怀着虔诚信仰，勤奋工作、节俭生活，促成了资本主义的快速发展和繁荣富强。

（一）新教伦理（Protestant Ethic）

贝尔认为："新教伦理和清教精神是这种准则，强调工作、清醒、节俭、性克制和对于生活的一种严峻态度。"(The Protestant ethic and the Puritan temper were codes that emphasized work, sobriety, frugality, sexual restraint, and a forbidding attitude toward life.)[①]他表明,这是一种规范人们工作、生活和基本人生态度的道德伦理规范,性质上是禁欲和约束人性的,有助于人们内在节制情感欲望、形成严肃谨慎的性格,以及外在勤俭持家、努力工作。可想而知,遵此而行自然会积累财富、促进社会发展。因为新教包括清教(英国的加尔文派),新教伦理自然包含清教精神,贝尔将两者视为早期美国社会的核心价值。他并列使用两者,一是表明有所区别,二是凸显后者。关于区别,他分别举出本杰明·富兰克林(Benjamin Franklin)和乔纳森·爱德华兹(Jonathan Edwards)为代表,称前者"讲求实际和功利的新教徒"[②],有实践和技巧;称后者"富于美学意识和强烈直觉的清教徒"[③],有着宗教虔诚。可见,他认为"新教伦理"接近外在和形而下的经验和世俗,"清教精神"接近内在和形而上的超验和神圣,或者说包含"清教精神"的"新教伦理"本身具备以上两面性。由于清教在北美殖民地时期、美国建国后直到19世纪初期有着巨大影响,甚至美国文化在二战前都可以说是一种清教文化,因此贝尔要凸显新教伦理中的清教精神,并专门论述了清教教义在美国的演变和影响。此外,清教精神的性质是贝尔需要强调它的重要内在因素。贝尔说:"根据马克斯·韦伯反复申明的观点,由加尔文派和早期新教思想所认可的禁欲主义使得现代资本主义成为可能,它们将工作提升为一种天职并鼓励人们通过延迟享受来储蓄。"(Modern capitalism, according to the reiterated thesis of Max Weber, was made possible by the asceticism sanctioned by Calvinist and early Protestant thought, which exalted work as a calling and encouraged savings by the delayed

---

① Daniel Bell, *The Cultural Contradictions of Capitalism*, 20th Anniversary ed, Basic Books, Inc., Publishers, 1996, p.55.中译本此处有误,由笔者据原著翻译。

②③ [美]丹尼尔·贝尔:《资本主义文化矛盾》,赵一凡、蒲隆、任晓晋译,生活·读书·新知三联书店,1989年,第104页。

gratification of impulses.)[①]从根本来说,新教伦理依托于新教尤其是清教,借助信仰和上帝之威名对世俗社会产生非同寻常的影响。正是有禁欲性质并赋予世俗工作以神圣意义的新教伦理和相应文化氛围,散发着救赎和上帝之光,将社会整合起来,满足了早期资本主义轻享乐重工作、少消费多积累的需要,加速经济发展,带来社会的全面繁荣。这也是贝尔认为的经济、政治、文化三领域协调一致的良好状态,是处于领域断裂和矛盾中的现代资本主义所欠缺的,是贝尔希望重返的理想境况。

从词源意义上考察,"protestant"一词由"protest"(抗议、反对)和"-ant"(人)组成,字面意思即抗议者、反对者。1529 年,在神圣罗马帝国皇帝查理五世的影响下,帝国议会取消了 1526 年的准许,不再准许各地区政府可自主决定本区域所欲尊奉的教派,议会中的路德派对此提出抗议,那些在抗议文件上签名的人就被称为"抗议者"(Protestant)。后来,该词被用来泛指对罗马天主教持抗议态度的诸多新教派,主要包括早期的路德宗、加尔文宗和安立甘宗,及随后又从这些宗派中不断分化出来的更多宗派。"新教伦理"(Protestant ethic)这个词组源自韦伯的著作《新教伦理和资本主义精神》(1904—1905)。韦伯说:"现代资本主义精神乃至整个现代文化的基本要素之一,就是天职观念基础上的理性行为,它的源头则是基督教的禁欲主义精神——这就是本文力图论证的观点。"[②]所谓天职(calling),是指上帝安排的任务,它改变了天主教的传统职业伦理观,给予尘世工作以积极的宗教意义,而要出色地完成天职,取得世俗成功,就必须善用理性,这也符合了资本主义活动和现代生活的理性化要求。禁欲主义在基督教中一直都存在,但天主教主要是一种

① Daniel Bell, *The Cultural Contradictions of Capitalism*, 20th Anniversary ed, asic Books, Inc., Publishers, 1996, p.283.中译本此处有误,由笔者据原著翻译。

② [德]马克斯·韦伯:《新教伦理与资本主义精神》,阎克文译,上海人民出版社,2010 年,第 274 页。

出世禁欲主义,并不关注世俗成功。韦伯进一步指出,资本主义精神的根本要素与其揭示的清教入世禁欲主义的内涵并无二致。他考察了新教诸派后认为,加尔文宗似乎比其他新教教派更大地促进了资本主义精神的发展,因为天职观念在路德看来还只是一种不确定的纯理智设想,“而在加尔文教徒那里却是他们伦理体系的一个独特要素”[①]。所以韦伯的“新教伦理”,主要指加尔文宗的伦理观念。一种抽象的观念只在其具体化为操作性较强的伦理规范时,才会对公众的行为产生直接影响。正是加尔文将天职观念从思想落实为行动,他主观上出于宗教虔诚,想通过取得世俗成功来荣耀上帝,确保自己是得到上帝拣选之人,却在客观上极大地推动了资本主义的发展。

不列颠百科全书对“新教伦理”解释道:“社会学理论有关个人在世上勤奋工作、节俭和讲究效率的价值观,尤其从加尔文宗信徒的观点来看,这是个人自认为得到上帝选拔并永远得救的朕兆……”[②]韦伯认为这种伦理是欧洲资本主义早期新教徒集团在经济上获得成功的重要因素,因为世俗成功被解释为得到上帝选拔的预兆,所以人们对此拼力追求。贝尔的阐述和权威辞书的解释基本一致。美国社会学家兰德尔·科林斯(Randall Collins)对“新教伦理与资本主义精神”这个标题评论道:“……资本主义的精神乃是产生于新教徒的伦理……韦伯把马克思彻底颠倒了过来,使‘唯物主义’矗立在了观念与文化——‘伦理’和‘精神’的基础之上。”[③]虽然容易引人产生这种想法,但韦伯本人明确提出:“我的目的当然不是对文化和历史进行片面的唯灵论因果解释以取代同样片面的唯物论因果解释。每一种解释都有着同样的可行性,然而无论哪一种解释,如果不是把它用作一项研究的准备,而

① [德]马克斯·韦伯:《新教伦理与资本主义精神》,阎克文译,上海人民出版社,2010年,第224页。

② [美]美国不列颠百科全书公司编著:《不列颠百科全书:国际中文版》,中国大百科全书出版社,2007年,13-543f。

③ [德]马克斯·韦伯:《新教伦理与资本主义精神》,阎克文译,上海人民出版社,2010年,第32页。

是把它用作一项研究的结论，那就同样不可能揭示历史的真相。”[①]这表明，韦伯并非想用同样是一元论的唯心主义历史解释代替决定论的唯物主义解释，但也暗示了他的研究起点在于前者。而贝尔认为资本主义有着宗教冲动（新教伦理）和经济冲动的双重起源，这可以看作调和唯心主义和唯物主义的一种折中学说：宗教冲动体现了心灵和意识的一面，经济冲动体现了欲望和物质的一面。英国历史学家R.H.托尼（Richard Henry Tawney）认为政治的和社会的压力，以自助和节俭为伦理观的个人主义精神，与加尔文宗的神学相比，对资本主义的发展更重要。[②]现在人们往往从多角度、以多种起因来说明资本主义的兴起，但韦伯的成果依然具有明显的逻辑合理性和一定程度的历史真实性，被公认为社会学经典，贝尔也是以此为据展开论述。

（二）经济冲动（Economic Impulse）

在新教伦理——宗教冲动之外，贝尔接着提出，“然而资本主义有着双重的起源。假如说韦伯突出说明了其中的一面：禁欲苦行主义（asceticism），它的另一面则是韦尔纳·桑姆巴特长期遭到忽视的著作中阐述的中心命题：贪婪攫取性（acquisitiveness）”[③]。贝尔从人性欲望的角度剖析资本主义的根源，发现两个完全对立的因素，也称为两种冲动，新教伦理所代表的禁欲是蕴含神圣性的“宗教冲动”，贪欲即蕴含世俗性的“经济冲动”。他从哲学角度分析后者：“另一个源头是世俗的霍布斯学说，它本身是一种激进的个人主义，认为人的欲壑难填。”[④]这是将一己私利置于绝对首要地位的个人主义，

① ［德］马克斯·韦伯：《新教伦理与资本主义精神》，阎克文译，上海人民出版社，2010年，第276页。

② 参见［美］美国不列颠百科全书公司编著：《不列颠百科全书：国际中文版》，中国大百科全书出版社，2007年。

③ ［美］丹尼尔·贝尔：《资本主义文化矛盾》，赵一凡、蒲隆、任晓晋译，生活·读书·新知三联书店，1989年，第27页。

④ 同上，第128页。

为了满足个人无尽欲望而不择手段的一种极端观念，带着极度自私和疯狂野蛮的本性。两者的融合,也就是后者得到前者的“核准”时,后者就拥有了超验的正当意义,表现为资产阶级对工作和财富的追求,形成了现代理性观念;两者的紧张关系产生道德约束,形成资本主义早期发展中对浪费和享乐的批判传统。它们在互相牵制中,使早期资本主义能够避开偏斜,一路走来较为顺利。

从词义看,“Economic Impulse”或“acquisitiveness”,指对获取金钱或物质财富有强烈兴趣。亚里士多德认为它属于吝啬的两个表现之一,是与人的德性之一“慷慨”对立的恶,是与生俱来的。他说:“吝啬有两个方面:在给予上不及和在索取上过度。”[①]在举出放高利贷者等人后,他解释道:“这几种人都是在索取不当资财,并且索取得超过其应得。他们的共同处显然是贪婪。”[②]亚里士多德对“贪婪”的分析有两个特点:一是获取不义之财,二是获取得过多。天主教将表现为强烈获取欲望(尤其是对金钱或权力)的贪婪列为七个首要和基本的罪恶[③]之一,认为它截断了一个人与天主的慈恩,从早期希腊神学家到教宗，再到经院学者都进行过谴责。比如托马斯·阿奎那(Thomas Aquinas)论“贪婪”:“……贪婪间接也是一个相反天主的罪,正如所有的死罪一样;这是因为人为了暂时的东西,竟轻视永恒的东西。”[④]他认为钱财会花掉、物质会腐朽,人死后更不能带走分毫,但神、神的教训和天堂等却永远存在,所以人贪财作恶就是违背神的教诲、犯下罪孽。

关于“经济冲动”和资本主义的关系,韦伯说:“获利的冲动,追求最大可能数值的货币收益,这本身与资本主义并不相干。这样的冲动存在于并且一

---

① [古希腊]亚里士多德:《尼各马可伦理学》,廖申白译,商务印书馆,2009 年,第 101 页。

② 同上,第 102 页。

③ 俗称“七宗罪”,应为“七罪宗”,意为七种罪过的根源。包括傲慢(pride)、贪婪(greed)、淫欲(lust)、嫉妒(envy)、暴食(gluttony)、暴怒(wrath)、懒惰(sloth)。

④ [意]托马斯·阿奎那:《神学大全》(第十册),胡安德译,碧岳学社,2008 年,第 428 页。

直存在于所有人的身上……资本主义就意味着依靠持续的、理性的资本主义企业手段去追求利润,而且是不断再生的利润。"[①]韦伯表明,这种"冲动"为人所共有,近乎人的本性,与社会体制无关,非资本主义所特有,而资本主义只是理性地去获取利益而已。他笔下的资本主义混合了源自人类本性的"经济冲动"和资本主义特色的"理性",而这理性来自新教伦理完成天职以荣耀上帝的要求,这正是贝尔所谓的"宗教冲动"。可见,贝尔关于两种冲动的观念和韦伯很相似。桑巴特在研究资本主义动力方面成就卓著,他在其著作《资产阶级论》(1913)中分析了资本主义的多种起源,列举了海盗、地主、投机商等"六种资本主义的从业者"[②]。他列举的这些人大都贪婪成性,极力谋求钱财甚至不惜违法,表现出明显的"经济冲动"。他的另一部著作《奢侈与资本主义》(1913),直接将资本主义与人类贪欲的表现——奢侈现象联系起来,展示了源自欧洲宫廷的放纵欲望和奢侈行为是如何对新兴资产阶级等其他社会群体起到了"示范"作用,导致纵欲奢侈的社会风气,从而促进消费、拉动生产,推动了资本主义发展,他甚至将资本主义称为"奢侈的产物"[③]。在桑巴特看来,资本主义与贪欲——经济冲动的关系尤其密切,他阐明了"经济冲动"对资本主义兴起的重要推动作用。贝尔重视桑巴特的作品和学术成就,受其影响,提出了资本主义"双重起源说"。

以杰里米·边沁(Jeremy Bentham)为代表的功利主义哲学家从哲学上论证了满足"经济冲动"等人性欲望的合理性。他们反对抽象谈论概念,主张将道德判断建立在更直接的经验感受之上,于是从痛苦和快乐这两种基本的人类感受出发,建立起功利原则,并将其作为伦理学的首要原则。边沁写道:

---

① [德]马克斯·韦伯:《新教伦理与资本主义精神》,阎克文译,上海人民出版社,2010年,第160页。

② [美]丹尼尔·贝尔:《资本主义文化矛盾》,赵一凡、蒲隆、任晓晋译,生活·读书·新知三联书店,1989年,第28页。

③ [德]维尔纳·桑巴特:《奢侈与资本主义》,王燕平、侯小河译,上海人民出版社,2000年,第2页。

“自然把人类置于两位主公——快乐和痛苦——的主宰之下……是非标准，因果联系，俱由其定夺。凡我们所行、所言、所思，无不由其支配……功利原理承认这一被支配地位，把它当作旨在依靠理性和法律之手建造福乐大厦的制度的基础。”[①] 能增大利益相关者之快乐和幸福的私人行动或政府措施，他们就赞成，否则就非难之。那么满足“经济冲动”等欲望以得到快乐就合情合理，而且不仅要满足，还要尽可能多地满足，以享受更多快乐。而禁欲一来限制人满足欲望，相应地减少了快乐；二来也会引起内心冲突和精神压抑，因此禁欲违背人的天性，是非人性的，该被抛弃。边沁把禁欲称为由宗派分子强加给他人的“苦难”，“……不论它的动机如何纯洁，其结果总会导致对人的专制”[②]。于是，贪欲——“经济冲动”在功利主义原则中完胜禁欲——“宗教冲动”，追求人性欲望的充分满足变得正当合理。这种功利主义伦理观顺应了资产阶级开拓扩张和人性解放的历史大趋势，逐渐传播开来，成为现代资本主义自由民主制度的基础。从历史上看，贝尔认为“经济冲动”一直受到遏制，先后受制于风俗传统、天主教道德和新教伦理，可随着资本主义发展和基督教及其禁欲道德观的衰落，功利主义盛行，贝尔所述资本主义的两种起源、两种冲动开始失去平衡：“宗教冲动”的约束力减弱，“经济冲动”等人性欲望逐渐失去限制、无限膨胀，这就埋下了贝尔所述现代主义和现代社会的矛盾根源。

（三）两重的人（Homo Duplex）

贝尔有关资本主义和资产阶级的双重起源、两种冲动的阐释，间接反映了其对人性的理解。“正统宗教中依然有效的内容——其对人性的现实看

---

① ［英］杰里米·边沁：《道德与立法原理导论》，时殷弘译，商务印书馆，2000年，第57页。

② ［美］丹尼尔·贝尔：《资本主义文化矛盾》，赵一凡、蒲隆、任晓晋译，生活·读书·新知三联书店，1989年，第29页。

法,即将人看作两重的人,同时既凶残侵犯又追寻和谐的动物——对于擦亮了现代文化的乌托邦思想是太过黯淡的一种景象。"(What remained valid in orthodox religion—its tough-minded view of human nature,its view of man as homo duplex,the creature of at once both murderous aggression and the search for harmony—is too bleak a view for the utopianism that has burnished modern culture.)[①]贝尔认为基督教的一些教条虽然过时,但其对人性的认识符合实际,至今仍适用,不应被淘汰。人性有两重性,集侵犯他人或自然等以获私利和爱护他人等以求和睦于一身,兼具凶残和仁慈、利己和利他、恶与善,是矛盾统一体。基于这种判断,基督教一直约束人的"经济冲动"等欲望,压抑人性激进和邪恶的一面。可贬抑神性而极度推崇人性的现代文化,尤其对人性和人的理性抱有浮夸幻想的乌托邦思想,难以接受这种对人的"贬低",它们高度评价、信赖人性和人的力量,往往忽视人性之恶和人的有限。人性两重论广泛适用,贝尔提出的"经济冲动"和"宗教冲动"可以看作其体现,前者体现人性凶残侵犯的一面,后者体现人性追寻和谐的一面;在这两重性和两种冲动的良性作用下,形成了早期资产阶级的品格构造——"清教徒及其天职意识"。他们遵奉新教伦理,抑制自身欲望,勤俭节制、努力工作,堪称社会中坚。随着"宗教冲动"减弱,"经济冲动"渐渐挣脱束缚,人性中自私且具破坏性的一面强大起来,"新人"出现了。"随着这类'新人'的崛起,开始了对社会机构的批判(这是宗教改革的显著后果之一,它首次把个人良知遵奉为判断的源泉),对地理和社会新边界的开拓,对欲望和能力的加倍要求,以及对自然和自我进行掌握或重造的努力。"[②]相比清教徒,"新人"想摆脱一切限制并

---

① Daniel Bell,*The Cultural Contradictions of Capitalism*,20th Anniversary ed,Basic Books,Inc.,Publishers,1996,p.167.中译本此处有误,由笔者据原著翻译。

② [美]丹尼尔·贝尔:《资本主义文化矛盾》,赵一凡、蒲隆、任晓晋译,生活·读书·新知三联书店,1989 年,第 61 页。

成为一切的主宰，无论是新教伦理还是其他准则，无论是自然还是社会，他们甚至不再需要传统、上帝和信仰。

从词源考察，"Homo"一词来自拉丁语，它和"humus"（腐殖土）、"earth"或"born"相关，因此据说意味着"earthly being"（尘世的存在、凡人）或"born of the earth"（从土地生出），并指涉全人类。"Duplex"亦来自拉丁语，意为"两重的"。"Homo Duplex"是由涂尔干传播开的一个观念，在其《人性的两重性及其社会条件》一文中，他先从经验出发，认为人总会将自身想象为由凡俗的身体和神圣的灵魂这两种完全异质的存在组成；人的心智也呈现出两种不同形式：感觉及感觉倾向、概念思维与道德活动。接着理论分析："在人类身上有两类意识状态，它们在起源、性质和最终目标上都互不相同。"[①]一种具个体性，只与我们自身有关；另一种来自社会，具有集体性，与超过我们的事物有关。意识上的两重性对应于人同时引向的双重存在：一是源于有机体之内的纯粹个体存在，二是社会存在。人在两种本性的对立中生存，满足一种，就会使另一种受苦，这种自身的永恒分裂，造就了人的伟大和悲哀："我们的悲哀是因为我们必定得生活在痛苦之中；我们的伟大是因为这种分裂能够把我们同其他所有存在区分开来。"[②]

他批驳一元论的经验论和唯理论，论证了自己基于心物二元论的人性两重性。他还说："……我们本性的两重性只不过是事物的圣俗之分的一个特例而已，而后者是所有宗教的基础。"[③]他认为人性两重性源于事物有神圣和凡俗之别，没有这种差别就不会有宗教。以新教伦理为代表的社会道德规范有效地调控了个人的本能欲望，而高度失范的社会常常以社会组织（家庭、

---

① ［法］埃米尔·涂尔干：《人性的两重性及其社会条件》，渠东译，载冯钢编选：《社会学基础文献选读》，浙江大学出版社，2008年，第133页。

② 同上，第127页。

③ 同上，第131页。

教会、社区等)的薄弱联结为特征,对个人行为的控制也相应微弱。涂尔干将人的感觉和思维、个体性和社会性,与事物的圣俗之分、物质和精神等对立范畴综合起来,做了深入分析,体现了其二元论的世界观。显然,贝尔对于人性两重性的理解、圣俗之分的坚持和宗教的认识,都不同程度地继承并延续了涂尔干的思想。贝尔自早年放弃信仰上帝之后,始终怀疑上帝的存在,可他非常清楚宗教在社会中的作用和价值, 认为困扰现代资本主义社会的难题需要复兴信仰来解决,因此他虽然放弃了上帝,但不能放弃宗教。为化解这种不能同时接受上帝和信仰的矛盾,他受涂尔干启发,接受并预设了神圣和凡俗之间的区别,将两个领域分离开来,用似乎更笼统、抽象的"神圣事物"(The Sacred)这一概念替代了上帝。

尼布尔也对人性两重性作了解读,认为灵魂和肉体是统一的。他写道:"那个明显的事实是:人乃自然之子,服从自然的规律,受自然必然性驱遣,受自然的冲动所迫使……另一个不太明显的事实是:人是一种精神,他超出了他的本性、生活、自我、理性以及世界。"[①]他认为,人兼具物质和精神、必然和自由、有限和无限、世俗和超越;在矛盾中,要么限制自己的自由,要么反抗限制,人往往选择后者。"他精神的自由促使他打破自然的和谐,而他精神的骄傲又阻止他建立一种新的和谐。"[②]人的精神自由能使其创造性地利用自然,但人不肯安守有限生存的局限,他妄图成为宇宙的中心,使自己独立于上帝,人之罪恶正在于骄傲自大。尼布尔认为,基督教人性观较其他人性论,更坚持人有更高的地位,同时也把人之恶看得更严重。可见,他的人性观源于基督教传统, 对人性蕴含的善与恶、矛盾和复杂有着清醒而深刻的认识。贝尔对人性两重性的赞同,反映了其二元的人性论和世界观;体现出其对现代社会中过于美化人性、放纵人性、不知节制的反对;他想借此提醒人

① [美]R.尼布尔:《人的本性与命运》,成穷、王作虹译,贵州人民出版社,2006年,第3页。

② 同上,第15页。

们警惕人性之恶和人的有限性,找回人性中、社会中的和谐。贝尔清楚,千百年来基督教教父和神学家们孜孜以求所取得的成果,蕴藏前人的智慧,堪称人类的精神财富,这也是贝尔认为正统宗教的人性观至今仍然有效的重要原因。

二、宗教冲动的耗散转移

随着资本主义的发展和社会进步,神权衰落,人权崛起。起初有着强大能量的宗教冲动逐渐耗散并转移至现代主义、理性主义或新型膜拜教等,对经济冲动的限制放松了,人性中的和谐也打破了、开始走向放纵。人们追求满足无限的欲求,过于信赖和滥用理性。现代主义的兴起加剧了人的自我膨胀,极端个人主义和享乐主义泛滥成灾,各种实现乌托邦理想的激进运动往往酿成悲剧;精神危机随后而至,可是现代主义文化不能完全满足人的精神需要,众多膜拜教兴起也带来很多问题,总之呈现出一片乱象。资本主义双重起源的失衡,人性的缺乏制约,这就是贝尔认为的资本主义社会陷入矛盾和困境的根源。

(一)无限的欲求(Unlimited Wants)

贝尔明确区分了"需要"(Need)[①]和"欲求"(Want)。"'需要'是所有人作为同一'物种'的成员所应有的东西。'欲求'则代表着不同个人因其趣味和癖性而产生的多种喜好。"[②]可见,前者是人所共有的基本要求,有基础性、群

① 一些经济学者认为"需要"和"欲求"只是不同重要级别的欲求,可以用"需求"(demand)这一总体概念来涵盖两者。

② [美]丹尼尔·贝尔:《资本主义文化矛盾》,赵一凡、蒲隆、任晓晋译,生活·读书·新知三联书店,1989年,第22页。

体性和统一性的特征；后者是因人而异的较高层次要求，有个体性和多样性的特征。他认为，前者对应于人们收入中用来满足自身基本需要的部分，是相对固定的；后者对应于人们消费在标明个人地位、体现优越感之物的部分，可延期使用，此部分可变性大。他进一步说明："欲求超过了生理本能，进入心理层次，它因而是无限的要求。"[①]欲求基于人的心理和精神，一定程度上独立并超越于客观物质条件，相对于有限的生物性"需要"而言，可以说是一种"无限的欲求"。他还认为，两者的范围会随着时代的发展而变化；社会的首要义务是满足"需要"，可资本主义社会要满足的是"欲求"，社会也不再被看作有着共同目标之人的自然结合（如城邦和家族），而成了单独个体追求自我满足的混杂场所。带有禁欲性质的新教伦理曾约束了早期资产阶级的经济冲动，限制了人的欲求，使人性中追求和谐的一面控制了凶残侵犯的一面，形成了清教徒品格；可是"当这种观念为现代资产阶级社会所摒弃时，剩下来的就只有享乐主义"[②]。经济冲动是人的基本欲望之一，在满足基本生存的范围内是生物性的、有限的"需要"，超过了这种限度就是心理性的"无限的欲求"。人性的两重性失去了原本的和谐，走向了过度追求满足欲望，这必然导致极端个人主义、享乐主义和人与人之间的严重冲突。"享乐主义的生活缺乏意志和刚毅精神。更重要的是，大家争相奢侈，失掉了与他人同甘共苦和自我牺牲的能力。"[③]纵欲软弱的个人、缺乏团结仁爱精神的群体必然走向衰败，历史上写满了一代代王朝从坚毅强盛到腐败堕落的历史。从社会结构角度看，贝尔说："'新资本主义'（20年代始用此语）在生产（即工作）领域仍然需要新教伦理，但在消费领域却刺激娱乐和游戏的需要。"[④]经济领域

① [美]丹尼尔·贝尔：《资本主义文化矛盾》，赵一凡、蒲隆、任晓晋译，生活·读书·新知三联书店，1989年，第68页。

② 同上，第280页。

③ 同上，第131页。

④ 同上，第123页。

自身就存在禁欲和纵欲的矛盾：经济生产领域仍需要勤奋节俭的品质来组织生产、降低成本、保持活力以在激烈的市场竞争中生存；可生产的商品要人们多购买才能保持经济增长，这就必须鼓励大量消费以满足“无限的欲求”，在人获得“无限”满足的同时也保持了社会的“无限”发展，这就是现代资本主义的发展逻辑。19 世纪末兴起的现代主义文化以自我满足、自我实现为特征，推崇“无约束的自我”(untrammeled self)和“无所神圣”的观念，这加快了人们对新教伦理的抛弃，助长了放纵享乐之风，导致经济生产和文化领域之间的矛盾加剧甚至领域断裂。

从词源意义上看，unlimited 来自“un-”(否定)和“-limit-”(界限)的过去分词；want 来自古日耳曼语 wano(缺乏，空无)，引申词义渴望、想要。“unlimited wants”即无界限的、没有限制的众多渴望和欲求。一般来说，欲求可被认为类似于欲望这种情感，也可以在经济学中将欲求作为一种维持资本主义社会的必要成分来研究，也能以一种非世俗的、精神的、道德的或宗教的方式研究欲求。在经济学中，一个需要是生存所必需的，而一个欲求只是想得到的；通常，每个人都有无限的欲求，但其仅能获得有限的资源，因此他们不能获得所有想要的，只能寻找最佳的替代选择。在基督教中，尤其是新教，强调应该将欲求保持至最低限度，且应保持一种有着勤奋和正派工作的简单生活。资本主义发展对刺激消费和欲求的依赖，新教伦理对欲求曾发挥的有效制约，都是贝尔论述的重要内容。

贝尔对于欲求和需要的理解基本符合现代西方经济学的定义，且源自西方文化传统。如现代最有影响的经济学家之一，约翰·梅纳德·凯恩斯(John Maynard Keynes)提出：“人类的需要可能是没有边际的，但大体能分作两种—— 一种是人们在任何情况下都会感到必不可缺的绝对需要，另一种是相对意义上的，能使我们超过他人，感到优越自尊的那一类需求。第二种需要，即满足人的优越感的需要，很可能永无止境……但绝对的需要不是这样。"[①]显然,贝尔论述的"需要"接近于凯恩斯所说的"绝对需要",其"欲求"接近"第二种需要",后者明显有心理性、无限性特征。往前追溯到"经济学之父"兼"杰出的伦理学家"亚当·斯密(Adam Smith),他在《道德情操论》(1759)中宣称,最低级劳动者的工资就可以提供生活上的必需品,人们辛苦劳碌,追求财富、权力和优越地位是被虚荣所吸引。[②]斯密也道出了"虚荣"这一心理因素对个人发展和经济进步的推动作用。亚里士多德认为:"前述那一类方式是自然的(人们凭借天赋的能力以觅取生活的必需品),后者是不合乎自然的,这毋宁是人们凭借某些经验和技巧以觅取某种(非必需品的)财富而已。"[③]他还称前者是"为生活而从事于觅取有限的物资"[④],后者则是漫无限度。关于"无限的欲求",叔本华有精彩论述:"欲念的呈现形式光怪陆离,层出不穷,它本非根植于人的生理的快乐和痛苦,但却成为他殚精竭虑的奋斗目标。"[⑤]而且欲望的满足总有厌倦尾随,"欲望和厌倦是人生的两大支柱,这是一条真理"[⑥]。欲求不得满足时痛苦,欲求得到满足时又容易厌倦无聊,随之又产生新的欲求,如此往复循环、难得安宁。涂尔干也描述了人的这种悲惨处境:"欲望既是无边的,它就会不断地、无休止地超越人们所能得到的东西,永远不得遏制,没有终结也就必然带来无尽的折磨。"[⑦]甚至连希望都会破灭,"人们如饥似渴地追求新奇陌生的乐趣和无名的感官刺激,一经获得便味同嚼蜡……他早晚会被迫停步的。那时无论前后他都找不到可以寄

---

① [美]J.M.凯恩斯:《我们子孙的经济前景·劝导文集》,载《凯恩斯全集》,麦克米兰公司,1972年,第326页。转引自[美]丹尼尔·贝尔:《资本主义文化矛盾》,赵一凡、蒲隆、任晓晋译,生活·读书·新知三联书店,1989年,第22页。

② 参见[英]亚当·斯密:《道德情操论》,蒋自强、钦北愚译,商务印书馆,1997年,第60~61页。

③ [古希腊]亚里士多德:《政治学》,吴寿彭译,商务印书馆,1983年,第25页。

④ 同上,第29页。

⑤⑥ [德]叔本华:《叔本华论说文集》,范进等译,商务印书馆,1999年,第420页。

⑦ [法]埃米尔·涂尔干:《失范型自杀》,钟旭辉等译,载冯钢编选:《社会学基础文献选读》,浙江大学出版社,2008年,第113页。

托希望的地方”[①]。涂尔干认为必须由人自身之外的力量来协助，才能限制这种欲望，一个“他们尊重并自愿服从的权威”[②]——社会，来制定一个合理的标准。可见，贝尔吸收并延续了西方诸多学者的思想成果，指出了“欲求”的心理性、无限性特征，对人类贪图满足“无限的欲求”会带来的危害有着清醒认识，从而惋惜新教伦理这一原本强有力的制约力量的减弱，批评加剧人性放纵失衡的现代主义等因素，以期引起世人的警惕和回归信仰，使人们不再继续深陷欲望泥潭。

（二）乌托邦假想（Utopian Assumption）

贝尔认为，缺乏节制、总是越界的现代人在纵欲享乐的同时，也在追求“神一般无所不能而又绝对的知识”[③]，这是理性的僭越，反映了现代人最深刻的本质——寻求超越自身。“一方面，有这种自由主义倾向，将全部有关存在的问题重新定义为‘麻烦’，并寻找其解决‘办法’……另一方面，有这种乌托邦假想，即通过经济功效的（若非技术功效的）非凡引擎，能完成无限度的目标。”（On the one hand, there is the liberal temper, which redefines all existential questions into ‘problems’ and looks for ‘solutions’ to problems.… On the other hand, there is the Utopian assumption of limitless ends achievable through the marvelous engine of economic, if not technological, efficiency.）[④]现代人凭借理性取得了巨大成就，认识和改造世界的能力空前提高，对自身能

① ［法］埃米尔·涂尔干：《失范型自杀》，钟旭辉等译，载冯钢编选：《社会学基础文献选读》，浙江大学出版社，2008 年，第 120 页。

② 同上，第 114 页。

③ ［美］丹尼尔·贝尔：《资本主义文化矛盾》，赵一凡、蒲隆、任晓晋译，生活·读书·新知三联书店，1989 年，第 209 页。

④ Daniel Bell, *The Cultural Contradictions of Capitalism*, 20th Anniversary ed, Basic Books, Inc., Publishers, 1996, p.28.中译本此处有误，由笔者据原著翻译。

力和前景信心十足，甚至连自身是有限存在等根本难题都认为早晚能解决；他们设想通过运用理性、科技进步和经济增长，就能如想象中的神一般全知全能，实现永续发展和无限扩张，建造近乎完美的人间天堂！贝尔接着批评道：“现代社会却用乌托邦取替了宗教——这里所谓的乌托邦不是那种超验的空想，而是一种靠了技术的营养和革命催生、通过历史（进步、理性与科学）来实现的世俗理想。”[①]人类变为关注今世的成就和享乐，而不是上帝允诺给义人的后世天堂，他们也不再需要宗教。可见，贝尔认为乌托邦是超越于人类能力之外的美好想象，认为通过不断发展就能实现的想法，只是一种不切实际、盲目乐观的“假想”而已。虽然贝尔批判了“乌托邦假想”，但仍认为乌托邦是一个必要的框架，人需要理想，“……乌托邦是人们以一种更佳形式去构建其生活的工具……”（...it's a vehicle to construct their lives in a better form...）[②]乌托邦仍有工具价值，可为人所用。在贝尔临终前仍在撰写的名为乌托邦重生（*The Rebirth of Utopia*）一书中，他计划将弥赛亚主义（messianism）作为批判对象兼乌托邦主义的唯一对手，前者在他看来似乎已经是改变世界的真实努力的终结，并会显示一位将人们拉进其信仰中的救世主，[③]人们要遵从他，这总会导致一个命令系统，而乌托邦主义不是这样。乌托邦主义的问题是，有回到某个假定的理想——阿卡迪亚（arcadia，世外桃源之意）的意味；他宁愿选择乌托邦主义而不是阿卡迪亚来反对弥赛亚主义。可见，贝尔一来批评激进的左派思想（如乌托邦假想），二来反对专制极权（如弥赛亚主义），三来不赞成离群避世（如阿卡迪亚）。正如赵一凡所言，贝尔持“理性变革”立场，“反对‘意识形态政治’的乌托邦倾向，并确认他所信奉的是一种以公民政治与科学态度为基础的‘经验乌托邦’——因为‘通往上帝

---

① ［美］丹尼尔·贝尔：《资本主义文化矛盾》，赵一凡、蒲隆、任晓晋译，生活·读书·新知三联书店，1989年，第74页。

②③ P.Beilharz, Ends and Rebirths: An Interview with Daniel Bell, *Thesis Eleven*, 2006, p.95.

之城的阶梯不是由信仰筑成,而是经验的铺垫’”。[①]

“Utopian”是“Utopia”的形容词形式,后者源自托马斯·莫尔(Thomas More)的名著《乌托邦》(*Utopia*,1516),由他用希腊语“ou”(no,没有)和 topos(place,地方)组成,字面意思即“不存在的地方,乌有之乡”,常作为“空想”的同义语或喻指“理想中最美好的社会”“空想的社会改良计划”等。“Assumption”直接来自拉丁文 assumptionem(a taking,receiving,一个取得、接受),有假定、设想、担任等意。乌托邦主义指人们思索、描绘并试图创造一个完美社会的各种方式。乌托邦思想涉及道德、伦理、心理和政治哲学,且经常起源于该信念,即理性和理智能带来社会改良。它通常以乐观主义(一个完美社会是可能的)为特征。乌托邦主义在促进社会和政治变革中扮演着重要角色。莫尔在《乌托邦》中描绘了一个异教的、共产主义的城邦,其体制和政策完全由理性支配, 他用这个城邦的秩序和高贵来反衬基督教欧洲的黑暗和非理性政治。在“乌托邦”一词出现之前,类似观念早已出现并广泛流传:如柏拉图的《理想国》就是许多类似观念的原型;基督教对伊甸园和天国的描述也包含相似因素;莫尔之后还有托马斯·康帕内拉(Tommaso Campanella)的《太阳城》、弗朗西斯·培根(Francis Bacon)的《新大西岛》等著作,表达了对人类理性发展、人性完善和社会进步的信心和展望。随着历史发展,阿道司·赫胥黎(Aldous Huxle)的《美丽新世界》(*Brave New World*)(1932)等反乌托邦作品的出现,则表达了对乌托邦和惨痛历史经验的反思。

卡尔·波普尔(Karl Popper)深刻分析过乌托邦、暴力和理性三者的联系,他认为至少存在两种理性主义, 一种正确——以某种程度的理智的谦卑为前提,“它来源于这样一种认识,我们并不是无所不知的,我们的知识大都来自

---

① [美]丹尼尔·贝尔:《资本主义文化矛盾》,赵一凡、蒲隆、任晓晋译,生活·读书·新知三联书店,1989 年,第 7 页。

别人”[①];另一种错误且导致了乌托邦主义——过分自信于自己的理论和理性。他认为乌托邦主义危险且有害,因为人们对理想的社会总有不同看法,但不同的乌托邦主义者过于固执己见,不能“说服”对方,往往就导致“压服”等暴力行为。“乌托邦主义的吸引力,是因为没能认识到我们不可能在地上建造天国才产生的。我认为我们能做的是一代代逐步减轻人生的苦难……这种方式能够达致巨大的进步。”[②]可见,波普尔反对激进的乌托邦主义,反对“实现抽象的善”,主张“消除具体的恶”,赞成一种渐进的,对人的存在及理性的局限性有清醒认识的态度。美国著名的马克思主义政治理论家弗雷德里克·詹姆逊(Fredric Jameson)肯定乌托邦的价值,认为它是事物本身有待实现的潜能:“……这个未来不仅依靠我们自己实现它的意志, 而且在某种程度上是事物本身的性质,是深层存在的可能性的潜力,它有待于释放出来,并最终会幸运地出现。”[③]他积极评价乌托邦的作用:“它有助于重新唤醒关于可能的、另外的未来的想象,重新唤醒我们的制度——自以为是历史的终结——必然压制并使之瘫痪的那种历史性……这种对未来性的复活和假定不同的未来本身并不是政治的计划,甚至也不是政治的实践,但如果没有这种复活,很难看到如何能形成持久的、有效的政治行动。”[④]显然,他对将乌托邦付诸政治实践持谨慎态度,但认为乌托邦不可缺少,因为它能促进改善现实政治境况,这与贝尔对乌托邦的态度相似。美国著名文化历史学家理查德·塔纳斯(Richard Tarnas)对于信仰、理性和乌托邦评论道,“对于这种运动的信念主要基于坚信人类不断扩张的知识必然具有救赎的奇效:人类未来将在一个科学创造的世界中臻于圆满……上帝终使人类得救的宗教信仰……

---

① [英]卡尔·波普尔:《乌托邦与暴力》,傅季重等译,载《猜想与反驳》,上海译文出版社,1997年,第508页。

② 同上,第516页。

③④ [美]弗雷德里克·詹姆逊:《乌托邦作为方法或未来的用途》,王逢振译,《马克思主义与现实》,2007年第5期。

如今都成为一种对进化的信心或者革命性的信仰，坚信只要熟练地把人类理性运用于自然和社会就能够加快实现今世的乌托邦”[①]。这种观点和贝尔的部分理解也堪称异曲同工 。总之，贝尔融合了多方观点，对乌托邦持较为客观理性的态度，既认可乌托邦的价值和作用，又警惕“乌托邦假想”等左派激进思想的潜在危险，他希望人们将乌托邦作为一个目标和理想，激励自身、脚踏实地一步步前进，营造一个越来越美好的社会。

（三）新型膜拜教（New Cults）

人类在欲求和理性两方面的不断扩张，加速了传统宗教信仰的衰落，现代主义文化推波助澜、求新求变，也不能给人以足够的心灵慰藉，但人们不能忍受没有信仰的虚无，于是兴起了诸多新型膜拜教。“这种情况是早期基督教历史的逆转，当时有凝聚力的新宗教凭借一种神学和组织上的优势，与众多膜拜教竞争并将它们驱除。但当神学衰落且组织崩溃时，当宗教的制度架构开始解体时，对于让人们能感觉到宗教性的一种直接经验的找寻，就促进了膜拜教兴起。”（This situation is the reverse of early Christian history, when the new coherent religion competed with the multiple cults and drove them out because it had the superior strength of a theology and an organization. But when theology erodes and organization crumbles, when the institutional framework of religion begins to break up, the search for a direct experience which people can feel to be religious facilitates the rise of cults.）[②]贝尔追溯了基督教和膜拜教的兴衰历史，揭示了两者此消彼长的矛盾关系：前者衰落时，

---

① ［美］理查德·塔纳斯：《西方思想史》，吴象婴、张广勇等译，上海社会科学院出版社，2007 年，第 353~354 页。

② Daniel Bell, *The Cultural Contradictions of Capitalism*, 20th Anniversary ed., Basic Books, Inc., Publishers, 1996, p.168.中译本此处有误，由笔者据原著翻译。

后者会成为人们的信仰替代品并繁荣起来，这表明人们有着深厚的宗教性需要。他接着描述了膜拜教的一些特征:“膜拜教有这种性质,它宣称某些长期被埋没(或被正统压制)、现在又重见天日的秘传知识……在膜拜教中,人们感觉仿佛在探索新奇的,或者至今仍属禁忌的行为模式。因此,膜拜教的特征就是它隐含地强调魔法而非神学,隐含地强调与灵性导师或该团体的、而非与机构或信条的个人联系。”[It is in the nature of a cult to claim some esoteric knowledge which had been submerged (or repressed by orthodoxy) for a long time but has now suddenly been illuminated. … In the cult,one feels as though one were exploring novel or hitherto tabooed modes of conduct. What defines a cult,therefore,is its implicit emphasis on magic rather than theology, on the personal tie to a guru or to the group,rather than to an institution or a creed.]①他认为膜拜教与基督教相比有许多缺点,如大都没有系统的神学理论和完整的组织,从思想内容到组织形式往往充斥着矛盾和非理性,更接近而不是远离神秘、禁忌、魔法和个人崇拜。美国宗教社会学者罗纳德·L.约翰斯通(Ronald L.Johnstone)提出:“膜拜教团(cult)不大关心社会的变革,但却十分关注个人的各种问题，它强调个人的心灵平和并使个人与超自然力量保持和谐。”②这表明膜拜教信徒缺乏对他人和社会的关注,主要关注自身尤其是心灵问题,有着加剧个人主义、神秘化和非理性的倾向。贝尔还认为:“这种新型膜拜教信仰隔离了个人信仰与累积的历史传统。”(The new cultic religiosity makes a distinction between personal faith and a cumulative historical tradition.)③美国社会学教授戴维·波普诺(David Popenoe)也有类似评价:“膜

①③ Daniel Bell,*The Cultural Contradictions of Capitalism*,20th Anniversary ed.,Basic Books,Inc., Publishers,1996,p.168.中译本此处不准确,由笔者据原著翻译。

② [美]罗纳德·L.约翰斯通:《社会中的宗教—— 一种宗教社会学》(第八版),袁亚愚、钟玉英译,四川人民出版社,2012 年,第 125 页。

拜团体(cult)不是为了改革已经存在的宗教,而是提供崇拜的新方式,或提供新的启示。"[①]这种新信仰与历史悠久的基督教文化传统割裂开来,世代连续性中断了。贝尔质疑这种与父辈们的人生经验缺乏关联的信仰能有意义吗? 没有记忆,人们能简单天真地重新创造一种信仰吗?

考察词源,"cult"一词来自拉丁文"cultus"(照料,耕作,崇拜),古代农耕文明依赖自然气候条件,由此衍生出对神灵的敬畏虔诚。此外,它来自"culture"的词根,反映着位于一种文化之基础的信仰与活动的核心系统。严格地说,膜拜教是宗教崇拜的一个特殊系统,尤其就其仪式和礼仪而言。在某种更轻蔑的意义上,膜拜教指一个紧密结合的社会团体,经常被周围社会认为是非主流的或暗含危险的一群宗教信徒。在 20 世纪,各种新型膜拜教导致许多社会问题,如群体自杀、谋杀、心灵控制、经济剥削等暴行,但也有一些是良性的, 这引发了全球性争议。通过称之为少数人群体或低等群体的方式,"cult"隐含着一种"内部群体/外部群体"的区分,反映了心理上的疏远排斥;但经过一段时间,这种群体要么消亡,要么变得更成熟且与社会之间更少紧张;如果它们经过了第一代或第二代人,往往会趋于制度化,变得更稳定, 在社会中得到更多认可, 并且有时成为主流或者甚至占优势的宗教群体。由于"膜拜教"的通俗含义略带贬义,很多宗教和社会学者倾向于用更为中性的"新宗教运动"(new religious movement)代替它。

新型膜拜教的蓬勃发展反映了当今宗教多元化的趋势, 社会的宽容体现了社会的文明进步,但这不能否认其存在很多问题。贝尔强调,与基督教相比,膜拜教缺乏长期的文化积淀、系统的理论体系、完整的宗教组织和更强的社会整合性。"过程哲学"创始人阿尔弗雷德·诺斯·怀特海(Alfred North Whitehead)也指出:"历史和常识的见证告诉我们,系统的阐述是强调、净化

① [美]戴维·波普诺:《社会学》(第十版),李强等译,中国人民大学出版社,1999 年,第 479 页。

和稳定的强有力的工具。如果没有地中海东部和欧洲的理性运动,那么基督教很早就沦为有害的迷信,从基督教肇兴之日到今天的任何时候都有可能。”[1]而这种历史传承和理性化的系统理论,是膜拜教完全无法比拟的,因此贝尔嗟叹基督教的衰落,批评诸多新型膜拜教的兴起。

三、传统信仰的别样复兴

在放纵和混乱之后,贝尔希望现代人的自我意识变得成熟起来,能清醒地认识到人类自身的有限性,认识到应该心存界限意识和敬畏之心,认识到有限和无限、凡俗和神圣的分别,从而重建神圣信仰,找回基督教传统中的谦卑仁爱,从而走出现代西方人面临的困境。这是一个需要“合成仪式”将过去和未来联结起来、回归宗教传统的过程,也是一个长期的文化重建的过程,因此贝尔又构想出“公众家庭”观念,希望短期内缓解政治和经济领域的矛盾。

(一)自我意识(Self-Consciousness)

贝尔认为,以前人们的自我意识主要源于传统、权威、天启神谕或者理性;而现代人会说,“我就是我,我是自己的产物,在选择和行动的过程中我创造自己”[2]。这种“孤零零”的“我”似乎处在断裂的时空中,与历史和社会缺少联系;而且即使在当下与他人发生联系,也往往不和谐,而是敌对的排斥冲突,“自我意识的巨大源泉是经验——自我与不同他人的对抗”。(Experience is the great source of self-consciousness, the confrontation of self with di-

① [英]阿尔弗雷德·诺斯·怀特海:《新宗教改革》,尚志英译,载张庆熊主编:《当代哲学经典》(宗教哲学卷),北京师范大学出版社,2014年,第5页。

② [美]丹尼尔·贝尔:《资本主义文化矛盾》,赵一凡、蒲隆、任晓晋译,生活·读书·新知三联书店,1989年,第137页。

verse others.)[①]其主要症结之一在于缺乏限制，为了满足“无限的欲求”、为了享受更丰富多彩的人生体验以满足膨胀的自我意识，人们必然为争夺有限的资源而发生冲突。“他们反复强调，经验的渴求是没有边际的，世上无所神圣。”[②]于是人们纵欲享乐、滥用理性、兴起各种求新求异的新型膜拜教，形成一种“无约束的自我”，甚至自信满满地“认为人能超越必然，不再为自然所限，而且如黑格尔所说，能够在历史的终点达到完全自由的王国”[③]。再者，“人将所有的权威性、合法性都植根于‘帝王般的自我’之需求中”。(to root all authority, all justification, in the demands of the ‘I’, of the ‘imperial self.’)[④]传统权威和社会共识不再重要，自己的好恶成为至高无上的判断标准。贝尔发现这暴露了现代人自我意识的幼稚与轻狂，他们必然在自然和社会的实践中陷入困境，“永远超越的命运”必然遭受挫折。“然而在尝试和失败中——失败在所难免——却也出现了一种长处：一种自我意识成熟(禁欲主义者们称其为悲剧的人生观)的可能性。这种自我意识的成熟无须依靠超凡魅力的领袖、意识形态上的教条或‘天赋使命’。它只需重新确定个人与自由主义社会的意义……”[⑤]经历了基督教信仰的衰落，人性欲望的放纵和理性的滥用之后，贝尔期望人与社会能吸取种种历史经验教训，获得成长。如果人的自我意识成熟起来，那么他们就不再需要外在的领袖、教条或使命的指引和约束，人能凭借内在的健全自我意识，正确认识自我、社会及两者间关系，能做

---

① Daniel Bell, *The Cultural Contradictions of Capitalism*, 20th Anniversary ed., Basic Books, Inc., Publishers, 1996, p.89.中译本此处有误，由笔者据原著翻译。

② [美]丹尼尔·贝尔：《资本主义文化矛盾》，赵一凡、蒲隆、任晓晋译，生活·读书·新知三联书店，1989年，第31页。

③ 同上，第96页。

④ Daniel Bell, *The Cultural Contradictions of Capitalism*, 20th Anniversary ed., Basic Books, Inc., Publishers, 1996, p.158.中译本此处有误，由笔者据原著翻译。

⑤ [美]丹尼尔·贝尔：《资本主义文化矛盾》，赵一凡、蒲隆、任晓晋译，生活·读书·新知三联书店，1989年，第344页。

到良好的自我管理、自我发展。所谓"自我意识成熟",即指"认知到人的有限性及其能力的必然限度……"(the awareness in men of their finiteness and the inexorable limits to their power…)①它虽然免除了外在要求,但会重新唤醒人内心深处对无限和超越的敬畏、对神圣信仰的需要,宗教的复兴也自然随之而来。"因为该认知触及意识的最深源泉,我相信,一种已意识到探索尘世有其极限的文化,在某个时刻,将转向努力恢复神圣事物。"(Since that awareness touches the deepest springs of consciousness,I believe that a culture which has become aware of the limits in exploring the mundane will turn,at some point,to the effort to recover the sacred.)②贝尔认为资本主义文化一旦成熟起来,就会意识到其有限性并重新向往和重建无限的神圣领域,这就是贝尔认为宗教信仰会复兴的基本逻辑。

"Self-consciousness"的形容词形式"Self-conscious"于1670—1680年出现在英国的启蒙运动中,当时意为"意识到自己的行动"。人不仅能意识到周围的世界,也能意识到自己:其行为、身体和精神活动。一个自我意识主体感知到自己是自己;自我意识对其表明,他们自己是感知的那个客体。这种"自我意识"由来已久,古希腊德尔菲神庙的铭句——"认识你自己",隐含着此观念的萌芽。笛卡尔的名言——"我思,故我在",暗示着一个人感知到自己在思想和自己的存在,并将自我意识置于自我存在之先,揭示了其认识论的起点。黑格尔哲学体系中的"自我意识"是人类主观精神发展阶段上介于意识之后、理性之先的特定意识形式,"经过意识、自我意识和理性的主观精神和外在为历史的客观精神的发展之后,精神最后达到了主客观统一的绝对的知识"③。黑格尔认为知性以对物的沉思消解了自我,但知性发展到极点时

①② Daniel Bell,*The Cultural Contradictions of Capitalism*,20th Anniversary ed.,Basic Books,Inc.,Publishers,1996,p.XXIX.中译本此处有误,由笔者据原著翻译。

③ 赵敦华:《西方哲学简史》,北京大学出版社,2001年,第350页。

就会意识到,一个能揭示事物的本质的东西,其自身也必须存在,这就是自我的存在,意识因此而从外物返回到自我意识。“一个人只有在意识到自己和他人的独立的自我本性的情况下,他才具有了真正意义上的自我意识。”[①]这表明了自我和他人、主体和客体之间的相互联结和制约关系,真正的或者说成熟健全的自我意识,必然认识到自我的有限、他人或他物的存在,并尊重且善待“非我”(如他人、动物、自然等)。黑格尔对“真正意义上的自我意识”的论述,堪称为贝尔的“自我意识成熟”做出了深刻的哲学阐释。

从现代心理学角度来看,自我意识是人对自己身心状态及对自己同客观世界的关系的意识。“通常,绝大多数现代哲学家和心理学家会认为,除非你有时也是(并不必然总是)自我意识的,否则你就无法有一个你是谁的概念。反过来,除非你有某种身份感,无论这种身份感多么模糊,否则你就无法是自我意识的。”[②]自我意识和“我是谁”的身份感紧密交织,而身份感来自人对自己所由来和在社会中所处位置的感知。这说明,自我意识不仅是人脑对主体自身的意识与反映,而且人的发展离不开周围环境,尤其是社会环境,所以它也反映人与周围现实之间的关系。自我意识具有社会性、能动性等特点。其中“社会性”指意识到“自我”的社会角色,意识到“自我”在一定的社会关系中的地位和作用,这是自我意识发展到成熟的重要标志。“能动性”指“自我”能根据外界的反馈信息来形成自我意识,还能根据自我意识调控自己的心理和行为。贝尔对现代人自我意识成熟的期望,也是希望人们发挥“能动性”,有所改进:一来认识到自身在生命、能力等方面的必然限度,从而戒骄戒傲,怀有谦卑敬畏之心;二来不要只关注自己,从而缺乏“社会性”,也要关注他人和社会,怀有仁爱之心,意识到自身的社会责任,并据此调整自己的行为,缓解因唯我独尊、无限膨胀且缺乏群体观念的自我意识而造成的

① 赵敦华:《西方哲学简史》,北京大学出版社,2001年,第347页。

② [美]罗伯特·C.所罗门:《哲学导论》,陈高华译,世界图书出版公司,2012年,第253页。

人与人之间的紧张局面；三来不要只关注现在、将来或者自己的个人经验，也要将前人的经验——历史和传统等融入自我意识中。而以上前两者——谦卑和仁爱，正是基督教思想的精神内核，分别体现于基督教最重要的两条诫命之中：一是爱上帝（作为有限存在的人，在作为无限存在的上帝面前自然无法自大，只能心怀敬畏谦卑，乃至奉上自己全部的爱），二是爱人如己。贝尔注意到蕴藏在基督教传统中的这些有助改善现代西方人的自我意识、矫正极端个人主义的内容，了解信仰所蕴含的强大力量，因此呼吁并期待传统信仰的复兴。

（二）合成仪式（Rites of Incorporation）

“合成仪式”可以延续传统，既是宗教复兴的手段，也是其必然结果，它属于“重新确认我们的过去”。贝尔认为每个社会里都有合成仪式和释放仪式（rites of release），现代社会的问题就是“释放”过度，“合成”不足。“我认为更深刻的意义潮流所倡导的正是某种新的合成仪式，它表示加入一个不仅联系未来，而且联系过去的团体。”①现代主义无视传统，只关注未来，一味寻求新奇和超越，包括新型膜拜教在内，基本都属于“释放”类型。过往的历史中有着宝贵传统和文明遗产，不能一概丢弃，应该将过去和未来联结起来，保持世代和文明传承的连续性。贝尔进一步说：“通过仪式，即把共同感情维系起来的途径，宗教成了达到社会团结的手段。”②在大家一起举行各种宗教仪式的过程中，经历了共同的情感体验，拥有了共同的人生经验，彼此之间多了一份认同感、亲密感，当然有利于团结。仪式与宗教信仰密不可分，贝尔指出：“仪式首先依赖一种神圣和凡俗之间的明确界限……仪式把守着神圣

① ［美］丹尼尔·贝尔：《资本主义文化矛盾》，赵一凡、蒲隆、任晓晋译，生活·读书·新知三联书店，1989 年，第 223 页。

② 同上，第 219 页。

的大门，其功能之一就是通过仪式唤起的敬畏感保留不断发展的社会必不可少的那些禁忌……然而在一个开头就没有这两种存在的基本分野的社会里……怎么会有像意义深沉的仪式那样的东西呢？”[①]新教伦理等传统信仰的衰落,使神圣事物跌落神坛,与凡俗混杂,现代主义文化更是“无所神圣”、拥抱黑暗和邪恶,新型膜拜教尝试探索各种禁忌,处于现代社会这种类似混沌未开的境况,仪式和宗教信仰必然衰落。因此,贝尔呼唤“合成仪式”和信仰复兴,期待着人们的自我意识成熟起来,重新意识到有限和无限之别,重新区分神圣与凡俗、善与恶、光与暗。

“Rite”来自拉丁语“ritus”(宗教仪式,习惯,习俗),“Incorporation”来自后期拉丁语“incorporationem”(一种内部化、具体化)。追溯词源并结合现代解释,“Rites of Incorporation”就是将几种事物合成、合并为一体,且带有宗教意义的仪式化行为。涂尔干非常重视仪式，将其看作宗教的两个基本范畴之一。“宗教是一种与既与众不同、又不可冒犯的神圣事物有关的信仰与仪轨所组成的统一体系，这些信仰与仪轨将所有信奉它们的人结合在一个被称之为‘教会’的道德共同体之内。”[②]可见,他的宗教观的基础是有别于凡俗的神圣事物,这种神圣事物在不同宗教中是独特的,也是人类活动的禁忌和界限;人的内在信仰是抽象的观念、体验等,外在仪式是具体的仪式化行为、表现了内在信仰;信仰与仪式有助于信徒形成共同的道德观念,有社会凝聚的作用。他还区分了消极仪式(呈现为禁忌,能确保神圣事物与凡俗分开),积极仪式(如祭祀,用以维持与宗教力之间的积极关系),禳解(piaculum)(如忏悔等)仪式三类。德国哲学家恩斯特·卡西尔(Ernst Cassirer)写道:“无论从历

---

① [美]丹尼尔·贝尔:《资本主义文化矛盾》,赵一凡、蒲隆、任晓晋译,生活·读书·新知三联书店,1989年,第192页。

② [法]埃米尔·涂尔干:《宗教生活的基本形式》,渠东、汲喆译,上海人民出版社,1999年,第54页。

史上说还是从心理学上说,宗教的仪式先于教义,这看来已是现在公认的准则。"[①]这反映出仪式对于宗教的发展至关重要。国内学者王晓朝的解释较为全面客观:"宗教礼仪是构成宗教的基本要素之一,是宗教意识的行为表现,是信教者用来沟通人与神之间关系的一种规范化的行为表达方式……以显示宗教的神圣性和庄严性,并在人们心理上造成极为严肃静穆的宗教气氛,培养宗教感情,坚定宗教信仰。宗教礼仪的主要类型有献祭、祈祷、节庆,等等。"[②]具体到基督教来说,新教大都只承认圣餐与洗礼两件圣事,而天主教还信奉坚振、告解和婚配等,两者的简单与烦琐之别也体现了宗教的一些发展趋势。

虽然贝尔对于仪式的理解基本延续了涂尔干有关把"神圣事物"与凡俗分开的思想,但贝尔的"合成仪式"与涂尔干划分的"三种仪式"没有直接关系,也无关于现实中的基督教具体仪式,它只是一种抽象的概念,虽然书中简单介绍了其含义,但并没有说明具体的仪式行为。贝尔之所以突出它的重要性,正是因其既包含时间上的连续性("合成"体现过去与未来相联结),又包含心理上、空间上的分离性、界限性("仪式"体现神圣与凡俗相区别),而此两者皆为贝尔笔下的现代西方人所亟须。他用"合成仪式"与"释放仪式"相对照,批评现代主义等现代文化对于人性和历史传统"放"得过度,从而强调要约束人性、延续文明传统。更重要的是,仪式依赖于神圣与凡俗的区分,依赖于信仰的复兴,因此贝尔急切地希望现代人能以实际行动解答如下问题,"我们能够——难道不是必须——恢复何为神圣何为凡俗吗?"(Can we—must we not—reestablish that which is sacred and that which is profane?)[③]

---

① [德]恩斯特·卡西尔:《人论》,甘阳译,上海译文出版社,1985年,第101页。

② 王晓朝:《宗教学基础十五讲》,北京大学出版社,2003年,第203页。

③ Daniel Bell, *The Cultural Contradictions of Capitalism*, 20th Anniversary ed., Basic Books, Inc., Publishers, 1996, p.171.中译本此处有误,由笔者据原著翻译。

(三)公众家庭(Public Household)

贝尔深知“合成仪式”的恢复、文化和宗教领域中的变化,是一个长期过程,且不易受人为操纵和社会干预的影响,但资本主义社会已然矛盾重重,急需应对良策,于是他提出“公众家庭”的观念,这是在政治领域内为社会找到一种社会黏合剂的努力,他希望凭此在短期内弥合经济和政治领域的断裂,达成共识、缓解矛盾,同时为宗教复兴和文化重建赢得时间。“公众家庭”包含丰富的内容,“在社会学上,它带有家庭问题和共同生活的含义”[①]。这与“私人家庭”相对,暗含互爱互助、同甘共苦及自我节制的精神。从经济角度看,它目前已包括家庭和市场经济;从政府预算角度看,它指对财政收入及支出的管理。“更宽泛地说,它是满足公众需要和公众欲求的媒介,对立于私人欲求。”(More broadly,it is the agency for the satisfaction of public needs and public wants,as against private wants.)[②]可见,其主要作用是为公众提供公共产品和服务,如外交国防、市政建设等;且既然涉及财政收支,就必然关乎社会各群体的经济利益,进而演变为群体间你争我夺的政治问题。从政治角度看,它是一种以个人为社会基本单位并鼓励个人成就的自由主义概念,“其难题是:如何在不同群体的要求之间做出裁决——困难显然在于要求都是对的,而不是你对或他错,如何权衡群体成员的要求和个体权利,如何平衡自由与平等、公平与效率。”(The problem for the Public Household is how to adjudicate the claims of group versus group,where the problem is clearly right versus right,rather than right or wrong; of weighing the claims of group mem-

① [美]丹尼尔·贝尔:《资本主义文化矛盾》,赵一凡、蒲隆、任晓晋译,生活·读书·新知三联书店,1989年,第276页。

② Daniel Bell, *The Cultural Contradictions of Capitalism*, 20th Anniversary ed., Basic Books, Inc., Publishers, 1996, p.221.中译本此处有误,由笔者据原著翻译。

berships against individual rights; of balancing liberty and equality, equity and efficiency.)[①]贝尔认为,对这些难题的解答将提供决策基准,并从哲学的高度为决策结果进行辩护,从而为现代自由社会的"公众家庭"构建一种哲学,其解答包括四项内容。

第一项关乎与公众家庭相应的社会单位及相应权利之间的平衡。他并没给出对应于公众家庭的社会单位,只提出指导性原则:无论是个人、国家还是某群体的利益,都不能绝对凌驾于其他利益之上,人们必须考虑到通用的和特殊的规则、权利和情况,并根据它们进行符合实际的分配。这体现出贝尔反对激进的个人主义和某一群体的暴政,试图灵活地协调个人、群体及相互间的冲突。

第二项关乎自由和平等,涉及个体之间的差异和相应的资源分配问题,其原则是"……按照每个人所赢得的成就予以分配,按照适应于每个领域的权力和特权进行分配"[②]。这体现了贝尔的自由主义政治立场。

第三项关乎公平和效率,涉及现在与未来、当代与后代人之间的权益分配,他说:"关于未来的社会贴现必须是一种社会决策,一种公平原则之下的分配规则, 关于在限制某种消费的基础之上, 如何增加一个社会的生产能力。"(The social discount of the future has to be a social decision, an allocative rule under the principle of equity, as to how to increase the productive capacity of a society on the basis of the restriction of some kinds of consumption.)[③]

第四项关乎公众和私人的区分,他认为我们能够明确两者的不同特征,

---

① Daniel Bell, *The Cultural Contradictions of Capitalism*, 20th Anniversary ed., Basic Books, Inc., Publishers, 1996, p.26.中译本此处有误,由笔者据原著翻译。

② [美]丹尼尔·贝尔:《资本主义文化矛盾》,赵一凡、蒲隆、任晓晋译,生活·读书·新知三联书店,1989年,第330页。

③ Daniel Bell, *The Cultural Contradictions of Capitalism*, 20th Anniversary ed., Basic Books, Inc., Publishers, 1996, p.274.中译本此处有误,由笔者据原著翻译。

且能在两者间筑起一道墙。这样既能避免权力对个人的过多侵犯，以保证充分的个人自由，也能在公众领域倡导美德和一种理想观念。“总之，在其社会哲学后果上，上述四种论点旨在摒弃资产阶级的享乐主义（包括享乐主义对经济欲望的功利主义强调），同时它有意保留政治自由主义（包括该自由主义对个人差异和自由的关切）。”[①]于是，贝尔从经济到政治再到哲学，从实质性问题入手，空间范围上兼顾个体和群体、特殊和一般，时间上兼顾现在和未来，价值上兼顾自由和平等、公平和效率，从而构建起一种调和折中性明显的公共哲学。他希望凭此能达成社会共识，抑制个人放纵欲求，将资源首先用于满足公众需要；调和政治上的自由主义，形成和谐的社会氛围，保证社会长治久安。

从词源意义上看，“public”（公众的，公共的）来自拉丁语“publicus”（人民的，普通人的）；“household”（家庭，一家人）由“house”和“hold”组成，表示一个家庭所拥有的成员（含服务员）和物品等。可见，“public household”（公众家庭）包含属于一个家庭的人与物，是普通家庭概念的扩大化，且有公共性的特征。亚里士多德说：“家务重在人事，不重无生命的财物；重在人生的善德，不重家资的丰饶……”[②]这说明家庭管理的重心是人而不是物，是培养人的美德而不是积累钱财。既然重视人就会满足人的需要，重视美德也会限制欲求，贝尔也持此观点。卢梭在论述其社会契约的本质时说：“我们每个人都以其自身及其全部的力量共同置于公意的最高指导之下，并且我们在共同体中接纳每一个成员作为全体之不可分割的一部分。”[③]个人通过社会契约结合成“一个道德的与集体的共同体”[④]。卢梭通过这种方式将个体完全融入群

① [美]丹尼尔·贝尔：《资本主义文化矛盾》，赵一凡、蒲隆、任晓晋译，生活·读书·新知三联书店，1989年，第229页。

② [古希腊]亚里士多德：《政治学》，吴寿彭译，商务印书馆，1983年，第37页。

③ [法]卢梭：《社会契约论》，何兆武译，商务印书馆，2003年，第20页。

④ 同上，第21页。

体,个人利益融入公众利益,二者之间的矛盾消失了,一切都在“公意”的指导之下。可以说,这是一种重群体轻个体、人际平等多于个人自由的理论,这是持自由主义政治立场的贝尔力求避免的。沃特斯评论道:“人不能通过共同体的反射性行为或哲学的挪用来学会信仰或创造宗教……贝尔知晓清教主义的负面性,更不用说政治意识形态,但为什么他没把这些扩展至所有使人成为附庸的思想体系,这完全不清楚。”(One cannot learn faith or create religion by reflexive acts of communitas or philosophical appropriation.…Bell is fully aware of the negatives of puritanism,not to mention political ideology,but why he fails to extend these to all systems of thought that turn human beings into the cringing subordinates of the whims of hypostatized powers,personal or natural,is entirely unclear.)[①]他认为贝尔的“公众家庭”是哲学的挪用,这不会达到贝尔复兴信仰的目的,甚至存在着使人成为“附庸”、失去自由的危险。安德鲁·吉尔伯特(Andrew Gilbert)指出,贝尔认为当代的新教复兴不过是以宗教形式重建的自我导向的享乐主义文化,而他指向的是一种“公共哲学”——联合体有着共享的权利和责任的意识,但这种方案似乎是无效的,其理论在接下来的历史中看来是失败的。[②]

贝尔曾撰写名作《意识形态的终结》,深知普遍性意识形态的弊端,但他身处当时激进的自由主义社会氛围,迫切希望能有一种凝聚社会共识的文化,能将社会中原子般的个人整合起来,让社会多些一致性、少些纷争。可是如果社会中的某种文化过于强势,容易危及其他文化和个人自由,贝尔对此有所警惕并明确提出,要保留政治自由主义,只是做出一些调和。虽然名为“公众家庭”的理论并未在随后的历史发展中广泛传播,但同样批评极端个

① Malcolm Waters,*Daniel Bell*,Routledge,1996,p.147.

② See Andrew Gilbert,The culture crunch:The Cultural Contradictions of Capitalism,*Thesis Eleven*,(118)2013,pp.83-95.

人主义和自由主义,同样强调群体观念的"社群主义"思想应时而起,并在20世纪80年代中期对自由主义的主导地位形成强有力挑战。社群主义认为个人及其自我最终是他所在的社群决定的,它反对新自由主义把自我和个人当作理解和分析社会的基本变量,它对自由主义的批评及后者的回应构成了20世纪八九十年代西方政治哲学领域争论的焦点。有着"公众家庭"思想做铺垫,贝尔接受并成为社群主义的代表人物之一也是顺理成章。他写作《社群主义及其批评者》一书,试图更系统地说明社群主义的观念,以维护社会群体观念的生命力。"公众家庭"思想蕴含着贝尔的远见卓识,它和社群主义有一个关键的相似之处,就是它们都既承认个人的尊严和自由,也承认人的社会性;后者的兴起体现出前者的一些基本理念符合当时的社会需要,至少不能说是完全的"失败"或"空想"。

第四节　理论特征

透过与宗教有关的核心术语及其所表达的内容,能概括出贝尔宗教思想的两个鲜明特征:一是对现代主义的严厉批评,体现了其理论的批判性;二是对新教伦理兴盛期的赞赏、衰落期的嗟叹和复兴信仰的期盼,体现了其理论的建设性。这先破后立的两个方面自有内在关联,前者是后者的必要前提,后者是前者的必然结果,两者相辅相成,体现了贝尔的保守主义文化立场。理解了此两者,就能更好地把握贝尔的宗教思想。

一、批判现代主义

贝尔说:"我将现代主义定义为提倡实验的一种文化运动,我在这里探讨过的那种‘距离的销蚀’,以及艺术家有权威定义何为艺术的那种宣称。”(I define modernism as a cultural movement promoting experimentation, the “eclipse of distance” I have discussed in these pages, and the declaration of the authority of the artist to define what is art.)[①]这场兴起于 19 世纪末 20 世纪初,带有实验性和尝试性、时而激进的文艺运动,起初局限于小部分知识分子,在 20 世纪期间得到了主流社会的接受,并对大众文化产生了广泛影响,加剧了西方社会中的个人主义和道德相对主义。现代主义产生的这种影响,是贝尔重点批判的内容,体现在以下三方面。

第一,现代主义鼓励放纵人性,加剧信仰危机。随着资本主义的发展和人类认识的进步,新教伦理和宗教信仰逐渐衰落,作为资本主义起源之一的宗教冲动失去了对人性的有力约束,只剩下另一起源——经济冲动依然强劲,于是人性的两重性开始失去平衡,走向放纵和极端,不仅要充分满足“需要”,还要满足“无限的欲求”,享乐主义也流行开来。对应于社会环境和自我意识的变化,现代主义出现了,开始反思对人类理性、道德持续改善和社会不断进步的信心,但它“矫枉过正”,产生了各种激进的,或消极悲观,或颓废反讽,或荒诞抽象,或虚无超脱的文艺运动。这种体现着酒神精神、直觉和本能、非理性和无意识的文化,根本不能收紧人性,而是将其进一步释放,这加速了享乐主义的扩散和新教伦理的覆灭。这也加速了自我意识的无限扩张,以致形成“无约束的自我”,这就是贝尔批评的自我意识不成熟。可以说,现代主义文化的心理中心就是“无所神圣”,没有禁忌和界限,提倡“实验性”,鼓励大胆尝试,不断追求新奇、变化和超越。贝尔说:“然而现代主义现在已经衰竭。各式各样的后现代主义(它们以幻觉拓展意识的无穷疆界)仅仅是在对个

---

① Daniel Bell, *The Cultural Contradictions of Capitalism*, 20th Anniversary ed., Basic Books, Inc., Publishers, 1996, p.287.赵一凡等人译本没有 1996 年版的后记,由笔者据原著翻译。

性的抹杀中努力地分解自我。”[①]陷入无限的欲求和享乐主义的泥潭，总想经历不同的甚至越界的体验，试图以现代主义或后现代主义代替传统信仰，试图兴起或加入种种新型膜拜教，结果却导致意志软弱、精神疲乏空虚和信仰危机。这就是人们不得已吞下的，由现代主义催熟的放纵人性的苦果。

第二，现代主义不能凝聚人心、整合社会。在资本主义发展早期，具有强大感召力和一致性的新教伦理，作为宗教冲动，制约了经济冲动，缓解了人与人之间的利益冲突，形成了广泛的社会共识，凝聚了人心和社会，十分有助于社会发展。但随着现代主义文化占据主导，它视真理为主观的、直觉的声称，这促成了个人主义和道德相对主义的泛滥。人们自我加冕，荣升“帝王般的自我”，将个人喜好和经验奉为判断依据，抛弃了悠久传统和各种权威，缺乏集体共识的人群，犹如一盘散沙。他们过分强调自我和满足欲求，只关注个人利益，也导致人与人之间的矛盾尖锐化和社会动荡不安。这种人人唯我独尊、各行其是、冲突频繁的社会，也必然带来精神困扰，各种新型膜拜教的涌现即是人们寻求纾解的表现之一。从贝尔所谓“理想类型”的角度看，也能加以印证。新教伦理赋予世俗工作超验的神圣意义，强调勤奋工作、生活节俭，在这种超验道德观控制下的、有禁欲性质的文化，与强调纪律和效益的经济领域，和作为利益与象征性表达的政治领域协调一致，实现了社会的和谐发展。而受现代主义影响的现代文化，其特征变为自我表现和自我满足，而经济领域面临着激烈的市场竞争，在生产领域依然强调纪律和效益，在消费领域却倡导放纵欲求和借贷挥霍，政治领域的轴心原则变为合法性或者说追求平等的观念。于是，文化与经济、经济与政治之间互相冲突，甚至出现领域间的断裂，这就是现代社会紧张局势的结构根源。

---

① ［美］丹尼尔·贝尔：《资本主义文化矛盾》，赵一凡、蒲隆、任晓晋译，生活·读书·新知三联书店，1989年，第75页。

第三,贝尔也通过批评现代主义的风格表现——“距离的销蚀”,进而指责其混成一团、难以辨明的时空观和价值观。贝尔解释道:“……它设法抹杀‘距离’——心理距离、社会距离、审美距离等——坚持经验的绝对现在性,即同步性和即刻性。”[①]它的后果意味着:“对人类来说,对思想组织来说,不存在界限,不存在经验和判断的指令原则。时间与空间不再为现代人形成一个可以安然依赖的坐标。”[②]在基督教传统中,一切简单明了:时间观念是线性且连续的,过去、现在、未来绵延不断;空间观念秩序井然,前后、左右、远近高低各处其位;价值观念里善与恶、神圣与凡俗截然不同、泾渭分明。可现代主义将这些统统打乱,割裂了时间、混淆了空间,甚至试图超越时空(未来主义宣言大声呼喊:“时间和空间在昨天死掉!”[③])、探索邪恶,以获得创作灵感,这是众多现代主义小说、绘画等作品的显著特征。在贝尔眼中,时间似乎回到了上帝创世之前,光暗善恶未分,神圣与凡俗混杂;不同的是,人类已然身处一团混沌之中,横行无忌、贪求享乐,争名夺利、纷争四起,谦卑和仁爱沦落了,精神上日益疲乏。

贝尔从以上几个方面批判了现代主义,又指出产生问题的原因在于,“可惜它的动力仅仅出自激进自我的无穷发展精神”[④],它缺少了另一种动力的牵制,于是走向了极端,带来诸多难题。贝尔提出的解决办法是“限制”,限制现代主义各种“侵犯越界”的行为,限制其“无所神圣”、妄自尊大的心理。要完成这一艰巨任务,贝尔寄希望于复兴宗教信仰。

---

①④ [美]丹尼尔·贝尔:《资本主义文化矛盾》,赵一凡、蒲隆、任晓晋译,生活·读书·新知三联书店,1989年,第94页。

② 同上,第168页。

③ [美]罗兰·斯特龙伯格:《西方现代思想史》(修订版),刘北成、赵国新译,金城出版社,2012年,第376页。

二、重建神圣信仰

贝尔回顾了资本主义的发展史，肯定了新教伦理发挥的积极作用，批评了现代主义和后现代主义的种种问题，他认为虽然现代主义已至尾声，但后现代主义只是将现代主义的逻辑推向极端，资本主义社会的矛盾仍未解决，他说："西方社会将重新向着某种宗教观念回归。"[①]这种"回归"包含丰富的内容，且有一些特别之处。

第一，从贝尔对宗教的认识来看，其宗教观基于存在主义，其信仰复兴是一个自然且必然的过程。他如此定义宗教："它是人类意识的一个组成部分，是对生存'总秩序'及其模式的认知追求；是对建立仪式并使得那些概念神圣化的感情渴求；是与别人建立联系，或同一套将要对自我确立超验反应的意义发生关系的基本需要；以及当人面对痛苦和死亡的定局时必不可少的生存观念。"[②]这种宗教观主要是解答有关存在的问题，其基础是存在主义的：意识到人的有限性和其能力的必然限制，及寻找一种使他们甘心于其境况的清晰解答的努力。[③]意识到自身之限制的人，也会相应意识到有限和无限、凡俗和神圣的巨大差别，这种区分是贝尔宗教观的一个关键。此外，贝尔认为文化的基本特征就是总会"回跃"到这种关于存在的难题。人们在寻找答案的过程中，肯定会到宗教（堆满了相应解答的宝库）中去发掘，这就是一个自然且必然的回归。

---

① [美]丹尼尔·贝尔：《资本主义文化矛盾》，赵一凡、蒲隆、任晓晋译，生活·读书·新知三联书店，1989年，第168页。

② [美]罗兰·斯特龙伯格：《西方现代思想史》（修订版），刘北成、赵国新译，金城出版社，2012年，第376页。

③ See Daniel Bell, *The Winding Passage*, Cambridge, Massachusetts, Abt Associates Inc., 1980, p. 351.

第二,从贝尔的主观角度来看,其信仰复兴是工具性而不是目的性的。他年轻时就放弃了宗教信仰,成为一名无神论者,且未再更改。他也不认为宗教是社会的必要功能,若没有宗教维系,社会就会解体,但他相信宗教自有其作用和价值。基督教文化是西方社会最深厚的历史底蕴,凝聚了一代代前人的伟大智慧,文化传统需要传承,世代的连续性需要延续,这就必须回归宗教,需要一种将过去和未来联系起来的"合成仪式"。宗教对有关存在问题的回答,能缓解人对于自身有限性的困惑和焦虑,给人提供精神慰藉,解决现代主义后现代主义加剧的信仰危机。宗教能制约经济冲动、约束人性之恶,保持资本主义的协调发展和人性两重性的和谐,避免人类贪欲的无度扩张和极端自私自利。宗教文化比大多数文化的统一性更强,容易形成集体共识,提供更好的文化聚合力,将一盘散沙般的个体凝聚在一起。从"理想类型"角度看,宗教能缓解文化和经济领域的矛盾,避免领域断裂。出于这些实用性、工具性的需要,而不是为了信仰而信仰,贝尔呼唤信仰的复兴。恰如伏尔泰的名言:即使没有上帝,也要造一个出来。①

第三,从本质来看,贝尔的信仰复兴是自我意识成熟之后的、基于理性的信仰,不是盲目狂热的迷信。人的自我意识是发展变化的,一般会经历从觉醒到成熟的成长过程,这一过程受心智发育程度、受教育水平、家庭和社会环境等因素影响。启蒙运动兴起后,人类的自我意识普遍开始逐渐觉醒成长,再经现代主义的强力鼓动,它就无限膨胀起来,形成了贝尔所谓"无约束的自我""帝王般的自我",认为人可以超越一切限制,超越自身的有限性,而达到无限的生命、无限的智慧,等等。这无疑是幼稚狂妄的想法,是自我意识成长过程中的叛逆"青春期",体现了自我意识的不成熟、不健全。贝尔认为,成熟的自我意识对人的有限性有着清醒认知,并试图找到一种与人的境况

① 参见吕大吉主编:《宗教学纲要》,高等教育出版社,2003年,第394页。

相协调的解答，这种自我意识和寻找解答的努力，必将使人意识到何为真正的无限和超越，意识到凡俗和神圣之别，并开始重建神圣领域。这种复兴信仰是人在体验了过度的自由之后，认识到节制的必要性，意识到应抱有界限意识和敬畏之心，不能“无所神圣”、亵渎一切。这不是简单地否定现代主义，也不是退回新教伦理掌控人们精神的时代，而是人生体验和理性认知在良性反应后产生的智慧结晶，是自我意识发展过程中的否定之否定，表明它已达到一个新的阶段与高度。

第四，从内容看，贝尔的信仰复兴是保留传统宗教中一些至今仍有价值的核心观念，关键是隔离神圣与凡俗。基督教对人性的两重性认识，警惕和约束人性之恶；对有关存在的问题的深刻认识，认清并接纳人的有限性、生活中的苦难等。还有基督教秩序井然的时空观和黑白分明的价值观：在空间上，保持一定的距离感；在时间上，保持世代连续性；在价值观上，保持谦卑和仁爱，明辨善与恶、神圣与凡俗，等等。贝尔认为人需要超越世俗的某些事物，但又认为没人能知道上帝是否存在，因此他不想唤起上帝的观念，于是就从涂尔干那里找到了办法——恢复神圣与凡俗的区分，重建一个神圣且不能被侵犯的领域。涂尔干将此划分看作宗教信仰的基础和显著特征，[①]贝尔将其与自我意识对有限和无限、凡俗和神圣的认识相联系并加以阐发，构成了其宗教观的存在主义基础。他说：“于我而言，宗教不是上帝的领域，也不是众神的领域。它是关于神圣、关于超越我们且不能被侵犯之事物的那种观念，一种必需的观念。”(For me, religion is not the sphere of God or of the gods. It is the sense, a necessary one, of the sacred, of what is beyond us and cannot be transgressed.)[②]在贝尔的宗教观里，没有上帝，只是出于超越凡俗、

① 参见[法]埃米尔·涂尔干：《宗教生活的基本形式》，渠东、汲喆译，上海人民出版社，1999年，第42~43、47页。

② Daniel Bell, *The Cultural Contradictions of Capitalism*, 20th Anniversary ed., Basic Books, Inc., Publishers, 1996, p.338.赵一凡等人译本没有1996年版的后记，由笔者据原著翻译。

维持宗教信仰的需要而预设了神圣事物、神圣领域的存在,这种圣俗之分是贝尔多次提及的要点。

由上可见,贝尔希望的宗教回归堪称信仰的一种别样复兴。贝尔作为一名文化上的保守主义者，批评一味丢弃传统文化、不断求新求变的现代主义,批评缺乏传统和系统理论的新型膜拜教,认为“宗教不能人为制造出来”[①],社会需要的是一种联结过去和未来的“合成仪式”。他所谓的“新宗教”等同于“宗教复兴、回归”,不是要人为制造一种崭新的宗教,而只是希望在新时代背景下,回归某些传统宗教观念,“这将是记忆的复活”[②]。他猜测西方社会的宗教复兴可能有三种模式[③]:道德化宗教(moralizing religion)、救赎性宗教(redemptive religion)、神话的和神秘的宗教(mythic and mystical religion),三者均源于某种传统宗教观念。此外,“新宗教”或“宗教复兴”不同于“公众家庭”理论,前者是文化领域内的、不易受人操纵的长期过程,后者是政治领域内缓解社会矛盾的一种努力和短期即能见效的措施，是一种人为操纵和社会干预手段。但两者也有联系，它们都是贝尔为解决社会问题而设想的方案,在效果上互有助益:文化领域中宗教复兴的实现,能解决资本主义文化矛盾、弥合社会三领域间的裂缝,政治领域中的变革也能为文化变革提供有利条件；两者在时间上能长短互济，后者可为前者的缓慢变化赢得一些时间。宗教复兴无疑体现了贝尔的文化保守主义立场,“公众家庭”融合了其文化上强调社会共识的保守主义，经济上强调公众需求和公共利益的社会主义,政治上强调个人应为社会之基础的自由主义。

---

① [美]丹尼尔·贝尔:《资本主义文化矛盾》,赵一凡、蒲隆、任晓晋译,生活·读书·新知三联书店,1989年,第39页。

② Daniel Bell, *The Winding Passage*, Cambridge, Massachusetts, Abt Associates Inc., 1980, p.349.

③ Ibid., pp.349-351.

第五节　简要评价

贝尔的宗教思想内容丰富、贴近社会现实,他用历史眼光、广阔视野和深入思考,对资本主义发展中的重要问题作了深刻分析,对资本主义的矛盾作了精彩论述,为现代西方人敲响了警钟,堪称盛世危言。其理论的局限性体现在对社会三领域断裂的论断说服力不足，对现代主义的负面评价过于片面和其宗教观的存在主义基础不坚实,等等。通过对其思想中优劣两面的分析,我们可以借鉴其优长,为我国建设新时代中国特色社会主义和中华民族伟大复兴事业提供宝贵理论资源。

贝尔重视传统宗教的作用和价值。面对美国20世纪六七十年代的激进思潮,贝尔坚持文化保守主义立场,惋惜传统宗教和文化遗产的衰落,嗟叹世代连续性的断裂,他从多方面表明,新教伦理有力推动了早期资本主义的快速发展。他继承了韦伯的观点，认为赋予世俗工作以神圣意义的新教伦理,以及勤奋节俭、严谨自律的清教精神,适应了早期资本主义多积累少消费,多工作少享乐的要求,大大促进了资本主义的迅速崛起。他也从桑巴特那里看到了经济冲动的作用,在新教伦理这一宗教冲动的制约下,经济冲动得到了温和释放,人性的两重性表现协调,形成清教徒品格,避免了人性的放纵,缓和了人与人之间的利益冲突,保证了社会和谐和快速发展。新教伦理等宗教文化为人们提供精神寄托的同时，也比一般文化具有更强的统一性,能形成高度社会共识,将人们凝聚起来。从“理想类型”角度来说,在新教伦理主导下,形成了文化、经济、政治三领域的协调一致,社会整体高度协调,为社会的高效发展提供了结构性基础,避免了领域间的摩擦内耗。贝尔还认为西方社会的宗教有两大功能：一是“它把守着邪恶的大门”①，强调界限，尤其强调审美冲动应服从道德，要远离邪恶与黑暗的事物，不能为所欲为，不能“无所神圣”，这保证了良好的社会道德和秩序；二是“它提供了与过去的连续性”②，维持世代和文明的传承，给人以清晰明确的身份认同和自我意识，社会的前进离不开过去的传统。这些都是传统宗教曾发挥的重要作用，体现了其宝贵价值。

贝尔剖析现代资本主义社会的诸多问题。贝尔在肯定早期资本主义社会的协调一致和积极奋进的同时，也深刻分析了现代社会中出现的种种问题，发现主要症结就在于缺乏限制。这主要体现在三个方面：

一是欲望的放纵。看重满足欲望和增加快乐的功利主义伦理观取代了禁欲的新教伦理；信用消费的推广普及实现了欲望的即刻满足，取代了清教徒的延迟享受；现代人要满足的不仅是有限的“需要”，更是“无限的欲求”，这些导致了奢靡颓废的享乐主义。

二是理性的放纵。随着启蒙运动的发展，神性衰落，人性崛起，理性和科学精神日渐高涨，技术革命展示了理性的力量，人类改造世界的能力空前提升。人类对自身的能力、道德的改善、经济的持续发展和社会的不断进步充满信心，甚至产生“乌托邦假想”，认为人能凭借理性和双手建造完美社会，用此世的乌托邦取代来世的“天堂”，并迫切要求尽快建成。结果出现了一些灾难性的后果，代价惨重！

三是自我意识的过度膨胀、妄自尊大。可以说，这是一种不成熟、不健全的自我意识，形成“无约束的自我”“帝王般的自我”，抛弃一切传统、权威和禁忌，无所敬畏、为所欲为。这背后隐藏着一种极端个人主义，这是自由主义

①② ［美］丹尼尔·贝尔：《资本主义文化矛盾》，赵一凡、蒲隆、任晓晋译，生活·读书·新知三联书店，1989年，第208页。

政治容易产生的一大弊端，每个人都过度追求自我利益，无视他人利益、公共利益，而在资源有限的情况下，必然引发人与人之间的频繁冲突，导致社会紧张。从理想类型角度看，缺少新教伦理黏合的社会三领域，轴心原则不同、运转节奏不一，文化与经济之间、经济与政治之间，甚至经济领域内的生产与消费之间，都存在矛盾，这“让我们看到了现代社会紧张局势的结构根源”①。以上种种问题消磨了意志、带来了心理焦虑和精神空虚，而现代主义、后现代主义和新型膜拜教又不能像传统宗教一样提供足够的心灵慰藉，所以贝尔说：“现代性的真正问题是信仰问题。”（The real problem of modernity is the problem of belief.）②可见，贝尔对现代社会的认识较为全面深刻。

贝尔提出解决社会问题的办法——复兴信仰和“公众家庭”理论。面对传统信仰的衰落和现代社会的种种问题，贝尔提出“我们正在探索一种语言，它的关键词汇看来是‘限制’”③。经济冲动需要制约，人性的两重性需要协调，欲求和理性的泛滥需要限制，信仰上的求新求异和自我意识的狂妄自大也需要限制；可新教伦理衰落了，现代主义、后现代主义和众多新型膜拜教也不能担此重任，那么贝尔就寄希望于信仰的复兴，联系过去和未来的“合成仪式”就必不可少。这在贝尔看来也是一个自然而然的过程，因为文化的基本性质就是不断重回关于存在的问题，寻找解答的过程会让人们重新回归宗教，因为宗教全面系统地解答了苦难幸福、生存死亡和有限无限等关于存在的根本问题。另一方面，成熟的自我意识也会对存在问题做出符合实际的回答，清醒地认识到人的有限性，从而唤起对无限、超越和神圣的敬畏之心，

① ［美］丹尼尔·贝尔：《资本主义文化矛盾》，赵一凡、蒲隆、任晓晋译，生活·读书·新知三联书店，1989年，第60页。

② Daniel Bell, *The Cultural Contradictions of Capitalism*, 20th Anniversary ed., Basic Books, Inc., Publishers, 1996, p.28.中译本此处有误，由笔者据原著翻译。

③ ［美］丹尼尔·贝尔：《资本主义文化矛盾》，赵一凡、蒲隆、任晓晋译，生活·读书·新知三联书店，1989年，第40页。

重新区分神圣与凡俗。当时(20世纪六七十年代)的美国社会“左”倾激进思潮汹涌,非常需要一种较为传统保守的思想来“拽回”平衡状态,贝尔回归宗教的这种文化保守主义正是当时社会急需的“镇静剂”,这是其积极意义之一。

贝尔提出的宗教回归有一些特别之处,尤其在本质上不同于盲目迷信,而是基于理性之上的一种信仰,这是其积极意义之二。但是这一过程是长期的且不易受人为操纵影响,于是贝尔就设想了“公众家庭”理论,希望先缓解政治和经济领域中的冲突,并为文化领域的宗教复兴赢得时间。该理论努力协调权衡几组互有冲突的价值目标,希望在保证个人自由和社会活力的情况下,约束社会中泛滥成灾的极端个人主义和政治自由主义思想,让人们约束自我“欲求”,重视满足公共“需要”,以减少利益纷争和社会冲突,恢复社会秩序与平稳发展。它充分体现出“调和折中”性和贝尔的“三位一体”立场,也十分适合当时的社会状况。贝尔的应对策略涵盖文化、政治和经济三个领域,结合了长期和短期手段,具有较高的理论价值和实践价值。

贝尔关于社会领域断裂的论断存在较多争议,说服力不足。比如,文化领域和经济领域之间存在严重矛盾,这条贝尔的核心观点就饱受质疑。首先,从逻辑上分析,能找出至少两种替代性解释。第一,生产与消费都是经济过程的重要环节,地位相当。以自我满足、自我实现为原则的文化领域虽然与生产环节需要的勤俭节制、服从纪律有所冲突,但与消费环节的需要十分匹配,分期付款的发明更是有效地促进了消费,拉动了生产和经济增长,符合经济发展的需要,这也为贝尔所承认。可贝尔偏偏只突出强调文化和生产之间的抵牾,弱化或很少提及文化和消费之间的契合,这就难免让人怀疑其论断的客观公正性和可信度。第二,如沃特斯所言,技术经济领域要求的纪律,不是早期加尔文主义规定的那种意义上的天职观念或禁欲主义,而是一种非内在化的服从规则,这种外在服从可以通过薪资换来自我的物质满足,于是贝尔所说的矛盾就不成立了。[1]要判定不同领域之间的断裂究竟是产生于贝尔构建的观念体系还是现实社会中可观察的过程，是困难的。其次，在历史经验数据方面的支撑不足。布林特（Steven Brint）和普罗克特（Kristopher Proctor）基于美国职业中产阶级的生活世界的历史证据，坚称工作时的自我约束和休闲时的享乐主义并不矛盾。[2]此外，还有学者也依据历史资料提出异议，杜海纳（Alain Touraine）对贝尔的假设——当代社会的独特显著特征是社会联结的解散，在历史方面的充足性持怀疑态度，认为社会并没有比以前更支离破碎。[3]这些都在一定程度上削弱了贝尔论述的说服力。

贝尔对于现代主义的批评过于严厉，忽视了其积极意义；贝尔的保守文化立场潜藏着对自由社会的威胁。虽然贝尔明确说："破坏新教伦理的不是现代主义，而是资本主义自己。"[4]但他对现代主义造成的文化"混乱"做了很多批评，以致一些学者（如哈贝马斯）以为贝尔将新教伦理衰落的主要责任归于现代主义，或者认为贝尔的文化矛盾假设过于笼统地概括和忽视了经济和社会结构中的进展——它们能解释文化的躁动和冲突（本斯曼和维迪奇）。现代主义作为一项文艺运动，有其发生的历史必然性，整体上利大于弊。其一，现代主义加速了人性解放，给人以更多自由。随着社会进步，大众教育在现代西方社会逐渐普及，提高了普通公众的文化水平和整体素质，总体来说，大众在自我管理方面的认识和能力都大有提升，必然要求更多自

---

① See Malcolm Waters, *Daniel Bell*, Routledge, 1996, p.145.

② See Steven Brint, Kristopher Proctor, *Middle-class Respectability in Twenty-first-century America: Work and Lifestyle in the Professional-managerial Stratum, In Thrift and Thriving in America: Capitalism and Moral Order from the Puritans to the Present*, Eds.Joshua Yates and James Hunter, Oxford University Press, 2011, pp.462-490.

③ See Alain Touraine, What is Daniel Bell Afraid of? *American Journal of Sociology*, September, 1977, pp.469-473.

④ ［美］丹尼尔·贝尔：《资本主义文化矛盾》，赵一凡、蒲隆、任晓晋译，生活·读书·新知三联书店，1989年，第67页。

由,这也是导致严格约束人性的宗教思想衰落的一个重要因素。可以说,现代主义是继文艺复兴、宗教改革和启蒙运动之后的,促进思想和人性解放的又一个历史新阶段,也为更具颠覆性和冲击力的后现代主义做了铺垫。其二,现代主义是对现代资本主义文明的必要反思。资本主义经过近四个世纪(16 世纪至 19 世纪)的快速发展,以官僚体制、理性化、商品化、持续进步等观念为特征的现代文明主导了西方社会,但随着经济危机、两次世界大战等问题暴露,人们普遍产生了怀疑。现代主义的反理性、反传统,以及消极悲观、反动颓废等内容,堪称一次全面且有益的资本主义文化大反思。经此过程,能让现代文明走得更稳健。其三,现代主义体现了人类世界观的革新。现代科学技术在多方面取得了突破性进展,爱因斯坦的相对论颠覆了牛顿的绝对时空观,人类对时间、空间的认识更加复杂深刻;社会科学的进步,辩证思维水平的提高,使人们对善与恶、灵魂和身体等对立事物的认识和评价更为深入全面,价值观多元化,社会更开放包容,这也是文明的进步。总之,现代主义的出现是历史的进步,随之而来的一些文化混乱和信仰危机也是人类精神成长的必要代价。贝尔笔下多处存在的有限和无限、凡俗和神圣、纵欲和禁欲、释放仪式和合成仪式等二元结构话语,反映了其传统的、保守的、有明显现代性特征的世界观,也间接解释了为什么贝尔忧心忡忡于激进的、现代主义的和后现代主义的事物。

在苛责现代主义、呼唤信仰复兴的同时,贝尔推崇文化艺术中的权威鉴别,希望限制公共领域的自由表达,倡导达成社会共识等,这既是文化保守主义,也是文化精英主义,虽然可以给过热的文化氛围降温,但也存在着降低文化活力、阻碍大众文化和草根文化发展的危险,会对言论自由等构成一定威胁。沃特斯评价道:“贝尔的文化保守主义似乎是呼吁一种拒绝,对于杰弗逊主义式的思想开明所隐含的可能性的一种拒绝。”[①]对此，一个自由社会必须有所警惕。

贝尔宗教观的存在主义基础不稳固。首先，神圣领域中没有上帝，有违信仰传统，也难以发挥“限制”人的超凡力量。贝尔虽然不相信上帝的存在，但他从人必须要面对的苦难、死亡等存在主义问题出发，相信超越凡俗的神圣领域的存在，这和相信上帝存在没有本质的不同，两者均进入超验范畴，无法验证。涂尔干“从社会本身来探讨宗教的基础和本质，把宗教和神归结为社会集团的象征”[②]；贝尔与此不同，虽然他把公共需要置于优先地位，认为个人或某一群体应该为了社会整体利益做出一些必要的牺牲。[③]但是他不把宗教或神看作社会集团的象征，甚至不相信神秘超越性力量的集中体现——全知全能上帝的存在，从而缺少了信仰的具体对象；他只依赖人的自我意识对有限和无限、凡俗和神圣的认识和区分，从而相信较上帝而言更为模糊抽象的神圣事物和神圣领域的存在，以走向宗教信仰，这可靠吗？神圣世界中没有了上帝，空荡虚无，人们能接受吗？这种没有了“上帝”的信仰还能拥有“限制”人性的超凡力量吗？我认为，至少就西方基督教传统及三大世界性宗教的现实情况而言，就更习惯形象思维、喜欢贴近现实生活的普通民众而言，回答应该是“否定的”。贝尔虽然注重文化传统和社会现实，却在这里有点脱离传统和现实。再者，自我意识成熟虽然能意识到自身的有限性等存在主义问题，并渴慕无限和超越，但不一定导向宗教信仰，人还有其他选择。“因为对生死的理解，可以是宗教的，也可以是科学的和哲学的。”[④]

---

① Malcolm Waters, *Daniel Bell*, Routledge, 1996, p.147.

② 吕大吉：《西方宗教学说史》，中国社会科学出版社，1994 年，第 741 页。

③ 参见[美]丹尼尔·贝尔：《资本主义文化矛盾》，赵一凡、蒲隆、任晓晋译，生活·读书·新知三联书店，1989 年，第 275 页、303 页。

④ 吕大吉主编：《宗教学纲要》，高等教育出版社，2003 年，第 392 页。

西方宗教学创始人麦克斯·缪勒(Friedrich Max Muller)也指出:"历史上人们之所以把'无限者'体认为'神',那不过是人类在体认'无限者'的过程中对它无知、认识不完善的表现。"[①]从时间维度看,人类通过生育和教育,延续生命、积累文明,超越了个体的生命和智能的极限,有了接近无限和永恒的可能。从空间维度看,个体虽然体形有限,但事物无限可分,即使小如一个原子也包含无穷多粒子,其微观结构堪比宏观宇宙,因此有限个体也蕴含无限空间。众多的有限累积可以接近无限,有限自身暗含无限,无限包含且蕴于有限之中,这是有限和无限的对立统一。如此一来,人不用从生存困境走向超理性解释和信仰上帝,不用将世界分为有限和无限、神圣和凡俗的二元体系,而是面对一个能为科学所解释、理性所认知的辩证统一的宇宙。可见,贝尔宗教思想的存在主义基础并不稳固。他认为必定发生的"神圣回归",至少在逻辑上没有必然性,只有或然性,且这种或然性应会随着科学理性和人类整体认知水平的提高而逐渐降低。

宗教将长期存在,应发挥其积极作用。如贝尔所言,文化的基本性质就是总会"回跃"到有关存在的基本问题。人类面对死亡、疾病和苦难等永恒的悲剧性难题,也许一些人会寻求科学、哲学等理性主义的解释,也许另一些人会寻求超自然的解释。如果说在原始时代和科学不发达的社会走向宗教信仰以求纾解的概率较大,那在教育和科学较为发达的当代社会,人们走向科学和哲学的概率必然增加,这也是现代宗教总体上走向衰落的重要原因。但衰落不等于消亡,"休谟和康德都主张人类的经验和理性只能认识经验对象,至于人类经验以外,是否有超经验、超理性之物的存在,那是经验和理性、哲学和科学都不能感知和确证的"[②]。由此推之,科学和哲学以理性为基

---

① 吕大吉主编:《宗教学纲要》,高等教育出版社,2003年,第392页。

② 吕大吉:《西方宗教学说史》,中国社会科学出版社,1994年,第346页。

础,限于人类经验之内,不能被神学家用来论证上帝存在等宗教基本命题,但也不能否定之;宗教以信仰为基础,超越人类经验,与科学和哲学各有自己的“合法领地”。随后的西方哲学和神学的主流和基本倾向大都在以不同的方式继承以上思路,基督教神学与现代哲学、现代科学,信仰和理性,在一定程度上达成妥协。

马克思和恩格斯在其后期关于宗教根源及消亡条件的研究，大大深化了对此问题的认识。他们“已经意识到宗教的根源和消亡问题的复杂性,逐渐认识到不能把私有制度当作宗教的唯一根源。他们已提到:人与人之间、人与自然之间的关系不明白、不合理,社会物质基础的不充分;社会未能实现有计划地使用生产资料,‘谋事在人、成事也在人’的社会条件的缺乏;这些也可能构成宗教的根源”[①]。他们的有关论述有一定的模糊性,存在着被误读的可能,我们不能教条地把其个别论述当成绝对真理,而应深入具体地探究现实问题。“宗教消亡的条件,既有物质的和社会制度建设的层面,也有精神发展和文化建设的层面。它要求建设一个物质文明和精神文明高度发展的文明社会……只要尚未建成如此完美的社会,宗教就将有自己存在的根基。宗教的未来,在理论上绝不是永恒的;但在实际生活中,却将是长期的。”[②]这是马克思主义唯物史观关于宗教的重要结论。苏联曾试图以行政手段消灭宗教,但最终以失败告终,这是真实的历史经验。因此,我国现阶段的宗教信仰自由政策是合理且必要的。《中华人民共和国宪法》第三十六条规定:“中华人民共和国公民有宗教信仰自由。”“任何国家机关、社会团体和个人不得强制公民信仰宗教或者不信仰宗教，不得歧视信仰宗教的公民和不信仰宗教的公民。”我国宪法明确规定公民有宗教信仰自由的权利并给予充分尊重

① 吕大吉主编:《宗教学纲要》,高等教育出版社,2003年,第406页。

② 同上,第409页。

和保护。

关于宗教在历史上发挥的一些积极作用，贝尔做了充分诠释：新教伦理制约了经济冲动，保持了人性两重性的协调，适应了早期资本主义的要求，促进了资本主义的发展和人类社会的进步。在我国历史上，道教、佛教等宗教文化也与儒家文化交流冲撞，推动了中华文明的发展，丰富了其内容，拓展了其深度广度，逐渐形成了儒释道三教合流的文化大格局。宗教也能帮助人类应对关于存在的问题，提供心灵安慰，贝尔甚至认为宗教的基础是存在主义的。基督教存在主义者保罗·蒂利希(Paul Tillich)认为宗教表达了人类的终极关怀，是人类对存在的焦虑做出的回应。宗教信仰有着引导伦理价值观、维护社会稳定、调节心理平衡和传承人类文明等积极作用。习近平指出："做好宗教工作，必须坚持党的宗教工作基本方针，要全面贯彻党的宗教信仰自由政策，依法管理宗教事务，坚持独立自主自办原则，积极引导宗教与社会主义社会相适应。"①这里蕴含着丰富的理论政策内涵，我们应按此要求正面引导、规范管理，发挥宗教的积极因素，助益民众身心健康与社会和谐发展。同时，也要警惕其消极作用和弊端，防范盲目迷信和宗教狂热，坚决反对邪教和宗教极端主义。

珍视传统文化，复兴中华文明。其一，贝尔对西方基督教传统的维护，对保持世代连续性的重视，对一味求新求变的现代主义的批判，发人深省、引人深思。回顾世界历史上的四大古代文明，唯有我们中华文明未曾中断，绵延五千余年，辉煌灿烂、贡献卓越，至今仍保持着强盛活力。中华文明的思想内涵可以概括为，阴阳观念、人文精神、崇德尚群、中和之境和整体思维。②这五个方面凝结了古圣先贤的智慧，体现于传统文化的方方面面，是我们要深

① 《习近平谈治国理政》(第二卷)，外文出版社，2017 年，第 301 页。

② 参见袁行霈、严文明、张传玺、楼宇烈主编：《中华文明史》(第一卷)，北京大学出版社，2006 年，第 6 页。

入理解的精髓。祖先留给我们的物质遗产无比珍贵，精神遗产更是无价之宝、用之不竭。过去我们破坏文明传承、物质遗产和精神遗产的行为很可惜，需要反思和改正。我们要牢记经验教训，决不能再犯"左"的错误，贝尔笔下将未来与过去连接起来的"合成仪式"正为我们所急需。

其二，从自我意识的角度看，尊重和延续传统有助于明确和彰显我们是中华民族血统和中华文明的正统继承者，凭此能形成国人之间的身份认同感，加强民族团结和血脉联系，凝聚最广泛的社会共识。我们要警惕历史虚无主义、民族分裂主义；当然，泥古不化、抱残守缺，或者狭隘的民族主义不可取，历史和现实、民族和世界之间的张力要调节好。

其三，现代社会发展的大趋势就是对人性的约束越来越弱，这符合人性解放和历史进步的要求，但"放"的程度要和一定时期内的客观物质条件和人的主观素质条件相匹配，这是一个渐进的过程，也不能毫无约束。西方的基督教文化可以对自由主义形成一定牵制，这是贝尔希望复兴宗教的重要原因。我国发展社会主义市场经济也面临类似问题。以"仁"为核心，强调伦理道德、"修齐治平"的儒家文化正好可以起到约束人性的作用，抑制极端个人主义、功利主义和享乐主义等思潮，保持人性两重性的和谐。总之，传统是我们生长的根基和自我意识的源泉，中华文明的伟大复兴绝离不开我们的伟大传统。

兼顾多重价值目标，促进社会和谐与可持续发展。贝尔有关"公众家庭"的观念从社会现实问题出发，融合了其文化、经济和政治上的不同立场，体现出明显的折中性和实践性，其内容较为丰富。儒家文化很重视家庭伦理，形成了以"家国同构"为特征的古代宗法社会，这是我们的传统；我国现阶段是人民民主专政的社会主义国家，集体主义是我们的核心价值理念，这是我们的现状；它们与"公众家庭"蕴含的家庭问题、共同生活和重视社群的基本理念有高度一致性。因此，"公众家庭"所包含的具体内容，对我国应对发展社会主义市场经济和改革开放过程中遇到的问题更加具有借鉴意义。市场经济主要依靠自由价格机制引导，充分调动人的主观能动性、发挥人的自由，这自然强调个人的主体地位和主体权利，也导致社会的阶层分化和多元利益格局；改革开放使国内外交流增多，西方的自由主义、个人主义、消费主义等思潮大量涌入，冲击了传统道德和社会主义价值观。现在，我们也面临着如何平衡个人、不同群体甚至整个社会等不同利益主体之间的关系；如何保障自由以充分激发经济和社会活力，兼顾平等以维持社会和谐、实现共同富裕；如何在当下利益和未来发展之间权衡，保证代际公平和长远发展；如何在个人和公众领域之间划出界线以保障个人权利，并维护集体道德和社会公序良俗。要构建社会主义和谐社会，要全面建成小康社会，就必须处理好以上各种价值目标之间的关系，权衡兼顾、统筹安排，而这也是贝尔的“公众家庭”所追求的，其蕴含的理念和实践智慧值得我们学习。

在奋力前进的同时，我们也应从贝尔对于“乌托邦假想”的批评中得到启示。《中国共产党章程》总纲中强调：“……全面落实党的基本路线，反对一切‘左’的和右的错误倾向，要警惕右，但主要是防止‘左’。”我们应对人类的理性和改造世界的能力保持警惕，怀有界限意识、心存谦卑敬畏，尊重社会和自然的发展规律、深刻理解质量互变规律，将充分发挥主观能动性和尊重客观规律性结合起来，将美好理想和务实行动结合起来，坚持“创新、协调、绿色、开放、共享”[①]的发展理念，促进社会和谐、保持生态平衡，实现可持续发展。

贝尔强调时间的连续性、空间的层次分明、心理上和价值上的圣俗善恶有别，赞成秩序性、一致性，表现出明显的现代性特征；他的基本立场及其思想的具体内容都显示出调和折中的特点，这也是新保守主义的特征。20 世纪

① 《习近平谈治国理政》(第二卷)，外文出版社，2017 年，第 197 页。

六七十年代的美国社会风云激荡，确实需要这种思想来平衡，所以美国随后的政治风向开始右转，新保守主义兴盛起来。贝尔对现代西方社会的认识是深刻的，其思想适应了当时美国社会的局势需要，他堪称颇具洞察力和远见卓识的一位智者。问题也存在，比如他关于社会三领域断裂的假设饱受批评，他试图让恢复一个没有上帝存在的神圣领域，以及其存在主义的宗教观基础不坚实，等等。在2006年的一次采访中，贝尔提及马克斯·舍勒（Max Scheler）时说过，先知站在山上指路。贝尔继续说："如果先知从山上下来，谁将站在那里指路？所以这位先知必须站在山上指引道路。而且我狂妄自大地认为，我将是那种先知。我将站在山上指路，但我不会前去。因为去那里的话，你必须认识到这些逻辑同样会造成冲突和问题。"（If the prophet goes down the mountain, who will stand there and point the way? So the prophet has to stand on the mountain and point the way. And in my own hubris I think, well, I'll be that kind of prophet. I'll stand on the mountain and point the way but I will not go there. Because going there you have to realize that these logics create conflicts and problems as such.）[①]作为文化精英、站在知识"高地"的贝尔，用其现代性的观念和思维模式，分析现代西方社会的矛盾和问题，指出现代人的自我意识要成熟起来，要用"合成仪式"将过去和未来联结起来，从而回归传统和宗教，以根本解决社会问题；要用"公众家庭"在短期内将个人和他人、社会协调起来，缓解政治经济矛盾。他也认识到其方案在实施过程中会遇到困难。可以说，贝尔的宗教观经历了从年少时的无神论到年长后的一定程度的回归，他希望那些放弃了传统信仰、纵欲享乐和自我膨胀的现代西方人也能有朝一日如他一般"浪子回头"。贝尔为我们研究资本主义和人类社会提供了有价值的、丰富的思想资源。

---

① P.Beilharz, , Ends and Rebirths: An Interview with Daniel Bell, *Thesis Eleven*, 2006, p.96.

参考文献

一、中文文献

1.[美]不列颠百科全书公司编著:《不列颠简明百科全书》,中国大百科全书出版社,2005年。

2.常健、李国山:《欧美哲学通史》,南开大学出版社,2012年。

3.车铭洲、王元明:《现代西方的时代精神》,中国青年出版社,1988年。

4.陈嘉明:《现代性与后现代性十五讲》,北京大学出版社,2006年。

5.[美]大卫·雷·格里芬编:《后现代精神》,王成兵译,中央编译出版社,1997年。

6.[美]戴维·波普诺:《社会学》,李强等译,中国人民大学出版社,1999年。

7.[美]丹尼尔·贝尔:《后工业社会的来临——对社会预测的一项探索》,高铦、王宏周、魏章玲译,新华出版社,1997年。

8.[美]丹尼尔·贝尔:《社群主义及其批评者》,李琨译,生活·读书·新知三联书店,2002年。

9.[美]丹尼尔·贝尔:《意识形态的终结:50年代政治观念衰微之考察》,张国清译,江苏人民出版社,2001年。

10.[美]丹尼尔·贝尔:《资本主义文化矛盾》,严蓓雯译,人民出版社,2010年。

11.[美]丹尼尔·贝尔:《资本主义文化矛盾》,赵一凡、蒲隆、任晓晋译,生活·读书·新知三联书店,1989年。

12.冯俊等:《后现代主义哲学讲演录》,商务印书馆,2003年。

13.傅铿:《文化:人类的镜子》,上海人民出版社,1990年。

14.[德]歌德:《浮士德》,绿源译,人民文学出版社,1994年。

15.[英]杰拉德·德兰蒂:《现代性与后现代性:知识、权力与自我》,李瑞华译,商务印书馆,2012 年。

16.[美]理查德·塔纳斯:《西方思想史》,吴象婴、晏可佳、张广勇译,上海社会科学院出版社,2007 年。

17.刘澎:《当代美国宗教》,社会科学文献出版社,2012 年。

18.刘少杰:《后现代西方社会学理论》(第二版),北京大学出版社,2014 年。

19.吕大吉:《西方宗教学说史》,中国社会科学出版社,1994 年。

20.[美]罗兰·斯特龙伯格:《西方现代思想史》,刘北成、赵国新译,金城出版社,2012 年。

21.[德]马克斯·韦伯:《新教伦理与资本主义精神》,阎克文译,上海人民出版社,2010 年。

22.马德普主编:《当代西方政治思潮》,中国人民大学出版社,2013 年。

23.[英]尼尼安·斯马特:《世界宗教》(第二版),高师宁等译,北京大学出版社,2004 年。

24.佟立:《当代西方生态哲学思潮》,天津人民出版社,2017 年。

25.佟立:《全球化与后现代思潮研究》,天津人民出版社,2012 年。

26.佟立:《西方后现代主义哲学思潮研究》,天津人民出版社,2003 年。

27.涂纪亮:《美国哲学史》,社会科学文献出版社,2007 年。

28.王小章:《丹尼尔·贝尔:介入的观念》,浙江大学出版社,2000 年。

29.[德]维尔纳·桑巴特:《奢侈与资本主义》,王燕平、侯小河译,上海人民出版社,2000 年。

30.肖前主编:《马克思主义哲学原理》,中国人民大学出版社,1998 年。

31.徐大同主编:《当代西方政治思潮》,天津人民出版社,2011 年。

32.严翅君、韩丹、刘钊:《后现代理论家关键词》,江苏人民出版社,2011 年。

33.杨华:《贝尔资本主义文化矛盾思想研究》,黑龙江教育出版社,2012 年。

34.[美]伊恩·罗伯逊:《社会学》,黄育馥译,商务印书馆,1990年。

35.张志刚主编:《20世纪宗教观研究》,北京大学出版社,2007年。

36.张志刚:《宗教哲学研究——当代观念、关键环节及其方法论批判》(增订版),中国人民大学出版社,2009年。

37.赵敦华:《西方哲学简史》,北京大学出版社,2001年。

38.赵敦华:《现代西方哲学新编》(第二版),北京大学出版社,2014年。

39.赵光武、黄书进主编:《后现代哲学概论》,首都师范大学出版社,2013年。

二、外文文献

1.Alain Touraine,What Is Daniel Bell Afraid of? *American Journal of Sociology*,1977.

2.Andrew Gilbert,The Culture Crunch:Daniel Bell's The Cultural Contradictions of Capitalism,*Thesis Eleven*,2013.

3.Benli M.Shechter,Why Bell Matters,*Society*,2011.

4.Brian Crittenden,A Demurral to Daniel Bell's The Cultural Contradictions of Capitalism,*The Journal of Aesthetic Education*,Vol.6,No.1/2,*Special Double Issue:Capitalism,Culture,and Education*,Jan.–Apr.,1972.

5.Brian L.Rich,Daniel Bell by Malcolm Waters,*Contemporary Sociology*,Vol.26,No.4,1997.

6.Daniel Bell,Religion in the Sixties,*Social Research*,1971.

7.Daniel Bell,*The Cultural Contradictions of Capitalism*,20th Anniversary ed,Basic Books,Inc.,Publishers,1996.

8.Daniel Bell,The Return of the Sacred? The Argument on the Future of Religion,*British Journal of Sociology*,1977.

9.Daniel Bell,*The Winding Passage*,Cambridge,Massachusetts,Abt Associates Inc.,1980.

10.Daniel Bell,Toward the Great Instauration:Reflections on Culture and Religion in a Postindustrial Age,*Social Research*,1975.

11.David T. Courtwright,The Cultural Harmonies of Capitalism,*The Hedgehog Review*,Fall,2011.

12.Eduardo de la Fuente,Profane Rather than Secular:Daniel Bell as Cultural Sociologist and Critic of Modern Culture,*Thesis Eleven*,2013.

13.George Ritzer,*The Blackwell Companion to Major Contemporary Social Theorists*,Blackwell Publishing Ltd,2003.

14.Habermas J.,Ben-Habib S.,Modernity versus Postmodernity,*New German Critique*,1981.

15.John O'Neill,*The Poverty of Postmodernism*,Routledge,1994.

16.Jordan McKenzie,Daniel Bell's 'disjunction of the realms':On the importance of unfashionable sociology,*Thesis Eleven*,2013.

17.Joseph Bensman and Arthur J. Vidich,The Cultural Contradictions of Daniel Bell,*International Journal of Politics,Culture,and Society*,Vol.12,No.3,1999.

18.Krishan Kumar,The Disjunction of Realms:A Comment,*The Hedgehog Review*,2011.

19.Lawrence Cahoone(Ed.),*From Modernism to Postmodernism:An Anthology*(expanded second edition),Blackwell Publishing Ltd,2003.

20.Malcolm Waters,*Daniel Bell*,Routledge,1996.

21.Nathan Liebowitz,*Daniel Bell and the Agony of Modern Liberalism*,Greenwood Press,1985.

22.Paul A.Rahe,The Contradictions of Daniel Bell,*The American Interest*,

Vol.5, No.2, 2009.

23.Peter Beilharz, Daniel Bell–American Menshevik, *Thesis Eleven*, 2013.

24.Peter Beilharz, Ends and Rebirths: An Interview with Daniel Bell, *Thesis Eleven*, 2006.

25.Peter Murphy, Daniel Bell, conservative, *Thesis Eleven*, 2013.

26.Richard Fox Wightman, The Cultural Consternation of Daniel Bell, *American Quarterly*, Vol.34, No.1, Spring, 1982.

27.Robert J.Holton, *Daniel Bell*, Oxford Bibliographies, 2015.

28.Roberto Foa and Thomas Meaney, Daniel Bell, *The Last Word*, The Utopian, 2011.

29.Steven Brint and Kristopher Proctor, Middle–class Respectability in Twenty–first–century America: Work and Lifestyle in the Professional–managerial Stratum, In Thrift and thriving in America: Capitalism and Moral Order from the Puritans to the Present, Eds. Joshua Yates and James Hunter, Oxford University Press, 2011.

30.Vytautas Kavolis, An Alternative Postmodernity, *The Journal of Aesthetic Education*, Vol.6, No.1/2, *Special Double Issue: Capitalism, Culture, and Education*, Jan.–Apr., 1972.

31.Wilfred M.McClay, Connections Missed and Contradictions Unexplored, *The Hedgehog Review*, 2011.

第四章　贝尔与现代性

The real problem of modernity is the problem of belief.To use an unfashionable term,it is a spiritual crisis,since the new anchorages have proved illusory and the old ones have become submerged.It is a situation which brings us back to nihilism;lacking a past or a future, there is only a void.Nihilism was once a heady philosophy,as it was for Bazarov,when there was something to destroy and something to put in its place.But today what is there left in the past to destroy,and who has the hope for a future to come?①

——Daniel Bell

现代性的真正问题是信仰问题。用不时兴的术语来说,它是一种精神危机,因为这种新生的稳定意识本身充满了空幻,而旧的信念又不复存在了。如此局势将带我们回到虚无。由于既无过去又无将来,我们正面临一片空白。虚无主义曾经是思想性很强的哲学,就像巴扎洛夫那一类人的思想,它的任务是要摧毁某些东西,并用另一些东西来取而代之。可今天有什么旧的东西仍需要加以摧毁,而谁又能寄希望于未来呢?

——丹尼尔·贝尔

① Daniel Bell,*The Cultural Contradictions of Capitalism*,Basic Books,1978,p.28.

丹尼尔·贝尔在《资本主义文化矛盾》中探讨了现代性的问题。在贝尔看来，现代性的真正问题是信仰问题。现代性意味着与传统的断裂，它重视的是现在而绝非过去。现代性作为我们当今时代的重要话题之一，如贝尔所言，传统的资本主义文化已经被现代性原则所支配。作为现代化过程中形成的属性——"现代性"已成为当今社会的讨论热点。

本章主要从五个方面考察了贝尔与现代性：一是研究现状综述。二是现代性的产生。三是贝尔视域中的现代性问题，主要包括现代性的社会问题、现代性的文化问题、现代性的信仰问题等，如"领域的断裂""科层制""享乐主义"划分为现代性在社会层面的体现。在现代性的影响之下，文化层面出现了"先锋派"，产生了"大众文化"，造成了"距离的销蚀"。现代性在推动社会发展和文化进步的同时，出现了信仰问题。这一问题在其"信仰危机""世俗化""膜拜教"等术语中表达了贝尔对信仰问题的忧思。四是理论特征，主要包括反省"现代人的傲慢"，反省"工具主义"，反省"双重冲动力"。最后，对贝尔关于现代性问题的理论作了简要评价。

第一节　研究现状综述

丹尼尔·贝尔是美国后现代主义早期代表人物，他在阐述资本主义的文化危机时特别谈到了现代性问题，以及现代性在社会、政治、经济、文化各领域内所产生的影响及表现，其视角独特且发人深思。国内外学者对贝尔的著作及其现代性思想给予了广泛的关注与热烈的讨论。

依据外文数据库检索，自 1976 年至 2021 年，关于贝尔《资本主义文化矛盾》和现代性的研究成果十分丰富。在外文数据库（ProQuest）中输入"Modernity，Daniel Bell，The Cultural Contradictions of Capitalism"，可以检索出 2681

个结果。其中,国外学术期刊1173篇,国外研究贝尔《资本主义文化矛盾》和现代性思想的学位论文596篇,以及刊登其著作或理论的行业杂志43篇。除此之外,还有会议论文及记录1篇和其他来源2篇。这些数据说明了贝尔的《资本主义文化矛盾》和现代性理论在西方学界具有重要的理论地位和研究价值。根据检索出的数据,国外学者发表的关于贝尔《资本主义文化矛盾》的研究类型多为学术期刊(2026篇)及书籍(1180本),系统研究贝尔《资本主义文化矛盾》中现代性思想的专著相对较少。

根据牛津大学出版社(Oxford Bibliographies)检索的数据,对贝尔思想的研究有显著成果的西方学者有以下几位:马尔科姆·沃特斯(Malcolm Waters),他于1996年出版了《丹尼尔·贝尔》(*Daniel Bell*)一书,该书对贝尔的思想进行了全面而深刻的解读,书中介绍了贝尔经典著作中的重要理论。2003年,他又在《当代重要的社会学家》(*In Key contemporary social theorists*)上发表了一篇关于贝尔生平及著作的简要介绍,较1996年出版的著作更具批判性。吉尔伯特·安德鲁(Gilbert Andrew)在2013年发表了《文化危机:资本主义的文化矛盾》(*The Culture Crunch:The Cultural Contradictions of Capitalism*)一文,其中他提到贝尔的文化保守主义的脆弱性,指责它无法区分价值观的转变和价值观的终结。本斯曼(Bensman)、约瑟夫(Joseph)和亚瑟·维迪奇(Arthur J.Vidich)于1999年联合发表的《资本主义文化矛盾》(*The Cultural Contradictions of Capitalism*)一文,他们认为贝尔对20世纪60年代和70年代的文化冲突的解释是失败的,文化矛盾论题是被过度概括的,忽视了经济和社会结构的发展,过于侧重描写文化的不安性和冲突性。

综上所述,西方学者对于贝尔的研究大多集中于对其专著的解读,有关其现代性思想的研究非常之少,还有待后来者进一步研究。因此,要了解其现代性思想必须与现代性这一术语的研究结合起来。

现代性是我们这个时代重要的话题之一,也是现代哲学的突出主题之一。无论是从理论还是实际层面上讲,现代人类社会所面临的诸多问题在深层次上都反映了现代性的内在矛盾。近代以来,许多著名的思想家,如卡林内斯库、腾布鲁克、韦伯、哈贝马斯、利奥塔、吉登斯、福柯等人都根据自己所处时代的背景以不同的视角和路径来追溯现代性的起源,探究现代性的内涵,关注现代性的历史走向,并以此来透视人类社会中的问题。

美国学者马泰·卡林内斯库(Matei Calinescu)在其作品《现代性的五副面孔》中指出,法国诗人夏尔·皮埃尔·波德莱尔(Charles Pierre Baudelair)是最早使用"现代性"一词的人。他有关现代性最彻底、最丰富的讨论出现在论康斯坦丁·盖伊(Constantine Guy)的《现代生活的画家》中(1863)。这里,波德莱尔将现代性视为一种当下性(immediacy)的趋势,是一种感官出现时(sensuous present)的意图,这样的感官现时是从它稍纵即逝当中获得掌控,其与凝聚到传统当中、表示没有生命停止的过去正好相悖。波德莱尔的现代性体现的是一种时间意识。

德国学者腾布鲁克(Friedrich H.Tenbruck)的《韦伯的作品》是一部有关马克斯·韦伯现代性思想的作品,他认为"理性"是韦伯现代性思想的重点。韦伯把西方现代性发展过程当作理性化的过程,"什么是理性" 是他一生都在钻研的问题。虽然韦伯并没有在其任何一本著作中对"现代性"概念做出专门的论述,不过在他的研究中体现出现代性就是"理性",其将资本主义现代化的过程当作不断祛魅,以及世俗化的"理性化"过程。理性化渗入社会不同领域当中,重点展现在文化和社会中。韦伯的理性可以分成文化和社会这两个方面:文化层面的理性化展现了客观理性和主观理性彼此间的冲突,而社会层面的理性展现了目的理性以及价值理性等。韦伯把现代性社会判定成"意义的丢失"和"自由的遗失"。他认为人们如果不能摆脱目的理性和价值理性的束缚,就永远都不能逃出现代性恶果的囚笼。

在现代性问题上,尤尔根·哈贝马斯的立场是把现代性看作一项未完成的事业,并为之进行辩护和设计。他除了重构现代性规范的理性基础,提出了交往理论之外,还构想了有关"现代性的规范内涵"。其对现代性状况的基本判断一是"问题百出的""已经崩溃的",二是要努力对它进行"修复",继续全球文化、社会和经济领域中的现代性可能,也就是将这一项未完成的事业进行到底。他认为,现代性并不是能够任意选取和丢弃的东西,其依然拥有较为规范、可以让人信服的内涵。

利奥塔(Jean Francois Lyotard),当代法国著名哲学家、后现代思潮理论的代表人物。在其著作《重撰现代性》这篇文章当中,他首先用词法和句法进行论证并重撰现代性,指出了许多和现代性相关的范畴,比如后现代性、后现代主义等,更进一步说明了"后现代已经包含在了现代性当中,现代已经在建构性地、持续地孕育着其后现代胎儿"①。其次,他从精神层面对现代性进行定义,他认为"现代性"这个词是阐明精神辩证法、意义诠释学与理论科学、应用科学等的理论。这些现代科学和正统叙事法相似,都是运用超验话语来正视本身合法。他认为现代主义是一种"共识法则",所有的叙述知识唯有经过共识法则的认同才具有真理的价值,之后才被人们所接受。这些共识法则全部都来自"启蒙叙述法"。这一方法是指,几乎所有的问题都可以用理性来解决,它不但可以发觉科学的真理所在,同时还可以从历史发展过程当中战胜冲突与错误,进而让社会得到进步以及公正。所以他认为理性、自由以及解放的许诺"元叙事"或者是"宏大叙事"等都是现代性的象征。

吉登斯(Anthony Giddens)作为一名社会学家,把现代性视为一种制度安排。在解释"何为现代性"的概念时,他在《现代性的后果》这篇文章当中写道:"现代性是指社会生活或者组成模式,大约 17 世纪出现在欧洲,并且在

① 汪民安:《现代性基本读本》(上),河南大学出版社,2005 年,第 139 页。

后来的岁月里，程度不同地在世界范围内产生着影响。”[①]在《现代性与自我认同》一文中，其从非常广泛的意义上运用了“现代性”这一术语，而且进行了较为相近的描述，“它首先意旨从后封建的欧洲所设立，到18世纪日渐变成拥有世界历史性影响的行为制度和形式”[②]。他指出在20世纪末到21世纪初，现代性作为社会学基本问题再次成为人们讨论的热点，人们当前面临的现代性问题比之前所认识到的更为错综复杂。由此，我们必须对现代性本质重新进行审查和思考，并与社会学分析结合起来才能厘清当前现代性所引发的种种社会问题。

法国学者福柯(Michel Foucault)在《何为启蒙》一书中，将现代性归纳为一种“态度”。他说现代性是一种态度，它可以让人们掌控住现时当中“英雄”的东西。现代性并非短时间的敏感，而是让当前可以进行“英雄化”的愿望。他所说的态度是针对现代性的关联形式：有些人所进行的资源抉择，一种思索与感受的形式，一种活动、举止的形式。现代性不但代表着属性，也展现为一种使命，同时也拥有一点类似希腊人民被称作态度(ethos)的东西。在这里，福柯认为现代性并非某个历史时段，也并非时间观念，而是与实际有关的思维和生活形式，是科学的进步及对于自由的追寻，是对于宗教的批驳，同时也是一种价值观。

从上述观点来看，西方学者对现代性的理解可大致分为四种：第一，将现代性理解为一种与时间相关的意识；第二，将现代性理解为一种仍在世界范围内产生着影响的“未完成的事业”；第三，将现代性理解为一种和理性相关的发展模式；第四，将现代性理解为一种特殊的叙事方式。贝尔则立足于资本主义社会中的文化领域，将现代性理解为一种传统文化与现代文化间

① [英]安东尼·吉登斯：《现代性的后果》，田禾译，译林出版社，2000年，第1页。

② [英]安东尼·吉登斯：《现代性与自我认同》，赵旭东等译，生活·读书·新知三联书店，1989年，第16页。

的断裂。因为原有文化注重传统和连续性，现代文化则是注重创新和变动性。他还进一步指出:“现代性的真正问题是信仰问题。”[①]理由是资本主义经过二百余年的发展和演化,它在经济、政治和文化这三个领域出现了基本性矛盾。这三个领域不再是统一而是相互独立,并且分别有其各自的轴心原则加以指导,而且也以不同的节律交错运转。科技和经济的迅猛发展使得资本主义精神的两种起源,即“经济冲动力”和“宗教冲动力”不再相互制约、相互抑制。宗教信仰泯灭后,现代文化开始充当起宗教信仰的作用。由于现代性的特点是“时间的纬线每时每刻都在断裂,世代的轨迹随时随地都被抹去”[②]。现代性已经被界定为新事物的传统。一旦人们割裂了同过去的联系,就很难摆脱从将来产生的空虚感,信仰也不再成为可能。

综上所述,现代性理论领域当中充斥了很多纷争,也存在着对于它的种种疑惑与误解。从目前研究成果所涵盖的范畴而言,现代性涉及哲学、文学、美学、社会学等不同领域。这反映出当代学术界对现代性问题的不同的思考取向和理论旨趣。同时,也投射出人类对自身所处时代的不同理解与体悟。但是这些不同的理解与体悟也增加了人们对现代性整体认知的难度。总的来说,现代性的产生在人类历史中体现出一种非常深刻的“断裂”,它被视为传统社会与现代社会彼此间的分割线。国外学者对现代性思想的研究比较深刻,但对贝尔《资本主义文化矛盾》中现代性思想的研究较少,还有待后来者进行研究。

现代性的问题虽然起源于西方,但随着全球化进程的加快,它已成为现在人类必须共同面对的重要问题之一。国内学者对其的研究主要体现如下:

① Daniel Bell, *The Cultural Contradictions of Capitalism*, Basic Books, 1978, p.28.

② [美]丹尼尔·贝尔:《资本主义文化矛盾》,赵一凡、蒲隆、任晓晋译,生活·读书·新知三联书店,1989 年,第 149 页。

陈嘉明在其文章《中国现代性研究的解释框架问题》[1]中表明，现代性是价值观点和文化精神、思想形式和行为形式。它是“质”的范围，其状态仅可以描绘但是不能够测度。他概括了现代性的三个特征：第一，它标志着从传统向现代的转变，表现为与某些传统的断裂；第二，自由构成现代性的核心，人的各项权利的保障构成现代性的前提；第三，现代性表现为建立起竞争机制与合理的规范，即竞争的理性化过程。很多西方国家虽然在现代化的道路方面有所不同，可是他们的文化对于现代性的认知却基本相同，都受到启蒙观念的指引并将现代性当作以理性和自由为基础，展现理性化、世俗化的过程。

曹天予在其文章《科学和哲学中的后现代性》[2]中认为，“现代性”这一词语的意义不仅指社会发展的历史过程，还指西方历史上的一个特殊的经济时期，反映着那段时期社会经济的发展概况。在他看来，伟大的思想家马克思就“现代性”这一词语的意义有着自己的独特见解，他结合着那段时期的西方经济发展，认为这个词语是表示西方国家为实现各国资本化而进行的经济侵略；而迪尔凯姆则认为，这个词语指代的是西方国家陆续掀起的工业化浪潮，人类社会开始进入机械制造业；韦伯则从人类社会进入“现代化”后发生改变的角度认为，这个词语指代的是中央行政机关权力的日渐加强，使得整个社会活动受到严格的监管和控制，人类活动行为越来越规范。从这些人的表述中我们可以看出，站的角度不同，理解也会存在差异，但这都是对“现代性”影响下社会发展变化的总结，而真正的“现代性”远远不止以上这些人描述的内容。

唐文明在其文章《何谓现代性？》[3]中认为，所谓现代性，从表面上就体现

① 陈嘉明：《中国现代性研究的解释框架问题》，《华东师范大学学报》（哲学社会科学版），2006年第3期。

② 曹天予：《科学和哲学中的后现代性》，《哲学研究》，2000年第2期。

③ 唐文明：《何谓现代性？》，《哲学研究》，2000年第8期。

着时代的跨度,从过去到现在。这也就表明了现在和过去必然有所不同,这个不同之处最明显的一个点就是思想。因此,在现代性的影响下,社会的发展有着新的思想作为指导,引领着社会向前发展。同时,作为人类历史发展演变中最主要的角色——人的生产活动要有现代意识。由于不同的个体对现代性有着不同的认识,因此在行为表现上会出现一些差异。在文中他提到,现代性暗含着人类社会发展演变的历史,而人类演变是不断从野蛮转向文明,从武力转变为智慧的过程,因此现代性也可以在一定程度上被理解为智慧性。

周宪在其文章《现代化研究:主持人絮语》①中认为,现代性标志着现时代政治、经济、文化的方方面面及其总体性。现时代所面对的种种问题都以某种方式与现代性问题纠缠在一起。从目前社会发展的现况来看,现代性的内容还在不断完善,从经济发展到政治体制的完善,这是一个漫长的过程。上至国家政府,下至平民百姓,传统与现代发生的撞击摩擦,大多数都因现代性发展产生这样或那样的问题,只要解决了这些现代性问题,就能在现实生活中加速社会的发展。

以上列举了一些国内研究者对于现代性的看法。综合而言,“现代性”的概念非常复杂,因为它牵扯很多的方面,因此不能准确将现代性的内容概括出来。要想真正理解什么是现代性,就要去发现现代性问题,通过了解现代性问题才能真正了解现代性。

随着现代化在全球范围内的推进,现代性的基本内涵逐渐成为人们关注的焦点。本章以贝尔的《资本主义文化矛盾》一书中九个现代性相关术语为研究重点,深入探究现代性的起源及发展。通过对比不同时期研究者对于现代性的看法,从而更好地理解贝尔的现代性思想理论。

① 周宪:《现代化研究:主持人絮语》,《南京大学学报》(哲学·人文科学·社会科学),1999年第3期。

现代性作为传统社会转向现代社会的关键，它逐渐改变着我们生活的世界，它在给我们带来物质福利的同时，也带来了诸多的生态问题，如水污染、土壤污染、雾霾现象等。若要消解生态危机，就无法回避现代性。因此，本章研究贝尔的现代性思想，对认知和解决现代社会问题具有重要的理论意义和现实意义。

第二节　现代性的产生

现代性的产生不是偶然的，有其自身产生和传播的社会背景和理论背景。现代性已经成为我们时代重要的话题之一。贝尔在《资本主义文化矛盾》中对现代性的思考，为研究现代性问题提供了理论价值。

一、社会背景

贝尔关于现代性的思考有其深刻的社会背景。1919 年 5 月 10 日，贝尔出生于纽约市曼哈顿下东区。他的父亲本杰明(Benjamin)和母亲安娜·波罗斯基(Anna Bolotsky)是来自东欧的犹太移民。其父母从事于服装行业，当他 8 个月大的时候父亲去世了。之后，他和他的母亲、弟弟一起生活，其整个童年都是在贫苦的环境中度过。由于他母亲白天需要上班，贝尔经常被寄放在犹太人孤儿院。孤儿院的生活经历和底层人民艰辛的生活环境让他对贫富悬殊的社会差异深有感触，经常被排挤的生活经历让他坚定了为实现平等而努力的信念。13 岁时，他加入了社会主义青年团。在读了厄普顿·辛克莱(Upton Sinclair)的《屠杀》(*The Jungle*)后，贝尔便向拉比宣布他发现了真理并且不再信奉上帝。从少年时期开始，贝尔就对马克思主义和社会主义表现出了极大的热忱，这促使他在大学时期选择了社会学作为自己的专业方向。20世纪30年代的经济危机和革命运动促进了他思想的早熟。四五十年代的科技革命促进生产力的发展，对他的现代性思想起到启发作用。60年代政治冲突与文化骚动，致使学术思想的领域由新自由主义向新保守主义转化。贝尔历经了社会主义、自由主义和新保守主义三大思潮的洗礼，使得他形成了相对复杂的立场。他自己明确表示："在经济方面是社会主义者，在政治方面是自由主义者，在文化方面是保守主义者。"①

贝尔认为，在现代性方面，文化和社会结构之间存在着明显的断裂。现代性表示过去的终结、现在的开始和未来的转变，同时现在中也包含着过去。由此看来，现代性就是对过去的一种新的继承。他认为现代性的根本问题就是信仰问题，换句话说，现代性的根本问题就是一种精神危机。在这种情况下，空幻的意识使人们浑浑噩噩，心灵无所寄托，信仰受到动摇。为了方便理解贝尔现代性思想，有必要对现代性一词的发展历程进行解读。

一般来说，现代性是指16世纪以来，首先出现在欧洲的社会事实和观念事实。"根据姚斯(Hans Robert Jauss)的考证，'现代'(modernus)一词首次出现在公元五世纪，这一词旨在将刚刚确定地位的基督教同旧的异教的罗马社会区分开来。"②由此看来，"现代"意味着现在与过去的断裂。而"现代性"(modernity)一词在19世纪才出现，它最早由法国诗人波德莱尔所提出。他在《现代生活的画家》中对现代性进行了定义："现代性是短暂的、易逝的、偶然的，它是艺术的一半，另一半是永恒和不变的……"③他用这一定义来概述诗人盖伊所寻找的现代生活的特点，现代生活的美只能在偶然中暂时得

① [美]丹尼尔·贝尔：《资本主义文化矛盾》，赵一凡、蒲隆、任晓晋译，生活·读书·新知三联书店，1989年，第21页。

② 汪民安：《现代性》，南京大学出版社，2012年，第1页。

③ [美]马泰·卡林内斯库：《现代性的五副面孔》，顾爱斌、李瑞华译，商务印书馆，2002年，第50页。

到把握。这是一种美学意义上的现代性,与我们今天讨论的现代性的内涵有所差别。不过随着时间的推移,现代性也具有了除美学以外的其他意义,成了一个涵盖范畴广泛的术语。

文艺复兴和宗教改革运动时期被视为现代性的萌芽阶段，其最大的影响在于重新发现了人性。在这一时期,欧洲新兴市民阶级首先通过复兴古典文化的方式,在意识形态领域发起了一场恢宏的反封建运动,即文艺复兴。这一时期的思想家试图打破教会和神权的束缚,转向古典文化,从中寻找启发,重新发现人性,并通过肯定人的价值,解放人的天性,倡导人的自然平等来反对神权和宗教的统治。1517 年 10 月 31 日,德国维登堡大学神学教授马丁·路德(Martin Luther)在城堡教堂的大门上贴出《九十五条纲领》,以此来揭露和抨击教廷兜售赎罪券的恶行，一场席卷欧洲各国的宗教改革运动由此开始。这场运动的目的是反对教会的极端统治和压迫,消除教会的权威,使人重拾内心的信仰，它引起的社会反响异常轰动。通过这两次运动,“自我”开始被每个人意识,教会的权威受到了严重冲击,宗教气氛在整个欧洲社会不再那么浓烈,人们开始追求世俗的生活和个人的欲望的满足。

到了 15 世纪末至 16 世纪初,美洲大陆的发现促进了新航路的开辟,致使航海业和殖民贸易迅速发展。社会劳动分工日益扩大,农业、手工业及其他各行业不断分化,城市经济日趋繁荣。资产阶级和商业贸易同时得到了发展,经济的发展促进了商贸环境的拓展,随着贸易的开展收获更加丰厚。于是人们不再满足于自给自足的田园生活,耕地被闲置,越来越多的人开始加入航海贸易。贸易带动经济发展和文化交流,社会经济基础由农业发展为工业,工业化浪潮席卷欧洲。也就是在这一发展进程中,人类实现机械大生产,不再局限于手工业的小生产。这一切都体现出在现代性不断追求进步的特点影响下,无论经济、政治制度还是文化都已经卷入现代性浪潮之中,欧洲新纪元的时代已经到来。

如果说现代性的萌芽阶段是在文艺复兴和宗教改革之际，那么现代性得以继续生长的一股重要力量之源就是启蒙思想。与文艺复兴和宗教改革相比，启蒙运动的重要性在于，它不是欧洲历史上一个暂时性的插曲，而是划时代的、全面的改变世界的一场运动。启蒙运动宣扬自由、平等和博爱，推崇理性，倡导科学和进步，这也是现代性的精神源泉。在德国启蒙思想家康德看来，启蒙就是人类敢于运用理性去摆脱自身引起的未成熟状态。要想做到这一点，人的理性思想要起到主导作用。在启蒙运动时期，理性的运用主要是指个人对错误的思想要勇于做出反抗，对一切已有的宗教、哲学、法律与政治观念重新进行审视。这种思想如今看来就是在现代性影响下所应该具有的思想品质，这种思想将引领时代的发展。

历经法国革命和工业革命，现代性的发展到了成熟时刻。法国著名思想家孟德斯鸠提出的三权分立理论突破了“君权神授”的传统观点，个人主义得到释放，民主思想广泛传播。平等、自由成为这个时代的主题。自由民主思想的传播、现代思想的发展都是此次革命的标志性产物。18 世纪 60 年代，欧洲各国开始以机器取代人力，机械制造取代手工生产的生产方式，生产力大大提高，这为欧洲的第一次工业革命做了铺垫。这时整个欧洲社会经济状况都已经到了快速发展的阶段，细胞学说、能量守恒与转化定律、生物进化等思想的提出更是极大地促进了人们认识发展。在经济主宰社会生活、文化商品化趋势严重的背景下，现代性和现代主义运动迎来了曙光。

二、理论背景

（一）现代性的精神支柱——理性主义

启蒙运动确立起的理性权威，成了新时代的精神支柱，使人们从精神上摆脱了教会的控制，同时敢于运用自己的理性去思考。因此，近代以来主导政治、经济、文化现代化转型的核心思想之一的理性主义成了现代性最基本的原则。

理性主义是现代性的一个重要支柱。理性思维来源于人的理性认知，就像人拥有的感性思维一样，是一种通过思想、反思和合理的逻辑推导对事物进行认识和处理的过程。在西方哲学史中，有关理性主义的思想最早可以追溯到古希腊时期。苏格拉底提出的“美德即知识”这一命题具有明显的理性主义特征。他认为，没有知识，人就会道听途说，凭借主观意识行事，做出不符合道德的行为；反之，当人们有了知识，懂得了道德的本质，了解了善的含义，就会做出符合道德的行为。该命题体现出的主张是：“人应按照理性的法则去生活。追求知识和智慧就是发挥人的理性能力。”[①]他甚至提出：“人凭理性而行的求知活动及其所获得的结果乃是一切美德的源泉。”[②]他对理性思想的弘扬，对理性价值的肯定使之成为西方哲学史中理性主义的重要奠基人。在其思想的影响下，著名哲学家笛卡尔，提出了通过理性去批判一切的原则，更是培育了整个欧洲的近代哲学。笛卡尔认为，人唯有运用理性才能判别一切事物或观念的真伪。理性是人生而就有的一种辨别是非的能力，在任何时代都是一样的。如他所言：“那种正确地做判断和辨别真假的能力，实际上也就是我们称之为良知或者理性的那种东西，是人人天然地均等的。”[③]不是局限于教会的权威与世俗的认知，而是有正确的认知观点并有能力做出改变，这种来源于内心的声音就是理性的源泉。每个人生来就拥有这项能力，每个人都应该去利用它。同时，他又指出人们从出生之日起到完全运用

---

① 李国山、王建军、贾江鸿、郑辟瑞：《欧美哲学通史：精编本》，南开大学出版社，2012年，第39页。

② 同上，第41页。

③ 冒从虎、王勤田、张庆荣：《欧洲哲学通史》（上卷），南开大学出版社，1985年，第395页。

自己理性的时候,已经接受了许多的谬误。为了清除这些谬误,发挥理性的权威,笛卡尔提出了普遍怀疑的方法。人们只有对已经掌握的所有观念进行一次普遍的怀疑,才能在理性的基础上重建知识的大厦。

综观历史,虽然文艺复兴和宗教改革对人们的思想产生了巨大影响,但人类思想还未彻底解放,宗教迷信继续侵蚀着人的思想。随着启蒙运动的推进,哲学家们对理性有了更加深刻的认识。人们敢于运用自己的理性正是启蒙运动带来的积极效果。启蒙精神的迅速传播为现代性提供了良好的发展环境,它使人们意识到人类应作为自己精神的领导者,大胆地运用自己的理性去享受自身天赋的权利。现代性推翻了中世纪的教条信仰,向教会的权威发起挑战。在宗教权威受到质疑之后,理性充当起宗教信仰的作用。黑格尔把理性概念推向了高峰,他认为,"哲学就是探究理性的东西"[①]。"理性是世界的灵魂,寓于世界之中,是世界的内在东西,是世界最固有、最深邃的本性,是世界的普遍东西。"[②]

(二)现代性的哲学奠基——人文主义

人文主义(Humanism)一词来源于拉丁文"Humanitas"(意思是人性)。它的基本含义有两个:一是指与中世纪天主教相对立的人文学科,二是指关于"人"的学说。文艺复兴时期,人的价值被凸显出来,神学理论受到严重冲击。人文主义宣扬以人为本,赞美人的力量,讴歌世俗生活,鼓吹个性解放,反对封建等级观念,主张人的自然平等。这种以一种新的方式向哲学提出有关人的主体性问题,便成为现代性理论的发端。

人文主义是欧洲最早的资产阶级思潮。其发源于意大利,15 世纪至 16 世纪发展为遍及全欧的文化思潮。中世纪时期,神学严重压抑了人性,人的

① [德]黑格尔:《法哲学原理》,范扬、张企泰译,商务印书馆,1961 年,第 12 页。

② [德]黑格尔:《逻辑学》(哲学全书·第一部分),梁志学译,人民出版社,2002 年,第 69 页。

价值和尊严受到了蔑视，整个社会也因此失去了活力。基于对中世纪神学观念的厌恶，人们的目光开始由神转向了人，这一转向大多是通过文学艺术作品的形式展现出来。在此期间涌现出大量艺术家和文学家，如被誉为意大利早期文艺复兴"文学三杰"的但丁、彼得拉克、薄伽丘。这三位的代表作中均对人权作了大幅度的宣扬。他们提倡人生而平等，个体都应该享有自由，都有权力追求世俗的感情以满足自己的欲望。与此同时，他们无情地揭露了中世纪教会的腐败。教会与封建贵族相勾结，为了巩固封建统治而施行了一系列"暴行"。面对长达千年的中世纪教会和神学对人性的束缚，彼得拉克曾大声呐喊："我不想变成上帝，或者居住在永恒中，或者把天地抱在怀里。属于人的那种光荣对我就足够了。这就是我所祈求的一切，我自己是凡人，我只想要凡人的幸福。"[①]他所追求的是一种现世的幸福。自己不愿成为信徒口中的上帝，或成为一个拥有重大权力和无上光环的领导者，而是更愿意成为一个普通人，享受世俗生活带来的乐趣。薄伽丘的巨作《十日谈》更是以人文主义思想作为全书的主线。他认为，人都是因为天主而来到世上，享有同样的躯体，这躯体带给我们同样的生活能力。因此，没有人高贵或者低下，大家生来就平等。

人文主义思潮，以人性论为基础建立的包括自由、平等、博爱、理性等一整套理论体系，为社会开展反封建反宗教斗争，解放人的思想，发展生产力扫清了道路，也为启蒙运动的开展奠定了理论基础。

贝尔的现代性思想源于其对理性主义和人文主义的研究。他认为，西方资产阶级的世界观是理性至上，讲究实际，注重实效的。现代人以自我感受作为衡量一切的尺度，现代文化也是以自我实现原则为中心。在宗教信仰缺失的地方，用理性来填补它的空白，进而让具有现代性特征的文艺作品充当

① 冒从虎、王勤田、张庆荣：《欧洲哲学通史》(上卷)，南开大学出版社，1985年，第273页。

人们的信仰源泉。在贝尔看来，这“实在是西方人出于本能或潜意识，力图以文艺对人生意义的重新解说”①。

第三节　贝尔视域中的现代性问题

本节选取了贝尔《资本主义文化矛盾》中九个现代性相关术语，这些术语分别从社会、文化、信仰三个角度展现贝尔对现代性问题的思考。首先，简要介绍九个核心术语的起源，概括其主要内涵及历史演变过程。其次，阐述贝尔和其他一些哲学家对这些术语的不同理解。最后，对以上哲学家们的观点与贝尔的观点进行比较和分析。

一、现代性的社会问题

（一）领域的断裂（The Disjunction of Realms）

“领域的断裂”是贝尔在《资本主义文化矛盾》中首次提出的术语。其强调资本主义社会不是统一的，而是分裂的，是由经济、政治、文化三个领域相加而成的复合体。每一个领域都有属于各自独特的一套运行模式，并且受到了不同甚至相反的轴心原则的指引。在贝尔之前的许多社会学家都把社会视为一个由单一原则加以调节的完整的网状系统。例如，“在黑格尔看来，每一种文化，每一段历史时期，以及与它们相对应的那个社会，都是一个结构

① ［美］丹尼尔·贝尔：《资本主义文化矛盾》，赵一凡、蒲隆、任晓晋译，生活·读书·新知三联书店，1989年，第15页。

严密的整体，由某种内部原则束扎成型”[1]。然而从贝尔的研究角度来看，那种蛛网概念现在已经站不住脚。他借助断裂观念（Disjunction），即“分析研究现代社会的一项基本理论方法”[2]的研究方法进行分析论证。

首先是技术-经济领域。它是一个对货物与服务的生产和分配进行社会分工的平台，并使得经济组织内部按照科层制进行运作。科技革命以来，该领域已经形成了一个非常严密的社会体系。其轴心原则是功能理性（functional rationality），即以功利和效益原则（efficiency principle）为基础；以低投入、高产出，获取最大限度的利润为目标。在实际生产过程中，“高效且多产的机器、技术和组织不断代替那些低效、少产的设备”[3]。这其中的含义是科学技术的进步。该领域的轴心构造是科层制，这种制度源于工作对协同统一性的需要，也是专业分工及功能作用的结果。当技术-经济领域变得越专门化，就越需要协调好科层体系内部的关系。资本家为了获取更多的利益，领域内的结构分工就越精细，越具层次化。从目前来看，技术-经济领域在一定程度上完善了专业和科技之间的一种交融。在贝尔看来，“在这个系统中，个人被称为物。用专业的术语来说就是人的异化，每个人都会根据‘角色要求’进行调节，最终成为这领域谋求最大利润的工具”[4]。

其次是政治领域。政治作为社会结构的重要组成部分，在一定程度上对政府权力进行了分配与管理，进而较好地维护社会秩序，避免滥用职权现象的发生，以维护社会公正。该领域的轴心原则是合法性（legitimacy），即“在民

① ［美］丹尼尔·贝尔：《资本主义文化矛盾》，赵一凡、蒲隆、任晓晋译，生活·读书·新知三联书店，1989年，第54页。

② 同上，第60页。

③ Waters Malcolm, *Daniel Bell*, Routledge, 1996, p.36.

④ ［美］丹尼尔·贝尔：《资本主义文化矛盾》，赵一凡、蒲隆、任晓晋译，生活·读书·新知三联书店，1989年，第26页。

主政体中它表现为被统治者授权于政府进行管理的原则"[①]。在这里,合法性的含义是一种"平等原则"(equality principle),也就是说,所有的法律对于每个公民来说都是平等的。由于现代社会中平等逐渐变成民众应享的社会事实,政治机构不得不加深对经济与社会领域的干涉,以此来确保公民能够得到平等的物质分配和政治发言权,并且能够参与到社会的发展进程中。不过贝尔在研究的过程中发现,政府采用的代表选举制与直接参与制等政治参与形式是政治利益集团相互作用的结果。这种政治体系带有技术官僚的倾向。他不赞同这种"法律要求人为制造的平等,其结果是不平等,而仅仅反映出了选票指数"[②]。这种结果造成了官僚体制与平等之间紧张的社会格局。

最后是文化领域。贝尔将文化领域视作象征形式的领域,并认为绘画、诗歌、小说、宗教仪式等活动都是以想象的形式表现人类生存的意义。这些活动源自人类当前所面临的生存困境和无法避免的非理性问题的思考。该领域的轴心原则是"自我实现"(self-realization)或"自我满足"(self-gratification)。在这个基本原则的指导下,"现代文化极其自由地搜捡世界文化仓库,贪婪吞食任何一种被抓到手的艺术形式。它极力扩张,寻觅各种经验,不受限制,遍地挖掘"[③]。此间的艺术家们秉持着自由创作的精神,促使西方资本主义社会出现了创作的高峰。文学、艺术、诗歌和美术等领域都创造出比以往更多的巨作,但大多是以与资产阶级社会相敌对的姿态呈现。贝尔认为,究其根本是因为文化领域是反体制的,是以个人的兴趣爱好作为衡量一切的尺度。

贝尔之所以采取"冲突理论"(antagonistic principles)和"中轴原理"(axial

① [美]丹尼尔·贝尔:《资本主义文化矛盾》,赵一凡、蒲隆、任晓晋译,生活·读书·新知三联书店,1989年,第57页。

② 同上,第23页。

③ 同上,第59页。

principles)的方法将现代社会分解为三领域断裂的复合体,因为他认为,“现代性强调的是领域的自治。在传统观念中,伦理、政治、法律以及道德等领域是相互联系的,而在现代观念中这些领域是断裂的”[①]。他的目的是改变传统社会学把社会视为一个整体的观念。在西方历史的长河中可能存在过由单一原则支配的社会形态,如基督教中世纪或资产阶级上升时期曾有一种社会模式贯穿于经济、文化、政治等领域。“像宗教及其教衔等级观念,就曾反映在封建社会结构里,而宗教热情也融合于当时的文化象征主义。”[②]不过在社会局势日趋紧张的现代,将社会视为一块磐石的整体观已经不能满足人们对自身所处时代的认知。“领域的断裂”可以帮助人们从中清楚地认识到资本主义社会的内在矛盾根源,即遵循官僚等级制运行的技术——经济领域、追求平等参与的政治领域、迫切希望自我实现和自我满足的文化领域之间的断裂与冲突。值得注意的是,社会被分成三个领域是否合理?这还需进一步的验证。因为如贝尔所言:“领域的断裂”是一种人工设计的理想类型。换句话说,该术语仅仅是一种分析工具。

(二)科层制(Bureaucracy)

科层制(Bureaucracy)作为现代性在组织结构与管理方式上的表征,就其历史演变过程而言,最早由蒙西尔·德·古尔耐(Monsieur de Gournay)在1745年首次使用。他把官员手中日益发展的权力称为“官僚病”(Bureaumania)。今天,我们所说的科层制是由德国社会学家马克斯·韦伯所提出。韦伯认为:“科层制不是指一种政府类型,而是指一种由训练有素的专业人员依

① Daniel Bell, Resolving the Contradictions of Modernity and Modernism, *Society*, No.27, 1990, p.45.

② [美]丹尼尔·贝尔:《资本主义文化矛盾》,赵一凡、蒲隆、任晓晋译,生活·读书·新知三联书店,1989年,第56页。

照既定规则持续运作的行政(管理)体制。”①

随着经济的发展,科层制越来越受到社会各个领域的青睐。它在一定程度上满足了现代社会工业生产的管理需求，同时也对一些权力较大的管理者进行了一定的制约,避免因为权力泛滥而影响社会整体的进步与发展。美国著名学者彼得·布劳(Peter Michael Blau)在《现代社会中的科层制》曾经说过:“从当前的发展形式来看,科层制已经成为主导性的组织制度,并在事实上成为现代性的缩影。除非我们理解这种制度形式,否则我们就无法理解今天的社会生活。”②

从发展的角度来看，任何一种经营模式或者经济团体在一定程度上都是社会发展的产物。它们具备较强的适应能力,能够满足当代人们发展的需求,同时也能够不断地吸取先进的思想和经验。在农耕社会时期,社会整体的经济水平处于一个低下的阶段。人们在生产劳动的过程中,并没有进行明显的分工,管理也处于非常简单的层面。在这种情况下,生产机构对于管理人员的专业水平并没有过多的要求。随着经济的不断发展与进步,生产力在一定程度上得到了解放。在这个过程中人们开始对企业的发展或者是组织的经营制定了一些约束框架,科层制的管理模式由此产生。

韦伯在《经济与社会》一书中对科层制进行了透彻的分析,他的主要观点是科层制满足了人类组织对于人才的要求，同时在生产初期为社会整体的发展制定一个准确的目标，在一定程度上可以满足人们对于不断提高整体生产效率的要求。“科层制这样的机制在技术上优于其他管理形式,就像机器生产优于非机械手段一样。在精准性、速度、明确性、文件记录的知识、

① 王春娟:《科层制的涵义及结构特征分析——兼评韦伯的科层制理论》,《学术交流》,2006年第5期。

② [美]彼得·布劳、[美]马歇尔·梅耶:《现代社会中的科层制》,马戎、时宪明、邱泽奇译,学林出版社,2001年,第5页。

慎重性、运作一致性、从属体系以及减少摩擦等方面，科层制都胜过荣誉性的、非专业化的行政制度。”[①]韦伯认为，科层制组织有如下特点：①对管理人员的权利范围制定了一个比较明确的标准。②在管理的过程中，根据各部门职能的不同划分具体的管辖范围。③在工作过程中一定要秉持公平的办事态度，将自己的私人生活与工作分离开来。④公司应该对这些工作人员进行定期的培训，确保他们具备充足的专业素养。⑤作为一名优秀的员工，首先要具备一定的责任感，同时还要具备优秀的工作能力，确保在实际的工作过程中不会因为个人能力的不足而出现纰漏。⑥科层制要求组织按照一定的规章制度来进行日常事务的办理，这要求工作人员严格地遵守工作规范操作的要求。

如贝尔所言，当代西方资本主义的流行理论大多是在韦伯的影响下而形成的。在《资本主义文化矛盾》中，贝尔对科层制的论述主要是为其“领域的断裂”这一理论提供更重要的理论支撑。他写道：“科层制度的产生是分工专业化和功能切割的结果，也是出于工作协调统一的需要。”[②]它是技术-经济领域的轴心构造。科层制等级分明的特点使得上下级之间的职权关系按照等级划定，每个人都了解自己的岗位职责，并严格按照规定执行。在实际的发展过程中，科层制在一定程度上可以满足工业社会对于管理的需求，帮助人们提高自身的管理水平。在工作中严格服从命令、减少摩擦、降低物力和人力消耗，对资本主义社会的发展起到重要作用。总之，贝尔的科层制思想是对韦伯思想的继承和发展。

---

① ［美］莱因哈特·本迪克斯：《马克斯·韦伯思想肖像》，刘北成等译，上海人民出版社，2002 年，第 214 页。

② ［美］丹尼尔·贝尔：《资本主义文化矛盾》，赵一凡、蒲隆、任晓晋译，生活·读书·新知三联书店，1989 年，第 57 页。

(三)享乐主义(Hedonism)

当代西方社会中盛行的享乐主义(Hedonism)具有鲜明的现代性特征,它代替了作为社会道德基础的新教伦理,与市场经济的发展和繁荣紧密相连。对此,贝尔认为:“享乐主义的时代是市场的时代。”[①]根据对词源的考证,享乐主义一词最早产生于古希腊的居勒尼派。该学派认为,人类存在的意义就是为了寻求快乐,这种快乐不仅是存在肉体上的快乐,同时也是存在精神上的快乐。居勒尼学派之后的享乐主义的代表是伊壁鸠鲁,人们有时将享乐主义称为“伊壁鸠鲁主义”。伊壁鸠鲁提倡人们追求感官的享乐,认为人们生活的出发点和目的就是追求人生的幸福。当人们拥有了快乐和幸福,人生就是完满的;当人们失去快乐和幸福,就应该去谋求它。快乐和幸福是一切道德的基础,是最高的善。伊壁鸠鲁指出:“我们说快乐是幸福生活的开始和终结,我们认为快乐是我们天生的最高的善,我们的一切取舍都从快乐出发;我们又回头以内在感觉为标准判断一切善来达到快乐。”[②]伊壁鸠鲁把快乐分为物质的快乐和精神的快乐,他认为物质的快乐是一切快乐的基础,只有满足人们对于物质快乐的追求之后,他们才会萌生出对于精神快乐的需求。由此可见,伊壁鸠鲁的享乐主义从本质上来说,希望人们在日常生活中不断解放自己的思想,去体验周围的事物,去感受身边人的喜怒哀乐,感受这个世界中所有的变化,并且在这个过程中不断获取精神层面的快乐。

近代以来,资本主义开拓了世界市场,促进了国民的生产与消费,促成了现代社会享乐主义的倾向。资本主义市场的发展也面临着一个前所未有的机遇,即生产力高速发展,科学技术日新月异。马克思针对这一成就所带

---

① [美]丹尼尔·贝尔:《资本主义文化矛盾》,赵一凡、蒲隆、任晓晋译,生活·读书·新知三联书店,1989年,第121页。

② 北京大学哲学系外国哲学史教研室编译:《古希腊罗马哲学》,商务印书馆,1982年,第367页。

来的变化及结果,他在《共产党宣言》中写道:“资产阶级在它不到一百年的阶级统治中所创造的生产力,比过去一切时代创造的全部生产力还要多,还要大。自然力的征服,机器的采用,化学在工业和农业中的应用,轮船的行驶,铁路的通行,电报的使用,整个大陆的开垦,河川的通航,仿佛用法术从地下呼唤出来的大量人口,——过去哪一个世纪料想到在社会劳动里蕴藏有这样的生产力呢?”[1]

贝尔认为,在20世纪50年代,美国的文化发生了翻天覆地的变化,大众社会也由传统的生产模式转换为享乐模式,人们更注重自己内心世界的快乐,而不只是追求所谓的金钱和地位。具体体现是,资本主义市场经济的发展与进步使得人们逐渐认识到科技的重要性。从此,人们开始不断地运用科学技术对自然资源进行开发利用,主要目的是为了获取巨大的利益,进而完成他们内心对于享乐的需求。这时,“资本主义的文化正当性(如果不是道德的正当性)已由享乐主义取代,即以快乐为生活方式。当下流行的自由精神,文化意象的模型都已成为现代性的推动力,其意识形态理论就是把对推动力的追求当作行为规范。这就形成了资本主义文化矛盾,这就导致了现代性的双重羁绊”[2]。大卫·雷·格里芬(D.R.Griffin)曾认为:“当人们随着丧失对人类未来的信心,也丧失从前对任何传统形式的宗教不朽性的信仰时,就会陷入及时享乐的境地。”[3]人们认为这种虚构的东西给人们带来了精神上的满足,但这并没有推动人类社会的进步与发展,反而会滋养出一系列的享乐主义,影响社会的整体发展。从社会心理学的角度来说,现代享乐主义者追求的是一种从未有过的感受。他们认为:“生活中最伟大的莫过于激情和狂喜,去感受自己的生存,甚至在痛苦中生存,正是这‘热望的空虚感’驱使我

① 《马克思恩格斯选集》(第一卷),人民出版社,1972年,第276页。

② Daniel Bell, *The Cultural Contradictions of Capitalism*, Basic Books, 1978, p.22.

③ [美]大卫·雷·格里芬:《后现代精神》,王成兵译,中央编译出版社,1998年,第11页。

们去游戏、去断杀、去旅行、去放纵自我,却又同时深感各种追求最主要的诱惑力,那就是与成功不可分割的激动。”[①]人们往往需要寻求一些外部刺激来对他们当前所处的环境进行改变,如情感培养、交友小组等。这种心理因素促使人们进行不断的创新与完善,发展成为一种全新的享乐模式。“其目的是使人们摆脱禁忌和约束,以便更容易地发泄冲动,表达感情。”[②]如果没有较为明确的人生目标及宗教信仰,那么在这个过程中很可能就会出现文化迷失的现象。

贝尔认为,当曾被用来规定节俭和积累的新教伦理被资产阶级社会抛弃之后,剩下的便只是享乐主义了。这时的资本主义社会已然失去了所有超验伦理。贝尔对此时人们的生活状态进行了描述。其中,一方面,大多数企业希望在管理的过程中,员工能够按部就班地完成自己的业务,并且持续不断地为企业创造利益收入;另一个方面,企业在进行生产经营的过程中,所采取的一些宣传方式和制造形式在某种程度上助长了享乐和放纵的风气。因此,很多人白天有模有样地上班,晚上就会卸掉自己白天的伪装,去一些能够让自己放松享受的地方。在享乐主义盛行的时期,繁重的工作通常会给人们的心理带来非常大的压力。人们渴望通过参加一些活动和聚会来放松自己,享受时光,同时也希望摆脱现有生活模式的枷锁,尽情地宣泄自己的情感。

贝尔认为:“享乐主义的世界充满着时装、摄影、广告、电视和旅行。它是一个虚构的世界,人们在其间过着期望的生活,追求即将出现而非现实的东西。”[③]追求个人自由和个性解放的享乐主义,让大众进行放纵和享受自己的

① [美]丹尼尔·贝尔:《资本主义文化矛盾》,赵一凡、蒲隆、任晓晋译,生活·读书·新知三联书店,1989年,第63页。

② 同上,第120页。

③ 同上,第118页。

生活,这是一种现代性体验。现代人时刻面对着巨大的社会生活压力,享乐主义的出现对现代人来说,无疑不是一种精神补偿。但是由于“享乐主义缺乏意志和刚毅精神。更重要的是,大家争相奢侈,失掉了与他人同甘共苦和自我牺牲的能力”[①]。同时资本主义社会竭力提倡一种追求享乐的生活方式,这就导致社会最终出现了道德和信仰的缺位。

如前所述,居勒尼学派或伊壁鸠鲁对享乐主义持有肯定及推崇的态度。他们的观念是享乐主义应该追求人生的快乐和幸福, 无须抑制自身的情感及欲望。与之相反,贝尔则对享乐主义持批判的态度。他认为,追求物质享受和情感体验的享乐主义取代了神圣的宗教观念,打破了传统的道德伦理。社会的品格由强调理性,讲求实效,注重节俭变成了自由放任,奢靡挥霍,由禁欲变成了纵欲。人们的工作和生活更是缺少了终极意义。综观历史,无论是古罗马、拜占庭或是阿拉伯文明,享乐主义带给他们的都是衰败的结局。现代西方资本主义社会中享乐主义热潮势必影响现代社会的存亡。由此,在现代社会中,贝尔对享乐主义的批判具有重要理论意义和价值。

二、现代性的文化问题

(一)先锋派(Avant-Garde)

“先锋派”作为现代性的重要标志之一,引领着现代主义文化的发展。随着社会对于创新思想的不断需求, 西方资本主义盛行时期的部分艺术家们开始认可先锋派这种全新的文化现象, 并且用其对当代人们的生产生活方

① [美]丹尼尔·贝尔:《资本主义文化矛盾》,赵一凡、蒲隆、任晓晋译,生活·读书·新知三联书店,1989 年,第 132 页。

式进行引导。从贝尔的角度来看,“我们现如今的文化在一定程度上承担了非常重要的历史使命，促使人们对于一些新生事物进行永无休止的探索活动”[1]。文化创新在一定程度上成为当代人在生活过程中所要面临的主要任务,在社会的发展过程中扮演着非常重要的角色。

在《现代性的五副面孔》一书中,马泰·卡林内斯库将“先锋派”视作现代性的五副面孔之一。正是由于现代性对进步的永恒追求,使得一种为未来而奋斗的先锋派神话成为可能。根据卡林内斯库的考察,“先锋”在法语中有着非常多的解释，并且它的出现时期比较长久。在研究过程中人们发现,“先锋”一词起源于中世纪时期,也就是说在文艺复兴时期人们已经开始意识到权威人士对于社会潮流和思想的引导作用。不同的时期先锋派具有不同的含义,最早先锋派是一种军事概念,后来变成一种政治术语,进而又发展为艺术术语。随着时间的推移,这个词不仅没有在历史上被湮没,反而散发出更加耀眼的光芒。

16 世纪后期，法国人本主义律师和历史学家埃蒂安·帕基耶(Etienne Pasquier)在他的作品《法国研究》的第三十八章中写道:“随后展开了一场针对无知的光荣战争,我要说,在这场战争中塞弗、贝兹和佩尔蒂埃构成了先锋;或者,要是你愿意这么说的话,他们是另外一些诗人的前驱。”[2]在该段中帕基耶虽然没有排斥古代的观念,但是他还是站在现代这一边。对他来说,先锋是一种军事比喻,把一些诗人的行为比喻成作战中的战士。同其他的修辞手法类似,其目的是传达出他对文学中的变化的感觉。

---

① [美]丹尼尔·贝尔:《资本主义文化矛盾》,赵一凡、蒲隆、任晓晋译,生活·读书·新知三联书店,1989 年,第 79 页。

② 转引自[美]马泰·卡林内斯库:《现代性的五副面孔》,顾爱斌、李瑞华译,商务印书馆,2002 年,第 106 页。

“先锋”一词的政治含义起源于18世纪90年代。法国思想家克劳德·昂列·圣西门(Henri de Saint-Simon)认为,理想的世界就是要实现艺术与生活之间的平衡,同时给人们带来源源不断的快乐,并且是在艺术家的领导下前进。艺术家被他指称为一种特殊的“先锋”角色。他写道:“是我们,艺术家们,将充当你们先锋的;因为艺术的力量是最直接、最迅捷的。每当我们要期望在人群中传播新思想时,我们就把它们刻在大理石上或印在画布上……”[①]对于圣西门来说,艺术家是一种“想象的人”,他可以预见未来,创造未来。作为艺术家的代表先锋派是有意识走在时代的前面。

19世纪70年代,一些比较潮流的作家和艺术家将创作源头转向了当前紧张的社会模式。加布里埃尔·德西雷·拉韦尔当(Gabriel Désiré Laverdant)在他的《艺术家的使命和艺术家的角色》中写道:“艺术是社会的表现,当它遨游于至高境界时,传达出最先进的社会趋向;它是前驱者和启示者。因而要想知道艺术是否能够恰当地实现其作为创始者的功能,艺术家是否确实属于先锋派,我们就必须知道人性去向何处,必须知道我们认识到命运为何。”[②]在雷纳托·波吉奥里(Rcnato Beoioli)看来,这篇文章是艺术作为社会行动与改革的工具,作为革命宣传与鼓动手段学说的完美典范。

先锋派的崛起是基于现代性的需要。卡林内斯库认为:“先锋派通过加剧现代性的某些构成要素,通过把它们变成革命精神的基石而发其端绪。”[③]几乎所有先锋派的特征,都暗含于范围更广泛的现代性概念中。这二者在本质方面存在着非常大的差距,但是两者同样具有二律背反的极端形式,先锋派在每个方面都比现代性更激进。如果说现代性是一种“文化危机”,那么先

① [美]丹尼尔·贝尔:《资本主义文化矛盾》,赵一凡、蒲隆、任晓晋译,生活·读书·新知三联书店,1989年,第81页。

② [美]马泰·卡林内斯库:《现代性的五副面孔》,顾爱斌、李瑞华译,商务印书馆,2002年,第115页。

③ 同上,第103页。

锋派“实际上就在试图发现或者发明危机的新形势和新面貌或新的可能”[①]。

贝尔认为:“随着对创新的强调,产生了艺术家们自觉接受的一种思想,即认为艺术应当成为引路的先锋。今天,这种先锋派概念——由艺术充当变革突击队——业已表明,现代艺术或文化决不允许自己仅仅作为基础性的社会结构之‘反映’,而是要开辟通向崭新世界的道路。”[②]

综上所述,对于先锋派的解读,贝尔与上述思想家有着极为相似之处,即都试图用文学或艺术的创新对传统价值发出挑战。一旦先锋派观念被世人所接受,它便会在社会上掀起一场文化至上的潮流。但是从客观角度来说,社会文化的建设是一项任重而道远的工作,不仅要考虑历史文化的积淀,同时还要考虑当代人们发展对于市场机制的需求。在这种情况下,很多的社会学家提出要解放人们的思想,摆脱世俗对于人们的束缚,大胆地进行创新,只有这样才能够不断地促进社会的发展。

(二)大众文化(Mass Culture)

“大众文化”作为现代文化中重要的组成部分,深刻地体现着“现代性”特征与属性,也可以说,大众文化的现代性是社会现代性在文化方面的体现。“大众文化”这一概念最早出现在美国哲学家奥尔特加的《民众的反抗》一书中,其含义是指一个特定的地区、一个社团或者是一个国家中刚刚出现的,普通大众都能接受的一种文化。大众文化产生于工业社会,是由企业雇佣的技术专家制造出来的,其受众是被动的消费者。随着资本主义经济的发展,人们在满足了基本的生存需求之后,在生活工作之余的时光应该如何度

---

① [美]马泰·卡林内斯库:《现代性的五副面孔》,顾爱斌、李瑞华译,商务印书馆,2002年,第134页。

② [美]丹尼尔·贝尔:《资本主义文化矛盾》,赵一凡、蒲隆、任晓晋译,生活·读书·新知三联书店,1989年,第80页。

过？蒙田根据自己所处时代的经历指出，生活在一个信仰缺失的世界里，每个人都承受着极大的生活压力。为了避免被这些压力压垮，蒙田提出："消遣是一条出路，因为杂耍表演总能使人得到慰藉、遣怀和散心。"[①]大众文化是源自人们对于消遣的需求，是一种供人们享乐的文化。它符合社会大众的兴趣和爱好，并与市场经济发展相适应，通过现代大众化传播媒介（网络、电视、报纸、杂志等）进行传播。例如电影、电视剧、小说、广播、摇滚、流行歌曲等都是大众兴趣和爱好的体现，并以大众易于接受的形式呈现出来。大众文化具有以下四个特征：

第一，普遍性（Universality）。与高雅文化相比，大众文化更具普遍性。公众在日常生活中常常会接触大众文化，比如街上的一些广告、平时看的电视节目、听的流行歌曲、时尚服饰及杂志等。大众文化产生于日常的生产和生活过程，它是文化工业的基本核心，其产生于工业化与市场经济的环境下，反映了大众的观念、经验和品位，具有通俗性和普遍性。普通大众作为大众文化的参与者，由此衍生而来的文化产品自然也符合他们自己的品位。"合理的使用资源进行创造，这就是日常生存的文化。"[②]从中我们可以看到，所谓的大众文化并不是特定的人在特定的地方生产出来，而是社会上的普通大众按照自己的基本需求和经验，在合理的选择和利用资源的基础上创造。大众文化可以最大程度地反映人们真实的生活、情感和认识。

精英式文化的作品里面就包含着意义，文化的意义主要通过作品体现，创作者就是意义的开发者。人们要想从文化精英的作品中得到某种体验，就要有相应的教育程度和文化素质。在精英文化里面，知识分子是精英文化的创造者、传播者与拥有者。"精英文化出于对社会的使命感和对社会理想价

① ［英］保罗·史密斯等、陶东风主编：《文化研究精粹读本》，陶东风译，中国人民大学出版社，2006年，第250页。

② 徐贲：《走向后现代与后殖民》，中国社会科学出版，1996年，第257页。

值的观照,一般都与社会世俗生活保持一定的距离,较少接触普通大众,而普通大众对精英文化也采取敬而远之的态度,这使得精英文化的传承方式也表现出强烈的精英化色彩。”[①]因此,精英文化里面的意识是这些精英自己的意识,是集团的利益和意志的主要体现。

第二,商业性(Commercial)。大众文化在产生的过程中,主要是根据市场机制来进行的,进而形成流通和消费,这从根本上属于一种商业文化。比如,约翰·费斯克(John Fiske)曾写道:“在工业社会下产生的大众文化……就属于工业化文化,这种文化的生产以及销售都是为了利益,而且这一产业只是追求自身的利益。”[②]大众文化的产生是在市场经济之下形成,在这样的经济环境下,文化生产受到消费社会的影响。“人们的思维已经完全被商品化逻辑改变。”[③]文化不断商品化,人们创作文化的要求也发生了改变,基本上都不会考虑教育和知识的价值,考虑最多的就是经济效益。这时大多数文化产品的创作者为了获取利益而创作,读者为了娱乐而消费。到后工业时代,文化逐渐变成了消费文化。就总体来说,所有的文化产品都属于一种商品,其生产和销售都按照商业的模式来进行。

第三,标准化(Standardization)。在现代科学技术的迅猛发展和经济利益的诱惑之下,文化产品开始大批量标准化生产。虽然文化产品的生产不能完全等同于工业生产,但是它同样需要物质材料和技术手段。法兰克福学派的霍克海默和阿多尔诺在《启蒙辩证法》中写道:“有一个时期,文化工业的技术,只不过用于标准化和系列生产,而放弃了对作品的逻辑与社会体系的区

① 潘黎勇:《精英文化在大众文化时代的生存策略》,《淮北煤炭师范学院学报》(哲学社会科学版),2005年第5期。

② [美]约翰·费斯克:《理解大众文化》,王晓珏、宋伟杰译,中央编译出版社,2006年,第28页。

③ [美]杰姆逊:《后现代主义与文化理论——弗·杰姆逊教授讲演录》,唐小兵译,陕西师范大学出版社,1987年,第148页。

别。”[①]当文化产品的制造者看到某种文化产品在市场上获得商业的成功后，基于对利益的追求，就无法像过去那些伟大的作家一样，呕心沥血地去创作。人们为追求更快的制作速度，最简捷的方法就是套用以前艺术品或文化产品的模式，于是就出现了千篇一律的作品。所以说经济利益的诱惑是文化工业产品标准化的不竭动力。

第四，娱乐性(Entertainment)。大众文化盛行的时期，最常见的一种文化原则就是享乐。贝尔认为，大众文化属于享乐和消费的文化。他引用了麦克唐纳的言论：“大众文化其实特别好理解，就是想尽办法让大众高兴。”[②]在这个时代，禁欲主义已经失去它以往的效用，所谓的真善美也不再被崇尚。人们再不受宗教的约束后，越来越追求享乐主义。大众文化也正是摸清了社会大众的享乐主义心理，最大程度地去迎合。只要是大众喜欢，演员就会去表演，生产者就会生产这样的文化。这样才能最快地获得利润。大众喜欢的基本上都带有娱乐特性。贝尔认为：“与50年代美国中产阶级的丰腴现状情况相呼应，中产阶级的趣味也形成了普遍趋势。”[③]文化体现出了人类生活中最本质的方面，真正有价值的文化一定是可以推动人类发展的文化。然而随着商品经济的出现，艺术作品逐渐变成商品化、标准化的产品，这势必会抹杀人们的个性和创造性。

(三)距离的销蚀(Eclipse of Distance)

“距离的销蚀”是文化现代性的一个重要特征。在贝尔看来，距离的销蚀使得现代性在文化中造成了一种涣散性。因为在视觉艺术中，按照新奇、轰

---

① [德]马克斯·霍克海默、[德]特奥多·威·阿多尔诺：《启蒙辩证法》(哲学片段)，洪佩郁、蔺月峰译，重庆出版社，1990年，第113页。

② [美]丹尼尔·贝尔：《资本主义文化矛盾》，赵一凡、蒲隆、任晓晋译，生活·读书·新知三联书店，1989年，第91页。

③ 同上，第90页。

动、同步、冲击来组织社会和审美反映的这一现代性特征，在空间概念上表现为“距离的销蚀”。“自文艺复兴以来，一直以特殊‘理性’方式组织了空间和时间知觉的那种统一宇宙论已被粉碎。造成这一后果的原因是美学意识的分崩离析，以及艺术家与审美经验与观众二者之间的关系已发生根本改变（贝尔称之为‘距离的销蚀’——引者注）。结果，现代性本身就在文化中产生了一种涣散力。”[①]这一术语在贝尔的研究中分为“心理距离的销蚀”“社会距离的销蚀”和“审美距离的销蚀”。

英国美学家、心理学家爱德蒙·伯克（E.Berk）在《关于我们崇高与美观念之根源的哲学探讨》这本书中，首次提出“心理距离”的概念。在讲到崇高感的时候，他认为：“如果一种危险离我们太近，那么它就只可能引起我们的恐惧而产生不了崇高感，因此我们必须和实际的崇高对象相隔一定的距离，必须在心理状态上有一种将具有威胁的东西抛开的能力。”[②]贝尔认为：“心理距离的距离消失，那就意味着时间的暂停了。”[③]弗洛伊德认为，在无意识的情况下也没有时间感，一个人他以往的经历不等同于他当前的经历。因为往事一般都是储存在无意识中，特别是童年时期的恐惧体验，不管什么时候想起都会觉得害怕。就弗洛伊德的观点来看，一个人成熟的标志就是具有了能够合理地调整过去与现在间距离的能力。然而现代主义的文化冲击就是分裂和打破那种过去与现在感，因为现代性是对过去的一种新的继承。

加布里尔·塔德（G.Tande）在其《模仿的规律》这本书中首次提出“社会距离”这个概念，用于表达阶级差距。塔德的观点是：“社会距离本来就在阶级

① ［美］丹尼尔·贝尔：《资本主义文化矛盾》，赵一凡、蒲隆、任晓晋译，生活·读书·新知三联书店，1989年，第134页。

② 朱狄：《当代西方美学》，武汉大学出版社，2007年，第267页。

③ ［美］丹尼尔·贝尔：《资本主义文化矛盾》，赵一凡、蒲隆、任晓晋译，生活·读书·新知三联书店，1989年，第165页。

中间,很大程度上反映了阶级关系是否亲密,这种亲密度能够进行度量。"[①]德国著名的社会学家齐美尔(G.Simmel)第一次将社会距离体现为个人的主观意识。他在美学研究的基础之上对这一概念进行探讨,重点探究和讨论了个人、他人,以及观念和兴趣等,并将这些联系在一起进行了分析研究。他认为,距离的本质是"自我"与"他物"的一种关系。社会距离的销蚀意味着人与人距离的拉近。

在贝尔看来:"审美距离的破裂意味着一个人失去了对经验的控制,即退回来同艺术进行对话的能力。"[②]这一点体现得最明显的就是电影。就电影来看,其具有的技术性质,一个事件用特写或者是远景来表现距离感。当观众置身于电影院里,被黑暗所包围的时候,影片通过运用直接、冲击、同步和轰动作为拉近审美距离的技巧,让观众得到事物最直观的感受。由于现代性的主要特征是按照新奇、轰动、同步、冲击来组织社会和审美反映,所以"追求现代性就是追求对全面经验的提升,也就是试图使经验贴近人们的感应性"[③]。

距离的销蚀,作为美学、社会学和心理学的事实,它就意味着:"对人类来说,对思想组织来说,不存在界限,不存在经验和判断的指令原则。时间和空间不再为现代人形成一个可以安然依赖的坐标。"[④]随着社会科学的发展,在新的空间概念上存在一种固有的距离的销蚀。"不仅新型的现代运输手段缩短了自然距离,引起了对旅游、对见大世面的视觉快乐的新的重视,而且这些新艺术的各种技巧(主要是电影和现代绘画)缩小了观察者与视觉经验

① 周晓虹:《现代社会心理学名著菁华》,社会科学文献出版社,2007年,第1~8页。

② [美]丹尼尔·贝尔:《资本主义文化矛盾》,赵一凡、蒲隆、任晓晋译,生活·读书·新知三联书店,1989年,第166页。

③ 同上,第167页。

④ 同上,第168页。

间的心理以及审美距离。”[①]

三、现代性的信仰问题

（一）信仰危机（The Crisis of Belief）

“信仰危机”是西方现代社会普遍存在的基本问题之一，已被视作一种“现代性”的现象。其原因是现代性的特征决定它重视的是现在和将来，并需要不断地超越传统和过去；而宗教作为“理解一个人的自我，一个人的民族，一个人的历史和一个人在事物格局中地位超世俗手段”[②]，它提供的是一种与过去的连续性。“人们一旦切断了与过去的联系，就很难摆脱从将来产生出来的最终空虚感，信仰不再成为可能。”[③]《伦理学大辞典》对这一术语的解释是：对既有信仰体系的怀疑、动摇乃至缺失而形成的一种社会精神状态。在传统社会向现代社会的转型过程中，经济、政治、文化等各领域内发生了激烈的碰撞与断裂，人们到处都可以感受到技术与经济进步所带来的社会结构的迅疾变幻。如贝尔所言：“现代社会用乌托邦取代了宗教——这里所谓的乌托邦不是那种超验的空想，而是一种靠技术的营养和革命催生、通过历史（进步、理性与科学）来实现的世俗理想。”[④]

宗教作为传统意义领域的代表，其影响力正在日益减退。据杜尔凯姆（Emile Durkheim）的分析：“如果宗教正在衰微，那时因为人间的神圣王国一

---

① ［美］丹尼尔·贝尔：《资本主义文化矛盾》，赵一凡、蒲隆、任晓晋译，生活·读书·新知三联书店，1989年，第155页。

② 同上，第207页。

③ 同上，第97页。

④ 同上，第74页。

直在缩小，因为人之间的共有情操和感情纽带已经变得涣散和衰弱的缘故。"[①]在现代社会中，文化取代了宗教的作用，试图为人类生活提供人生的价值和意义。由此，现代主义文化承接了"与魔鬼打交道"的任务。一方面，它将经验捧到至高无上的地位，任何事物都可以进行探索，如暴力、淫欲、凶杀等超现实主题；另一方面，它以"帝王般的自我"需求的名义铲除所有的权威与合法性，它严重地侵犯了宗教的领地。事实证明，现代主义文化无法像宗教信仰一样向人们提供某种人生价值和终极意义。当新的信仰还未建立，旧的信仰已然衰落，这时的人们势必会对自己的信仰产生怀疑，信仰危机便会产生。贝尔曾鲜明地指出："现代性的真正问题是信仰问题。用一句不时兴的术语来说，它是一种精神危机，因为新的支撑点被证明是虚幻的，而旧的已被浸没。这种境况将把我们带回到虚无，既无过去又无将来，只有一种虚空。"[②]

在现代化与全球化步伐日益加快的现代社会中，人类所需要面对的信仰危机或者精神危机的问题更为突出。贝尔援引了当时苏联、美国、日本等国家的例子，向人们展现信仰危机爆发时的表现及危害。其中，在苏联，大多数人民不再信仰以救世主自居的那种理论，同时对国家的领袖也失去了信任，几乎没有相信将来。在美国，人们(特别是原本将步入精英阶层的年轻人)对政府的合法性提出了质疑；公民对国家的未来也失去信心。与西方社会将超自然存在的"神"视为宗教信仰不同，日本宗教的作用是一种维系人与人之间联系的纽带，军队和天皇就是这个纽带的核心。然而在经历二战的打击之后，日本民众将原来的信仰转移到经济建设上。但是如果经济增长的愿望落空，还有什么可以代替就不想而知了。综上所述，贝尔认为，信仰危机

① ［美］丹尼尔·贝尔：《资本主义文化矛盾》，赵一凡、蒲隆、任晓晋译，生活·读书·新知三联书店，1989年，第206页。

② Daniel Bell, *The Cultural Contradictions of Capitalism*, Basic Books, 1978, p.28.

所带来的危害是城邦意识(civitas)的丧失。“城邦意识是指古代城邦的公民自愿地遵守法律,尊重他人的权利,抵制以牺牲社会幸福为代价去追求个人富足的诱惑。总之,是指公民们自愿地尊敬他们作为其中一员的‘城邦’。”[①]在城邦意识丧失之后,人们开始追求自由、放纵、享乐的生活,而这种生活是在牺牲公众利益的基础上才能得到满足。

信仰危机与社会变迁有着紧密的联系。在尼采看来:“历史的巨变已经摧毁了传统,那条不自觉而无疑维系着时代和谐和持久意义的纽带。”[②]当信仰危机出现的时候,现代社会中的人们试图用文化,特别是现代主义文化代替宗教信仰的作用。人们期望能够从文学、艺术中找到某种终极的意义和刺激。然而现代主义的各种流派只是一味地推陈出新,不断地寻求超越,类似宗教的神圣感早已荡然无存。长此下去,现代主义思潮就如同一只泼尽了水的空碗。“艺术,自然或冲动在酒神行为的狂醉中只能暂时地抹杀自我。狂醉终究要过去,接着便是凄冷的清晨,它随着黎明无情地降临大地。这种在劫难逃的焦虑必将导致人人处于末世的感觉——此乃贯穿着现代主义思想的一根黑线。”[③]

在贝尔看来,以前的人类社会对于灾难是有所准备的,即有着从经验中积累起来的稳定信仰。而现代社会中由现代性所引发的运动感和变化感成为人们判断自我感觉和经验的新形式,人们对世界的感知方式发生了翻天覆地的变化。这种变化的背后却在人的精神世界引起了一场更为深刻的危机,即对空虚的恐惧。贝尔认为:“人们可以发明一些方法,可以指定一些规划,可以设立一些机构。但是信仰却具有一种有机性质,它不可能通过行政

---

① [美]丹尼尔·贝尔:《资本主义文化矛盾》,赵一凡、蒲隆、任晓晋译,生活·读书·新知三联书店,1989年,第303页。

② 同上,第49页。

③ 同上,第97页。

命令的手段产生。一旦信仰破灭，它需要很长的时间才能重新生长起来(因为它的土壤是经验)，并重新发挥作用。”①

(二)世俗化(Secularizton)

根据词源的考察，我国学者汪维钧认为：“世俗化这一术语源自拉丁语‘saeculum’原意为一段漫长的时间跨度，又表示魔鬼撒旦统治下的此世。”②这一概念最早是由韦伯在《宗教社会学：宗教与世界》一书中所提出的，他写道：“在初民社会，如果没有事先征询过巫师的意见，有关共同体关系的新范式是不可能被接受的。一直到今日，在澳洲的某些地区，巫师从梦中所得到的启示仍然要提交氏族长会议，以供采用；此一措施的消失则象征着‘世俗化’的一个迹象。”③这段文字的含义是指，在巫术盛行的时期，巫术作为人类社会活动的中心。然而随着时代的发展，人们对巫术的关注降低了，“世俗化”便由此产生。美国社会学家、经典世俗化理论研究者彼得·贝格尔(Peter Berger)认为：“世俗化是在现代性背景下‘社会和文化的一些部分摆脱了宗教制度和宗教象征的控制’的过程。”④

在启蒙运动以前，宗教几乎是人类理解世界的唯一手段。宗教仪式也被视作联系共同情感的纽带，并以此来达到社会团结的目的。随着启蒙运动的开展，人类敢于运用自己的理性去思考，并逐渐建立起“理性主义”的王国，这就使得社会中留给宗教的空间变小了。在贝尔看来：“在现代社会的发展

① [美]丹尼尔·贝尔：《资本主义文化矛盾》，赵一凡、蒲隆、任晓晋译，生活·读书·新知三联书店，1989年，第302页。

② 汪维钧：《论现代化条件下的宗教世俗化问题》，《南京政治学院学报》，2004年第4期。

③ [德]马克斯·韦伯：《宗教社会学：宗教与世界》，康乐、简惠美译，广西师范大学出版社，2011年，第59页。

④ 郑莉、尹振宇：《巫术、理性化与世俗化——马克斯·韦伯宗教演化思想解析》，《学术交流》，2016年第1期。

和分化中——我们把这种进程叫作世俗化——社会的宗教世界缩小了；宗教越来越变成一种不是作为命运，而是作为一种理性的或者非理性的意志问题，或被摒弃的个人信仰。"[①]因此，世俗化是宗教影响力逐渐缩小的过程。"工作"作为世俗化进程中变化明显的例子，它在新教中叫作"天职观"。这种观念让资本主义在不断发展的过程中有了更多的优秀劳动者。如韦伯所言："人也不是说一生下来就想要赚很多的钱，他们只想按照自己的思想正常生活，只要能够满足生活所需就可以。"[②]由于圣徒的安息是在天堂，现世中的人为了确保自己的蒙恩，就必须依照上帝的指示，人们不可安逸享乐，唯有劳作才能增添上帝的荣耀。然而贝尔认为，现代人的工作观是："我们之所以工作，是因为我们被迫工作，或者我们感到工作本身已经变成日常琐事。"[③]由此可见，当世俗化思想广泛传播后，人类的意识开始发生改变。当宗教信仰开始衰微或失去原有效用的时候，预示人类社会已经进入了一个世俗化的时代。

伴随着宗教神学权威的衰败，现代主义文化开始兴起，并试图取代宗教信仰的作用。但是现代主义文化并不像宗教那样去驯服魔鬼而是接受它，并对其进行探索，甚至将其看作某种创作的源泉。"无神无圣"的观念成了现代文化的一个新的中心，过去严肃的文化讨论也变成了供人娱乐的生活方式，以致当今的世界几乎没有什么禁忌可供现代人逾越了。对此，韦伯对人类社会即将面临文化发展阶段发出感叹："在世俗化的世界里，专家没有灵魂，纵欲者没有心肝；这个废物幻想着它自己已经达到了前所未有的文明程度。"[④]

①③ [美]丹尼尔·贝尔：《资本主义文化矛盾》，赵一凡、蒲隆、任晓晋译，生活·读书·新知三联书店，1989年，第207页。

② [德]马克斯·韦伯：《新教伦理与资本主义精神》，彭强、黄晓京译，陕西师范大学出版社，2002年，第33页。

④ [德]马克斯·韦伯：《新教伦理与资本主义精神》，于晓、陈维纲等译，生活·读书·新知三联书店，1987年，第14页。

(三)膜拜教(Cults)

"膜拜教"是现代性背景下宗教信仰危机的替代品。如贝尔所言:"凡是宗教失败的地方,膜拜教(cults)就应运而生。"[①]贝尔对其的定义是:"膜拜教在许多重要方面不同于正规宗教。膜拜教往往去宣扬某些长期被淹没(或正统压制)、现在又豁然开朗的神秘知识。"[②]牛津高阶英汉双解词典对"cult"的定义是:"(1)(对生活方式、看法、观念等的)狂热、时尚、崇拜。(2)(有极端宗教信仰的)异教团体。(3)宗教信仰、宗教习俗。"[③]贝尔在《资本主义文化矛盾》中,使用的是"cults",即"cult"的复数形式。贝尔所说的"膜拜教"存在着多种形式。他分别谈到了"体验膜拜教"[④](Cult of experience)、"艺术膜拜教"[⑤](Cult of art)、"中产文化膜拜教"[⑥](Midcult)等。贝尔认为:"当神学遭到腐蚀、组织开始崩溃之时,当宗教的组织结构逐步解体时,人们便转而追求能使他们会的宗教感的直接经验,这就促进了膜拜教的兴起。"[⑦]人们为了获得那种类似宗教皈依式的感觉,进行了多重的努力。

首先是"体验膜拜教"。人们将体验视为"自我意识"产生的巨大源泉。自我意识作为现代性的标志,是一种身份认同的变化。过去的人们对于"你是谁" 这一身份问题的回答是,"我是我父亲的儿子"。现在的人们通常会说,"我就是我"。对现代人来说,人类认知的源泉不再是传统或宗教权威,而是体验,自我的体验便是检验真理的唯一标准。之后,他们便会寻求和他们有

①② Daniel Bell, *The Cultural Contradictions of Capitalism*, Basic Books, 1978, p.168.

③ [英]霍恩比:《牛津高阶英汉双解词典》(第七版),王玉章等译,商务印书馆,2009年,第486页。

④ Daniel Bell, *The Cultural Contradictions of Capitalism*, Basic Books, 1978, p.91.

⑤ Ibid., p.35.

⑥ Ibid., p.44.

⑦ [美]丹尼尔·贝尔:《资本主义文化矛盾》,赵一凡、蒲隆、任晓晋译,生活·读书·新知三联书店,1989年,第220页。

着共同体验的人,以便发现共同的意义。不过这种变化也是造成“认同危机”的源泉。

其次是“艺术膜拜教”。如贝尔所言:“我们如今的文化就担负起前所未有的使命,它变成了一种合法合理的、对新事物永无休止的探索活动。”[①]随着社会对于创新的强调,艺术家们自然地产生了一种应由艺术充当先锋的思想。圣西门是最早对先锋派做出定义的人,他认为:“人们缺乏灵魂的鼓舞,基督教本身已经智竭技穷,因而需要树立一种新的膜拜教。结果他在艺术膜拜教中发现了这种新式膜拜教。艺术家将会向社会揭示灿烂的未来,并以新文明的前景激励人们。”[②]一场“艺术膜拜”的热潮开始兴起,这场运动的核心是将艺术当作引路的先锋。艺术家们的身份地位也因此发生了变化。过去艺术家们的创作环境不仅艰难困苦而且还要遭受资产阶级的嘲讽。现在他们终于在“独立者沙龙”里争得了自由展出的权利。“先锋派艺术家把弃绝和自由视为一物,并借助他们同观众的紧张关系来申扬自己的作品。这种著名的成名格式被后人看作现代艺术诞生的先决条件。”[③]

最后是“中产文化膜拜教”变成了势利鬼和时髦者的游戏,并将艺术甚至文化变成可以自由买卖的商品。社会批评家汉娜·阿伦特(Hannah·Arendt)认为:“中产阶级社会——此处指志趣相投的受教育群体——长期视文化为商品,并从它的交换中获得了一种势利的价值观。”[④]贝尔借用了麦克唐纳德的话对中产膜拜教进行了批评,他认为中产膜拜教的特征就是“假装尊敬高雅文化的标准,而实际上却努力使其溶解并庸俗化”[⑤]。

多种膜拜教的形式似乎成了人们宗教信仰的替代品,但是这些新式的

---

① [美]丹尼尔·贝尔:《资本主义文化矛盾》,赵一凡、蒲隆、任晓晋译,生活·读书·新知三联书店,1989年,第79页。

② 同上,第80页。

③ 同上,第84页。

④⑤ 同上,第91页。

膜拜教隔离了个人信仰与日积月累的历史传统间的联系。因为现代性所追求的是一种“没有父亲的社会”，它为自己规定了一种永远超越的命运——超越传统、超越文化、超越悲剧。这在贝尔看来，“如果与没有经历过同类变迁的别人——父亲——的某种联系，那种经验和信仰能有意义吗？如果一种信仰没有记忆，它能简单而又天真地再造自己吗？”①如此又回到了本节的核心，即现代性的基本问题是信仰问题。

第四节　理论特征

“现代性”作为一个复杂的概念，它涵盖了哲学、社会学、政治学、经济学、美学等诸领域，可谓是一个包容性极强的范畴，同时它也是一个充满纷争的概念。贝尔站在文化保守主义的立场，对现代性问题的思考，有如下理论特征：

一、反省“现代人的傲慢”

贝尔认为：“现代人最深刻的本质，它那为现代思辨所揭示的灵魂深处的奥秘，是那种超越自身，无限发展的精神。在千年盛世说的背后，隐藏着自我无限精神的狂妄自大。因此，现代人的傲慢就表现在拒不承认有限性，坚持的扩张。”②第一位现代人浮士德正是贝尔对现代人本质描述的真实写照。在这部成书于1832年的诗剧中，歌德用极其细致的笔触描绘了在浮士德身

① ［美］丹尼尔·贝尔：《资本主义文化矛盾》，赵一凡、蒲隆、任晓晋译，生活·读书·新知三联书店，1989年，第221页。

② 同上，第96页。

上所体现出来的“现代精神”:具有极强的自我意识和自我扩张的精神;永不知足,企图获得如神一般的绝对知识;自强不息,但却由于没有记忆,而与过去无所关联,只能向往着遥远的未来。最终,浮士德由于深陷这些特质,而成为自身的掘墓人。

贝尔在《资本主义文化矛盾》一书中认为,浮士德所体现出来的现代人深刻本质,可以从充斥于现代社会中的“自我认同及认同危机”的问题角度进行理解。围绕这一点,贝尔认为,对“我是谁”问题的回答,一方面能恰如其分地表现出现代人精神本质的某些特征,另一方面也能反映出现代人所经历的某种历史性特征。具体而言,现代人在被问及“你是谁”这个典型的身份问题时,通常会回答:我是就是我,独一无二的存在。这体现出现代人类身上所特有的现代性标记,即对自我的追求;而从另一方面则体现出了现代人对某种历史性因素的“遗忘”或“摒弃”,因为现代人不再推崇宗教传统、权威和天启神谕,而是把自我的经验视作认识的源泉。个人的自我意识成了与他人相区别的方式。

贝尔总结道,倘若现代人将自己所具有的经验当作验证真理的准则,那么经验所具有的某种倾向性会促使他去寻找一些与他有着共同经验的现代人,以便寻找某种归属感。“在这种情况下,一代又一代人崛起,代序感便成了现代身份的焦点。”[①]贝尔认为,通过寻求共同经验而建构起来的现代人之自我认同,具有一定的积极作用,然而若将历史性因素考虑在内,却会造成一种“自我身份”的确认危机。从社会学的角度来说,现实是“别人”做出的一种确认。当具有确认权威的“别人”在需要被确认的人眼中失去意义时,现实就会崩溃。原来依据家庭和阶级确认人的身份和地位的做法,一旦由代序列

① [美]丹尼尔·贝尔:《资本主义文化矛盾》,赵一凡、蒲隆、任晓晋译,生活·读书·新知三联书店,1989年,第138页。

所取代,便会造成一种身份判断的紧张局面。因此,过度地强调以自我为中心的认同方式势必出现身份判定的危机。

现代性导致了现代文化的"狭隘化"。贝尔认为:"现代主义文化是一种典型唯我独尊的文化,其中心就是'我',它的界限由身份来确定。"[①]在他划分的三领域中,文化领域的轴心原则是以自我实现或自我满足作为指导原则。现代文化对于自我中心主义的关注,使现代艺术家摆脱了过去教会、皇权等世俗权力机构加之于身上的限制和束缚,对于"自由"的渴望,对于表达真实自我的诉求为现代艺术家转向"运用自己想法进行艺术创作"的路径提供了一个良好的契机。与此同时,得益于现代科学技术的迅猛发展,宗教信仰在现代社会所施展能力的范围则相应地收窄。对于现代人而言,在某种程度上现代文化艺术"取代"了"上帝"成为现代人新的信仰源泉所在。

在这种社会变革中,部分艺术家一方面对宗教信仰持有某种否定的姿态,另一方面则对科学技术采取一种矛盾的心理。因此,部分艺术家主张,在宗教信仰失去其从前的影响力之后,艺术应该以某种新的姿态出现在现代人面前,引领精神领域的新发展。艺术先锋派正是在这社会背景中出现了。先锋派有着十分漫长的发展史,据马泰·卡林内斯库在《现代性的五副面孔》一书中的考证,"先锋派"一词的使用可以最早追溯到中世纪,作为一个战争术语而使用,随后至少在文艺复兴时期,该词就已经发展出一种"隐含之义",而这种隐含之义一直到19世纪之前都没有得到某种一致性的使用。在艺术领域中情况也是如此,尽管艺术先锋派的艺术家有很多,如波德莱尔等人,但是总体思想确是极为相似的,即通过用某种新颖的艺术创作形式,推翻所有束缚艺术家的传统艺术形式,从而达到去享受探索前人所从未涉足过的全新领域时而出现的振奋之情。

---

① [美]丹尼尔·贝尔:《资本主义文化矛盾》,赵一凡、蒲隆、任晓晋译,生活·读书·新知三联书店,1989年,第182页。

艺术先锋派并不足以表达现代文化的“狭隘化”倾向，因此贝尔企图通过对现代性的再度定义，描述现代文化的以上特征。此时，现代性对于贝尔而言是一种新事物的传统。现代性用迅速接受的办法，使任何的先锋派都不可能出现。此外，现代性按照其追求同步、轰动、冲击效果的特征来组织社会和审美反映，进而造成一种距离的销蚀。审美距离的销蚀便于人们与现代文化间产生一种共鸣。但是这些方式在崇敬传统和权威的文化保守主义者贝尔来看，过于强调“自我表现”，并通过试图抹杀艺术与现实之间的距离的现代性做法，使得现代文艺贬值。他认为真正富有意义的文化是在反复遭遇人生基本问题的过程中，经过权威的认定形成文化，这样的文化才具有超越现实的意义。

二、反省“工具主义”

贝尔在《资本主义文化矛盾》一书中，将资本主义社会划分为技术-经济领域、政治领域和文化领域，并认为这三个领域彼此之间充斥着各种错综复杂的张力和断裂。资本主义作为一个社会经济系统，“它同建立在成本核算基础上的商品生产挂钩，依靠资本的持续积累来扩大再投资”①。在贝尔看来，经济学历来受到工具论的支配，后来成了满足个人多变需求的“实用科学”或“手段科学”，仅用来指导个人处理利益纷争与资产的合理分配。“经济政策作为一种手段可以十分有效，不过只有在塑造它的文化价值系统内它才相对合理。”②在这一点上，如贝尔言说，他在经济领域中是社会主义者：“我自称社会主义者，还因为我反对把财富转换成与之无关领域内的过分特

① ［美］丹尼尔·贝尔：《资本主义文化矛盾》，赵一凡、蒲隆、任晓晋译，生活·读书·新知三联书店，1989年，第25页。

② 同上，第21页。

权。我称这是不公现象,比如在人人都有权看病的医疗机构里,财产却能换来超常的特殊治疗。”[①]这反映出贝尔反对将财富或者经济政策作为影响人类生活的工具。因为在他理解的社会主义中,集体价值超过个人价值,集体价值才是经济政策合法的依据。“社会资源应该优先用来建立‘社会最低限度’,以便使每个人都能过上自尊的生活,成为群体的一分子。”[②]因此,从经济–技术领域来看,贝尔已经觉察出资本主义社会中的矛盾,经济领域强调的是“工具理性”,即对于效益与功利的追求,政治领域强调的是“合法性”,即对于公正与平等的追求,这两者之间存在着不可逆转的矛盾。贝尔认为,在经济领域中人被当作物或是谋求利益的工具,在政治领域中人享有平等的权利。由此,经济与政治之间虽然关系密切却又时刻处于对立状态中,这即是资本主义社会矛盾的核心所在。

贝尔以上述思考为整体背景,以技术–经济领域为视角,集中分析了其运行原则和随之带来的影响。作为谋求利润工具的现代人,在贝尔看来,将效益原则作为轴心原则。在资本主义早期,工业化社会都是建立在有效经营的基础上。企业为了获得效益,将工作按照成本细分成最小的单位,企业内部并严格按照科层制运行。在这样的体系中,按照贝尔的说法,“个人也必然被当作物,而不是当作人来对待,成了最大限度。一句话,个人已经消失在他的功能之中”[③]。现代社会逐渐变成了一个非人格化的社会。这与韦伯关于社会与个体之间关系的看法不谋而合。韦伯认为,社会的趋势就是日益官僚化。较高的功能专门化使得人们日益脱离对自身所参与的事业的控制。“人成了这台官

① [美]丹尼尔·贝尔:《资本主义文化矛盾》,赵一凡、蒲隆、任晓晋译,生活·读书·新知三联书店,1989年,第23页。

② 同上,第21页。

③ 同上,第26页。

僚机器隆隆运转程序的附属品。”[①]按照马克思观点来说，这是人的异化。因此可以说，技术–经济领域的发展对于现代人而言所产生的必然结果是工具化，其具体表现即是人与角色的断裂，即作为人本身所可能具有的各种可能性被泯灭，而越发集中在了“作为工具的现代人”这一功能属性上。

在技术–经济的社会中，一切都变成了可进行自由买卖的商品，商品利润似乎成为现代人关注的焦点。在此基础上，资本主义社会演变成了一个以趣味为导向的大众消费社会。以20世纪50年代美国社会中的文化现象为例，资本主义市场为文化与社会提供了流通的场所，由此催生了一种与中产阶级趣味相呼应的中产阶级文化。文化、艺术作品不再成为被严肃讨论的文化现象，它们变成了供人消费与享乐的生活方式。就连文化评论也成了势力者的游戏。贝尔认为，“在严肃的评论家看来，真正的敌人，即最坏的赝品，不是汪洋大海般的低劣艺术垃圾，而是中产趣味文化”[②]。他借用麦克唐纳德的话：“大众文化的花招很简单，就是尽一切办法让大伙高兴。”[③]作为文化精英和对权威与传统的崇尚者的贝尔，批判了将艺术作为商品以供大众享乐的社会现象，并将之视为对文化价值的贬低。

三、反省“双重冲动力”

在贝尔看来，资本主义在发展与演变的过程中，在经济、文化、政治三大领域间形成了根本性的对立关系。他通过探究马克斯·韦伯和韦尔那·桑巴特(Werner Sombart)的经典作品，在资本主义社会起源问题上进行了透彻分析、细致的思考与探索，总结提炼出了能概括资本主义精神的“双重冲动力”

---

① [美]丹尼尔·贝尔：《资本主义文化矛盾》，赵一凡、蒲隆、任晓晋译，生活·读书·新知三联书店，1989年，第140页。

②③ 同上，第91页。

学说,即"经济冲动力"和"文化冲动力"。具体而言,贝尔将桑巴特在《现代资本主义》一书中关于资本主义起源的动力浓缩为"贪婪摄取性"(acquisitive),它是最能体现出早期资本主义发展的诉求,即一种追逐利益最大化的价值取向;而对《新教伦理与资本主义精神》一书的总结,贝尔提炼出了"禁欲苦行主义"(asceticism)一词,用以表示早期资本家本着精打细算的经营理念,兢兢业业、合理合法地获取工作所得的生活态度。在《资本主义文化矛盾》一书中,贝尔分别用"宗教冲动力"和"经济冲动力"概括桑巴特和韦伯在资本主义发展动力问题上的基本主张。贝尔认为,早期资本主义发展阶段,这两种冲动力有机结合,相互制约。后来,在资本主义发展的鼎盛时期,原本有着相同追求的这两股冲动力开始变得互相敌视。原因在于,它们有着不同的社会分工,这使它们在各自的领域内无限扩张,以致到最后威胁对方的存在。作为这两股力量的代表,资本家在经济上积极进取,最后变得贪得无厌,与此同时,他们开始反对与功能理性背道而驰的艺术灵感;艺术家则一再地把"人"字大写,以致把人推崇到如神一般的位置,同时,他们对功利、金钱、制度化表现出极度厌恶。自此,这两股冲动力由相互制约变为了相互对立,由这两者结合产生的资本主义精神出现断裂。在这种精神的指导下,资本家和资本主义如同脱缰的野马,集中精力发展经济,不顾一切地追求利润最大化。

经济与科学技术的迅猛发展,迫使"宗教冲动力"逐渐退出了"历史舞台";与此相反,资本主义精神另一端的"经济冲动力",在逐渐脱困于"宗教冲动力"的束缚之后,获得了巨大的发展,与之相伴而生的即是各种各样的现代主义文化。在信仰缺失的时期,人们试图用文化去解读人生的意义,用它来代替宗教信仰的作用。然而事实证明,科技的发展、经济的进步并没有使人成为超人,资本主义并没有解决人的异化问题。所以贝尔认为新产生的思想本身就充满了空幻,旧的信仰又不复存在。为了解决人们的精神信仰问题,整个社会有必要向某种新宗教回归。他为此提出了著名的"公众家庭"理论。在他预想的这个社会中,在经济上,保证每位公民的社会最低限度配给;在文化上,推崇权威原则和保护文化传统的价值和意义;在政治上,力求平等地对待每一个人。贝尔希望通过这种新的文化模式维持社会统一。

第五节　简要评价

现代性是我们这个时代探究的重点问题之一,不同学科、不同领域的学者分别从不同的角度对现代性加以研究。现代性对自由、理性的追求,使得人类社会的发展取得巨大进步。但是它也造成了自然与人类的对立,发展经济与保护环境的对立,信仰成了现代社会的普遍问题。贝尔对现代性问题的分析,并对其加以简要评价。

现代性是最近十多年才开始在中国使用的概念,特别是近几年,国内掀起了现代性讨论的热潮。诸多学者认为现代性起源于西方,是在启蒙运动的背景下而发展起来的一种理论思潮。贝尔对现代性的分析,值得研究。

首先,贝尔多角度、多层次地对现代性做了论述。从社会结构方面来看,他通过洞察当代西方资本主义社会的发展历程,结合马克思和韦伯等人的理论思想,提出了著名的"三领域断裂""轴心原则"等理论。他认为社会是由多种单一的决定性原则复合而成,这样便于更加清楚地分析各领域内情况。从文化方面来看,贝尔将现代性定义为"新事物的传统",允许艺术的自由发展,破除一切限制,去探索各种各样的经验和感知方式。现代文化与注重文化连续性的旧文化相比,更加注重多变性和兼容性。"一百余年前,英美谈吐高雅的世界谈论的不外乎是古典作家、拉丁诗人,希腊和文艺复兴时期的艺术，法国哲学还有一些德国文学，大多数是通过卡莱尔的翻译介绍过来的。”[①]现在，现代性打破了世界的界限，促进了文化经验的多样性。现代艺术走向了国际化道路，各国文化相互交流，文化自身的范畴也随之扩大。

其次，贝尔对现代性的批判，展现出他对享乐主义的深刻见解。现代西方社会享乐主义的产生和传播具有明显的现代性特质。它是以大众文化为背景，以科技的进步和财富的持续积累为前提。在一些广告媒体的引诱下，人们开始崇尚提前消费，追求物质感官享受，倡导及时行乐。在享乐主义浪潮的冲击下，社会道德规范受到了严重的破坏。贝尔对于享乐主义的危害做出了以下总结：①多个文明古国兴衰的规律充分证明了，毫无节制的享乐主义是其走向衰败的前兆。②现代西方社会盛行的享乐主义风气侵蚀了传统优秀的价值观，造成了文化传承纽带的断裂。③享乐主义使人们失掉了良好品德和刚毅精神。总之，“享乐主义缺乏意志和刚毅精神。更重要的是，大家争相奢侈，失掉了与他人同甘共苦和自我牺牲的能力”[②]。贝尔对于享乐主义危害的认识，使我们对内化于享乐主义之中的现代性有了更清晰的认识。

最后，贝尔认为文化领域的轴心原则是自我实现原则。“自我成为文化评价的试金石，并把自我感受作为衡量经验的美学尺度。”[③]现代性曾促成了西方文化史上最大一次创作高峰。先锋派艺术家创作出一件件具有个人意识的作品。纽约画派的作品也逐渐被人们所接受。诸如迈克逊·波罗克（Jackson Pollock）、威廉·德库宁（Willem de Kooning）等画家在绘画时丢开画架，把颜料当作艺术的主体，把自身放入画中。这些令人费解的艺术形式，连专业评论家也很难说出其中的真谛。如贝尔所言：“文化已经取得了一张空

① ［美］丹尼尔·贝尔：《资本主义文化矛盾》，赵一凡、蒲隆、任晓晋译，生活·读书·新知三联书店，1989年，第149页。

② 同上，第131页。

③ 同上，第83页。

白支票，它在引导社会变革方面至高无上的地位亦获得了肯定的承认。”[①]这种以自我为原则的创新形式对我国文学艺术的发展具有一定的借鉴意义。

贝尔分别从社会、经济、文化、生态等诸多方面，对现代性所带来的影响进行了考察，其中也存在一些局限。具体体现在以下方面：

首先，贝尔有关社会“领域的断裂”这一论断略显绝对、争议较大。他认为现代资本主义社会存在的一个关键问题，就是文化、经济、政治三领域之间充满矛盾甚至已然断裂；而且三个领域分别有不同的“轴心原则”，并按各自的原则、节律运转，还会发生逆向摩擦。但是在塔尔科特·帕森斯（Talcott Parsons）等社会学家看来，社会作为一个庞大的有机系统，其中的各个领域是联系紧密、相互影响的，这与贝尔的观点正好相反。贝尔将新教伦理占主导地位的早期资本主义社会认定为三领域和谐统一、不存在或存在较少矛盾的社会状态，存在忽略当时的社会矛盾、有意“美化”之嫌，从而可以为其论点提供历史经验上的支持，但实际上却难以真正让人认同。因此，有较多学者对贝尔的这一论断存在质疑。

其次，贝尔有关文化现代性的论述，体现出其文化精英主义的立场。在文化、经济、政治三领域中，贝尔在文化方面的态度最为保守，这明显体现在其关于文化现代性的论述中。他虽然认为，由艺术家等专业文化人士掀起的“先锋派”运动过于激进前卫，但多少抱有些好感，认为其促进了现代艺术的发展，产生了很多有价值的创作；但他对由普通民众参与的“大众文化”充满了鄙夷和批评，认为其没有达到应有的艺术水准，只是商业化、标准化、娱乐化的通俗文化商品而已，是消费主义社会的产物。随着资本主义社会的发展和教育的普及，普通大众的文化水平逐渐提高，自然会有越来越多、越来越高的文化方面的需要，虽然他们的水平和品位无法和专业文化人士相比，但

① ［美］丹尼尔·贝尔：《资本主义文化矛盾》，赵一凡、蒲隆、任晓晋译，生活·读书·新知三联书店，1989年，第81页。

这里也体现了社会的进步，是社会整体文明水平提高过程中的必经之路。因此，作为文化精英的贝尔，对待“大众文化”应该更宽容一些。

最后，为了解决现代性的信仰问题，贝尔提出西方社会将重新向某种宗教观念回归的方案有一定的局限性。因为他认为伴随现代性而来的各种新意识本身充满了空幻，可旧的信念又不复存在了，人的精神世界只剩下一片虚无，因此就产生了信仰危机、精神危机，这也就引出了贝尔要复兴宗教的结论。但是如他所言：“宗教是不能制造的。人为制造的宗教更加糟糕，它虚伪浮夸，极易被下一轮时尚冲散消灭。”[①]既然宗教不能人为地制造，那么向某种宗教观念回归的方案又如何实现呢？这体现出贝尔对如何解决现代性信仰问题的矛盾与无奈。

人类社会的进步与发展离不开现代性的推动作用。现代性继承启蒙运动的精神让人类从宗教的桎梏中解脱出来，开始理性的思维，并且追逐自由、民主、科学及博爱的精神。人们通过宗教改革开启世俗生活，重新认识自己，追求自由的意识日渐觉醒，并且已经逐渐成为社会进步与发展的主导力量。虽然从传统社会向现代社会的过渡中，现代性促进了社会经济的发展和科技的进步，但是人们对现代性的追求，也得到了相应的反噬效果。经济和科技发展所取得的成就深刻地改变了人们的生活方式，工业污染危害着人们的身体健康，化工污染侵蚀着土地，氟利昂成为破坏大气层的元凶，原子弹更是成为人类头上的“达摩克利斯剑”。

总之，人们的生活仍离不开现代性这一范畴。现时代所面对的种种问题都以某种方式与现代性问题纠缠在一起。尽管现代性意味着与传统的断裂，意味着对信仰的怀疑与否定，但是现代性参与了传统社会向现代社会过渡的各个历史时期，它所带来的积极作用和消极影响是不容忽视的。现代性作

---

① ［美］丹尼尔·贝尔：《资本主义文化矛盾》，赵一凡、蒲隆、任晓晋译，生活·读书·新知三联书店，1989年，第39页。

为人类社会中的一个范畴,我们应对其给予辩证的思考,取其精华,去其糟粕,让现代性真正成为有利于人类发展的理念。

参考文献

一、中文文献

1.[英]安东尼·吉登斯:《现代性的后果》,田禾译,译林出版社,2000年。

2.[英]安东尼·吉登斯:《现代性与自我认同》,赵旭东等译,生活·读书·新知三联书店,1998年。

3.[加]查尔斯·泰勒:《现代性之隐忧》,程炼译,中央编译出版社,2001年。

4.车铭洲、王元明:《现代西方的时代精神》,中国青年出版社,1988年。

5.陈嘉明:《现代性与后现代性十五讲》,北京大学出版社,2006年。

6.[美]大卫·雷·格里芬:《后现代精神》,王成兵译,中央编译出版社,1998年。

7.[美]丹尼尔·贝尔:《后工业社会的来临》,高铦等译,新华出版社,1997年。

8.[美]丹尼尔·贝尔:《意识形态的终结》,张国清译,中国社会科学出版社,2013年。

9.[美]丹尼尔·贝尔:《资本主义文化矛盾》,赵一凡、蒲隆、任晓晋译,生活·读书·新知三联书店,1989年。

10.李国山、王建军、贾江鸿、郑辟瑞编著:《欧美哲学通史》(精编本),南开大学出版社,2008年。

11.[德]马克斯·韦伯:《经济与社会》,阎克文译,上海人民出版社,2010年。

12.[德]马克斯·韦伯:《新教伦理与资本主义精神》,于晓等译,生活·读书·新知三联书店,1987年。

13.[美]马泰·卡林内斯库:《现代性的五副面孔》,顾爱斌、李瑞华译,商务印书馆,2002年。

14.[美]马歇尔·伯曼:《一切坚固的东西都烟消云散了:现代性体验》,徐大建、张辑译,商务印书馆,2013年。

15.[英]齐格蒙特·鲍曼:《流动的现代性》,欧阳景根译,上海三联书店,2002年。

16.佟立:《当代西方生态哲学思潮》,天津人民出版社,2017年。

17.佟立:《全球化与后现代主义思潮研究》,天津人民出版社,2012年。

18.佟立:《西方后现代主义哲学思潮研究》,天津人民出版社,2003年。

19.涂纪亮:《美国哲学史》,武汉大学出版社,2007年。

20.汪民安、陈永国、张云鹏:《现代性基本读本》(下册),河南大学出版社,2005年。

21.王小章:《丹尼尔·贝尔:介入的观念》,浙江大学出版社,2000年。

22.[德]维尔纳·桑巴特:《奢侈与资本主义》,王燕平、侯小河译,上海人民出版社,2000年。

23.[德]尤尔根·哈贝马斯:《现代性的哲学话语》,曹卫东等译,译林出版社,2011年。

24.周宪:《文化现代性精粹读本》,中国人民大学出版社,2006年。

25.周宪:《现代性的张力》,首都师范大学出版社,2001年。

二、外文文献

1.Anderson Joel, *The Morals of Modernity*, Cambridge University Press, 1996.

2.Anthony Giddens, *Modernity and Self Identity*, Polity Press, 1991.

3.Anthony Giddens, *The Consequences of Modernity*, Polity Press, 1990.

4.Daniel Bell, *The Coming of Post-industrial Society*, Basic Books, 1973.

5.Daniel Bell, *The Cultural Contradictions of Capitalism*, Basic Books, 1978.

6.Daniel Belll, *The End of Ideology*, Harvard University Press, 1960.

7.Ihab Hassan, *The Postmodern Turn: Essays in Postmodern Theory and Culture*, The Ohio State University Press, 1987.

8.J.Habermas, Translated, by Frederick Lawrence, *The Philosophical Discourse of Modernity*, Polity Press, 1987.

9.J.Habermas, Translated by Thomas M., *The Theory of Communicative Action*, Beacon Press, 1987.

10.Matei Călinescu, *Five Faces of Modernity*, Duke University Press, 1987.

11.Max Weber, Translated by Talcott Parsons, *The Protestant Ethic and The Spirit of Capitalism*, Routledge, 1930.

12.Waters Malcolm, *Daniel Bell*, Routledge, 1996.

第五章　贝尔与资本主义

Capitalism is a socioeconomic system geared to the production of commodities by a rational calculus of cost and price, and to the consistent accumulation of capital for the purposes of reinvestment. But this singular new mode of operation was fused with a distinctive culture and character structure. In culture, this was the idea of self-realization, the release of the individual from traditional restraints and ascriptive ties (family and birth) so that he could "make" of himself what he willed. In character structure, this was the norm of self-control and delayed gratification, of purposeful behavior in the pursuit of well-defined goals. It is the interrelationship of this economic system, culture, and character structure which comprised bourgeois civilization. It is the unraveling of this unity and its consequences, which are the threads of this book.

——Daniel Bell

资本主义是这样一个社会经济系统:它同建立在成本核算基础上的商品生产挂钩,依靠资本的持续积累来扩大再投资。然而这种独特的新式运转模式牵涉着一套独特文化和一种品格构造。在文化上，它的特征是自我实现，即把个人从传统束缚和归属纽带

(家庭或血统)中解脱出来,以便他按照主观意愿"造就"自我。在品格构造上,它确立了自我控制规范和延期报偿原则,培养出为追求既定目的所需的严肃意向行为方式。正是这种经济系统与文化、品格构造的交融关系组成了资产阶级文明。而分解这一结合体及其内在意义,正是贯穿本书的主题线索。[①]

——丹尼尔·贝尔

① Daniel Bell, *The Cultural Contradictions of Capitalism*, Basic Books, Inc., Publishers, 1996, p.XVI.

自20世纪60年代以来，贝尔先后出版了《意识形态的终结》（*The End of Ideology*）、《后工业社会的来临》（*The Coming of Post-Industrial Society*）和《资本主义文化矛盾》（*The Cultural Contradictions of Capitalism*）这三部具有广泛影响力的著作，贝尔也因此成为当代西方社会科学界著名的思想理论家之一。在探究资本主义文化矛盾的道路上，贝尔提出了"公众家庭"（public household）的主张，并且强调了"社群主义"（communitarianism）的重要性。贝尔积极投身于一些与未来发展方向和社会预测有关的学术活动之中，他将人类社会分为了三个不同的阶段并加以阐释，并对"后工业社会"理论进行了独到的阐述，该理论带领人们走向新的社会形态，预示着人们对未来社会的全新探索。

此外，贝尔对于文化领域的剖析引起了西方哲学界的关注，国内外学者对贝尔的著作和他所创立的独具特色的思想理论展开了激烈的研究和讨论。贝尔的思想理论具有积极的建设性意义，其社会学理论所体现出的"人文精神"（humanism），值得后世学习。贝尔对"传统文化"（traditional culture）和"文化传媒"（cultural media）的分析和研究，使文化逐渐融入人们的日常生活之中，成为社会发展和人类生活必不可少的组成部分。以《资本主义文化矛盾》一书为研究主体，本章在详细梳理贝尔思想理论的基础上，从中选取九个与资本主义相关的核心术语，深入探讨并研究这些核心术语的产生背景、具体内涵、理论特征、社会启示及深远影响，对准确把握贝尔思想理论具有重要价值。

第一节　研究现状综述

贝尔以其三大颇具影响的观念——意识形态的终结（the end of ideology)、后工业社会(the post-industrial society)和资本主义文化矛盾(the cultural contradictions of capitalism),以及其先后出版的多部相关著作,博得了西方哲学界的普遍关注。贝尔之所以在西方学界影响至深,是因为他准确地把握和刻画了符合时代背景的文化及哲学观念,以及体现在这些观念论述中的人文精神。国内外学者对贝尔的著作和他所创立的独具特色的文化理论展开了激烈的研究和讨论。贝尔的核心术语对研究资本主义具有重要的理论价值,在国内外哲学界产生了广泛的影响。

依据外文数据库检索,关于贝尔的著作和理论的研究成果十分丰硕。在外文数据库中输入“Daniel Bell”和“capitalism”,可以检索出关于贝尔的学术成果共有157641篇。包括146057部书籍,6803篇学术期刊,1182篇学位论文,刊登贝尔著作或理论的各类报纸杂志共计2606篇,以及444篇公司新闻。上述研究成果发表的时间是1980年至2021年,其中,2011年至2021年,成果显著,共计90025篇(上述数据截至2021年10月26日)。这些研究成果说明国外学者重视对贝尔思想理论的研究,也反映了贝尔在西方哲学界的重要影响。迄今为止,国外学者发表了大量关于贝尔著作或思想的书评及各类文章,这些相关论文从内容和特点上大致分为以下几类。

首先是通过研究“意识形态的终结”来阐述贝尔的哲学理论。关于“意识形态的终结”的提出,根据贝尔考察,“在战后的论战中,第一个使用‘意识形态的终结’一词的是法国著名的哲学家阿尔伯特·加缪(Albert Camus)。他在1946年写道:‘在历史上,通过其最后所索取的代价,那些意识形态走向了自我毁灭’”①。法国自由主义的重要代表之一,雷蒙·阿隆(Raymond Aron)在他的《知识分子的鸦片》(*L'Opium des Intellectuels*)一书中真正提出“意识形态的终结”,他认为:“通过两种不同的途径(自发的或者是借助警察),这两大

① [美]丹尼尔·贝尔:《意识形态的终结》,张国清等译,江苏人民出版社,2001年,第472页。

社会已经消除了意识形态争论的条件，将劳动者整合到一起，并迫使人们一致遵守国家的各项原则。”[①]

其次，如果说“意识形态的终结”是第一个与贝尔紧密相连的观念，那么“后工业社会”就是第二个与其相关的观念，并且该观念引起了学术界广泛的反响。贝尔在《后工业社会的来临》中预测：“美国已经成为一个白领社会(white-collar society)。”[②]对此，赖特·米尔斯(Charles Wright Mills)认为：“正是在这个白领世界里，我们才能找到20世纪生活的主要特征。”[③]

最后是通过举例论证来突出贝尔思想理论的重要性。美国加州大学洛杉矶分校的历史系教授、历史学家罗素·雅各比(Russell Jacoby)在其著作《最后的知识分子：学院化时代的美国文化》(*The Last Intellectuals: American Culture in the Age of Academy*)中指出：“第二次世界大战以后，随着高等教育大众化时代的来临，美国的知识分子传统发生了重大的改变，那种关注公共领域、具有批判精神的思想家型知识分子的传统逐渐趋于消失，取而代之的是高科技精英、专业顾问、教授等专家型知识分子，他们或许相当出色，甚至是出类拔萃。”[④] 雅各比教授认为，贝尔以其自身的学术经历对此改变做出了回答。最初，贝尔的职业是新闻记者兼自由撰稿人。在新闻界工作的二十年间，贝尔已经积累了一定的学术声望，在很大程度上，这也为其今后的哲学生涯奠定了基础。

综上所述，国外对贝尔的哲学理论研究的学者比较多，我们应该继承和发扬上述学者严谨的治学态度，对于贝尔的哲学理论进行进一步的研究和

---

① [法]雷蒙·阿隆：《知识分子的鸦片》，吕一民、顾杭译，译林出版社，2005年，第319页。

② [美]丹尼尔·贝尔：《后工业社会的来临》，高铦等译，北京新华出版社，1997年，第145~146页。

③ 孙群郎：《西方发达国家后工业社会的形成及其成因》，《社会科学战线》，2003年第6期。

④ Russell Jacoby, *The Last Intellectuals: American Culture in the Age of Academy*, Basic Books, 1988, p.X.

探索。

国内学者对于贝尔的哲学理论的研究，也发表了一些学术成果，探索其资本主义的哲学观念，其中具有代表性的研究成果如下。

浙江大学人文学院王小章教授于2000年4月出版了《丹尼尔·贝尔：介入的观念》一书，该书以贝尔的三个主要观念，即“意识形态的终结”“后工业社会”和“资本主义文化矛盾”为中心，介绍了贝尔的主要思想，并对贝尔及其主要理论思想、学术活动和学术影响做出了相应的述评。该书采用了高度情境化的解读方式，力图从经典文本及其具体社会背景和脉络中入手，进行深入细致的研究。此外，该书客观评价了贝尔思想的如下方面：首先是他的研究方法论，进行一系列历史考察的独特方式；其次，贝尔能够把握后现代和资本主义文化的思想，以及社会变迁的方向和性质；最后，在其著作中，体现了他明确的价值观念和人文精神。

中国社会科学院外文所《外国文学评论》(*Foreign Literature Review*)编辑严蓓雯，在2010年1月翻译并出版了贝尔的《资本主义文化矛盾》一书。该书提到，贝尔的出发点是德国社会学家马克斯·韦伯的新教伦理与资本主义精神(Die Protestantische Ethik und der Geist des Kapitalismus)。贝尔在书中将社会分为三个部分，分别是政治、经济和文化，并指出这三个部分以不同的原则运作并且彼此之间相互影响。此外，高铦等人于1997年8月翻译并出版了贝尔的《后工业社会的来临》一书，开启了一种看待人类社会的全新视角。贝尔以其独到的见解，从社会结构、政体和文化这三个方面分析了后工业社会的特征。以“知识”为主要特征的后工业社会，大多数劳动者开始从事服务业，如贸易、金融、运输、娱乐、研究、教育和管理等工作。

上海社会科学院社会学研究所的学者傅铿，在其论文《丹尼尔·贝尔的文化理论》中，用“图划人”(homo pictor)的观点解释了贝尔的文化观理论，并且指出文化具有表意象征这一重要特征。作者认为：“人是一种创造象征的动物，而不仅仅是制造工具的动物。人的独特能力在于，他能够预先想象到今后在现实中加以对象化或者构造的东西，而这种能力的获得来源于他创造了一系列的象征符号（文字、数字及所有有意义的物质文化）。"[①]

谈及贝尔的著作部分，我国学者谢林霞在其论文《论丹尼尔·贝尔的文化思想》中对贝尔不同时期的不同著作进行探究，她先后分析了《意识形态的终结》《后工业社会的来临》《资本主义文化矛盾》等多部著作，并对其文化思想的借鉴和反思进行了简要的说明。苏州大学李咏梅在其毕业论文《资本主义文化矛盾批判》中以文化哲学为研究导向，对贝尔的《资本主义文化矛盾》一书进行了深入的解读，并提出该书对当代中国文化建设的启示。我国学者石磊在其毕业论文《丹尼尔·贝尔后工业社会理论评析——基于唯物史观的视角》一文中以文化视角和科技发展作为其主要的研究领域，对贝尔的后工业社会理论进行了深入的解析。

上述的研究为后人进一步深入探讨贝尔的思想提供了理论指导。其思想理论深邃而透彻，给生活在当代社会中的我们以新的启示。自 20 世纪 80 年代开始，贝尔的理论引起了我国众多学者的关注。学者们从不同的角度出发，从翻译原著到理论阐释，广泛而深入地研究了贝尔的哲学思想。作为资本主义理论的杰出代表，贝尔在美国甚至是整个西方哲学社会科学界都享有盛誉，其思想理论成果丰富并且具有重要价值，值得我们进一步研究。本章正是以贝尔的哲学核心术语为切入点，进一步深入研究资本主义文化矛盾。

---

① 傅铿：《丹尼尔·贝尔的文化理论》，《社会科学》，1986 年第 7 期。

第二节 资本主义的产生

欧洲经过漫长的中世纪“冬眠”后,14 世纪至 16 世纪是从封建主义向资本主义过渡的历史转折时期。

欧洲封建社会末期，商品经济的发展，促进了封建社会经济结构的解体,使资本主义的要素得到解放。资本主义早期的经济活动,出现在 14 世纪、15 世纪的地中海沿岸的一些城市,如威尼斯、佛罗伦萨、热那亚等地,孕育了资本主义生产关系的萌芽。一部分富裕的农民雇用少地的农民为自己耕种,还有一部分封建主为了扩大商品生产,开始雇佣农业工人来取代生产率很低的依附农民。他们在大规模的农场上采用雇佣工人的方式进行农业生产,这种农场在剥削关系上和手工工场是相同的,因而这部分人就是早期的农业资产阶级。在英国这部分人被称为“新贵族”,以区别于封建旧贵族。他们与工商业资产阶级有同样的发展资本主义的要求，在政治上希望废除落后的封建制度,以利于资本主义的发展。从 15 世纪开始,随着新航路的开辟,欧洲殖民者纷纷涌向亚洲、美洲和非洲,进行残酷的殖民掠夺,给三大洲的人民带来了无穷的灾难。欧洲殖民者把掠夺的财富转化为资本家手中的资本,促进了资本主义的发展。

现代资本主义的起源可以追溯至 16 世纪。当时的英国对外贸易主要是通过贸易公司进行,大商人每年从对外贸易中获利甚多,还从事非洲黑奴贸易活动,有的甚至从事海盗活动。这些从事商业活动的资本家就是商业资产阶级。

手工业和商业在经营上是密不可分的，因而手工业资本家和商业资本家习惯上统称为“工商业资产阶级”。手工业的发展和商业的繁荣又推动了金融业的发展,在英国最早履行银行职能的是“金匠”,受理私人存款,对外贷款和兑换货币等。16 世纪时,伦敦设立了交易所,这样金融资产阶级就出现了。它们往往又被称为银行家和金融贵族。

从 16 世纪到 17 世纪,欧洲资本主义工商业得到了发展。贝尔认为,商人和制造业主创建了一个新世界。他说:“十六世纪后,中产或资产阶级又对社会加以现代化革命,他们扭转了人们对军事或宗教的关切,把经济活动变成了社会的中心任务。”①

1640 年,酝酿已久的资产阶级革命爆发了。以资产阶级为首的革命派以国会为阵地,做出了限制国王权力的决定。国会成了资产阶级革命的象征。查理一世迫于形势,不得不做出让步,暗中策划反扑。他依靠封建贵族,宣布“讨伐”国会,挑起了内战。国会军在克伦威尔的领导下,经过反复较量,击溃了国王军,把查理一世送上断头台。以后,政局又经历了钟摆式振荡,直到 1688 年才稳定下来。英国资产阶级革命是历史上资本主义制度对封建制度的一次重大胜利,不仅是英国,也是世界进入资本主义时代的重要标志。

早期资本主义生产方式同封建制度的地方特权、等级制度和人身依附是相矛盾的。随着资本主义的发展,资产阶级的经济、政治力量不断壮大,为各国的资产阶级革命准备了条件。荷兰在 16 世纪末,英国在 17 世纪中叶,法国在 18 世纪末,德国及其他一些国家在 19 世纪中叶,先后爆发资产阶级革命,变革了封建制度,从而为资本主义生产方式取代封建的生产方式扫清了道路。因而德国著名古典哲学家黑格尔在《历史哲学》(*The Philosophy of History*)中提出了“新世界”与“旧时代”的关系问题。

贝尔认为,资本主义“是这样一个社会经济系统:它同建立在成本核算基础上的商品生产挂钩,依靠资本的持续积累来扩大再投资。然而这种独特

① [美]丹尼尔·贝尔:《资本主义文化矛盾》,赵一凡、蒲隆、任晓晋译,生活·读书·新知三联书店,1989 年,第 25 页。

的新式运转模式牵涉着一套独特文化和一种品格构造。在文化上,它的特征是自我实现,即把个人从传统束缚和归属纽带(家庭或血统)中解脱出来,以便他按照主观意愿‘造就’自我。在品格构造上,它确立了自我控制规范和延期报偿原则,培养出为追求既定目的所需的严肃意向行为方式。正是这种经济系统与文化、品格构造的交融关系组成了资产阶级文明。而分解这一结合体及其内在意义,正是贯穿本书的主题线索"[①]。

一、社会背景

从经济的角度看,16 世纪后,中产阶级和资产阶级对社会进行了现代化革命,他们扭转了人们对于军事和宗教的关切,把经济活动转变为社会的中心任务,逐渐形成这样一个社会经济体系:作为一种经济和文化的复合型系统,在经济上,资本主义建立于财产私有制和商品生产的基础上,并且资本主义与商品生产挂钩,依赖资本的持续积累进而扩大再投资;在文化上,资本主义也遵照交换法则进行买卖, 从而使得文化商品化渗透到整个社会之中, 这种新型的社会经济体系涉及一套独特文化和一种品格构造(character structure),从而形成了资产阶级文明。贝尔在《资本主义文化矛盾》中反映了他为了全面探究以美国为主的当代西方社会在经济技术体制、政治模式和文化思想领域做出的努力。

从文化的角度看, 马克思主义者认为, 资本主义制度下也有文化霸权(cultural hegemony),即"统治阶级"的思想。"文化霸权"一词是由意大利马克思主义者安东尼奥·葛兰西(Antonio Gramsci)的理论创造的,该理论意味着在某个单一群体的影响下, 人们会逐步形成一种为社会民众广为接受的具

① [美]丹尼尔·贝尔:《资本主义文化矛盾》,赵一凡、蒲隆、任晓晋译,生活·读书·新知三联书店,1989 年,第 25 页。

有主宰性的世界观。历史上曾多次产生这样单一的世界观,它来自并服务于统治阶级。贝尔认为,资本主义经济冲动力和社会文化发展从一开始就存在着共同的根源,即有关自由和解放的思想:在经济活动中体现为"粗犷朴实型的个人主义"(rugged individualism),在文化方面体现为"不受约束的自我"(unrestrained self)。

从历史的角度看,资本主义因其旺盛的生命力而获得了相应的特性,即它的无限发展性(boundlessness)。在技术强有力的推动下,人们并没有用一种数学体系中的渐进线来限定资本主义的指数发展,即"毫无局限性、无所神圣、变化就是常规"。(No limits. Nothing was sacred Change became the norm.)[①]直到 19 世纪中叶,经济冲动力的运行轨迹都是如此,资本主义文化发展的轨迹也与之相同。与此同时,资产阶级的世界观,即理性至上(rationalistic)、讲究实际(matter-of-fact)、注重实效(pragmatic),不仅统治了技术—经济结构,而且逐渐控制了文化体系,尤其体现在宗教和教育方面。

20 世纪初期,西方资本主义国家出现了一系列的社会问题,例如经济危机的此起彼伏、政治局势的动荡不安、阶级矛盾的日益尖锐等,这些问题在一定程度上引起了广大民众对现实生活的不满与失望。同时,这些问题的出现也为贝尔思想理论的产生奠定了坚实的社会基础。在这样的社会背景下,1930 年至 1950 年,整个世界出现经济大萧条现象,法西斯主义不断兴起,战争给人们的生活带来了严重的破坏性, 这些历史中的一些重大事件也对贝尔产生了很大的影响。

回顾历史,我们可以看到资产阶级社会具有双重的根源和命运。一个源头是清教与辉格党资本主义 (Puritan, Whig capitalism), 它不仅重视经济活动,而且强调品格的塑造,包括节制、诚实、以工作为天职等。另一个源头是

---

① Daniel Bell, *The Cultural Contradictions of Capitalism*, Basic Books, Inc., Publishers, 1996, p.XX.

世俗的霍布斯主义学说(Hobbesianism),这是一种激进的个人主义(individualism),它认为人的欲望很重,难以满足。尽管在政治领域,人的这种欲望会受到君主制度的限制,但在经济和文化领域,它却可以肆意蔓延。长期以来,这两种冲动力难以和睦相处,美国的清教思想已经沦落为小城镇心理,仅仅追求所谓的体面;霍布斯主义学说则促成了现代主义的主要动机,即追求无限体验的贪欲。新官僚机构的出现侵蚀了社会进行自我管理的自由主义观点,把历史看作开放而进步的辉格党世界观也因此寸步难行,之前支持这些信念的基础也被逐步瓦解了。

二、理论背景

研究资本主义的起源发展，贝尔对资本主义起源的研究受到著名的德国社会学家马克斯·韦伯和韦尔纳·桑巴特(*Werner Sombart*)等人的影响。韦伯在《新教伦理与资本主义精神》(*Die Protestantische Ethik und der Geist des Kapitalismus*)中阐述了加尔文主义(Calvinism)对于18世纪美洲大陆资本主义的兴起具有重要的催化作用。新教伦理宣扬禁欲苦行，坚持“命运前定说”。韦伯认为,这样较为偏激的教义将会逐渐不得人心,也不利于人们开发新大陆的内部团结和进取精神。韦伯尝试通过比较上述理论的异同,来探索世界各个民族的精神文化与其社会经济发展之间的关系。韦伯强调:“加尔文主义和新教伦理(Protestantism)——指的是严谨的工作态度和追求财富的合法化——作为一种教义，促使了理性生产和交易这个极具特色的西方制度的产生。”①

以韦伯的观点为基础,贝尔将韦伯的“禁欲主义”(asceticism)定义为“宗

① [美]丹尼尔·贝尔:《资本主义文化矛盾》,严蓓雯译,江苏人民出版社,2012年,前言第8页。

教冲动力”。然而贝尔认为资本主义具有双重的起源，韦伯提出的“禁欲主义”突出说明了其中的一面，另一面则是桑巴特阐述的“贪欲”(acquisitiveness)理论。桑巴特在《资产阶级论》(*Der Bourgeois*)中列举了六种“资本主义的从业者”，包括海盗、地主、公众的仆人、投机商、贸易商，以及工匠师傅和作坊主(后来成为制造商)，以此来重点阐释资本主义的多种起源问题。贝尔综合了桑巴特的观点，将其“贪欲”理论定义为“经济冲动力”。贝尔指出，从早期资本主义开始，“禁欲主义”和“贪欲”理论这一对冲动力就被结合在一起：“前者代表了资产阶级精打细算的谨慎持家精神，后者是体现在经济和技术领域的那种浮士德式的骚动激情，它声称‘边疆没有边际’，并以彻底地改造自然为己任。”(One was the bourgeois prudential spirit of calculation; the other, the restless Faustian drive which, as expressed in the modern economy and technology, took as its motto “the endless frontier”, and, as its goal, the complete transformation of nature.)[①]贝尔这两种原始的冲动力的演变轨迹，将二者交织在一起，形成了现代理性观念。

此外，贝尔在论述“后工业社会”思想理论的形成方面，也借鉴了美国经济学家托斯丹·邦德·凡勃伦(Thorstein B Veblen)的制度经济学、奥地利(Austria)政治经济学家约瑟夫·熊彼特(Joseph Alois Schumpeter)的“创新理论”思想和美国经济学家约翰·肯尼斯·加尔布雷思(John Kenneth Galbraith)的“新工业国”概念，从而得出有关资本主义发展的新型理论。从贝尔的著作中，我们可以看出资本主义文化在一定程度上存在着某种模式的变化。由此，从社会哲学的角度出发，贝尔构建了他的“后工业社会”理论体系，向读者展示了人类社会未来的前景。

① Daniel Bell, *The Cultural Contradictions of Capitalism*, Basic Books, Inc., Publishers, 1996, p. XX.

第三节　贝尔视域中的资本主义

贝尔称自己是“经济领域的社会主义者，政治上的自由主义者，文化方面的保守主义者”①。贝尔从他的立场出发对资本主义、社群主义、前工业社会、工业社会、后工业社会、传统文化、现代主义、后现代主义等方面进行了考察，值得我们研究。

一、从社会到文化

贝尔对资本主义、社群主义和文化矛盾的考察，反映了贝尔对资本主义文化矛盾的独到见解，为我们深刻认识资本主义提供了借鉴。

（一）资本主义（Capitalism）

“资本主义”（capitalism）一词，源于“capital”对动物的买卖及占有，“capitalis”则源于原始印欧语的“kaput”，意思是“头”，“头”是一种在远古年代的欧洲测量财富的方式：一个人拥有越多“头”牛，那么此人也就越富有。12世纪至13世纪，“资本”一词开始被用来形容资金、货物库存、货币数量，或者货币带来的利润。大卫·李嘉图则在1817年的《政治经济学和税收原理》中多次使用“资本家”一词。英国诗人塞缪尔·泰勒·柯勒律治也于1823年在他的作品里提到这一词，1840年皮埃尔-约瑟夫·蒲鲁东也使用了“资本家”一词来称呼资本的所有人。

---

① [美]丹尼尔·贝尔：《资本主义文化矛盾》，赵一凡、蒲隆、任晓晋译，生活·读书·新知三联书店，1989年，第21页。

根据贝尔的考察,桑姆巴特在《资产阶级论》中,列举了六种早期资本主义从业者:①海盗("16 世纪英国……横行海上的残忍匪徒");②地主(即转而经营矿山和铁工厂的资本家式农庄主,曾于 18 世纪初出现在法国);③"公众的仆人"(类似法国 17 世纪财政总监柯尔培尔那种重商主义者);④投机商(像利用英国国债进行海外投资的南海公司);⑤贸易商(原先是掮客,后来开办企业);⑥工匠师傅和作坊主,他们后来成为制造商。[①]

贝尔认为,早期资本主义最明显的特点是禁欲苦行(asceticism)和贪婪攫取(acquisitiveness)。他指出:"这一对冲动力就被锁合在一起。前者代表了资产阶级精打细算的谨慎持家精神;后者是体现在经济和技术领域的那种浮士德式骚动激情,它声称'边疆没有边际',以彻底改造自然为己任。这两种原始冲动的交织混合形成了现代理性观念。"[②]

贝尔所说的"禁欲苦行"与"禁欲主义"相关。形容词"禁欲的"(ascetic)来源于古希腊术语 askesis(意思是"练习""训练")。所以"禁欲"一词最初与包含严格纪律的训练形式有关。新教徒被迫去付出艰苦卓绝的努力来完成上帝赋予的目标,成为上帝的选民,使每个个体谨慎地、持续不断地去完成自己的任务,这就是一种"义务的禁欲主义"(asceticism of duty)。

贝尔所说的"贪婪攫取",最典型的是圈地运动。15 世纪末以后,英国的羊毛纺织业发展很快,养羊业十分有利可图。地主贵族用暴力赶走农民,烧毁村庄,强占大片土地,铲除疆界,围上篱笆,让土地长草,以便放牧成千上万的羊群。农民丧失了赖以养家糊口的土地,扶老携幼,在陌生的地方流浪。因此,英国空想社会主义者托马斯·莫尔把这种现象比喻为"羊吃人",他说:

---

① 参见[美]丹尼尔·贝尔:《资本主义文化矛盾》,赵一凡、蒲隆、任晓晋译,生活·读书·新知三联书店,1989 年,第 28 页。

② [美]丹尼尔·贝尔:《资本主义文化矛盾》,赵一凡、蒲隆、任晓晋译,生活·读书·新知三联书店,1989 年,第 29 页。

“绵羊本来是那么驯服……现在变成很贪婪、很凶蛮,甚至要把人吃掉。”

贝尔所说的“现代理性观念”与欧洲文艺复兴运动和宗教改革运动相关联。文艺复兴是欧洲新兴资产阶级发动的反对封建主义和宗教神学统治的思想文化运动。它并不是复兴古代文化,而是创造一种新的文化,文艺复兴所取得的伟大成就,打击了欧洲天主教会的统治,促进了新兴资产阶级文化的确立。文艺复兴运动被恩格斯称为“人类从来没有经历过的最伟大的、进步的变革”。宗教改革运动中创立的教派称为“新教”。新教反对天主教所强调的教士的作用和各种旧仪式，主张用各国的语言而不是用天主教会强调的拉丁语做礼拜等。

在贝尔看来,现代资产阶级社会的特征是,“它所要满足的不是需要,而是欲求。欲求超过了生理本能,进入心理层次,它因而是无限的要求。社会也不再被看作人的自然结合——如城邦和家族——有着共同目标，而成了单独的个人各自追寻自我满足的混杂场所”[1]。

20世纪以来,新资本主义最终代替了旧资本主义,资本主义变成了帝国主义。这个时期是以垄断资本为基础的大规模机械化生产的时期,是以货币资本为中心的工业社会时期。二战后，西方进入所谓后工业社会或信息社会,越来越多的人从直接生产领域脱离出来,从事知识、信息的生产和处理工作,从事教育、科学研究、技术管理和服务性工作。知识信息成了社会的一个重要战略资源,工业也逐渐转变成了脑力劳动密集的工业,知识生产成了生产力发展、经济成就和竞争力的关键。

资本主义的现代化并没有根本解决资本主义社会固有的矛盾。堆积如山的新问题,以私有制为基础的资本主义现代化的发展,也同时产生了错综复杂的新问题和新矛盾，使越来越多的人感到资本主义的现代化没有给人

① [美]丹尼尔·贝尔:《资本主义文化矛盾》,赵一凡、蒲隆、任晓晋译,生活·读书·新知三联书店,1989年,第68页。

们带来他们所理想的自由和幸福。“经济、政治和文化三个领域各自拥有相互矛盾的轴心原则：掌管经济的是效益（efficiency）原则，决定政治运转的是平等（equality）原则，而引导文化的是自我实现（或自我满足）（self-realization or self-gratification）原则。由此产生的机制断裂就形成了一百五十年来西方社会的紧张冲突。”①

（二）社群主义（Communitarianism）

社群主义，又被人们称为“社区主义”，这是一种研究社会利益及其表现形式的学科。综观整个学界，除了贝尔以外，研究“社群主义”的代表人物及其著作还有很多，例如：查尔斯·泰勒（Charles Taylor）的著作《自我的根源：现代认同的形成》（*Sources of the Self: the Making of the Modern Identity*）、迈克尔·桑德尔（Michael Sandel）的著作《自由主义与正义的局限》（*Liberalism and the Limits of Justice*）、阿拉斯戴尔·麦金太尔（Alasdair Macintyre）的著作《追寻美德：道德理论研究》（*After Virtue: A Study in Moral Theory*）、迈克尔·沃尔泽（Michael Walzer）的著作《正义诸领域：为多元主义与平等一辩》（*Spheres of Justice: A Defense of Pluralism and Equality*）等。

贝尔是社群主义的代表人物之一。贝尔指出，社群主义是作为自由主义的对立面而形成的学说，明确地强调了意识形态（ideology）的群体性。因此，谈到“社群主义”，我们就不得不提及“自由主义”（liberalism）。就自由主义而言，它强调了个体的重要性，其中包括个体的意志、地位、选择等。相反，社群主义则主要强调了群体的重要性。贝尔坚持认为，个体应该处于整个社群之中，它不能脱离群体而独立存在。个体应该从社群出发，以便更好地理解和解释不同的社会现象。贝尔指出，在社群主义者看来，“无论是人类的存在，

① ［美］丹尼尔·贝尔：《资本主义文化矛盾》，赵一凡、蒲隆、任晓晋译，生活·读书·新知三联书店，1989年，第41~42页。

还是个人的自由,离开相互依赖和交叠的各种社群,都不可能维持太久"①。也就是说,"社群主义" 的核心概念 "社群"(有时也称共同体,community)与"自由主义"的核心概念"个人"(individual)成了人类生活中的重要组成部分。在回应此观点时,坚持自由主义理论的学者艾伦·布坎南(Allen Buchanan)称:"对自由主义的最好捍卫,就是把社群主义思想中最有价值的东西整合进来。"②

社群主义的另一代表人物泰勒是著名的加拿大哲学家,现任教于蒙特利尔市(Montreal)的麦吉尔大学(McGill University)。对于当代社群主义的发展,泰勒做出了自己重要的贡献。他指出,作为一个主体,只有处于社群之中,人类才能得到更好的发展。按照泰勒的分析,在贝尔看来,社群为人类构建了一种共同的文化,人类必须以他们所在的社会文化为理论前提,才能更好地发展整个社会的文化。当代西方著名的伦理学家之一麦金太尔对此有着相似的观点,他认为,人们只有通过考察个人在某种场景或者某个"叙述"(narrative)中的行为,才能更好地理解自己的生活。同时,社群也规定了这些叙述的形式、背景和环境。

社群主义的代表人物还有桑德尔,他曾在英国牛津大学获得政治哲学博士,现任美国哈佛大学(Harvard University)政府系教授,主要研究政治哲学、道德哲学等领域。他提出,我们可以依据社群的不同性质,将社群具体分为如下三类:第一类是工具意义上的社群(the instrumental conception of community),第二类是感情意义上的社群 (the sentimental conception of community),第三类是构成意义上的社群(the constitutive conception of community)。桑德尔还特别强调了两个重要的概念,即"混沌无知的自我"(unencumbered

① [美]丹尼尔·贝尔:《社群主义及其批评者》,李琨译,生活·读书·新知三联书店,2002年,第1页。

② Allen Buchanan, Assessing *the Communitarian Critique of Liberalism*, Ethics, 1989, pp.878-882.

self)和“构成目的”(constitutive ends)。对于这两个概念,贝尔总结道:人类不能脱离社群而单独存在,社群决定了个人的认同和属性。因此,个人可以看作社会的产物。社群的重要性在于它不是人类所选择的一种关系,而是他们所发现的一种依附;它不只是一种属性,而且还是人类身份的一种组成部分。正是由于社群与个人这样的特殊关系,使得人们必须依赖于社群而成长,依赖于社群而发展。

另一位社群主义理论家沃尔泽,1961年毕业于哈佛大学并取得政府学博士学位,随后任教于普林斯顿大学(Princeton University)和哈佛大学。在当代公共哲学、政治哲学方法论、社群主义和自由主义等诸多领域,沃尔泽都提出了相关论述,为上述领域的发展做出了重要的理论贡献。他将社群主义的概念分为两种含义:一是认为“社群主义的主要观点在于诉诸共同意义”,二是认为“社群本身就是一种最重要的善”。[①]因此,贝尔指出,作为一位社群主义者,需要把个人与社会紧密联系在一起,社会也应该多关注个人对于社群的归属感和责任感。当今时代的我们,也应该意识到社群主义的重要性,不断关注共同体的价值,逐步完善社会主义价值体系。

贝尔把社群看作一个整体,个人都是这个整体之中的成员,都拥有一种成员资格(membership)。这个社群整体拥有某种目标,每个成员都应该把这个共同的目标当作其自身所追求的目标。社群的善表明,个人可以通过社群的共同发展,使其自身的生命富有意义,生活更有价值。这里所说的善,其实是一种普遍的善(universal good),即在现实的社会生活中,人们的公共利益。随着社群主义在西方社会的不断兴起,我们可以看到群体的地位处于逐步上升的阶段,群体的意识形态也逐渐成为支配人类社会行为的重要依据之一。其实,不仅仅是在西方社会,在现如今的中国,群体意识形态的地位也显

① Michael Walzer, *Spheres of Justice: A Defense of Complex Equality*, Basil Blackwell, 1983, p.29.

示出了上升的趋势。

(三)文化矛盾(Cultural Contradictions)

“文化”一词来源于拉丁语 cultura,被译为“开荒进行耕作”。在这个意义上,我们可以把文化理解为,文化就是人以自然为对象,通过劳动和智慧而产生的一种创造物。同样,正是由于文化是人类通过自身的努力和智慧而习得的,人类才可以通过文化来改变环境、改造自然。贝尔将社会分为三个领域,包括技术经济结构、政治领域、文化领域。就文化领域而言,人类学家对于“文化”的定义是:文化是一种人工制品和一个群体的生活模式。例如,英国评论家马修·阿诺德(Matthew Arnold)将文化看作个人的完美成就。谈到文化的概念,贝尔称:“自己追随德国哲学家恩斯特·卡西尔(Ernst Cassirer)的观念,认为文化指的是象征形式的领域,在《资本主义文化矛盾》一书的讨论范围内,文化表现的是象征主义(symbolism)这个更为狭窄的概念,即在绘画、诗歌、小说,或者连祷文、礼拜的宗教形式内,以一些想象的形式,试图揭示或者表达人类存在意义的努力。”①

站在社会学预言的悠久传统上,文化矛盾可以追溯到社会学(sociology)的基础时期。从历史上来看,创立一门新的学科,使之从最初的不和谐的冲击感过渡到现代时期,需要将目光展望到未来。阅读现在的书籍是为了试图预示美好的明天,这一切被人们看来是理所当然的。在此基础上,贝尔的作品可以说成为战后美国可论证的、最能预言的社会学分析。贝尔认为,文化领域存在着回归(ricorso),即“回到那些对人类生存最苦恼的关注上和疑问上”②。

然而对比贝尔以前的著作,文化矛盾的基调显得更为悲观。这证实了在

①② [美]丹尼尔·贝尔:《资本主义文化矛盾》,严蓓雯译,江苏人民出版社,2012 年,第 11 页。

20世纪70年代中期，那是一个危机感愈发强烈的时期："1973年的石油危机，逐渐增长的滞胀和经济衰退的状态，这都意味着，自经济大萧条时期（the depression era）以来，一直占统治地位的凯恩斯主义者（Keynesian）越发的出现问题。"（The oil shock of 1973, growing stagflation and economic downturn all meant that the Keynesian approach to macroeconomics which had dominated the West since the Depression era was becoming increasingly problematic.）[①]在这种情况下，随即出现了两个重大的问题：第一，哪方面出了问题？第二，我们如何解决这个问题？贝尔的文化矛盾也试图回答上述两个问题。贝尔得出结论，资本主义文化矛盾的关键是个人动机（individual motivation）和国家道德宗旨（national moral purpose）之间的冲突。

资本主义的文化矛盾具有两方面的内涵。第一方面是指，资本主义社会中经济、政治、文化三个领域之间的冲突和断裂或者说是矛盾关系。第二方面是指，文化的领域就是意义的领域（realm of meaning），它通过宗教、文艺、价值观念等象征性的表现形式，给人类生存提供一种超越性的信仰，成为一种将整个社会凝聚在一起的道德桥梁。贝尔认为："文化是借助内聚力来维护本体身份（identity）认同的连续过程。"[②]引导文化的是自我实现原则（self-realization）或者说是自我满足原则（self-gratification）。

在20世纪末期，文化已经很好地并且真正地取代了经济作为现代性的地位。"这种变化的先锋派艺术是现代艺术的运动：现代主义（modernism）。"（The vanguard of this change was the movements of modern art: modernism.）[③]在贝尔看来，"先锋"（vanguard）一词的概念意味着"现代艺术或者现代文化

① Andrew Gilbert, The Culture Crunch: Daniel Bell's the Cultural Contradictions of Capitalism, *Thesis Eleven*, No.1, 2013, p.85.

② ［美］丹尼尔·贝尔：《资本主义文化矛盾》，严蓓雯译，江苏人民出版社，2012年，第36页。

③ Andrew Gilbert, The Culture Crunch: Daniel Bell's the Cultural Contradictions of Capitalism, *Thesis Eleven*, No.1, 2013, p.86.

并没有把自己当成是潜在社会结构中的一种‘反映’,相反的是,它要开启一条朝向完全崭新世界的道路”[①]。长期以来,一个张力一直存在于文化范围内的现代性之中。这个文化范围处于理性的、累计资本主义经济和运动结构的需求之中。这一范围寻求的是更有表现力的、更少理性的、可估算的某种价值。这一张力可以追溯到早期的浪漫主义(romanticism)时期,甚至更早。在这些时期,对现代性的批判主要在于非主流形态的领域当中。然而贝尔指出:“20 世纪文化的特点是一种‘反理性主义’(anti-rationalist)的批判文化冲动的日益增长的霸权。”(What characterized 20th century culture was the growing hegemony of an “anti-rationalist” critical cultural impulse.)[②]这与之前的禁欲主义(asceticism)和纪律占主导地位的文化相冲突,在经济范围内,这一文化曾经成为合法的主导趋势。

贝尔曾自称是文化方面的保守主义者，他崇尚传统，坚持传统的审美观。对于资本主义文化矛盾的解决方案,贝尔提出了两点理论:第一点是建立新宗教,第二点是上文提到的“公众家庭”。贝尔所提倡的新宗教,指的是“人类意识的组成部分:对存在之‘普遍’秩序的认知寻求;对建立仪式和将此种观念神圣化的情感;对跟他人产生联系,或者跟一套意义建立联系的原始需求——这套意义能建立对自我的回应；以及面对痛苦和死亡的最终来临的生存需求”[③]。贝尔构建的公众家庭,是一个理想社会的模型,它包括政治、经济、文化等方面的内容,三者之间相互联系、相互作用。

① [美]丹尼尔·贝尔:《资本主义文化矛盾》,严蓓雯译,江苏人民出版社,2012 年,第 34~35 页。

② Andrew Gilbert, The Culture Crunch: Daniel Bell's the Cultural Contradictions of Capitalism, *Thesis Eleven*, No.1, 2013, p.86.

③ [美]丹尼尔·贝尔:《资本主义文化矛盾》,严蓓雯译,江苏人民出版社,2012 年,第 180 页。

二、从前工业社会到后工业社会

从贝尔的著作中，我们可以看出资本主义文化在一定程度上存在着某种模式的变化。从人类社会的生产方式中，贝尔将这一变化概括为“后工业社会的来临”(the coming of post-industrial society)。与“工业社会”(the industrial society)相比，贝尔所说的“后工业社会”(the post-industrial society)这个带有“前缀”(post)的词语，其中的“后”这个字不仅仅指一个时间上的概念，即在时间序列中，较晚出现的一个新阶段；这个字还具有其丰富的内涵，形成了自身独特的社会空间。从不同的角度来说，贝尔将人类社会分为了三个不同的阶段，即前工业社会、工业社会和后工业社会，并对这三种社会形态进行了细致的分析和比较。他认为：“前工业社会(the pre-industrial society)的经济基础是农业、矿业、渔业、林业等开发自然资源的部门，主要生产人员是农民、矿工、渔民等非熟练工，主要产品或者工艺学是原料；工业社会的经济基础是制造业、化工业等生产商品的部门，主要生产人员是半熟练工和工程师，主要产品或者工艺学是能量；后工业社会的经济基础则是运输业、公用事业、商业、财政、保险业以及科学、教育、工业等部门，主要生产人员是各种专业和技术方面的科学家，主要产品或者工艺学是信息。”①

（一）前工业社会(The Pre-Industrial Society)

在讨论“前工业社会”的概念之前，我们首先要理解“工业”(industry)一词的含义。工业是指采集原料，并把它们加工成产品的工作过程，它是社会分工发展的产物。从具体概念上来说，无论是“前工业社会”“工业社会”还是

① 涂纪亮：《美国哲学史》(第三卷)，社会科学文献出版社，2007年，第174页。

“后工业社会”,这三者的概念都是相对而言的,也可以说是对应存在的。贝尔认为,前工业社会的“计划”是“以自然界为目标的比赛”,它的资源是从天然物开采工业中产生出来的,并且也容易受到收获递减律的影响而只有很低的生产率。前工业社会的基础在于人与自然界的相互作用,因此前工业社会在一定程度上也会受到自然环境的影响,例如有时由于天气的变化,人类的各项产业会受到一定的影响。

在前工业社会时期,人们对于时间的概念是相对模糊的,一般来说,人们都是按照时令的变化进行日常生活的劳动和耕作,通常都遵照“日出而作,日落而息”的生活标准。与前工业社会休闲的、毫无时间概念的劳动不同,在工业社会中,要求的是紧张的、快节奏的机器化生产。在工业社会时期,人们对于时间的概念逐渐清晰起来,时间的投入也成了可以衡量人们投入劳动多少的标准。因此,人们对于时间观念的形成也在一定程度上促进了从前工业社会到工业社会的转型与发展。

如果说前工业社会是一场游戏,那么游戏的双方就是人类和自然。在前工业社会中,人类的日常活动依赖于大自然的发展,人类的发展同时也顺应着自然环境的发展规律。这也成了人们日常生活情况的缩影:在自给自足的农耕社会,人们深深地扎根于身边的那片土地,大部分人都习惯于过着靠天吃饭的日子,主要采用狩猎、农耕、体力劳动等方式生活,消耗自然资源,从自然界中获取食物,以维持他们基本的生存条件,也正因如此,人们重视天时地利等自然现象。在自然的状态下,人们的能力通常来自祖辈父辈们传承的经验和常识,并通过心口相传的教育方式,长者向年轻人传递着一系列的生活经验和生存技能。

为了更好地说明“前工业社会”的特征,我们以英国的前工业社会时期为例。在前工业社会期间,英国最为活跃的经济部门是商业,这也使得英国的对外贸易领域不断扩大,同时也开放了更多的国外市场。英国的前工业社会是一个商业化的社会，或者说是一个商业起着非常重要作用的社会。"商业"的英文是"commerce"，这个词来源于拉丁文"commercium"，可以理解为"商品买卖、交易、贸易"的意思。根据对"commerce"这个词的解释，令世人普遍接受的"商业"一词的含义是："人与人之间，自然的和人造的产品的交换、买卖；商品交换，特别是在不同的国家或者不同的地区之间进行的大规模的交换。"[①]在前工业社会时期，在当时英国的各个领域中，无论是经济、工业、农业领域，还是人们的社会生活方面，都在一定程度上受到了商业的相关影响。商业贸易也因此成为推动英国前工业社会经济变革的催化剂。

贝尔作品的模式经历了三个历史阶段：第一，前工业时代"游戏受自然制约"，在这一时代，劳动力是可以被榨取的，而且是受制于自然界的突发事件的；第二，工业时代，在这一时代，游戏是同人类自己制造的技术和经济的对象世界一起比赛，导致异化、物化和清醒的评价，其中遍及古典社会学的命题；第三，后工业时代，在这一时代，知识经济和服务意味着游戏现在互相交手。无论是从"前工业社会"到"工业社会"，还是从"工业社会"到"后工业社会"，每一次社会形态的转变往往都会伴随着社会结构的转型。以中国为例，社会结构的转型可以说是从传统社会转向现代社会的过程。社会结构的转型涉及方方面面的内容，包括政治、经济、文化、社会生活等，转型的结果也会给人们的生活带来一定的影响。综观整个世界的发展历程，由于各国之间发展的不平衡，绝大多数国家和地区已经进入了工业社会，但值得一提的是，有一些国家或者发达地区已经开始进入后工业社会或者正逐步向后工业社会迈进。

（二）工业社会（The Industrial Society）

贝尔在《后工业社会的来临》一书中对"工业社会"做出了如下的论述：

---

① Edmund Weiner and John Simpson, *The Oxford English Dictionary (Second Edition)*, Oxford University Press, 1989, p.552.

为了制造商品，工业社会以生产和机器为轴心，在工作组织和生活节奏等方面，工业社会就是现代西方社会结构上的特定含义。在阐述“工业社会”概念的内容时，法国学者米歇尔·克罗齐耶(Michel Crozier)认为：“工业社会的概念，由于政治上意义更广泛，特别是更中立，所以最终使人们得以超越了传统的二分法……不管政治制度如何，技术、工业、大众消费成为所有人都必须接受的现实，并构成现代工业社会共同的制约条件。”①贝尔认为：“工业社会的‘计划’是‘以自然物的加工为目标的比赛’，它集中在人和机器的关系上，把能量使用于使自然的环境变成为技术的环境。”②如果我们把工业社会看作一场游戏的话，那么游戏的双方就是人类和机器。工业社会以机器为基础，其主要结构特征在于资本和劳动。工业社会实际上是商品生产的社会，主要分布在北大西洋沿岸的国家和地区。在那些国家和地区，就经济方面来说，机器占据着主导的地位，人们可以按照机器的工作速度和工作时间，有条理有规划地完成既定的劳动任务。值得一提的是，在工业社会中，机器的使用代替了人们的手工劳动，这也有助于提高商品的生产效率。

法国著名的哲学家雷蒙·阿隆(Raymond Aron)指出，我们需要强调的是工业社会的“生产力”这一中心思想，工业社会是经济化的社会，它以经济增长为轴心。阿隆正是以这种方式阐述了“工业社会”这一概念。如果我们运用更加广泛的社会观点来看工业社会这一概念的话，我们可以把阿隆对于工业社会的社会学概念理解为四位思想家有关工业社会观点的总和。这四位思想家分别是：法国空想社会主义者克劳德·昂利·圣西门(Claude-Henri de Rouvroy)、法国社会学家埃米尔·迪尔凯姆(mile Durkheim)、德国社会学家马克斯·韦伯(Max Weber)、英国经济学家科林·克拉克(Colin Clark)。

① [法]米歇尔·克罗齐埃：《后工业社会》，王大东、马燕译，《国外社会科学》，1990年第7期。

② Daniel Bell, *The Coming of Post-Industrial Society: A Venture in Social Forecasting*, Basic, 1976, p.116.

这里,我们以圣西门的观点为例。就工业社会的概念而言,圣西门认为,工业社会以有秩序的生产商品为中心,军事社会以掠夺、浪费、夸耀为中心,二者是相互对应的关系。此外,圣西门将工业社会的内涵分为四个方面,第一,工业社会关心生产过程;第二,工业社会的方法,其特点在于有秩序、可肯定、能精确;第三,工业社会的组织者有实业家、计划家、工程师这三类人;第四,工业社会的基础在于知识。工业社会,正如圣西门所阐述的那样,它是以有条不紊的方式,系统地将技术型知识应用到社会事务中去的。

谈到"工业社会"的话题,就离不开历史上著名的"工业革命"(the industrial revolution)这一重要时期,该时期始于18世纪60年代。在此,笔者以历史学家霍布斯·鲍姆(Eric J.Hobsbawm)的话为例,他说:"工业革命标志着自文字记载以来,人类生活在世界历史中的最根本转变。"[①]此外,克里斯托弗·希尔(Christopher Hill)也对"工业革命"做出了更为直接的阐述:"我们已经从一个落后的经济进入工业革命门槛上的经济,从一个农业社会进入一个工业社会。"[②]

在人类社会的发展进程中,以18世纪英国的工业革命为开端,人类已经进入了工业社会快速发展的时期。在这一时期,人类开始利用自然、改造自然,不仅生产力得到了迅速的发展,生活水平也提高了一个层次。从工业社会转向后工业社会,人类生活也经历了一系列的变革,马克思曾经说过:"工业较发达的国家向工业较不发达的国家所显示的,只是后者的未来景象。"[③]然而我们也应该明白,以制造业为主的工业社会,它在使得现代社会技术飞速发展的同时,也给人类社会带来了一定程度上的负面影响。例如,

① Eric Hobsbawm, *Industry and Empire*, New Pressing Emea Ltd, 1968, p.13.

② Christopher Hill, *Reformation to Industrial Revolution: A Social and Economic History of Britain*, 1969, p.287.

③ 《马克思恩格斯全集》(第23卷),人民出版社,1960年,第8页。

汽车行业的迅速发展，给人类带来了生活上的便利，同时也出现了环境污染等严重问题。现如今，面对工业化的进程，我国正处于经济平稳发展的关键时期，我们要做的正是汲取各位哲人理论思想的精华，使其为我国所用，更好地服务国家现代化建设，使我国逐步走向稳定的新型工业化道路。

（三）后工业社会（The Post-Industrial Society）

贝尔指出，与工业社会相比，“后工业社会的首要特征在于，大多数劳动者不再从事农业或制造业，而是从事服务业，如贸易、金融、运输、娱乐、研究、教育和管理”[①]。追寻“后工业社会”一词的历史溯源，贝尔的“后工业社会”思想可以追溯到20世纪50年代末期。1959年的夏天，贝尔出席了奥地利萨尔茨堡(Salzburg)的一次学术研讨会。在此次会议中，他首次使用了“后工业社会”这个名称，并提出了对西方未来社会的设想。70年代初期，从社会哲学的角度出发，贝尔提出了他的“后工业社会”理论，并将此理论看作一种概念上的体制。后工业社会确定了社会结构的一个新的轴心原则，并且规定了一些问题的共同核心。谈到为何选用“后工业”这个词，贝尔认为主要有两大理由：“首先在于强调这些变迁的过渡性和间质性；其次在于着重知识技术这一重要的中轴原理。”[②]

提到后工业社会的“计划”，贝尔认为：“该‘计划’是‘人与人之间的比赛’，在这个社会中，建立在信息基础上的‘智力的工艺学’是与机械工艺学并肩出现的。”[③]后工业社会的首要问题在于对科学的组织，其主要机构是进行这项工作的科学研究机构和高等院校。后工业社会以知识技术为基础，其

---

① [美]丹尼尔·贝尔：《后工业社会的来临》，高铦等译，新华出版社，1997年，第14页。

② 同上，第6页。

③ Daniel Bell, *The Coming of Post-Industrial Society: A Venture in Social Forecasting*, Basic, 1976, p.116.

主要结构特征在于知识和信息。贝尔在其著作中,对“知识”一词进行了如下的定义:“知识就是可被客观认识的智力财富，它与一个名字或者一组名字相联系,并通过取得版权或者其他社会承认的方式来得到认可。”[①]后工业社会的基础在于“知识”,因而“知识”也被人们视为后工业社会来临的重要标志。同时,后工业社会是工业社会的新发展,它不仅是知识的社会,从某种程度上来说,后工业社会也是一个“公众”的社会。在这个社会里生活的人,都把社会的单位看作社区,而不是个人。因此,如果我们把后工业社会看作一场游戏的话,那么游戏的双方就是人类和人类。需要指出的是,在人与人的这场游戏之中,存在着一个必不可少的媒介,那就是知识。

如上文所述,后工业社会实际上就是知识的社会,“知识”也是后工业社会的主要特征之一。因此,在某种程度上,我们可以称后工业社会为知识的社会。提到“知识”一词,我们可以追溯到 17 世纪英国著名的哲学家弗朗西斯·培根。在培根生活的那个时代,西方近代科学已经取得了一定的发展。培根认为:“科学技术的发明和创造,是推动历史前进的动力。印刷术、指南针、火药的发明和应用,改变了整个世界的面貌,它们给人类生活的影响,不是任何帝国或者任何教派的力量所能比拟的。”[②]因此,培根提出了“知识就是力量”(Knowledge is power)这一著名的口号。该口号的提出,表明了当时资产阶级和新贵族渴望利用科学技术来发展资本主义的要求。同时,这一口号也表达了人们想要认识自然、解释自然的愿望,并且明确指出了知识的现实功用在于,“科学真正的、合法的目标,说来不外乎是这样:把新的发现和新的力量惠赠给人类生活”[③]。此外,“知识就是力量”这句口号还明确地将关于

① Daniel Bell, *The Coming of Post-Industrial Society: A Venture in Social Forecasting*, Basic, 1976, p.176.

② 冒从虎等编著:《欧洲哲学通史》(上卷),南开大学出版社,1985 年,第 320 页。

③ [英]弗朗西斯·培根:《新工具》,许宝骙译,商务印书馆,1984 年,第 58 页。

知识的永恒话题进一步彰显出来,使之成为整个西方近代哲学关注的焦点。

为了便于人们更好地理解"后工业社会"的基本内涵,贝尔谈及这个概念时从如下五个方面对这一术语进行了阐释:第一,从经济方面来说,后工业社会是从产品生产经济转变为服务型经济;第二,从职业分布来说,后工业社会的专业技术人员处于主导地位;第三,从中轴原理来说,在后工业社会中,理论知识是制定政策与社会革新的来源,它处于中心地位;第四,从未来的发展方向来说,后工业社会将对技术进行鉴定,力求控制技术的发展;第五,从制定决策方面来说,后工业社会将创造一种新的"智能技术"。

以当前迅速发展的科技革命作为出发点,贝尔把技术分析、社会结构、产业结构、阶级结构、管理体制和权力中心等诸领域互相联系起来,对未来西方社会进行了进一步探索,从而总结了后工业社会的某些新的方面。笔者就其中一点新方面进行讨论,即女性的作用。在工业社会中,各部门的工作人员主要是男性,女性往往被排除在外。但是在后工业社会中,各部门给女性提供了更多的就业机会,女性也因此得到了经济上的独立,得到了可靠收入来源。从这一方面出发,当今社会女性的就业问题,也是如此。

探讨"后工业社会"的意义所在,贝尔指出,其意义主要在于如下四个方面:第一,后工业社会强调了认识的价值和科学的作用,对于社会的基本结构来说,这两者是不可或缺的重要因素。第二,科学家和经济学家之所以可以更加直接地参与到各类政治活动中去,这在很大程度上要归功于后工业社会的发展,使得人类的决策更具有技术性。第三,后工业社会不断加深了现存的脑力劳动科层化倾向,从传统意义上来说,这也在一定程度上使得知识的价值和目的发生了一些变化。第四,后工业社会产生并发展了一批技术型知识分子,这一成果引出了技术型知识分子与文科知识分子之间的关系问题。

三、从传统到后现代主义

相比于前文提到的贝尔对于政治领域和社会结构方面的分析，在这一节主要研究的是贝尔在文化领域的观点。综观整个哲学史，对于文化的定义，各位学者也是各抒己见。马克思认为，文化是一定的政治、经济、社会生活在意识形态领域中的反映。对于个人本身或者整个社会来说，文化是一个连续不断的过程。无论是传统文化、现代主义，还是后现代主义，贝尔在文化领域都做出了相关的阐释。在贝尔看来，后现代主义文化是现代主义文化的逻辑延伸，它并没有完全摒弃现代主义文化的形式，而是把现代主义文化的形式与现实社会的内容有机地结合起来。同样，现代主义文化也遵循传统文化领域的规则，传统文化在确保文化的旺盛生命力方面，也是不可或缺的重要组成部分。

（一）传统文化（Traditional Culture）

在文化方面，贝尔自称是保守主义者，这主要是因为他坚持传统，尊重传统文化。传统文化中的"传统"一词，来源于拉丁文"traditum"，在罗马法中被译为"traditio"，就其字面意思来说，所谓的"传统"，其现代意义实际上指的是：已经发生过的事情或者是一切可以保留下来的东西，经过一定时间的积淀，最终成为人们口口相传所说的"传统"。何谓"文化"？我国近代思想家梁启超称："文化者，人类心能所开释出来之有价值的共业也。"[①]梁启超笔下所说的"共业"，包括人类力所能及的各个领域。如果我们把"传统"和"文化"二词合为一体，传统文化则贯穿于整个历史长河之中。

① 梁启超：《什么是文化》，《晨报副刊》，1923年第2期。

以“中国的传统文化”为例,有着几千年悠久历史的中国传统文化,是人类社会对自然及其人类发展的结晶。我国学者庄严认为:“中国传统文化指的是,中国各个历史时期,形成的诸如生活习俗、制度形成、道德伦理等流传下来的各种文化成果。”[①]作为文化方面的保守主义者,贝尔向人们阐释了传统文化的重要性。从整体上看,传统文化关注文化内在的连续性,首先表现在文学领域,包括17世纪的古典主义文学、18世纪启蒙运动前后的文学等。其次,传统文化强调整体与形式的统一性,注重的是和谐一致的审美观。

文化作为中西方文明中最具活力的成分之一,在确保文化具有旺盛的生命力方面,传统文化具有重要的理论意义。在贝尔看来,文化可以帮助人们解释日常生活中的相关问题,提供问题的解决方案。探究传统文化的核心所在,其实是在讨论“生存的意义”这一问题。贝尔认为,在前工业社会时期,生产力水平较低,在一定程度上,“生存”就成了当时的人们迫切需要解决的问题。文化是意义的领域,它是关于生命意义的理论,它可以诠释世界意义之所在。文化的轴心原则在于探寻对人类生存意义的表达和阐释。文化不仅被人们视为传统与规范的力量源泉,也被人们视为对新生事物的探索,可以赋予人们生活的意义。中国传统文化也是如此,正如我国学者钱穆先生说的那样:“中国传统文化,彻头彻尾,乃是一种人道精神、道德精神。”[②]

通过弥补传统文化自身存在的不足,取其精华,去其糟粕,这个过程实际上就是我们对传统文化的创新之处。我们也可以将其称之为:在创新的前提下,创造我们新的传统文化。在对中西传统文化进行比较的过程中,正如著名的英国哲学家伯特兰·罗素所说:“不同文明之间的交流已经多次证明是人类文明发展的里程碑。希腊学习埃及,罗马借鉴希腊,阿拉伯参照罗马

① 庄严:《何谓传统文化》,《兰州学刊》,1997年第2期。

② 钱穆:《民族与文化》,九州出版社,2011年,第32页。

帝国,中世纪的欧洲又模仿希腊,而文艺复兴的欧洲仿效拜占庭帝国。"[①]贝尔认为,随着时间的流逝和时代的进步,作为当今文化基础的传统文化,其文化内容也会随之发展和创新,带领人们在文化的进程中不断前进。在贝尔看来,随着传统文化改革之路的不断深入,进而产生了现代主义文化。

(二)现代主义(Modernism)

我们可以将"现代主义文化"看作"资本主义文化矛盾"的体现。在分析现代主义文化之前,我们首先要对"现代主义"(modernism)一词有所了解。贝尔曾对"现代主义"展开了如下的论述:"现代主义是通过象征性和表现性的语言,来表达世界观的一种文化潮流。"[②]文化的轴心原则在于寻求对人类生存意义的表达和阐释,从世界文化的宝库中,现代主义文化汲取其中的宝贵养分,通过自身的不断努力,进而达到自我满足和自我实现的目的,这也正是现代文化领域的轴心原则。对此,贝尔也做出了相应的解释:"现代主义文化是最卓越的、关于自我的文化。"[③]

现代主义,可以说是在现代社会或者说是在工业社会出现之后,随之带来的一种文化现象,它从现代社会中来,而且也在现代社会中得以发展起来。实际上,现代主义可以遍及各个领域,这里我们仅以现代主义的文化领域为例。谈到现代主义文化的特点,贝尔认为,其中最显著的特点是在广泛大众融入一个社会的时候,现代主义文化创造了更加纷繁的多样性和变化。现代主义文化创造出来的新生事物是建立在传统文化的基础之上的,这其中的新生事物,既包括内容的多样性,又包括形式的多样性。此外,一种文化可以理解为对它所在的特定社会状况的反应,文化根植于这个社会之中,它

① [英]伯特兰·罗素:《一个自由人的崇拜》,胡品清译,时代文艺出版社,1988年,第8页。

② 王小章:《丹尼尔·贝尔:介入的观念》,浙江大学出版社,2000年,第126页。

③ [美]丹尼尔·贝尔:《资本主义文化矛盾》,严蓓雯译,江苏人民出版社,2012年,第140页。

不能脱离社会现实而单独存在或者单独发展。然而文化是社会领域的重要组成部分,也在一定层面上反映了各种各样的社会现象,成为影响社会发展进度的因素之一。

就现代主义文化的发展来说，贝尔主要分析了两种文化，即视觉文化(visual culture)和印刷文化(printing culture)。视觉文化,这里主要指的是以电影和电视为代表的视觉媒介,充斥着画面和音响的这些视觉媒介,侧重于向观众表达自己的形象和情感,强调的是意象的重要性。至于印刷文化,读者可以根据自身的需要,在阅读过程中加入个人感悟和思考的空间,主要强调的是个人认知模式和观念思维模式的必要性。对于现代主义文化的发展来说,上述两种文化有着不同的意义和比重。将这两种文化相比较,贝尔认为,在二战之后,视觉文化得以迅速发展,更具有创新能力。而且贝尔指出:“当代文化已渐渐成为视觉文化,而不是印刷文化。”[①]至于为何视觉文化可以达到上述的效果,贝尔认为主要有两点原因:第一,视觉文化可以迎合现代人的感官需要,满足大众渴望体验新生事物的好奇心;第二,视觉文化依靠技巧达到传播效果，这些技术手段可以消除或者至少可以拉近观众和媒介之间的距离。现代主义文化特别重视上述传播媒介的力量,我们可以说,现代主义对媒介的关注其实就是对文化本身的关注。

对西方的文化而言,无论是在文学、诗歌、音乐,还是在其他各个方面,现代主义在这些发展进程中,都起到了一定促进作用。现代主义文化也因此成了当时文化发展的基本形式。贝尔认为,现代主义文化领域总是存在着回归(ricorso),这也正是现代主义文化最显著的特点之一。这里的“回归”,正是现代主义文化中两个最显著变化的体现:第一,艺术上的形式革命,主要是指现代主义文化所倡导的距离的消失;第二,现代主义文化具有自我表现的

① [美]丹尼尔·贝尔:《资本主义文化矛盾》,严蓓雯译,江苏人民出版社,2012 年,第 112 页。

新形式。在此,贝尔提出了“文化大众”(cultural mass)的概念,这一概念指的不是文化的创造者,而是为文化提供市场的人们,这些人大部分都是文化的传播者。随之而来的“大众文化”(mass culture),其目的是在享受文化乐趣的过程中,让人民大众都能够乐在其中,使得文化逐渐融入人们的日常生活中去。大众文化的产生,也因此成为人类社会从现代主义文化过渡到后现代主义文化的重要文化事件。

谈及现代主义的作用时,贝尔认为:“现代主义作为一场文化运动,统治了所有艺术,塑造了我们过去125年来的象征表达。”①现代主义文化作为一种具有创造性的文化力量,在内容上和审美形式上都独具创造性。至于从现代主义到后现代主义的转化,贝尔做出了如下的论述:“现代主义一定要不断抗争,但是它绝对不能完全获胜;随后,它又必须为了自己的不成功而继续奋斗。”②然而在贝尔看来,虽然现代主义文化已经成了现如今重要的文化模式,在一定程度上控制了文化体系的建立,但是现代主义文化的这种“胜利”只不过是形式上的胜利,不是长久的胜利。对此,贝尔做出了如下的总结:“醉狂终会过去,接下来便是凄冷的清晨,它随着黎明无情地降临大地,这种在劫难逃的焦虑导致人人身处末世的感觉——此乃贯穿现代主义思想的一根黑线。”③贝尔提出,现代主义文化在经历了自身的辉煌历程之后,最终取而代之的应该是后现代主义文化。

(三)后现代主义(Post-modernism)

同样,在分析后现代主义文化之前,我们首先要对“后现代主义”(post-

① [美]丹尼尔·贝尔:《资本主义文化矛盾》,严蓓雯译,江苏人民出版社,2012年,导论第5页。

② [美]丹尼尔·贝尔:《资本主义文化矛盾》,赵一凡、蒲隆、任晓晋译,生活·读书·新知三联书店,1989年,第93页。

③ 同上,第97页。

modernism)一词有所了解。在1987年出版的《后现代转向》(*The Postmodern Turn*)这一论文集中,著名后现代主义学者伊哈布·哈桑(Ihab Hassan)曾称,“后现代主义”一词,最早出现于《西班牙与美洲诗选》(*Antologia de la Poesia Hispanoamericana*)一书中,该书由西班牙学者费德里科·德·奥尼斯(Federico de Oniz)编著,于1934年出版。综观整个哲学史,各位哲学家对“后现代主义”一词持有不同的观点。法国著名的后现代主义学者让-弗朗索瓦·利奥塔(Jean-Francois Lyotard)曾对“后现代”展开了如下论述:“后现代是现代的一个组成部分,要理解后现代,必须先理解‘未来(post)的现在’这一理论,才可进入其隐奥空间。”[①]美国后现代主义的代表人物弗雷德里克·杰姆逊(Fredric Jameson)指出:“后现代主义的产生,正是建立于百年以来的现代主义运动基础之上的。”[②]“后现代主义”是对“现代主义”的继承和发展,它在一定程度上依赖于现代主义。我们可以将其理解为“高度现代”(hyper modern)。同样,根据贝尔的观点,我们可以看出,后现代主义文化就是现代主义文化扩张和延续的结果,并且在一定范围和程度上,后现代主义文化超越了现代主义文化。同时,我国学者周宪指出:“后现代主义的出现并不必然意味着现代主义的终结,或者是拒绝现代主义。从本质上来说,后现代主义是现代主义清醒地、审慎地和精神长久地注视自身,注视自己的现状和过去的活动。”[③]

除了上述的论述之外,我们还可以这样理解“后现代主义”及其“后现代主义文化”。仅从字面意思来看,“后现代主义文化”是相对于“现代主义文化”而言的。如果说“后现代”(postmodern)是一个历史概念的话,那么它所指的时期应该是贝尔所说的“后工业社会”或者说是“知识的社会”。后现代主

① [法]让-弗朗索瓦·利奥塔:《后现代状况》,岛子译,湖南美术出版社,1996年,第210页。

② [美]弗雷德里克·杰姆逊:《晚期资本主义的文化逻辑》,陈清侨等译,生活·读书·新知三联书店,1997年,第421页。

③ 周宪主编:《文化现代性精粹读本》,中国人民大学出版社,2006年,第22页。

义文化,正是在后现代主义这样的社会形态中出现的一种文化现象,也可以说是一种文化思潮的体现。贝尔从一个全新的视角出发,将后现代主义作为后工业社会的特殊产物,带来了我们对于事物的感性认识,衡量了事物的发展态势。正因如此,后现代主义在文化、建筑、网络、电影等诸多领域都扮演了重要的角色,提出了各自领域不同的论述。对此,杰姆逊在《晚期资本主义的文化逻辑》(*The Cultural Logic of Late Capitalism*)一书中解释道:"对于后现代主义的种种姿态,今天的我们不仅易于接受,而且乐在其中,这是因为后现代的文化整体已经被现有的社会体制所吸纳,已经跟如今西方国家的文化融为一体了。"①

贝尔认为,从现代主义文化到后现代主义文化的转变,既体现了西方文化发展的新态势,也反映了后现代主义改革的历史必然性。我们可以说,后现代主义文化是文化发展历程中的新开端,它的产生具有重要的历史意义。谈到后现代主义文化的特征时,贝尔指出其中之一就是大众性。在后现代主义时期,文化得到充分地普及,其大众性特征也逐渐明显起来。正如杰姆逊在《文化转向》(*The Cultural Turn*)一书中所说的那样:"到了后现代主义阶段,文化已经完全大众化了……后现代主义文化已经跳出过去那种特定的'文化圈层',进入人类的日常生活中,成为消费品。"②在日常生活中,后现代主义文化的大众性,使得人们有更多的机会可以接触大众媒介,有助于改变人们以往固定的思维模式和生活观念。大众传媒(mass communication)的出现,也在极大程度上丰富了人们的娱乐生活,拉近了人与文化交流之间的距离。

无论是传统文化、现代主义,还是后现代主义,它们都在各自的历史发

① [美]弗雷德里克·杰姆逊:《晚期资本主义的文化逻辑》,陈清侨等译,生活·读书·新知三联书店,1997年,第429页。

② [美]弗雷德里克·杰姆逊:《文化转向》,胡亚敏等译,中国社会科学出版社,2000年,第137页。

展进程中,结合当时的时代背景和自身的文化特色,不断完善并丰富文化理论体系,在文化的长河中留下了难忘的记忆。正如哈桑所说:“在现代主义和后现代主义之间,并不存在一道铁幕或者中国的万里长城与之隔绝,因为历史是一张羊皮纸,文化则渗透在过去、现在和未来的时间中。”[①]

第四节　理论特征

自从贝尔的诸多著作问世以来, 再加上他所创立的独具特色的文化理论,这些都引起了西方哲学界的广泛关注。贝尔通过对资本主义文化及其后现代哲学观念的把握,以及体现在这些观念论述中的人文精神,揭示了其后现代核心术语的理论特征。多年来,贝尔的核心术语对研究资本主义具有重要的理论价值,在国内外哲学界产生了广泛的影响。综观贝尔的哲学思想,其哲学核心术语具有跨学科视野、批判资本主义、文化视角主义的特征。

一、跨学科视野

作为一名学者,在政治、经济、文化、教育、社会等诸多领域,贝尔有着自身独特的建树,他的学术活动也因此涉及上述的多个领域,并著有一系列具有影响力的作品。贝尔的五部著作《意识形态的终结》《经济理论的危机》《资本主义文化矛盾》《普通教育改革》《后工业社会的来临》囊括了其后现代哲学思想在跨学科视野方面的精髓。贝尔的后现代哲学核心术语独具跨学科的力量,这一理论特征也值得我们进行分析研究。

① 佟立:《西方后现代主义哲学思潮研究》,天津人民出版社,2003 年,第 330 页。

在政治领域,贝尔的政治思想体现在1960年他所出版的《意识形态的终结》一书之中。在该书中,贝尔围绕“意识形态是否已经终结”的问题,展开了激烈的讨论。其中,贝尔回顾了意识形态的发展史。他认为,作为行动的指南,西方传统的意识形态正在逐步走向衰落,人类社会需要建立一种全新的意识形态。作为政治上的自由主义者,贝尔指出,要摆脱意识形态终结的危机,人们需要建立一种新的精神文化,用来适应西方社会中发生的结构变化。

在经济领域,贝尔的经济思想体现在1973年出版的《后工业社会的来临》和1981年出版的《经济理论的危机》这两部著作之中。作为经济上的社会主义者,根据古典经济学传统,贝尔将人类的经济活动领域分为三种形式,即家庭经济、市场经济、公众家庭(经济)。贝尔认为:“现代国家已经发展成为一个公众家庭,最初是为了满足市民的需求,特别是在经济大萧条之后,它(公众家庭)作为一种改善市场的不足和开发的方式而存在。”(The modern state has developed into a public household that initially sought to meet the needs of its citizens as a way of ameliorating the deficiencies and exploitation of the market,particularly in the wake of the Great Depression.)①

在文化领域,贝尔的文化思想体现在其著作《资本主义文化矛盾》之中,于1976年出版。所谓“资本主义文化矛盾”,贝尔认为,一方面指的是资本主义社会中三个领域之间的冲突和断裂,即经济、政治、文化领域之间的矛盾关系;另一方面指的是意义的领域,它通过宗教、文艺、价值观念等象征性的表现形式,给人类生存提供一种超越性的信仰,成为一种将整个社会凝聚在一起的道德桥梁。作为文化上的保守主义者,贝尔坚持传统,不仅将文化分

① Andrew Gilbert,The Culture Crunch:Daniel Bell's the Cultural Contradictions of Capitalism, *Thesis Eleven*,No.1,2013,p.90.

为传统文化、现代文化、后现代文化这三种类型，而且对上述三种类型做出了相关的阐释。

在教育领域，贝尔的教育思想体现在1966年出版的《普通教育改革》这部著作之中。在该书中，贝尔介绍了普通教育在诸多大学的发展历程，表明了普通教育的价值与功用，并对其今后的发展提出了相关的建议。

在社会领域，贝尔的社会思想体现在其著作《后工业社会的来临》之中，于1973年出版。贝尔进一步将人类社会分为了三个不同的阶段，即前工业社会、工业社会和后工业社会，并对这三种社会形态进行了细致的分析和比较。综上所述，我们可以说，贝尔是当代哲学界的一位具有强烈跨学科视野的后现代哲学家。

二、批判资本主义

资本主义在发展和演变的过程中，其社会结构已经发生了相应的变化。在贝尔看来，其中最显著的变化在于政治、经济、文化这三大领域之间的相对独立，三者分别围绕自身的轴心原则，以不同的规则不断发展。贝尔认为，三大领域的对立是资本主义社会的症结所在。作为自己批判资本主义理论的出发点，贝尔分析了资本主义社会的政治、经济和文化结构三者之间的关系。

首先是政治领域。在前工业社会和工业社会时期，资本主义国家鼓励经济的自由发展，因此政治与法律部门相对较弱。随着经济危机的到来和政治运动的加剧，政府开始集中权力对经济生产和分配进行干预。一直到后工业化社会时期，资本主义的矛盾日益突出，难以控制。其次是经济领域。在资本主义的发展过程中，经济的发展具有重要的推进作用。经过了科技革命的改革，经济领域已经逐渐形成一个制度严明、分工明确的管理体系。在这个体系中,人们的全部生产活动都要严格按照既定的原则来执行,以获得最大限度的利润。最后是文化领域。通常来说,人们习惯用历史进步的理性尺度去衡量经济的发展和政治的改革。与经济、政治领域有所不同,文化领域通过价值观念、文艺和宗教等象征形式,给人类的生存带来一种超越性。

关于“资本主义精神”的断裂,贝尔有关资本主义社会的思想理论,可以看作他分别对两位德国社会学家马克斯·韦伯和韦尔纳·桑巴特思想理论的进一步探究。贝尔理论的进步之处在于,他将双方的理论兼容并包,并且在韦伯和桑巴特的思想交叉轨迹上找到了资本主义文化矛盾的历史原因所在。贝尔根据二者的论证继续追根溯源,他认为,作为一种经济制度,资本主义具有其相应的文化起源和基础。以韦伯的观点为基础,贝尔将韦伯的“禁欲主义”(asceticism)定义为“宗教冲动力”,将桑巴特的“贪欲”(acquisitiveness)定义为“经济冲动力”。资本主义发展早期,这两种冲动力互相影响、互相制约。然而随着资本主义的日益发展,宗教冲动力随之渐渐消散,对经济冲动力的制约有所减弱,这两种力量也逐渐对立起来。

回顾资本主义的发展史,贝尔进一步指出,一方面,人类需要利用科学视野来了解自然、征服自然。另一方面,人类也需要依赖宗教的力量来把握自身的文化。科学的发展,在一定程度上增强了人类的自我意识,扩大了人类的活动范围,然而这并没有从根本上解决资本主义文化矛盾的问题。在现如今的社会中,有时人类依然会面临生存的基本问题,无论是为了解决精神或者信仰的寄托也好,还是出于对文化延续、情感沟通、自我反省的思考也罢,人类的日常生活仍然离不开宗教的发展。

三、文化视角主义

在贝尔看来,文化(culture)的轴心原则在于寻求对人类生存意义的表达和阐释。以文化视角主义为中心,讨论后现代哲学核心术语,贝尔将不同时期的文化分为三大类型,即传统文化、现代文化和后现代文化,并且依次对这三种文化做出了详细的对比和阐释。

视角主义(perspectivism)是指任何事物都可以通过多个角度进行考察,是一种进步的科学哲学思想,同时也是后现代哲学思潮中重要的组成部分。提及“视角主义”一词的历史,我们可以追溯到现代人本主义哲学家弗里德里希·威廉·尼采(Friedrich Wilhelm Nietzsche)的视角主义。尼采的视角主义的深刻内涵可以说是对整个世界做出了全新的阐释。尼采认为,视角主义标志着生命对世界的解释,实际上,对世界的解释也就是生命自由的表达形式。视角主义不仅是生命创造价值的理论,而且是生命自我创造的实践历程。

仔细分析贝尔的诸多著作,我们可以发现,在这些著作之中,处处都充满了明显的文化基调,尤其是贝尔的名作《资本主义文化矛盾》,无论是从传统文化、现代文化来讲,还是从后现代文化来看,该书中所蕴含的文化视角主义最为明显。根据贝尔的观点,我们可以看出,后现代主义文化是现代主义文化扩张和延续的结果,并且在一定范围内,后现代主义文化超越了现代主义文化。作为现代主义文化的逻辑延伸,后现代主义文化并没有完全摒弃现代主义文化的形式,而是把现代主义文化的形式与现实社会的内容有机地结合起来。同样,现代主义文化也遵循传统文化领域的规则,传统文化在确保文化的旺盛生命力方面,也是不可或缺的重要组成部分。因此,我们可以说,贝尔的后现代哲学核心术语具有鲜明的文化视角主义特征。

综上所述,贝尔后现代哲学核心术语从政治、经济、文化、教育、社会等诸多领域出发,他的著作无处不体现跨学科视野方面的理论特征。贝尔将资本主义的矛盾分析得淋漓尽致,在分析前人研究的基础上,进一步批判了西方资本主义的理论框架,再加上鲜明的文化视角主义特征,这一切都构成了贝尔后现代哲学核心术语重要理论特征的意义所在。

第五节　简要评价

贝尔深刻反思了资本主义的发展历程,从他的立场出发,对资本主义、社群主义、前工业社会、工业社会、后工业社会、传统文化、现代主义、后现代主义等方面进行了考察,阐述了资本主义文化矛盾,提出了值得研究的问题。

贝尔认为,资本主义不仅是一个经济的结构体,同时也是文化的结构体。对资本主义社会的分析,试从社会经济系统和文化两个方面进行。如贝尔所说,"资本主义是这样一个社会经济系统:它同建立在成本核算基础上的商品生产挂钩,依靠资本的持续积累来扩大再投资"①。在资本主义发展和演变的过程中,"成本核算"与"商品挂钩","依靠资本"和"扩大再投资",并且已逐步成为一个等级制度严密、分工制度精细的自律系统。资本主义社会在经济领域的各项活动严格按照"效益原则"开展。

在文化方面,如贝尔所指出的:"它的特征是自我实现,即把个人从传统束缚和归属纽带(家庭或血统)中解脱出来,以便他按照主观意愿'造就'自我。"②在品格构造上,资本主义确立了"自我控制规范和延期报偿原则",培养了"为追求既定目的所需的严肃意向行为方式",正是这种经济系统与文化和品格构造的交融关系,形成了"资产阶级文明",而"分解这一结合体及其内在意义,正是贯穿本书的主题线索。"③

贝尔自称是"经济领域的社会主义者,政治上的自由主义者,文化方面

①②③　[美]丹尼尔·贝尔:《资本主义文化矛盾》,赵一凡、蒲隆、任晓晋译,生活·读书·新知三联书店,1989年,第25页。

的保守主义者"[1]。在此,应该说明的是,贝尔所谈的"社会主义",是经济政策的优先权问题。贝尔主张逐步建立社会最低保障制度,使得每一位公民都能过上应有的生活。贝尔指出:"在经济领域里,群体价值超过了个人价值,前者是经济政策合法的依据。所以社会资源应该优先用来建立'社会最低制度',以便使每个人都能过上自尊的生活,成为群体的一分子。"[2]在政治领域,贝尔是一位自由主义者。他认为:"政治行动的主体是个人,而不是群体,我们应该把公共生活与私人生活区别对待……"[3]贝尔提出了自由主义的平等观。在文化领域,贝尔是一位保守主义者。贝尔相信传统,他认为资本主义的文化矛盾,可以通过"公众家庭"的主张得以解决,这是除"家庭经济"和"市场经济"两个领域之外,又一个重要的领域。贝尔指出,资本主义不仅是一个经济的结构体,同时也是文化的结构体;资本主义以经济特征为支撑,在资本逻辑的背景下,人的主体性和理性主义得以发挥作用。在西方资本主义发展的进程中,资本主义社会领域逐渐出现分化,贝尔将其分为三个领域,即技术经济结构、政治、文化,这三个领域之间在发生断裂的同时,也具有内在的一致性,并且分别依照各自的轴心原则进行运转。其中,经济领域是三个领域的基础,它在资本主义发展和演变的过程中起到了重要的作用,并且已逐步成为一个等级制度严密、分工制度精细的自律系统。

在对待传统文化方面,贝尔坚持维护传统,重视传统文化发展的延续性:"根基被斩断的人,只能是一个无家可归的文化漂泊者。"[4]在强调传统文化的过程中,贝尔提出了视觉文化的概念。这里的视觉文化主要指的是以电影和电视为代表的充斥着画面和音响的视觉媒介,侧重于向观众表达自己

①② [美]丹尼尔·贝尔:《资本主义文化矛盾》,赵一凡、蒲隆、任晓晋译,生活·读书·新知三联书店,1989年,第21页。

③ 同上,第23页。

④ 同上,第339页。

的形象和情感，强调的是内容的形象性和意象的重要性。贝尔认为，视觉文化适合现代人的感官需要，它能够依靠技巧达到传播效果，这些技术手段可以消除或者至少可以拉近观众和媒介之间的距离。然而贝尔同时指出："整个视觉文化因为比印刷更能迎合文化大众所具有的现代主义的冲动，它本身从文化意义上说就枯竭得更快。"①

贝尔在20世纪70年代初提出"后工业化社会"这个新概念，对前工业化社会、工业化社会和后工业化社会这三种社会形态进行了细致分析，指出后工业化社会的基本特征，从而对后现代主义由以产生的社会背景做出了理论说明。②在贝尔看来，"知识"作为后工业社会理论的基础，也被人们视为后工业社会来临的重要标志。后现代社会作为知识的社会，知识是载体，体现了人才的重要性。柏拉图在《理想国》(*The Republic*)一书中指出，"城邦"(city-state)即"国家"，是一种公共生活的共同体。在柏拉图看来："我们建立城邦的原因在于，我们每一个人都不能单靠自己的努力来达到自足，我们还需要许多其他东西的帮助。"③ 此外，亚里士多德也提出了古典城邦的政治哲学理论，其模本是家庭。亚里士多德将"家庭"视为"城邦"这一最善社会团体的最初形式，他认为："在本性上，城邦是先于个人和家庭的。"④

贝尔提出的"公众家庭"(public household)理论，试图以此来解除资本主义文化矛盾的危机，他笔下的"公众家庭"构建了一个所谓的"理想社会的模型"，该模型包括政治、经济、文化等方面的内容。仅仅是从公众家庭的角度出发，来诠释这场矛盾危机的问题，那么就注定了贝尔很难找到危机的真正来源及相应的解决方案。贝尔所说的略带社会主义色彩的这一解决方案，其

---

①　[美]丹尼尔·贝尔：《资本主义文化矛盾》，赵一凡、蒲隆、任晓晋译，生活·读书·新知三联书店，1989年，第157页。

②　参见涂纪亮：《美国哲学史》(第三卷)，社会科学文献出版社，2007年，第179页。

③　[古希腊]柏拉图：《理想国》，郭斌和、张竹明译，商务印书馆，1986年，第58页。

④　[古希腊]亚里士多德：《政治学》，吴寿彭译，商务印书馆，1965年，第9页。

理论设想是美好的,但是在资本主义制度下,"公众家庭"的方案也只能是一种美好的理想。此外,贝尔提出的"中轴原理"本身也具有一定的局限性,即中轴原理过度地强调了重点性的原则,也就是说,人们在提出某个观点或者总结某个理论时,总是受到个人追求和自身价值观的影响,从而突出那些个人认为比较重要的因素,作为自身研究的轴心原则,却忽视了其他因素对中轴原理的影响。就贝尔的观点而言,他特别强调了文化领域这个轴心原则,文化也因此成为贝尔寻找资本主义矛盾形成的根源所在。这种研究的思路使得贝尔侧重于从文化的角度上来解决资本主义文化矛盾,却在一定程度上忽略了资本主义制度,无法找到资本主义文化矛盾的深刻根源。尽管如此,贝尔对于资本主义文化矛盾的分析,为我们深刻认识资本主义提供了借鉴。

参考文献

一、中文文献

1.[古希腊]柏拉图:《理想国》,郭斌和、张竹明译,商务印书馆,1986 年。

2.[英]伯特兰·罗素:《一个自由人的崇拜》,胡品清译,时代文艺出版社,1988 年。

3.[美]丹尼尔·贝尔:《后工业社会的来临》,高铦等译,新华出版社,1997 年。

4.[美]丹尼尔·贝尔:《社群主义及其批评者》,李琨译,生活·读书·新知三联书店,2002 年。

5.[美]丹尼尔·贝尔:《意识形态的终结》,张国清等译,江苏人民出版社,2001 年。

6.[美]丹尼尔·贝尔:《资本主义文化矛盾》,严蓓雯译,江苏人民出版社,2012 年。

7.[美]丹尼尔·贝尔:《资本主义文化矛盾》,赵一凡、蒲隆、任晓晋译,生活·读书·新知三联书店,1989年。

8.[英]弗朗西斯·培根:《新工具》,许宝□译,商务印书馆,1984年。

9.[美]弗雷德里克·杰姆逊:《晚期资本主义的文化逻辑》,陈清侨等译,生活·读书·新知三联书店,1997年。

10.[美]弗雷德里克·杰姆逊:《文化转向》,胡亚敏等译,中国社会科学出版社,2000年。

11.[法]雷蒙·阿隆:《知识分子的鸦片》,吕一民、顾杭译,译林出版社,2005年。

12.《马克思恩格斯全集》(第23卷),人民出版社,1960年。

13.冒从虎等编著:《欧洲哲学通史》(上卷),南开大学出版社,1985年。

14.[法]米歇尔·克罗齐埃:《后工业社会》,王大东、马燕译,《国外社会科学》,1990年第7期。

15.钱穆:《民族与文化》,九州出版社,2011年。

16.[法]让-弗朗索瓦·利奥塔:《后现代状况》,岛子译,湖南美术出版社,1996年。

17.佟立:《西方后现代主义哲学思潮研究》,天津人民出版社,2003年。

18.涂纪亮:《美国哲学史》(第三卷),社会科学文献出版社,2007年。

19.王小章:《丹尼尔·贝尔:介入的观念》,浙江大学出版社,2000年。

20.[古希腊]亚里士多德:《政治学》,吴寿彭译,商务印书馆,1965年。

21.周宪主编:《文化现代性精粹读本》,中国人民大学出版社,2006年。

二、外文文献

1.Allen Buchanan, *Assessing the Communitarian Critique of Liberalism*, Ethics, 1989.

2.Christopher Hill, *Reformation to Industrial Revolution: A Social and Economic History of Britain*, New York, 1969.

3.Daniel Bell, *The Coming of Post-Industrial Society: A Venture in Social Forecasting*, 1976.

4.Daniel Bell, *The Cultural Contradictions of Capitalism*, Basic Books, 1996.

5.Edmund Weiner and John Simpson, *The Oxford English Dictionary* (*Second Edition*), Oxford University Press, 1989.

6.Eric Hobsbawm, *Industry and Empire*, New Pressing Emea Ltd, 1968.

7.Michael Walzer, *Spheres of Justice: A Defense of Complex Equality*, Basil Blackwell, 1983.

8.Russell Jacoby, *The Last Intellectuals: American Culture in the Age of Academy*, Basic Books, 1988.

附　录　丹尼尔·贝尔年谱

一、贝尔年谱

1919 年

5 月 10 日，丹尼尔·贝尔出生于美国纽约一个东欧犹太裔移民家庭，原名丹尼尔·波诺斯基（Daniel Bolotsky）。贝尔出生八个月后其父去世。他与母亲和兄弟姐妹一起生活，母亲一直在一家工厂工作。

Daniel Bell was born on May 10,1919. He was from an Eastern European Jewish immigrant family in New York,USA. His original name was Daniel Bolotsky. His father died when Bell was eight months old and he lived,along with his mother and siblings,with other extended kin. His widowed mother worked in a factory.

1930年

在贝尔11岁时，他的叔父塞缪尔·波诺斯基(Samuel Bolotsky)成为他新的法定监护人，塞缪尔是一名牙科医生。

By the age of 11 Bell had a new legal guardian, his paternal uncle Samuel Bolotsky. Samuel was a dentist.

1932年

这一年贝尔13岁。其叔父塞缪尔为了寻求更好的职业发展机会，更改了波诺斯基的家族原姓，改称贝尔。童年的贝尔生活困苦，对贫富悬殊的社会差异和不公平的排犹倾向深有体会，社会底层的艰辛生活促进了他心智的早熟。从少年时期开始，贝尔对马克思主义和社会主义表现出了极大的热忱，加入了社会主义青年团(the Young People's Socialist League)。

When Bell was 13 years old, Samuel was upwardly mobile and the name Bolotsky did not fit such a career. Then, The family name had been changed to Bell. In his childhood, Bell had a hard life. He had a deep understanding of the social differences between the rich and the poor and the unfair tendency of anti-Semitism. The hard life at the lower level of society promoted his mental maturity. In his youth, Bell showed great enthusiasm for Marxism and socialism and joined the Young People's Socialist League.

1935年

贝尔先就读于纽约城市学院，并结识了许多终生挚友，如未来的新保守主义学者欧文·克里斯托(Irving Kristol)等人。后就读于哥伦比亚大学研究生院。其间,贝尔对社会变革的看法越来越受到哲学家约翰·杜威(John Dewey)作品的影响并支持温和的社会主义"混合经济",在私有制和公有制之间保持平衡。

First, Bell attended the City College of New York, and drew close to such personal allies of his later years as the future neoconservative savant Irving Kristol. Later, he enrolled in the Graduate School at Columbia University. Bell's own vision of social change was increasingly guided, meanwhile, by a reading of the philosopher John Dewey and his espousal of a mildly socialist "mixed economy", balanced between private and public ownership.

1939 年

贝尔在哥伦比亚大学研究生院获得社会学硕士学位,毕业后,贝尔从事新闻工作约二十年。

In 1939 Bell completed a master's degree in sociology at Columbia University. After graduation, Bell worked in journalism for about 20 years.

1941 年

贝尔在《新领袖》杂志工作,该杂志主要作为工会运动中社会民主联盟机构,是当时工会运动中社会民主支持者的重要工具。经历了第二次世界大战,《新领袖》杂志抨击企业所有权固有的不负责任与经济政治权利集中所引起的长期危险。此间,贝尔深入研究了富兰克林·罗斯福总统执政期间施行的各项经济政策及其影响。

In 1941 he joined the staff of The New Leader magazine, nominally the organ of the Social Democratic Federation, but generally a forum for wide liberal discussion. Through the Second World War, as The New Leader assailed the inherent irresponsibility of corporate ownership and the long-term dangers posed by the concentration of economic and political power, Bell focused his attention on the business influence exerted over Franklin Roosevelt's administration.

1944 年

贝尔辞去了《新领袖》杂志工作。此后不久,他开始在芝加哥大学教书,并为《评论》杂志撰稿,《评论》杂志是一个随着冷战的开始而变得越来越重要的犹太知识分子右翼的论坛。

In 1944 he resigned from The New Leader. Shortly thereafter, he began teaching at Chicago University and writing for Commentary magazine, an increasingly important forum for Jewish intellectuals leaning rightward with the onset of the cold war.

1948 年

贝尔放弃了出版他本人关于垄断资本主义国家理论的专著，这是他的知识体系的转折点。他反对"庸俗马克思主义框架"(正如他后期指出的),这使他在 1948 年为《财富》杂志工作。作为修稿编辑,贝尔针对经济与现代社会提出了一些截然不同的观点。

Bell gave up publishing his own monograph on the theory of monopoly capitalist countries and opposed the "vulgar Marxist framework" (as he pointed out later), which was a turning point in his knowledge system. He worked for Fortune magazine. As editor of the revised manuscript, Bell put forward some very different views on economy and modern society.

1952年

贝尔在哥伦比亚大学攻读博士学位,同时承担《社会学》授课工作。贝尔在福利国家方面的研究成效显著，他敏锐地观察到福利国家中存在的各种矛盾。社会关系的分裂、组织的统一科层制、广泛存在的无助和依赖感唤起贝尔发自内心的觉醒,他将其解释为工业化早期主导意识形态的终结。

Bell studied for his PhD at Columbia University and taught sociology there from 1952 to 1969. A leading student of the welfare state, he shrewdly observed its various contradictions. The fragmentation of communal ties, the uniform bureaucratization of organizations and the widespread feelings of helplessness and dependence all suggested to Bell a pervasive disenchantment which he interpreted as the end of industrialism's earlier dominant ideologies.

1958年

贝尔在哥伦比亚大学晋升为副教授。

He was promoted to associate professor at Columbia University.

1960年

贝尔获哥伦比亚大学博士学位。

He received a doctorate from Columbia University.

1962 年

贝尔在哥伦比亚大学晋升为教授，一直工作到 1969 年。

He was promoted to full professor at Columbia University and worked until 1969.

1964 年

他当选美国艺术科学院院士，并担任技术、自动化和经济发展主席委员会委员（1964—1966）。

He was elected a fellow of the American Academy of Arts and Sciences and also served as a member of the President's Commission on Technology, Automation and Economic Progress, 1964–1966.

1965 年

贝尔与欧文·克里斯托联合创建了《公共利益》杂志及姐妹刊《国家利益》，成为新保守主义的热点知识论坛。这一年，美国艺术与科学学院成立了“2000 年委员会”，以研究社会结构的变化产生的长期社会影响，贝尔被任命为委员会主席（1965—1974）。他强调后工业经济问题，包括现代社会的技术官僚结构及其享乐主义文化的矛盾，以及持续增长的公众和私人越来越不现实的期望。贝尔指出，职业伦理的瓦解是因为人们强调及时行乐，自由主义无法解决由此带来的后果。

In 1965 he joined his old friend Kristol in founding The Public Interest, along with its sister journal, The National Interest, destined to become the keenest intellectual forum for what came to be called neoconservatism. Meanwhile, the American Academy of Arts and Sciences initiated the Commission on the Year 2000, (1965–1974), to investigate structural changes in society that would have a long-term social impact. Bell, appointed chairman of the commission, stressed the problems of a post-industrial economy, modern society's technocratic structure versus its hedonistic culture and the increasingly unrealistic levels of public and private expectations. Bell pointed to the virtual dissolution of the work ethic for instant gratification, and to the inability of liberalism to deal with the consequences.

1969 年

他转到哈佛大学任教，直至退休。

He moved to Harvard University to teach and work until retirement.

1972 年

贝尔担任美国艺术和科学学院副主席(1972—1975)，获古根海姆奖。

He served as a Vice-President of the American Academy of Arts and Sciences, 1972–1975 and awarded with the Guggenheim Fellowship.

1976 年

贝尔担任经合组织的国际期货项目美国代表(1976—1979)。

He served as an American representative on the OECD's Inter-futures Project, 1976-1979.

1977 年

贝尔担任伦敦大学霍布豪斯纪念讲席教授。

He served as a Hobhouse memorial lecture at the University of London.

1980 年

贝尔被聘任为亨利福特二世社会科学讲席教授。

He served as the Henry Food II Professor of Social Sciences.

1983 年

贝尔获古根海姆奖。

He was awarded with the Guggenheim Fellowship.

1986 年

贝尔担任宾夕法尼亚大学菲尔斯讲座教授。

He was appointed to be the Fels Lecture at the University of Pennsylvania.

1987 年

贝尔担任法兰克福歌德大学的苏尔坎普讲席教授，美国研究院皮特讲席教授与剑桥国王学院成员(1987—1988)。

He was appointed to be the Suhrkamp Lecture at Goethe University, Frankfurt, 1987, the Pitt Professorship in American Institutions and a Fellowship of King's College, 1987-1988.

1990 年

贝尔退休,他选择在留在马萨诸塞州剑桥市生活,并在美国艺术与科学学院继续担任驻院学者职务。

Bell retired from his professorship in 1990 and chose to remain within the leafy serenity of Cambridge, Massachusetts. He continued his work at the American Academy of Arts and Sciences to which he devote much of his energy and at which he held the position of Schorlar-in-Residence.

1992年

贝尔获美国艺术与科学学院帕森斯社会科学奖，及美国社会学协会终身成就奖。

He was awarded with the American Academy of Arts and Sciences Talcott Parsons Prize for the Social Sciences and American Sociological Association Award for a distinguished career of lifetime scholarship.

2011 年

贝尔 1 月 25 日于马萨诸塞州剑桥市去世。

He died at home in which Bell lived in Cambridge, Massachusetts on January 25, 2011.

贝尔前两段婚姻先后与诺拉·波塔斯尼克(Nora Potashnick)和伊莲·格雷厄姆(Elaine Graham)结合,均以离婚告终。1960 年,他与文学批评学者珀尔·卡津·贝尔结婚,她是阿尔弗雷德·卡津的妹妹,也是犹太人。贝尔的儿子大卫·贝尔(David Bell)是普林斯顿大学的法国历史教授,他的女儿乔迪·贝尔(Jordy Bell)在 2005 年退休前曾在纽约塔里敦的马里蒙学院(Marymount College)担任教务管理员,除此之外,她也担任该校的美国女性历史学教师。

His first two marriages to Nora Potashnick and Elaine Graham ended in divorce.In 1960, he married Pearl Kazin Bell, a scholar of literary criticism, and sister of Alfred Kazin.She was also Jewish.Bell′s son, David Bell, is a professor of French history at Princeton University, and his daughter, Jordy Bell, was an academic administrator and teacher of, among other things, U.S.Women′s history at Marymount College, Tarrytown, New York, before her retirement in 2005.

二、主要作品

1952 年:《美国的马克思主义社会主义》(*Marxian Socialism in The United States*)

1955 年:《新美国权利》(*The New American Right*)

1955 年:《激进权利:扩大和更新的新美国权利》(*The Radical Right:The New American Right expanded and updated*)

1956 年:《工作及其不满》(*Work and Its Discontents*)

1960 年:《意识形态的终结》(*The End of Ideology*)

1966 年:《普通教育改革》(*The Reforming of General Education*)

1966 年:《工作、异化与社会控制》(*Work,Alienation and Social Control*)

1967 年:《迈向 2000 年:正在进行中的工作》(*Towards the Year 2000:Work in Progress*)

1969 年:《对抗:学生反抗与大学》(*Confrontation:the Student Revolt and the Universities*)

1970 年:《今日资本主义》(*Capitalism Today*)

1974 年:《后工业化社会的来临》(*The Coming of Post-industrial Society*)

1975 年:《权利上升的革命》(*The Revolution of Rising Entitlement*)

1976 年:《资本主义文化矛盾》(*The Cultural Contradictions of Capitalism*)

1980 年:《蜿蜒之路》(*The Winding Passage:Sociological Essays And Journal*)

1981 年:《经济理论的危机》(*The Crisis in Economic Theory*)

1982 年:《第二次世界大战以来的社会科学》(*The Social Science Since The Second World War*)

1985 年:《赤字:多大?多久?多危险?》(*The Deficits:How Big?How Long? How Dangerous?*)

1990 年:《第三次技术革命》(*The Third Technological Revolution*)

后　记

《丹尼尔·贝尔资本主义文化矛盾研究》是天津市第五期重点学科——天津外国语大学“十三五”综合投资项目(外国哲学平台建设项目)资助的研究成果。

本书得以出版,要感谢天津外国语大学党政领导和“十三五”综合投资管理部门对哲学学科建设的支持。

本书能顺利出版,得益于天津人民出版社总编王康老师、责任编辑王佳欢老师等对本书做了大量的编审工作,在此深表敬谢!

本书写作分工如下:

我负责本书策划和主编工作,包括出版选题论证、写作方案、写作框架、篇章结构、写作方法、写作提纲等,确定专著写作基本思路,指导研究生和有关教师开展文献调研、专题讨论和研究。我负责撰写前言、绪言、后记等。为培养研究生立足于学术前沿的研究能力,帮助研究生和有关青年教师参加编写,各章初稿完成后由我统一修改和定稿。

参加编写工作的作者还有:耿玉娥(第一章)、王兴旺(第二章)、张金峰(第三章)、李春阳(第四章)、孙瑞雪(第五章)、赵君(附录)。

由于我们编著水平有限，书中一定存在诸多不足和疏漏之处，欢迎专家学者批评指正。

佟 立

2021 年 12 月 26 日